太古普愚國師의 宗旨와 宗風그 修行法

社團法人 大輪佛教文化(太古)研究院

태고보우 국사 영정.

태고보우 국사의 자취를 찾아서

태고보우 국사의 탄생지로 추정되는
경기도 양평군 옥천리(대원리).

태고보우 국사 탄생지에
우뚝 선 당간지주.

태고보우의 출가지 회암사지 전경.

태고보우의 수행지 가지산 총림 보림사.

태고보우가 관세음보살에게
12가지 서원을 세운
양평 용문산 상원암.

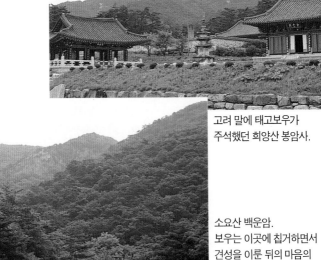

고려 말에 태고보우가
주석했던 희양산 봉암사.

소요산 백운암.
보우는 이곳에 칩거하면서
견성을 이룬 뒤의 마음의
경계를 노래한 '백운암가' 를
지었다.

태고보우 국사가 만년을 보낸 소설산 소설암.

태고보우가 선풍을 일으킨 중흥사지. 화재로 소실되기 전의 모습이다.

봉은사를 찾은 학술조사단.

봉암사 정진국사부도탑 앞에서.

태고보우 국사의 진영을 모신 속리산 법주사에서 덕암 스님과 함께.

태고보우 국사의 수행터의 하나인 전주 보광사를 가리키는 무공 스님.

전주 보광사지를
찾은 한정섭 법사와
무공 스님.

충북 속리산 법주사.
신돈의 모함을 받은
태고보우가 유폐된
곳이다.

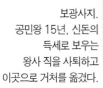

보광사지.
공민왕 15년, 신돈의
득세로 보우는
왕사 직을 사퇴하고
이곳으로 거처를 옮겼다.

2001년 봄 태고보우 국사의 자취를 찾은 학술조사단.

희양산 봉암사 조사전 앞에서 태고 후학들.

좌)복원 중인 하무산 천호암, 우)미륵보살의 화신인 포대 화상을 모신 천호암.

중국 절강성 호주에서 가진 석옥과 태고보우 선사상 학술회의.

좌) 금암 선사가 주석했던 절강성 호주 만수선사.
우) 만수선사 주지 스님과 만수사지 편찬에 관한
이야기를 나누며 태고 법맥을 수록하는 모습.

도량사 만수선사도.

태고 탄신 700주년을 맞아 열
린 기념학술회의 이모저모.

2005년 열린 『태고보우 국사
인물론』 출판기념법회.

봉암사에 있는 태고보우의 것으로
추정되는「원증국사사리탑」.

태고사의「원증국사사리탑」.

사나사에 있는「원증국사석종」.

태고보우 국사의 것으로 추정되는 소설암 부도.

목은 이색이 찬한
「원증국사비」.

정도전이 찬한 「원증국사석종비」.

사나사 불양비. 아래쪽에 '圓證國師道場'
이라는 명문이 보인다.

태고보우의 법손인 대지 국사(大智國師)의 비.
충북 중원군 엄정면에 있다.

태고보우국사의 종지와 종풍
그 수행법

社團法人 大輪佛敎文化(太古)硏究院

선문조사예참작법 禪門祖師禮懺作法

지극한 마음으로 선(禪)과 교(敎)를 회통하시고 원융무애하신 태고보우 원증(太古普愚圓證) 국사(國師)께 귀의 하옵나니, 원컨대 이 도량에 강림하시어 이 공양을 받으소서. 아홉 송이의 꽃에서 한 열매를 맺으셨으니, 이 것이 원융한 조계(曹溪)스님네들의 심인(心印)이며, 금강(金剛)의 종지를 먼저 이으셨으니, 이것이 반야다라(般若多羅)의 행(行)이기에, 제가 일심으로 귀의하고, 예배하옵니다.

설선의 說禪儀

휴정(休靜, 1520~1604) 撰

한마음으로 받들어 청하오니, 연하(烟霞)의 도덕의 풍채가 씩씩하시고, 반드시 본분(本分)의 일로써 어리석은 후배를 격려하고 인도하시며, 대경(對境)의 유혹에 빠지지 않으시니 임제의 18세 적손(嫡孫)이신, 호주 하무산 천호암의 석옥청공(石屋淸珙) 대선사께서는 이 법회에 오셔서 공양을 받으소서.

금바늘 가진 손(客)이 봄바람을 의지해
천호와 해동의 수(繡)를 놓는다
세상 밖의 연하(烟霞)는 지붕 위에 일고
인간 세상 해와 달은 항아리 속에서 지나간다

바위 앞의 들호랑이는 무늬가 같은 호랑이요
발우 안의 항복한 용은 의룡(義龍)과 함께 있도다
한줄기 맑은 향기를 사람은 모르는데

이끌려 온 저 별과 나비는 허공에서 어지럽게 난다.

한마음으로 받들어 청하오니, 석옥당에서 반달을 이야기하고는 몸과 목숨을 놓아 버리고 짐을 내려놓아 두 줄의 글과 두 분의 그림자는 한 혈맥(血脈)을 이은 가지가 되었고, 하나의 주장자와 한 벌의 가사는 법인(法印)의 신표(信標)가 되었으니, 능인의 57대손이시며 삼한 양조의 국사 이응존자, 시호가 원증이신, 소설산 태고암 보우 선사께서는 이 법회에 오셔서 공양을 받으소서.

영축산 꽃가지의 한 바탕 바람이
호주의 편편한 땅과 또 해동으로 왔네
강이 압록(鴨綠)을 흔들매 기틀이 먼저 움직이고
버들이 아황(鵝黃)을 희롱하나 뜻이 맞지 않았네
찬 바위가 휘파람 부는 호랑이 된 것이 진정 좋아라
마른 나무가 읊조리는 용으로 변한 것을 그 누가 알리
귀여워라. 소설산 마음을 전한 곳의
그 향기 해화(海花)에 이르고 방장(方丈)은 비어 있구나.

21

불타조사원류전법게 佛陀祖師源流傳法偈

석가여래 부촉법 제一세(인도불교 제1세) 마하가섭존자(摩訶迦葉尊者)
가 제2세 아난타(阿難陀) 존자에게 전법하다.

法法本來法　　법법은 본래 법이라
無法無非法　　법도 없고 법 아님 도 없나니
何於一法中　　어찌 한 법 가운데
有法有不法　　법이 있고 법 아님이 있으리.

석가여래 부촉법 제二十八세(중국불교 제1세) 보리달마(菩提達摩) 대
사가 제二十九세 신광혜가(神光慧可) 대사에게 전법하다.

五本來此土　　내가 본래 이 국토에 온 것은
傳法求迷情　　법을 전하여 미혹 중생을 구제하기 위함이라
一花開五葉　　한 떨기 꽃에 다섯 잎이 피어서

結果自然成　　열매 맺음이 자연으로 이루리라.

석가여래 부촉법 제五十六세(중국불교 제28세) 석옥청공(石屋淸珙) 대사가 제五十七세(한국불교 제1세) 태고보우(太古普愚) 대사에게 전법하다.

至大是此法　　지극히 큼은 이 마음이고
至聖是此法　　지극히 성스러움은 바로 이 법이로다
燈燈光不着　　등과 등의 광명이 차별이 없음이니
了此心自達　　이 마음 스스로 통달해 마치어라.

석가여래 부촉법 제五十七세(한국불교 제1세) 태고보우(太古普愚) 대사가 제五十八세(한국불교 제2세) 환암혼수(幻庵混修) 대사에게 전법하다.

心中有自心　　마음 가운데 자성심이 있도다
法中有至法　　법 가운데 지극한 법이 있도다
我今可付囑　　내 이제 가히 부촉 하나니
心法無心法　　마음법은 마음법이 아니니라.

석가여래 부촉법 제五十八세(한국불교 제2세) 환암혼수(幻庵混修) 대사가 제 五十九세(한국불교 제3세) 구곡각운(龜谷覺雲) 대사에게 전법하다.

一道不心光　　한 도는 마음 광명이 아니어서

三際十方明   삼제 시방세계가 밝았다

何於明自中   어찌 명백한 가운데

有明有不明   밝음이 있고, 밝지 않음이 있으리.

정통 태고 선종 복귀와
불교 중흥의 계기가 되었으면

無空 無上 徐甲生(사단법인 대륜불교문화(태고)연구원 이사장)

　태고보우 국사는 한국불교의 전법초조요 종조며 중흥조이시다.

　불조(佛祖)의 혜명을 계승하고 받들며 수행 교화 함은 불제자의 근본 도리요 불법과 함께 『태고보우 국사의 종지와 종풍 그 수행법』을 중심으로 달마, 혜능, 조주 등 선조사의 종지와 선법을 귀감 삼아 수행 교화 함은 만고에 빛날 대도요 최상승 방편이다.

　석존께서 이 사바예토에 오신 지가 어언 2천 5백 50여 년이 경과하였고, 해동에 불조의 혜명이 전래된 지도 1천 7백여 성상이 흘렀습니다. 부처님의 무상한 큰 가르침은 인도를 위시한 서역 중국, 한국, 일본, 동남아는 물론 구미지역에 이르기까지 널리 유포되고 법륜이 굴러 미혹한 중생들에게 감로법우가 되어 무명을 벗어나 해탈의 자유인이 되도록 지남(指南)이 되고 있음은 역사가 증명하고도 남음이 있다 할 것입니다.

　불교역사상 석존 이래로 수많은 고승석덕 선지식이 여러 지역에서 배출되어 시공을 초월하여서 일체중생들을 섭화 해탈케 하였음은 실로 석존의 교시를 전법륜케 하는 불교 본연의 참모습을 그대로 실천궁행한 당연지사라고 하지 않을 수 없습니다. 그러나 불교의 긴 역사 가운데 석존의 정법은 사법(邪法)으로 둔갑하여 중생을 오도케 하는 불행한 역사가 없지 않았던 것 또한 사실입니다. 이러한 때를 당하여 정안종사(正眼宗師)인 눈 밝은 선지식이 출현하여 불조의 혜명(慧命)인 정법안장(正法眼藏)을 바로 일깨워 주었던 것입니다.

보리달마가 출현하여 선법(禪法)을 펴고 6조 혜능 조사가 이를 계승하여 임제에 이르러 임제정맥(臨濟正脈)이 형성된 것입니다. 교조 이래 역대 선조사가 다 훌륭하지 않다고 부정하는 것은 아닙니다만, 불법은 냉정하고 호리의 오차도 없는 진리 그 당체를 드러내는 우주 본연의 참모습이어야 하는 것입니다. 불법의 진수는 언어나 문자에 있지 않다는 것은 이미 드러났으며, 불조의 혜명은 이미 중국 선종(禪宗)의 남종선 계통에서 그 맥을 이은 것으로 판단이 나온 지가 오래입니다.

삼국시대에 오교의 교학이 한반도에 널리 연구되고, 신라 말기에 구산선문이 전해졌으나 우리나라에 선법이 확실하게 자리잡은 것은 결코 아니며, 무사득오(無師得悟)의 도인들이 많이 배출되어 교단에 세력을 형성하여 결사(結社)를 한 것은 비록 역사적 사실이라고 할지라도, 불조의 정법을 적확(的確)하게 체현하고 달마 이래 선법의 정맥을 확립시킨 분은 바로 태고 선사라 하는 데에는 이론이 없음이 선문의 정설입니다. 신라의 원효, 의상, 자장, 원광과 도의 선사 그리고 고려의 대각, 보조, 백운, 나옹, 무학 등이 다 훌륭한 선지식임은 틀림없으며, 해동불교를 이끌어온 기둥이라고 인정합니다. 한국불교의 정체성을 통불교로 보는 시각도 우세하지만, 현재의 한국불교의 주류는 교종을 포괄하는 선종불교입니다. 한마디로 선종(禪宗)인 것입니다.

그러므로 한국불교의 정체성 확립과 부종수교(扶宗樹敎) 종지종풍(宗旨

宗風)을 어디다 의지해야 하느냐 함에 있어서 종조(宗祖)를 누구로 하느냐 하는 것은 한국불교의 심각한 사활(死活)문제라고 하지 않을 수 없습니다. 답은 간단명료합니다. 태고보우 선사가 임제 18대 손인 석옥청공 선사로부터 임제정맥을 공인받은 것입니다. 혹자는 구산선문을 말하고 보조를 말하고 나옹, 백운을 말하지만 해동의 선교양종의 종조는 태고라는 것은 여말 선초부터 이미 정맥이 되었으며, 한국 불교는 모두가 태고문손이라는 것은 정설인 것입니다. 1950년 교단자정운동이 일어나면서 환부역조(換父逆祖)의 법난이 발생한 것입니다.

태고보우 선사는 "무" 자 화두로 스스로 견성 오도하시고 「태고암가(太古庵歌)」라는 선시문(禪詩文)을 지어서 공인된 정안종사 석옥으로부터 점검을 받아 인가(印可)를 받음으로써 임제정맥을 해동으로 계승해 온 정안종사가 되고 오교홍통과 구산선문(九山禪門)을 통합하고 향상종승 일불승사상을 근본종지로 간화선법을 확립하여 수행종풍을 진작하였기에 오늘날 한국 불교의 전법초조, 종조, 중흥조로 추앙받게 된 것이라고 봅니다.

태고보우 선사는 하무산의 석옥청공 노사로부터 '공겁(空劫)이전의 소식을 얻은 것이요. 요즘의 첨신(尖新)하고 퇴정(堆釘)한 것들에 비할 것이 아니니, 태고(太古)라는 이름이 틀리지 않았구나!' 라는 칭찬을 들으면서, 다음과 같은 전법게를 받아 인가를 받은 것입니다. 실로 값진 천추만대의 보배로운 심인(心印)이 아닐 수 없습니다.

至大是比法　지극히 큼은 이 마음이고
至聖是比法　지극한 성스러움은 바로 이 법이로다
燈燈光不差　등과 등의 광명이 차별이 없음이니,
了比心自達　이 마음을 통달해 마치어라.

태고종조 이래 조선조에도 비록 숭유억불정책이 있어 불교가 탄압을 받았지만 많은 선지식이 배출되었으며, 서산문도들이 태고종조설을 천명하고 태고종조의 종지와 종풍 그 수행법을 금과옥조로 받들어 많은 도인이 출현하셨습니다. 현대에 이르기까지도 태고보우 선사를 전법 초조 및 종조, 중흥조로 받들고 그의 수행법인 간화참구법으로 견성성불한 분들이 임제정맥을 이어 왔습니다. 환부역조 이후에 태고의 종지와 종풍 그 수행법을 따르던 선지식들은 이미 원적에 들었고, 현행 교단에는 일부 태고 간화 선법 수행자를 제외하고 환부역조의 후손인 지해종도(知解宗徒)들인 사판(事判)만이 우글거리는 의리선자들이 판을 치는 판국이 되었습니다.

한국불교의 위기니 간화선의 퇴조니 하지만, 문제는 간단하게 파악됩니다. 종지와 종풍 그 수행법의 오판에 있는 것입니다. 남방의 위파사나니 하는 수행법들은 이미 중국이나 한국에서 지관(止觀) 수행법으로 천 몇백 년 전에 거쳐간 것입니다. 실로 임제간화선법은 만고불변의 최상승 조사 선법인 것입니다. 1950년대까지 원만히 계승해 오던 것을 환부역조의 법난을 일으키면서 종지와 종풍과 수행법에 차질을 일으키게 하고 후학들을 오도시키는 큰 실책을 범한 것입니다.

이에 대륜, 덕암 노화상이 생전에 부촉한 '태고보우 국사의 종지종풍을 선양하라' 는 유지를 받들어 태고보우 국사에 대한 모든 것을 정립하고 선양하게 하기 위해 여러 차례 학술 세미나를 개최하고 태고보우 국사 전서와 태고사상 학술집을 내기도 했으나, 항상 미진한 것 같아서 천학비재를 무릅쓰고 작년『태고보우 국사 인물론』에 이어 다시『태고보우 국사의 종지와 종풍 그 수행법』에 대한 연구서를 내게 된 것입니다.

또한, 한국불교를 연구하는 학자들 대부분은 학자적 양심을 버리고 현실 종파 관계를 의식하고 여말 불교를 논함에 있어서 여말 3사 중 나옹, 백운

선사에 대해서는 논하면서 의식적으로 태고보우 국사에 대해서는 외면하는 경향이 있어서, 사실상 한국불교 승도치고 태고문손 아닌 자가 없음에도 누구하나 목소리를 높이는 자가 없음을 안타까워하면서 미약하나마 소납이 기치를 부득이 들었음을 밝힙니다.

태고보우 선사는 항상 후학들에게, 조사관(祖師關)을 뚫어야 한다면서, 간화참구(看話參究)를 역설하셨습니다. 만법귀일, 무자 화두 등을 납자들에게 강조하면서, 불조의 혜명을 계승하고 금까마귀 소식을 알리려면 의단을 타파해야 하는데, 그 길은 화두참선이 제일 첩경이라고 이미 수차 가르침을 주셨습니다. 그래야 임제정맥을 잇는 본분종사(本分宗師)가 되어 마굴(魔窟)에 떨어지지 않는다는 주옥같은 지침을 이미 7백 년 전에 제시하였습니다.

그럼에도 불구하고, 한국불교는 이 같은 태고보우 국사의 위대한 가르침을 무시하고 환부역조의 대오(大誤)를 범하고 소홀하였으니 실로 태고보우 국사님께는 말할 것도 없고 불조사님들에게 얼굴을 들 수 없을 지경입니다. 소납은 본래 선승도 학승도 아닌 한갓 수행교화승에 지나지 않지만, 소납이라도 나서지 않으면 안 될 것 같은 우치한 생각에 감히 용기를 내어 이 책을 발간하기에 이르렀습니다.

이 책 한 권이면 태고보우 국사의 생애와 종지와 종풍은 물론 선종의 종지와 종풍, 임제정맥 나아가 간화수행법에 이르기까지 파악하여 수행지침서로 삼을 수 있도록 꾸미려고 노력하였습니다. 중국선종의 역사와 내용에서부터 태고보우 국사께서 석옥청공 선사에게 보여줘 인가를 받은 「태고암가」는 물론 한국선맥을 한눈에 파악할 수 있도록 하였으며, 선시(禪詩)에 담긴 선사상과 태고보우 국사의 원융무애사상을 체계적으로 정리했습니다. 그 뿐만 아니라 태고사상의 현대적 인식과 가치를 고찰하고, 현대사회의 갈등을 태고사상으로 승화시켜 세계평화와 인류행복을 가져올 수 있는 대안을 제시했습니다. 인류의 가장 무서운 적 가운데 하나인 환경파괴와 오염에 대한 문제까지도 태고의 원융무애사상으로 해결할 수 있다는 논리적 확장을 시도했습니다.

또한 해동불교의 전법 초조로서의 태고보우 국사의 존재부각이며, 태고보우의 종지종풍과 법통이 한국선맥을 잇고 있다는 정통성을 확립하는데 큰 뜻을 두었다는 점입니다. 삼국이나 고려시대의 교학불교를 외면하고 무시하는 것은 결코 아니며, 순수한 중국선종불교의 골수를 해동에서는 태고보우 국사가 이어받았다는 것을 강조하고 논리적으로 실증함으로써 주장이 아닌 현실적으로도 인정을 받아야 한다는 입장에서 이 책을 엮었음을 밝히는 바입니다.

선맥을 시기적으로 일찍 받아온 것이 중요한 것이 아니고, 누가 정통의 정법안장인 심인을 계승해 오고 선불교를 중흥했느냐가 더 중요하다고 생각합니다. 앞서 중국에서 법을 이어온 역대 선조사님들은 각 선문적 차원의 조사요 중흥조이지 한국불교 전체의 종조일 수는 없습니다. 한국불교가 선종을 지향하지 않고 교종이나 단순히 선교양종의 통합 종파라면 구태여 종조는 필요치 않으며 교조 석가모니면 충분하고 역대선조사들은 다 중흥조로 숭앙하면 그만일 것입니다. 그렇지만 한국불교는 어디까지나 불법과 함께 조사선법의 종지를 계승해 옴에 있어서 태고보우 국사 이래 선종이 주류를 이루어 임제간화선법으로 깨친 태고의 종지종풍을 귀감삼아 수행을 해 온 것입니다. 또한 불조의 정맥을 이어오고 오교홍통 구산선문을 통합한 것입니다. 따라서 해동한국불교 정통선맥의 초조는 '태고보우원증 국사다'라고 감히 단언하는 것입니다. 이 책을 발간하는 취지와 동기는 바로 여기에 있음을 한 번 더 밝히는 바입니다.

지금 21세기를 살아가는 우리 태고 법손 불제자들은 위로는 부처님 정법과 종조 태고보우 국사의 종지와 종풍을 중심으로 수행 교화에 임하며 한국 불교 정통 태고선종 복귀와 불교 중흥을 도모하는 계기가 되었으면 합니다. 우선 정통 선종으로서 태고의 종지와 종풍과 수행법으로 수행 풍토를 진작함이 불교중흥의 최고 방편이 되지 않겠습니까?

그동안 이 책을 내는데 항상 격려를 아끼지 않으신 사형 태고종 종정 혜초 대종사님을 비롯해서 운산 총무원장, 일우, 남파, 이두, 보봉, 덕화, 설봉 등 원로대덕 큰스님들과 인공 종회의장, 월운 사정원장 등 고승석덕과 본 연구원 결사에 동참하신 임원, 이사 및 서윤길 동국대 대학원장 연구위원, 뜻있는 재가 불교 지도자, 불교진흥원 홍승희 이사장 및 불교춘추 최석환 사장 임직원등의 격려와 물심양면의 협조로 이 책을 발간하게 된 것임을 감사드립니다. 아울러서 책의 내용은 주로 태고록, 태고집, 태고법어, 태고전서, 태고사상, 태고인물론, 간화선 등을 참고하였음을 밝힙니다. 다소 이론상 편견이 있고 미진한 점이 있다 할지라도 널리 해량하여 주시고 질정하여 주시면 차후에 정정하여 재발간하겠습니다.

태고는 한국불교 정통선종의 초조
해동불교의 정통법주요 종조

혜초(태고종 종정 태고총림방장)

    태고보우 선사는 견성오도하여 불조의 심인(心印)을 곧바로 계승해 온 해동불교의 적자입니다. 역대 선조사님들의 대오행화(大悟行化)가 어디 차별이 있고 우열이 있겠습니까마는, 태고보우 국사의 철두철미한 오매일여의 대각은 이미 임제정맥의 적통적자인 임제 18대 손인 석옥청공 노사께서 증명 인가하신 바 있습니다. 태고는 한국불교 정통선종의 전법 초조요. 해동불교의 정통법주요 종조입니다.

    해동선맥에 있어서 태고문손 아닌 자가 어디 있으리요. 태고보우 국사의 종지와 종풍 그 수행법인 간화참구법은 천추만대 영세불멸하는 방편이 될 것입니다.

    사단법인 대륜불교문화(태고)연구원에서 『태고보우 국사의 종지와 종풍 그 수행법』을 발간하여 상재함에 그 서문을 청탁받고 내가 어찌 여말의 『태고집(太古集)』 서문을 썼던 문장가 이색 선생이나 발문을 썼던 충신 정몽주 선생에게 비할 수 있겠는가마는, 해동불교선맥상의 초조이신 태고보우 국사의 종지와 종풍을 선양하기 위한 귀중한 보전이 발간되어 후학들의 큰 가르침이 되는 귀감이 되는 이 책을 외면한다는 것은 도리가 아니라고 생각되어 서문을 감히 받아드렸습니다.

여말 선초시대와 지금은 7백 년차가 되지마는 태고보우원증 국사의 깨달음과 행화(行化)는 지금까지도 해동불교의 귀감이 되고 태고문손과 불교도들에게는 정신적 지주가 된다고 말씀드립니다. 계행은 그만두고라도 본분(本分)을 밝히는 수행법까지도 사법(邪法)이 횡행하는 현하 한국불교는 참으로 누란의 위기에 봉착한 형세라고 생각합니다. 법통단절은 차치하고 교법마저 소멸되지 않을까 하는 두려움이 감지되어 심히 불안한 마음 금할 길이 없습니다.

이런 차제에 무공 사제가 이런 대원력을 세워 부종수교의 종승을 선양하기 위하여, 해동불교의 정통법주요 종조이신 태고보우원증 국사의 종지와 종풍 그 수행법에 관한 책을 세상에 내 놓게 되었음은 실로 고려조 때『태고집』발간 이후, 처음이 아닌가 하여 기쁜 마음 한량이 없으며 감개가 무량합니다.

주지하시다시피, 태고보우 선사는 대오를 성취하고 중국선종의 임제정맥을 계승한 하무산의 석옥청공 노사를 참문하고 「태고암가」를 보여드리니, 일순간 지음객(知音客)인 명안종사임을 알아보고 임제정맥의 적자로 인가를 내리셨습니다.

이후 우리 해동불교는 태고보우 국사를 선교양종은 물론 오교구산선문을 통틀어서 종조로 숭앙하게 되었던 것입니다. 태고문하에서 많은 정안종사가 배출되어 한국불교의 정통법통을 이어오고 있던 차 뜻하지 않은 교단 자정운동에 임하여 태고보우원증 국사는 600여 년 말에 환부역조의 수치를 당하고 말았던 것입니다.

그렇지만 태고종을 비롯한 몇몇 종단에서는 한국불교의 종조는 태고보우 국사라는 소신에는 변함이 없었으며, 조계종의 일부 눈 밝은 종사들께서는 종단의 결정과는 다르게 태고종조설을 지지하였던 것입니다. 하지만 그 분들은 이제 다 원적에 드시니 태고종조설은 옛날 전설이 되어버렸고, 그나마 태고종에서만이 태고보우 국사의 종지와 종풍을 선양하고 그 수행법인 임제 간화참구법을 그대로 계승하고 있음은 실로 자랑이면서도 안타까운 일이 되었습니다.

원컨대 부디 이 『태고보우 국사의 종지와 종풍 그 수행법』이 태고종도는 물론이지만 한국의 모든 납자와 불교도들에게 하나의 모범적인 보감이 되어 해동불교의 정통법맥을 제대로 인식하고 불조의 정법안장인 혜명을 계승하는 적통적자가 누구인지를 깨달았으면 합니다. 또한 태고보우 국사께서 항상 강조하신 '조사관(祖師關)'을 뚫어야 '본지풍광(本地風光)'의 금까마귀'를 보아 '무명업장 소멸하여 해탈득도' 한다는 금언을 명심하여 하루 빨리 무명세계를 벗어나서 이고득락의 대 자유인되었으면 합니다.

이 책을 발간하는데, 불철주야 애쓴 무공 사주를 비롯하여 관계자들에게 큰 복덕이 구족하시기를 삼보전에 기원드립니다.

한국불교 중흥은 태고 선종 복귀와
태고의 종지 종풍 선양으로

운산(태고종 총무원장)

이 세상에는 난이(難易)의 일이 너무나 많습니다. 놀기로 말하면 백 년도 부족하고 부지런하기로 말하면 촌각도 아까운 시간이 된다고 봅니다. 공도(空道)를 닦는 빈도(貧道)들에게는 세속적 가치관의 상대적 차별이 존재할 수가 없음은 당연지사일 것입니다. 그렇지만 이런 관점은 수행상의 분상에서 보는 시각이고, 출가사문이라고 할지라도 오늘날의 성직자상에서 볼 때는 차원이 다르다고 생각됩니다.

불타 당시의 사회는 물론이고 불교가 처음으로 공인되었던 고구려를 비롯해서 삼국시대, 고려시대, 조선시대에 이르기까지의 한국불교는 조선조의 박해를 제외한다면 어떤 면에서는 해동불교는 태평가를 부르는 편안한 불교였다고 할 것입니다. 그렇지만 21세기를 맞이하는 오늘의 불교는 참으로 어려운 입장에 처했다고 봅니다. 불교 그 자체의 존립이 당면문제로 대두하고 있습니다. 이런 위기의식을 제대로 삼지하고 있는 출가자들이 과연 얼마나 되는지 의심스러울 정도로 승단은 무감각한 마비증세에 놓여있다고 한다면 총무원장직 소임을 맡고 있는 소납만의 기우일지는 모르겠습니다.

돌이켜보건대, 한국불교는 조선조와 일제를 거치면서도 불교 본래의 정신만은 잃지 않았고, 출가사문의 본분사가 무엇이다라는 불조의 혜명은 그대로 지키고자 했던 것 같습니다. 불행하게도 이런 전통은 해방 후, 자유당 정권에서 야기되고 말았던 것입니다. 기독교적인 종교배경을 가진 친미 정치인들과 결탁한 일부 권승과 시정잡배 출신인 폭력 모리배인 가승들은 대통령의 유시에 편승하여 종권장악과 사찰점령을 자행하였습니다. 명분은 승단 청정정화운동이었으나 결과론적으로는 종권장악과 사찰 점령임이 만천하에 드러나게 된 것입니다.

솔직하게 지나간 50년을 되돌아봅시다. 정화운동 이른바 법난 이후의 한국불교에 남은 것은 무엇입니까. 폭력으로 사찰을 점령한 후 그것도 모자라서 종권장악을 위해서는 폭력과 금권이 난무하는 종횡승(縱橫僧)들의 니전투구판이 되어버린 승단의 현실이 너무나 안타까울 뿐입니다. 수행은 그만두고라도 교화마저도 누가 하지 않으려는 무사안일주의의 타락된 승단으로 변질된 오늘의 이 교단 현실에서 그나마 멸사봉공의 자비정신을 펴는 불사를 하는 분들이 있기에 불교는 존속하고 승단과 교단은 간신히나마 그 명백을 유지할 것이라는 희망을 가져봅니다.

사단법인 대륜불교문화(태고)연구원은 사실 본종의 직접적인 소속은 아니라고 할 지라도 본종 종정을 역임하신 대륜 큰스님의 유지와 역시 종정을 역임하신 덕암 노사의 원력을 받들어서 설립된 태고보우 국사사상선양 연구단체입니다. 그러므로 어떻게 보면 이 연구원은 본종 산하의 연구기관이라고 해도 과언이 아닐 것입니다. 그러나 이 연구원은 종책이나 포교방안을 연구한다기보다는 종조이신 태고보우 국사에 대한 사상과 더 나아가서는 한국불교의 종지종풍 선맥 등을 연구하는 단체라고 보는 것이 더 타당할 것입니다.

종책이나 교육 포교방안 등을 연구개발하는 것도 중요하지만, 이렇게 한국불교나 종단의 종지종풍을 연구하는 종승(宗乘)에 대한 문제는 보다 근원적인 일이라고 생각합니다. 한 종단에 관한 문제가 아니고 한국불교 전체에 대한 정체성 문제이기 때문에 아주 기본적인 과제를 연구하는 단체라고 저는 믿습니다.

이번에 본종 포교원장이기도 한, 사단법인 대륜불교문화(태고)연구원 이사장이신 무공 스님께서 『태고보우 국사의 종지와 종풍 그 수행법』이라는 아주 귀중한 보감을 발간하시게 되었음은 실로 태고종뿐이 아닌 전 한국불교의 경사라고 하지 않을 수 없습니다. 그렇지 않아도 1950년대 불교법난 이후, 해동불교의 종조를 환부역조한 크나큰 과오를 저지르고 50년이 경과한 지금 한국불교는 그 정체성과 수행법의 혼란으로 그야말로 절명의 위기에 봉착하고 있음은 필연적인 인과라고 저는 굳게 확신합니다.

종지와 종풍이나 올바른 수행법이 무엇인지도 모르면서 난무하는 사마외도와 유사한 승도가 교단에 너무 흔해졌고, 이러하다보니 참수행 교화는 뒷전이고 오직 단월을 오도하여 시주만을 일삼다보니 사찰에 가기를 꺼려하고 승도 만나기를 외면하다보니 자연사찰에는 신도가 줄어들고 사찰경영은 어려워져서 교단은 존립마저 위협을 받게 되는 것이 작금의 현실입니다.

한국불교는 반드시 태고보우 국사의 가르침을 잘 받들어서 불교중흥 특히 현 시대에 다시 부응되는 정신적 지도이념으로 선양해야 한다고 봅니다. 특히 한국불교의 정체성을 정립하는 데는 무엇보다도 한국 불교의 전통과 종조에 대한 확고한 인식과 수행법에 대한 확신이라고 생각합니다. 해동불교의 종조는 신라의 구산선문에서 찾아야 한다거나 중국의 사대주의를 벗어난 한국 자생 도인 가운데서 모셔야 한다는 논리는 중국이나 일본의 선종과의 시기문제에 따른 열등감이라고 생각합니다. 문제는 누가 더 불조의 바른 깨달음에 가까운가가 중요하지, 시기는 그렇게 중요한 것이 아니라고 생각합

37

니다. 한국불교를 통불교적 차원에서 본다면 구태여 종조문제가 대두되지 않겠지만, 한국불교는 불조의 정통법맥을 계승해오고 오교구산선문을 통합한 선종으로 볼 때, 종조는 태고보우원증 국사라는 것은 수백 년간의 정설이었던 것입니다. 오늘날 한국불교의 태고 선종 복귀와 태고의 종지와 종풍 선양은 큰 과제 중의 하나라고 했습니다.

이런 차제에 무공 스님께서 『태고보우 국사의 종지와 종풍 그 수행법』이라는 값진 귀감을 발간하여 오늘 상재하게 됨은 실로 한국불교 전체를 위해서 큰 일을 하셨다고 치하하면서 진심으로 그 노고를 격려하고 감사드립니다. 부디 이 귀감이 많은 출재가 불자들의 경책이 되어서 한국불교를 다시 중흥시키는 정신적 귀의처가 되는 보감이 되기를 기원드리면서 이 책의 발간을 진심으로 축하드립니다.

정통 태고 선종의 회복을 도모해야

일우(태고종 원로의장)

사단법인 대륜불교문화(태고)연구원에서는 참으로 한국불교와 태고종을 위해서 큰일을 해냈음을 진심으로 축하드립니다. 가뜩이나 한국불교의 정체성이 모호해지고, 시대상황의 전개에 적절히 대응하지 못하는 한국불교계를 위해서 청량제와 같은 신선한 태고 국사의 사상을 다시 우리에게 경각시켜 주는 것은 참으로 반가운 일이 아닐 수 없습니다.

1950년 불교법난 이전만하더라도, 해동의 불교사문들은 전부가 태고문손이라 하여 서로 문도로서 도반으로서 상구보리 하화중생의 보살도 수행에 매진해 왔던 것입니다. 헌데, 법난 이후의 환부역조로 말미암아 우리 한국불교는 승단 위계질서가 파괴되고, 세력있는 문중들의 폭력적 금권적 권모술수에 의한 사판작태만이 횡행하는 비불법적인 현상이 지속되고 있습니다. 종단이 다르면 불구대천지 원수처럼 소 닭 보듯이 비승가적인 풍토가 되었고, 승이 무엇인지 불교가 무엇인지도 모르는 사이비들이 법의를 입고 시정을 활보하고 종지종풍 이념도 없이 그저 종단(宗團) 이름만 내걸고 혹세무민의 사마외도의 횡포를 일삼고 있는 것이 작금의 한국불교계 현실입니다.

이런 차제에 대륜불교문화(태고)연구원에서, 해동 한국불교의 종조요 정신적 지주이신 『태고보우 국사의 종지와 종풍 그 수행법』이란 귀한 법문집을 발간한 것은 한국불교를 위해서 큰 경책이 된다고 하지 않을 수 없습니다. 해동의 불교가 어디 태고보우 국사 한 분에 의해서만 그 정신적 지주가 되리요만은, 어쨌든 한국불교는 선(禪)을 표방하고 종풍 또한 선풍으로 자리가 잡힌 이상, 우리는 선종불교를 따르지 않을 수 없는 것입니다. 태고 국사는 비단 선을 앞에 내세웠지만, 오교양종과 구산선문을 포괄한 임제정맥에 의한 부종수교의 정신으로 종을 세웠던 것입니다.

교학불교의 대가인 원효, 의상, 자장을 비롯한 대각 국사나 조계선을 창도한 보조 국사 등은 다 한국불교를 위한 큰 스승들임에는 틀림없으되, 다만 우리의 불교가 임제정맥을 따르는 선종의 정통 법맥을 계승하여 여말선초이래 간화참구에 의한 견성성불을 최고의 이상으로 삼아왔습니다. 따라서 달마-육조-마조-백장을 거쳐 임제정맥을 종지종풍으로 의지하여 불조의 혜명과 정법안장의 심인을 전수받아오고 있음은 주지의 사실입니다.

따라서 우리 한국불교는 태고법손으로서 의당 태고보우원증 국사의 가르침을 본받지 않는다면 그것은 사법을 따르는 것밖에 안 되는 것입니다. 따라서 한국불교 모든 승도와 불자들은 본래의 정통 태고 선종의 회복을 도모하여야 할 것입니다. 이 책이 한국불교의 모든 승도나 불자들에게 지침이 되어서 정법이 이 땅에 구현되고 불국정토가 실현되어 고통 없는 해탈자유의 세상이 되기를 진심으로 기원하면서 축하드립니다.

태고의 선종 종지와 수행 종풍으로
본분 종사가 되어

남파(태고종 승정원장)

한국불교는 어언 1천 7백 년의 역사가 쌓이는 과정에서 민족문화의 근간이 됨은 물론 동아시아의 문화사적 위치에서 차지하는 위상은 실로 막대하다고 봅니다. 특히 선문화가 점유하는 비중은 더더욱 우뚝하다고 할 것입니다. 따라서 한국의 선종불교는 동아시아에서 그 주도적인 입장에 놓여있다고 생각합니다. 일본의 선불교가 강세라고는 하지만, 한국은 중국의 당송시대 선불교의 전통을 그대로 계승하고 수행법을 확립하여 수행하고 있다는 점에서는 일본이 상대가 되지 않는다고 감히 자부하는 바입니다.

우리의 불교를 회통불교라고 하지만 그래도 한국불교의 특징을 찾는다면, 선종불교가 강한 종합불교라고 말할 수 있을 것입니다. 특히 선불교의 공동체적 수행가풍은 한국이 가장 정통성을 유지하고 있지 않나 생각됩니다. 중국에서 인도식 명상법을 한 차원 업그레이드한 중국식 선법을 개발하여 수세기를 풍미하였고, 드디어는 한국과 일본에 그 선종전통이 전파되어서 선법이 크게 향상 발전되어 정신문화에 끼친 영향은 필설로써 형언할 수 없습니다.

이런 맥락에서 우리 한국불교는 태고보우 선사에게 초점을 맞추지 않으면 안 됩니다. 태고보우 국사는 중국 당대 제일의 선지식으로부터 선법의 골수를 점검받아 본분종사로서 인가를 받은 분입니다. 그것은 바로 간화선(看話禪)이요 간화선법의 확립입니다. 선의 테크닉이 많지만, 묵조의 지관타좌 테라바다의 관법보다는 화두를 참구하여 견성하는 공안 참선법이 더욱 효율적이며, 견성의 강도는 확철대오(廓徹大悟)한다는 것이 선배 경험자들의 토로입니다. 그러므로 태고보우 국사의 임제간화선의 가르침은 바로 종문(宗門)의 정로(正路)를 현시(顯示)하여 주신 보법(寶法)이 아닐 수 없습니다. 한국불교계에 선법에 대한 논란이 일고 종조나 초조에 대한 혼란스러운 다툼이 있는 차에, 무공 스님께서 아주 시의적절하게 귀중한 연구서를 발간한 것을 진심으로 축하드립니다. 태고보우 국사에 대한 생애에서 수행이력과 깨달음의 과정을 비롯해서 원융무애사상에 이르기까지 한국불교의 중추나 다름없는 선사상을 천착하였음은 실로 한국불교계는 물론 동아시아 나아가서는 전 세계불교문화향상을 위해서도 큰일을 해 내었다고 봅니다.

태고보우 국사는 당대의 권승으로서 왕권의 보호를 받은 고승으로서 많은 문손이 운집했다는 다소 비판이 없지는 않지만, 태고 국사는 중국 임제선의 돈오돈수 정맥을 한국에 전수해 온 선지식임은 틀림없다 할 것입니다.

아무쪼록 이 연구서가 한국불교의 중흥과 특히 태고종도들의 지침서가 되어서 태고 선종 종지와 수행 종풍을 귀감 삼아 보다 더 진일보한 수행풍토 조성과 많은 선지식이 배출되는 계기가 되었으면 하는 희망입니다. 다시 한번 『태고보우 국사의 종지와 종풍 그 수행법』의 발간을 축하드립니다.

해동불교의 큰별 '태고보우 국사'

이두(조계종 원로회의원)

사단법인 대륜불교문화(태고)연구원에서 『태고보우 국사의 종지와 종풍 그 수행법』이라는 좋은 불서를 발간하여 한국불교 중흥과 발전에 기여하게 된 것을 진심으로 축하드립니다.

태고보우 국사는 해동불교의 큰 별로서 한국불교에 끼친 영향은 실로 지대함이 그지없다고 생각합니다. 특히 여말의 불교계가 매우 어지러울 때, 태고 스님은 오직 수행에 몰두한 후, 대오(大悟)를 득하고도 점검받을 선지식이 없어서 임제 18대 적손인 원나라 하무산 석옥청공 선사를 찾아가서 깨달음의 결정체인 「태고암가」를 내놓자, 청공 노사는 일순간에 태고가 지음객(知音客)으로서 출격장부임을 인가(印可)하여 가사와 발우를 전법심인(傳法心印)의 상징으로 전수하였던 것입니다.

고려 말부터 조선과 근세에 이르기까지 태고보우 선사의 영향은 실로 지대했다고 하지 않을 수 없습니다. 아무튼 태고보우 국사가 해동불교의 초조니 종조니 아니니 하는 시비를 초월해서 다만 우리가 깊이 생각할 것은 태고보우원증 국사는 한국불교의 모든 승도나 불자들이 높이 존경해야 할 선지식으로서 조사스님이라는 점입니다. 그리고 태고종이나 여타 몇 개의 종단 종조로서 추앙받고 있음은 그 분에 대한 위상이며, 조계종에서도 중흥조로 모시고 있음은 참으로 그나마 다행한 일이라고 봅니다. 시절인연이 도래하면 그 분의 진면목이 드러나리라고 저는 생각합니다.

　무공 스님께서 태고보우 국사에 대한 연구를 다년간 하시면서 이번에 이런 훌륭한 책을 발간해서 후학들로 하여금 지침이 되고 경책이 되게 한 것은 참으로 경하해 마지 않으면서 축하드립니다. 해동불교의 전 역사를 통해서 볼 때, 태고 선사는 참으로 정안종사(正眼宗師)로서 불조의 혜명과 정법안장인 전법심인을 바로 전수받은 해동의 임제적손임은 부인할 수 없을 것입니다. 태고 국사의 어록인『태고집』을 보면 참으로 주옥같은 좋은 법문이 가득합니다. 이『태고집』을 근거해서 현 시대에 알맞게 무공 스님께서 재조명하고 더 나아가서 태고의 원융무애정신을 철학사상화하여 현대적 논리로 체계화시킨 것은 아주 큰 공적이라고 봅니다. 태고의 원융무애사상은 말할 것도 없고, 그 분의 수행법은 반드시 현 한국불교의 참수행법으로 재부각되어야 한다는 것이 평소 소납의 주장이었습니다.

　다행히도 무공 스님의 원력으로 이 같은 불사가 이루어져서 감사드리면서 임제간화참구법이 제자리를 찾아가 수행납자들에게 큰 도움이 되었으면 하면서 연구서의 발간을 재삼 축하드립니다.

태고보우 국사의 선종불교의
正統을 세우자

보봉(태고종 원로회 부의장)

대개 우리 한국 불교(佛敎)의 특징을 말하게 될 때, 선불교(禪佛敎)를 지칭(指稱)하게 된다. 고려 때 보조(普照) 국사는 선교쌍수(禪敎雙修)의 실천을 강조하였으며, 다시 태고보우 선사에 이르러 선불교의 정통(正統)을 열었다고 볼 수 있다. 참선(參禪)의 본질을 일상생활 속에서 분명하게 낱낱이 모든 일에서 실천하여 멤(心)의 밝은 이치를 나타낼 수 있으니, 이것을 일러 "멤(心)의 수련(修練), 도(道)라"하고, 만법(萬法)의 왕(王), 또는 "부처"라 말한 것이다. 경행(經行)과 행주좌와(行走坐臥)가 모두 멤(心)의 법이니 사람의 멤(心) 밖에 별다른 법을 구한다면, 이는 마구니의 독설(毒說)이요 부처의 말씀이 될 수 없는 것이다.

원효(元曉) 대사께서 이르시기를 일심(一心)이란 밝은 멤이니, 한 법계(法界), 한 멤이 이미 깨달은 부처니, "귀일심원(歸一心願) 원융회통(圓融會通) 요익중생(饒益衆生)"이라 설파(說破)한 멤의 이치(理致)와 서로 일백상통하는 바이다.

태고보우 선사는 "내가 사는 이 암자는 나도 모른다"고 일렀으니, 이는 멤

45

의 사량분별을 초탈(超脫)한 본분(本分)의 선지(禪志)를 나타낸 것으로 해석된다.

태고보우 선사는 갈파(喝破)하기를 "멤은 생사(生死) 분별(分別), 명상(名相), 언설(言說)을 뛰어넘어 지혜, 대신통(大神通)이다. 만법귀일을 참구하여 선의 궁극적인 경지에 있어서 언어(言語)나 문자(文字)의 교설(敎說)을 배격하여 불립문자(不立文字) 불립언어(不立言語)를 주장하고 있는 바, 이것을 향상종승(向上宗乘)의 선법(禪法)이라 일컫고 있다. 이것은 멤의 크나큰 통일(統一)이요. 융합(融合)이라고 해석된다.

태고보우 선사가 우리에게 요구하는 참선요지(參禪要旨)는 구자무불성화(狗子無佛性話)로 동정일여(動靜一如), 어묵일여(語默一如), 간단없이 순일무잡(純一無雜)하게 정진할 것을 말한다.

불교는 부처님 이래 영상회상에서 "염화시중의 미소(微笑)"를 통해서 일체중생에게 이 심(心) 속에 불성(佛性)이 있음을 가르치셨고, 부처의 세계는 어떤 고정관념(固定觀念) 속에 있는 것이 아니라는 뜻이다. 선(禪)은 멤이요. 교(敎)는 가르침이라 한 것이다.

결론적으로 중국의 육조(六祖) 선사 이래 고려 때에 불교(佛敎)가 오교구산(五敎九山)으로 난립하였으나, 태고보우 선사께서 일심사상(一心思想)과 향상종승(向上宗乘)의 선지(禪旨)로 대통합(大統合)을 이룩하였다. 오늘날에도 불교의 난맥상을 만법귀일(萬法歸一)과 회삼귀일(會三歸一)에 의하여 융합해야 할 것이다. 이는 원효 대사의 화쟁사상(和爭思想)과도 상통(相通)되는 요체(要諦)이다. 오늘날 사회상황이 극도로 혼란 중에 처하고 있다. 선(禪)은 일문(一門)인데, 중생들은 다문(多門)을 만들어 아수라장속에서 헤매고 있다. 태고보우 선사의 가르침대로 우리 국민이 멤의 통일과 조화로운 융합(融合)을 이룩해야 남북통일의 대업도 성취할 수 있을 것으로 확신하는 바이다.

태고보우 국사의 선종 불교의 정통을 세우자.

태고선종 종지와 수행종풍을 진작하자

덕화(태고종 원로회의원)

　인류의 스승이신 석존께서는 속세적인 부위영화를 다 버리고 오직 구도의 일념에서 출가하시어 대각을 성취하시고 중생을 무명으로부터 해탈시키는 대도를 보이셨습니다. 석존의 교법으로 인하여 수많은 중생이 무명업장을 벗어나서 해탈자유인 이 되었음은 실로 석가세존의 무상정등각의 위대한 감로법우라고 생각합니다. 해동 대한민국에도 석존의 위대한 법운이 미쳐 이 땅의 많은 중생들로 하여금 삼세윤회에서 해탈하여 이고득락의 열반을 성취하도록 인연의 종자를 널리 심어서 꽃을 피웠음은 우리의 유구한 역사와 전통이 이미 증명하고 남음이 있습니다. 뿐만 아니라 우리 민족문화의 근간이 되는 민족사상과 문화의 원동력이요 원천으로서 자리매김되었습니다.

　불교문화는 인류의 지성을 향상시키는 가장 고급문화요 사상이라고 하지 않을 수 없으며, 토착문화의 융합과 화해로서 새로운 문화를 창조하여 승화시키는 힘을 가지고 있습니다. 해동에 처음 전해진 불교는 교학불교였지만, 나말에는 중국의 선종이 전래되어 우리나라에 구산선문이 개창되기에 이르렀던 것입니다. 오늘의 한국불교는 교학과 선문이 일치된 통불교적 회통불교로 정착되어 가고 있습니다. 그렇지만, 불교의 본질면에서 볼 때는 한국불교는 선불교의 전통이 강하게 형성되어 왔다고 할 수 있을 것입니다. 선불교는 바로 불조의 혜명을 계승하는 원초적이면서 불교의 본질적인 중핵이라 할 수 있습니다.

나말에 구산선문이 개창되어 선법이 널리 선양되었지만, 우리의 선조사들은 거기에 만족하지 않고 보다 선종의 정통법맥에 근거한 본색종사에 주목하게 되었던 것입니다. 태고보우 국사는 여말의 대표적인 선승입니다. 그렇지만 당시의 여말 불교계의 풍토에서는 자신의 공부를 점검해 줄 정안종사를 찾기가 어려웠던 것이 사실이었습니다. 따라서 그는 동양 삼국에서는 가장 으뜸가는 선지식인 하무산의 석옥청공 선사에게 참구하기에 이르렀던 것입니다. 사대모화사상에서 그런 것이 아니고 수행에 있어서 당대에는 지리적 또는 국가적 경계가 중요하지 않았던 것입니다.

태고 선사는 그의 『태고집』에서,

"의심과 화두가 한 덩어리가 되면 동정(動靜)과 어묵(語默)에 항상 화두를 들어, 자나깨나 일여한 경지에 이를 것이요. 화두가 마음에서 떠나지 않아 생각이 없고 마음이 끊어진 곳까지 의심이 이르게 되면, 금까마귀가 한밤중에 하늘에 날 것이요. 그 때는 슬퍼하거나 기뻐하지 말고 종사에게 나아가 의심을 해결하라"

고 하셨습니다. 참으로 참선하는 납자들에게는 큰 가르침이요. 더 이상 무엇을 바라겠습니까?

불법에는 국경이 없습니다. 깨달음의 분상에서 무슨 국경이 있다는 말입니까? 그렇다면 불교가 인도에서 발생했으니 우리는 모두 인도의 아래에 놓여 있단 말입니까. 이것은 편협된 사고일 뿐입니다. 불교는 깨달음의 법으로 말하는 것이지, 국가의 대소에 의한 지배 이데올로기가 아닙니다. 이런 맥락에서 우리 태고 종도는 태고보우 국사께서 행하신 행화는 불조와 바로 연결되는 정안종사의 본분사에서 나타난 자연스러운 행적이라고 생각합니다.

무공 스님께서 참으로 어려운 작업을 해 내셨습니다. 태고보우 국사의 종지와 종풍에 대한 연구서를 여러 가지 어려움을 무릅쓰고 해 내신 것은 태고 종도 뿐 아니라 한국불교를 위해서도 아주 큰일을 하셨다고 봅니다. 축하드리면서 많은 불자들이 이 연구서를 접하고 태고의 선종 종지와 바른 수행 종풍을 진작하는 인연을 맺는 계기가 되었으면 합니다.

태고 사상을 중심으로
새로운 불교운동을 전개하자

설봉(태고종 원로의원)

한국불교는 그 어느 때보다 큰 시련 속에 놓여있습니다. 신라, 고려시대의 화려하고 찬란했던 불교문화는 결국 우리 민족문화의 근간이 되어 왔습니다. 물론 유교문화 역시 우리민족문화 형성에 큰 역할을 한 것도 부인할 수 없는 사실입니다. 또한 지난 백 여 년간 기독교 문화 또한 우리문화에 기여한 것도 역시 무시할 수 없습니다. 인정하지 않을 수 없는 역사적 현실입니다. 한국은 어느 사이 다종교 국가가 되어 버렸습니다.

특히 우리 불교인들이 무사안일주의의 나태와 자기도취에 취해있을 때, 다른 종교는 비약적인 성장을 하고 불교와 대등한 지위에 올라 이제는 동등한 권리와 대우를 받는 종교가 되어버린 것입니다. 참으로 우리 불교인들의 책임이 크다는 것을 통감합니다. 원인은 여러 분야에서 찾을 수 있겠지만, 특히 두드러진 것은 1950년대의 법난이라고 저는 생각합니다.

교단 정화운동은 결과적으로 본다면 실패한 운동입니다. 판단하는 시각에 따라서 평가가 다소 다를 수도 있겠습니다만, 어차피 교단의 청정성이 확실하게 정화되지 않았을 바에는 그런 운동을 벌이지 않았던 것이 차라리 좋았을 것입니다.

환부역조의 일을 저지르고도 그리고 불교가 오늘날 이 지경으로 사회와 중생들로부터 멀어져 가는 상황을 초래하게 된 책임은 누가 질 것인지요. 그런 운동이 전개될 때 그야말로 눈 밝은 선지식들은 그런 운동을 만류하고 점진적 개혁을 제시하고 화합을 강조했던 것입니다. 그리고 종조문제만 하더라도 환부역조의 부당성을 지적했습니다만, 강경파들은 밀어부쳤습니다. 교단 정화도 그렇습니다. 대처나 은처나 무엇이 다르단 말입니까? 차라리 대승불교의 보살승 차원에서 이판사판제도를 잘 활용하여 균형있게 교단을 운영했더라면 오늘날과 같은 불교의 침체는 결코 없었다고 생각합니다.

불교는 내부문제로 심한 내홍을 겪고 있을 때, 다른 종교들은 비약적인 발전을 해왔습니다. 참으로 불행한 한국불교의 현대사입니다. 이제라고 정신을 차려야 한다고 봅니다. 태고보우 국사 같은 한국불교의 초조요 종조이신 대 선지식을 정신적 지주로 모시고 새로운 불교운동을 전개해야 한다고 생각합니다.

지금 한국불교의 정체성 혼란이나 수행법에 대한 의문은 결국 선종의 본류인 임제정맥을 계승한 태고보우 국사의 종지종풍을 따르지 않는데서 기인한다고 저는 진단합니다.

대륜불교문화연구원의 무공 이사장스님께서는 큰일을 하셨습니다. 진심으로 축하드리면서 태고보우 선사님의 원융무애 사상이 한국불교와 사회를 이끌어 가는 지도이념으로 자리잡게 되기를 기원드립니다.

태고 선종의 종지종풍 선양은
종단 발전과 불교 중흥의 길

대륜불교문화(태고)연구원은 그동안 태고보우 국사에 대한 종지종풍을 연구, 선양하는 일을 10년이 넘게 꾸준히 해 오고 있습니다. 몇 차례의 학술대회를 비롯해서 태고 국사의 법문집을 발행하는 등 사실은 한국불교나 종단에서 해야 할 일을 이 연구원에서 해 내고 있는 것입니다. 참으로 보람있고 자랑스러운 일을 하고 있다고 할 것입니다. 이번에도 아주 어려운 일을 해 냈습니다. 이 연구원의 이사장으로서 그동안 원력을 세워 애를 쓰신 본종 포교원장 무공 스님께서 불철주야 정진하신 끝에 『태고보우 국사의 종지와 종풍 그 수행법』이라는 아주 훌륭한 책을 발간하기에 이르른 것입니다.

특히 이 책은 본 종의 종조이신 태고보우 국사에 관한 책이어서 본종의 종도들에게는 필독서나 다름없는 아주 중요한 보감이라고 하지 않을 수 없습니다. 그렇지 않아도 지금 한국불교계는 수행법에 대한 혼란을 겪으면서 방향을 잡지 못하고 있는 것 같습니다. 한국불교의 정통 법통을 무시하고 환부역조의 대오를 저질러서 불조의 본분사까지도 날조하더니 결국은 지금과 같은 정체성의 혼란과 수행방향에 대한 심한 난맥을 초래하고 있는 것입니다.

어쩌면 당연한 인과라고 저는 생각합니다.

이런 상황에서 무공 스님의 『태고보우 국사의 종지와 종풍 그 수행법』은 한국불교의 나아갈 방향을 제시해 주는 역작이라고 확신합니다. 한국불교가 비단 선종만이 아닌 통불교적 전통에 의한 회통불교이지만, 선종은 매우 중요한 종파가 아닐 수 없습니다. 여러 종파 가운데서도 선종은 불조의 혜명과 정법안장의 전법심인을 전수하는 법통을 지켜가고 있기 때문입니다. 성불문에 들어가는 데는 참선도 있고 간경도 있고 정토 염불문도 있습니다. 중생의 근기에 따라서 어느 문으로 들어가든지 결과에는 불지에 들어가면 가는 길은 달라도 정상은 한 곳이라고 저는 알고 있습니다. 그렇지만 선문은 다른 문에 비해서 단도직입적인 문이고 경절문입니다. 교외별전 불입문자입니다. 적지인심 견성성불로 당장 승부를 보는 문이 바로 선문입니다.

이런 맥락에서 볼 때 우리 종단의 스님네와 불자들의 대부분이 정토염불문을 방편으로 한다고 할지라도 우리 종도들은 태고 선종이 근본이므로 본종의 종조이신 태고보우 국사의 종지종풍과 그 수행법인 간화참구법을 반드시 수행, 정진하여야 한다고 저는 주장합니다. 아무튼 이런 귀감이 되는 책을 발간하신 무공 스님의 노고에 감사드리고 진심으로 축하드립니다.

태고의 종지와 종풍에 따라
선종 종단으로 거듭나야

월운(사정원장, 태고종 중앙사 정원장)

『태고집(太古集)』「행장(行狀)」에 보면 태고보우 선사는 무(無)자 화두와 씨름하다가 마침내 크게 깨치고 나서 다음과 게송을 읊었습니다.

趙州古佛老	조주 옛 부처가
坐斷千聖路	앉아서 천성(千聖)을 끊고
吹毛覷面提	취모리검의 칼을 들이대매
通身無斬窺	온 몸에 빈 틈이 없네
孤兎絶潛蹤	여우와 토끼는 자취도 없고
飜身師子露	몸을 뒤치어 사자가 나타났네
打破牢關後	튼튼한 관문을 쳐부순 뒤에
清風吹太古	맑은 바람이 태고에 불어 오네.

이 게송은 태고 화상이 무자 화두를 참구하다가 대오한 경지를 읊은 것입니다. 화두공안의 참선법이 한국에 소개된 것은 태고 화상 이전이라고 할 수

있지만, 태고 화상께서 하무산 임제 18대 적손인 석옥청공 노사로부터 심인(心印)을 전수 받은 이후로 더욱 확대, 해동의 선객들은 거의가 화두공안을 수행법의 제일 의로 삼아 왔습니다.

현대에 이르기까지 이 화두 참구법은 전해내려왔으나 근래에 와서는 다소 화두 공안에 대한 수행이 약해진 감이 없지 않습니다. 그것은 두말할 필요도 없이 50년대 환부역조에 의한 종조사건에 기인한다고 생각합니다. 보조선이라하여 보조를 종조로 하다가 또 구산선문이라하여 도의 국사를 종조로 받들다 보니 종조에 대한 혼란이 생기고 수행법에도 차질이 생겼다고 저는 생각합니다.

그렇지만 태고종만은 시종일관 태고보우원증 국사를 해동불교의 초조 및 종조로 모시고 있습니다. 본종은 사실상 선교양종을 포섭한 선종위주의 종지종풍을 표방하면서 선수행보다는 교나 정토염불에 더 비중을 두어온 것은 사실이었습니다만, 태고보우 국사의 임제간화 참선법은 정도라고 신봉하여 소수의 납자들은 수행정진해 온 것으로 압니다. 이제 우리 종단도 태고 화상을 종조로 모신 이상 선종 종단으로 거듭 태어나야 한다고 생각합니다.

출가본분은 두 말할 필요도 없이 생사해탈입니다. 생사대사를 해결하려면 견성성불인데, 이 같은 출격장부의 일을 완성하려면 의당 태고보우 국사께서 제시하신 화두공안을 타파하지 않으면 안 된다고 믿습니다. 사단법인 대륜불교문화(태고)연구원이사장이시며 본종 중앙 포교원장이신 무공 스님께서 『태고보우 국사의 종지와 종풍 그 수행법』이라는 좋은 지침서를 발간하셨습니다. 참으로 본종 뿐만이 아닌 한국불교 전체를 봐서 아주 필요한 법문집이요. 귀감집이라고 생각합니다. 축하드리면서 많은 태고법손들이 읽고 더 나아가서는 불자들에게 좋은 인연이 되어 모두가 함께 성불하는 공덕이 이루어지기를 기원합니다.

원융불교의 실천과
간화선 수행법을 확립하신 태고

홍승희((재)대한불교진흥원 이사장)

한국불교는 유구한 역사와 전통을 계승하며 우리 민족문화의 근간이 되어 왔습니다. 또한 이루 헤아릴 수 없는 많은 선지식들의 눈 밝은 가르침에 의해 한국불교의 맥이 면면이 이어져 왔다고 볼 수 있습니다. 그 중에서도 태고보우 국사는 한국불교의 뛰어난 선지식이며 중흥조로서 선불교의 우뚝 선 거장이라고 감히 말씀드리고 싶습니다.

축사 원고를 위해 자료를 살펴보니, 선종에서는 무사득오(無師得悟)를 했더라도 반드시 정안종사(正眼宗師)의 인가를 받아야 견성 성불하였다고 인정을 받는 절차가 있었다고 알고 있습니다. 이에 태고보우 선사는 각고의 정진 끝에 대오(大悟)한 뒤, 불교의 정맥을 계승하기 위하여 불원천리 하무산까지 가서 중국의 석옥청공 화상을 친견하여 인가를 받았고, 석옥청공으로부터 임제 정맥이 해동으로 전수된다는 전법계를 받고 역대 전등 조사의 심인(心印)을 이어오셨다고 들었습니다. 보우 선사께서 전법심인을 전수받아 온 이후에 선사의 선법과 행화의 영향으로 임제 간화선 수행법이 확립되었고, 고려 말부터 조선 그리고 현대에 이르기까지 정통으로 인정되어 수행해 오고 있습니다. 이처럼 전법의 맥을 계승해 왔을 뿐 아니라, 원융무애라는 평화사상을 제창하여 고려 말의 어지러운 교단을 통일시키는데 큰 역할을 하신 것입니다. 태고보우 국사의 원융무애 사상은 한국불교의 중흥을 위한 원동력이라 할 것입니다.

한국불교는 명실공히 통불교의 전통을 지니고 있습니다. 경·율·론 3장은 말할 것도 없고 선(禪)과 교(敎), 정토(淨土)와 밀교(密敎) 및 계·정·혜 3학을 한꺼번에 닦는 이러한 특성은 한민족의 생활 속에서 빚어진 종교적인 정서일 것입니다. 그 중에서도 한국불교의 특징으로 볼 때, 선종의 가르침이 근간이 되고 있습니다. 하지만 오늘날 불교계에서는 간화선에 대한 바른 이해와 실참 수행에 대한 우려의 목소리가 높습니다. 또한 대중들이 수행법에 대한 회의를 느끼고 혼란을 일으키기도 합니다. 이러한 때, 사단법인 대륜불교문화(태고)연구원 이사장이신 서무공 스님의『태고보우 국사의 종지와 종풍 그 수행법』이라는 태고화상 연구 법문집을 발간한 것은 매우 시의적절하며 한국불교를 부흥시키기 위한 대작불사라 할 것입니다.

모쪼록, 태고 화상 법문집 발간을 출하드리며 이 법문집 발간을 통해 재가불자들이 태고보우 국사의 원융무애(圓融無碍)사상과 그 수행법에 대해서 음미하고 실천 수행함으로써 무명에서 벗어나 해탈과 자유를 얻기를 바라마지 않습니다.

⊙ 목 차 ⊙

선문조사예참작법(禪門祖師禮懺作法)

설선의(說禪儀)

불타조사원류전법게(佛陀祖師源流傳法偈)

발간사(發刊辭): 無空 徐甲生

서문: 혜초

격려사: 운산, 일우, 남파, 이두, 보봉, 덕화, 설봉, 인공, 월운, 홍승희

목차

[제1장] 태고보우의 삶과 깨달음

71 · 1. 탄생과 출가

　　 1) 태고보우의 연구자료

　　 2) 고려 말의 시대적 배경

76 · 2. 수행과 오도

　　　◎ 덕산탁발(德山托鉢)

80 · 3. 임제정맥의 계승

84 · 4. 불교교단의 개혁과 통합

　　 1) 고려사회와 공민왕의 개혁정치

　　 2) 5교9산(五敎九山)의 통합

90 · 5. 교화의 삶과 열반

[제2장] 선종의 성립과 태고의 법맥

95 · 1. 한국의 선종사(禪宗史)

　1) 신라 · 고려의 선종사

　2) 가지산파(迦智山派)

101 · 2. 임제정맥(臨濟正脈)

　1) 선의 역사

　　(1) 중국불교의 선의 역사

　　　① 초기 선수행

　　　② 조사선(祖師禪)의 성립

　　(2) 남종선(南宗禪)과 북종선(北宗禪)

　　(3) 5가7종(五家七宗)

　　(4) 간화선과 묵조선(默照禪)

　2) 임제선의 법맥

　　(1) 황벽(黃檗)과 임제

　　(2) 임제선의 풍격: 무위진인(無位眞人)

121 · 3. 임제종풍의 사법(嗣法)

　1) 임제선과 석옥청공(石屋淸珙)

　2) 임제종풍의 계승

　　◎ 석옥 화상을 하직함

130 · 4. 태고종풍과 종도의식(意識)

[제3장] 태고보우 국사의 종지宗旨: 선지禪旨

135 · 1. 본분종지(本分宗旨): 禪旨

    1) 무일물(無一物) = 일물(一物) · 불(佛) · 마음(心) · 도(道) · 만법

       지왕(萬法之王) · 본래면목(本來面目)

      ◎ 현릉청심요전문(玄陵請心要-현릉이 심요를 청하다)

    2) 태고의 불교사상의 체계

      (1) 만법귀일(萬法歸一) · 귀일하처(歸一何處)

      (2) 일물(一物)의 실상(實相)

      (3) 일물의 실체(實體)

      (4) 일물(一物)의 용(用: 功能)

      (5) 일물(一物)의 존재양상

      (6) 무차별론(無差別論: 直指人心 本來是佛)

      (7) 태고의 정토관(淨土觀)

      (8) 유심정토관과 미타정토관의 관계

      (9) 태고의 불교관과 선교일치(禪敎一致)사상

158 · 2. 근본종지(根本宗旨)

    1) 향상종승(向上宗乘)

      ◎ 상당록(上堂錄)

      ◎ 영녕선사(永寧禪寺) 상당법문(上堂法門) 전문

    2) 일불승(一佛乘) 사상

    3) 일승원융(一乘圓融)

    4) 최상의 선법(禪法): 태고선(太古禪): 간화선(看話禪): 조사선(祖

      師禪)

[제4장] 태고보우의 근본종지根本宗旨

183 · 1. 불립문자(不立文字) : 교외별전(教外別傳)

　　1) 조사(祖師)의 관문(關門)

　　2) 교외별전(教外別傳)

189 · 2. 직지인심(直指人心)

　　1) 심즉시불(心卽是佛)

　　2) 일체유심조(一切唯心造)

194 · 3. 견성성불(見性成佛)

　　1) 자각대오(自覺大悟)

　　2)본래면목(本來面目)

198 · 4. 자각각타(自覺覺他)

　　1) 원융무애(圓融無碍)

　　2)각행원만(覺行圓滿)

[제5장] 태고보우 국사의 수행종풍

205 · 1. 태고의 수행과 간화선

　　1) 성성역력(惺惺歷歷)의 태고선(太古禪) · 간화선(看話禪)

　　　◎ 무제거사 장해원사에게 보임

　　2) 간화선의 정찰(精察) · 본분종사(本分宗師)의 가풍(家風)

　　3) 간화선 수행체계의 확립

　　4) 간화선의 삼요(三要)

216 · 2. 간화선 참구(參究)

1) 태고 선수행의 기본구조

    (1) 출리심(出離心)

    (2) 공안(公案)

    ◎ 무제거사 장해원사(無際居士 張海院使)에게 주는 글

    ◎「태고암가(太古庵歌)의 조사공안(祖師公案) 시어(詩語)

    (3) 의정(疑情)

    (4) 본색종사(本色宗師)

    (5) 수연중생(隨緣衆生)

2) 공안참구(公案參究)

    (1) 무자화두(無字話頭)

    ◎ 구자무불성(狗子無佛性)

    ◎ 示紹禪人(소선인에게 보임)

    ◎ 示衆(시중)

    (2) 만법귀일(萬法歸一)

    ◎ 만법귀일 일귀하처(萬法歸一 一歸何處)

    (3) 부모미생전 본래면목(父母未生前 本來面目)

    ◎ 부모미생전본래면목(父母未生前本來面目)

    (4) 영지(靈知)

3) 구경결택(究竟決擇)

269 · 3. 원융선(圓融禪)

271 · 4. 염불선(念佛禪)

    ◎ 백충(白忠)거사에게 주는 글

278 · 5. 화엄삼매(華嚴三昧)

287 · 6. 대승선(大乘禪)

1) 원력선(願力禪) : 자각각타(自覺覺他)

2) 호법교화(護法敎化)의 원력선(願力禪)

3) 동사선(同事禪): 각행원만(覺行圓滿)

300 · 7. 수행자의 자세

1) 출가자의 기본자세

◎ 당선인(當禪人)에게 주는 글

2) 선수행의 마음가짐: 태고선사의 공부점검법(法)

3) 경책(警責)

◎ 게으른 수행을 경책함

306 · 8. 태고선의 평가

[제6장] 태고보우 국사의 원융종풍

311 · 1. 한국불교와 원융불교의 위상

315 · 2. 불교사 속의 원융불교

1) 종파불교의 성립과 전개

2) 대립의 극복: 원융불교의 구현

319 · 3. 한국불교와 원융불교전통

1) 신라불교와 화쟁사상(和諍思想)

2) 순지(順之)의 일원사상(一圓思想)

3) 의천(義天)의 주교종선(主敎從禪)

4) 보조지눌(普照知訥)의 삼종문(三種門)

332 · 4. 대고보우의 원융불교

1) 선(禪)과 교(敎)의 원융

2) 정토(淨土)와 선(禪)의 원융

◎ 낙암거사(樂庵居士)에게 염불의 요점에 대해 주는 글

3) 화엄과 선의 원융

4) 진속불이(眞俗不二)의 원융

5) 원융부의 설치와 구산오교의 회통

345 · 5. 선시(禪詩)에 담긴 선사상

1) 시승(詩僧) 태고보우

2) 태고보우의 시세계

(1) 소 먹이며 쉬는 늙은이〔息牧叟〕

(2) 무얼 말하리〔何說〕

(3) 공도(空道)

(4) 요암(了菴)

(5) 무내(無奈)

(6) 육조(六祖)

3)「태고암가」의 시 사상

[제7장] 현대사회의 갈등과 원융사상의 실천

369 · 1. 태고사상과 인간 심성(心性)의 구현

1) 일물사상(一物思想)과 인간심성

2) 원융사상과 인간심성

3) 본원적 인간심성의 자기화

384 · 2. 세계평화의 문제와 태고사상

1) 불교의 관점에서 본 전쟁과 평화

2) 태고의 원융사상과 세계평화

(1) 원융사상의 전쟁과 평화관

(2) 원융사상과 세계평화의 구현

395 · 3. 지구촌 시대의 경제문제와 태고사상

    1) 경제 문제에 대한 불교의 기본 입장

    2) 태고사상으로 본 경제 문제

407 · 4. 환경위기와 태고사상(太古思想)

    1) 불교의 환경인식

    2) 태고사상의 환경인식

    3) 태고사상과 환경 실천윤리

419 · 5. 사회적 불평등 문제와 태고사상

    1) 현대사회의 불평등과 불교의 입장

    2) 빈부격차와 사회문제

    3) 태고사상으로 본 사회적 불평등 문제

432 · 6. 종교 간의 갈등과 태고사상

    1) 종교 간의 갈등과 불교의 입장

    2) 태고의 포괄주의적 원융종교사상

    3) 원융사상과 종교화합의 원리

    4) 대화문명 시대를 위한 원융종교사상의 의미

450 · 7. 한국불교의 문제와 원융불교의 조명

    1) 다종 · 다분파 상황

    2) 사상적 고착과 수행의 편향성

    3) 대중교화와 교육의 빈곤

    4) 소극적인 시대인식과 현실참여

468 · 8. 태고사상과 남북한 통일 문제

    1) 통일문제와 원융사상

    2) 통일철학과 원융사상

3) 통일 원칙과 원융사상

4) 통일 과정과 원융사상

[제8장] 한국불교의 사법초조嗣法初祖

479 · 1. 태고보우의 사적(史的) 위상

1) 고려불교계의 현실과 정풍운동

2) 5교9산의 통합과 불교계의 부흥

◎ 중간치문경훈서(重刊緇門驚訓序)

486 · 2. 한국불교의 중시조(重始祖)

1) 태고보우의 법통(法統)

2) 한국선맥(韓國禪脈)의 가풍

3) 조선조 선종의 법맥(法脈)

499 · 3. 현대 한국불교의 법맥

1) 조계종의 종명(宗名)

2) 해동정맥의 초조(初祖)

부록

508 · 태고보우 국사 연보

사단법인 대륜불교문화(태고) 연구원 임원

불조원류 법계문

태고 법손 6대 결의문

제1장

•• 태고보우의 삶과 깨달음

탄생과 출가
수행과 오도
임제정맥의 계승
불교교단의 개혁과 통합
교화의 삶과 열반

1. 탄생과 출가

1) 태고보우의 연구자료

태고보우의 행적에 관해 남겨진 저서나 문헌, 사적은 태고의 위상에 비해 많지 않으며, 태고 자신에 의한 저술도 남아있지 않다. 태고보우에 관한 자료들을 내용이나 성격별로 나누어 보면 대개 5가지로 요약될 수 있다.

첫째, 태고보우의 문인들이 편집한 태고보우의 어록과 행장 그리고 그 행장에 의거하여 찬술된 탑비명 등이다. 태고보우 자신의 저술이 따로 전해지지 않고 있는 상태에서 그의 어록·행장·탑비명 등의 자료들은 질적인 면에서나 양적인 면에서 가장 중요한 자료이다. 또한 이것들은 태고보우의 행적이나 불교내용을 구체적으로 이해하게 하는 1차적인 자료이면서, 그의 내적인 정신세계를 이해하게 하는 것으로 유일한 자료라고 할 수 있다.

둘째, 불교를 비판하는 입장에 있던 유학자들이 남긴 자료들이다. 특히 조선 초기의 성리학자들이 남긴 것으로서 주목되는 것은 『고려사(高麗史)』와 『고려사절요(高麗史節要)』의 기록이라고 할 수 있다. 이들 사서에 나오는 기록은 비판을 위한 비판으로서 진실성이 결여된 것이라고 평가될지도 모르겠으나, 태고보우에 관한 기록은 결코 일방적인 비판만은 아니다.

셋째, 태고보우가 살던 시기의 정치적·사회·경제적 상황과 그리고 불교계 상황에 관한 자료이다. 아울러 보우와 직간접으로 관련을 가진 다른 승려들에 관한 자료와도 비교대조할 필요가 있다고 본다. 이러한 자료들은 첫째와 둘째 자료의 부족을 보충하게 할 뿐만 아니라, 나아가 태고보우의 역사적 위치를 보다 정확하게 이해하게 하는 것이다.

마지막으로 조선 중기 이후에 와서 태고보우를 한국불교의 종조로 내세우려는 목적에서 쓰인 자료들이다. 『청허당집(淸虛堂集)』, 『사명당집(四溟堂集)』 등 서산휴정(西山休靜) 계통의 저술들과 사암채영(獅巖采永)의 『해동불조원류(海東佛祖源流)』 등의 자료가 대표적인데 이들 자료는 태고보우에 관한 것이라기보다 우선 조선 중기 이후의 불교사 인식에 관한 문제로서 검토가 선행되어져야 할 것이다.

이처럼 태고보우가 선뿐만 아니라 교학에도 밝았음에도 불구하고 자신의 저술이 전하지 않는 이유는 '불립문자(不立文字) 교외별전(敎外別傳)'을 표방하는 선가의 특성에 따른 것으로 보인다.

태고보우의 삶을 주요 사건별로 요약하면 다음과 같다.

13세, 회암사(檜巖寺)의 광지(廣智) 선사에게 득도(得度).

26세, 승과 화엄선(華嚴選)에 급제.

30세 봄, 용문산 상원암(上院庵)에 머묾.

33세 가을, 성서(城西) 감로사(甘露寺)에 머묾.

37세 가을, 불각사(佛覺寺)에서 『원각경(圓覺經)』을 읽음.

동년 10월, 채홍철(蔡洪哲)의 전단원(栴檀園)에서 동안거의 결제를 주관.

38세 1월 7일 새벽, 대오. 이때 지은 오도송(悟道頌)이 지금도 전해진다.

동년 3월, 양근(楊根)에 돌아가 부모를 시봉.

39세 봄, 소요산 백운암(白雲庵)에 머묾. 이때 중국의 학승 무극(無極)이 와서 임제종의 정맥을 계승하기를 권유.

41세, 채하중, 김귀흠의 청으로 삼각산 중흥사(重興寺)를 중수하여 33세 가을, 성서 감로사에 머묾.

46세 봄, 연경의 대관사에 머묾.

동년 11월 24일, 원의 태자 생일에 초청되어 『반야경(般若經)』을 강의.

47세 7월, 호주 하무산(霞霧山) 천호암(天湖庵)에 이르러 석옥청공(石屋淸珙) 화상의 의발을 전수받음.

동년 8월 1일, 석옥 화상을 배사하고 연경으로 향함.

동년 11월 24일, 태자 생신에 황후, 태자 등이 향과 폐백을 내리고 공민왕이 이때 세자로 처음 선사를 만남.

49세 봄, 고려에 돌아와 중흥사에 머묾.

동년 여름, 하결제가 끝나고 용문산 북쪽에 암자를 지어 소설암(小雪庵)이라 이름 함.

52세 봄, 왕이 등극하고 궁중에 맞아들임.

동년 가을, 다시 소설암으로 돌아감.

56세 2월, 공민왕의 청으로 궁중에서 설법.

동년 3월 6일, 봉은사(奉恩寺)에서 개당하여 왕이 태후를 모시고 설법을 들음.

동년 4월 24일, 왕사로 봉함. 이날 오랜 가뭄 뒤에 단비가 내리어 왕이 이를 왕사우라 함.

57세 2월, 소설산으로 되돌아감.

58세, 칙명을 받들고 성곽을 다스림.

59세 가을, 미지산(彌智山)에 들어가 초당(草堂)을 지음.

61세 11월, 홍건난이 일어나 왕이 안동으로 몽진.

62세 1월, 공민왕이 귀경함.

66세 겨울, 도솔산(兜率山)에 들어갔다가 전주 보광사(普光寺)로 옮김.

68세 여름, 신돈의 모함으로 속리산에 금고당함.

69세 3월, 사면되어 소설산에 돌아감.

71세 7월, 신돈은 주살되고 국사로 봉해짐.

78세 겨울, 영원사(塋源寺)로 옮김.

81세 겨울, 양산사로 옮김. 다시 국사로 봉함.

82세 여름, 소설산으로 돌아옴.

동년 12월 24일 유시(酉時)에 열반함.

시호를 원증(圓證)이라 함.

2) 고려 말의 시대적 배경

태고보우가 살았던 시대적 사정을 보면 당시 고려는 중국 송(宋)과의 교류에 의지한 문치(文治)주의 중심의 귀족정치가 무신의 난(亂)으로 몰락하고, 이후 몽고의 침략에 대항하던 무신정권이 붕괴되고 나서 중국을 지배하게 된 몽고인 원(元)의 속국으로 전락된 상태에 있었다. 고려의 조정은 제25대 충렬왕 이후 31대 공민왕까지 세자는 원의 수도인 연경(燕京)에 볼모로 체류하게 되었고, 왕은 원나라 황실의 공주와 혼인하여 원의 부마국이 되어있었다. 원은 원종(1259~1274)부터 충렬왕(1274~1308)대의 초기 20여 년 간 군대를 주둔하고 부분적인 내정간섭을 했으며, 그 후 원의 몰락으로 공민왕(1351~1374)이 반원정책을 실시할 때까지 약 80여 년간 정동행성(征東行省)을 설치하여 왕위의 계승을 비롯해 실질적으로 고려를 지배하였다.

볼모로 잡혀있던 공민왕의 귀국 이후는 태고보우가 왕성하게 활동했던 전성기로 공민왕은 반원정책을 시행하여 원에 의지해 권력과 부를 누리던 권신들을 제거하고 정동행성을 축출하였다.

불교계의 경우 고려 태조의 불교정책에 힘입어 국왕과 서민에 이르기까지 불교를 신앙하고 있었지만 태고보우의 탄생 즈음해서는 불교는 대체로 권문세가들의 관계 속에 보수화되었다. 몽고의 예속 하에 있을 당시 원의 조정은 티베트불교를 신봉하고, 불교에 호의적이었기 때문에 고려 불교인들의 중국통행은 비교적 자유롭고 융숭하였다.

불교의 종파는 선종의 조계종과 천태종, 교종으로는 화엄종·자은종(慈恩宗)·신인종(神印宗)·시흥종(始興宗)·남산종(南山宗) 등이 존속했었지만 모두 침체되었고, 세속의 일을 해결하기 위한 의례와 제사 중심의 불사(佛事)가 성행하였다. 반면 신진사대부들은 유교에 심취하여 새로운 정치세력으로 부상하였는데 유교는 중국의 성리학 수입 이후 신진사대부들이 고려성리학의 체계화에 기여하였다.

2. 수행과 오도

　태고보우는 고려 충렬왕 27년(1301) 대덕 5년 신축년 9월 21일 경기도 양근(楊根, 현 양주)에서 출생하였으며, 원래 이름은 보허(普虛)이고 성은 홍(洪)씨로 홍주(洪州)사람이다. 태고(太古)는 자호이며, 보허(普虛)는 최초의 득도사인 광지(廣智) 선사로부터 받은 이름이다.

　아버지의 휘는 연(延)이며, 태고보우가 후일 왕사(王師)가 되자 '홍양공(開府儀同三司 上柱國 門下侍中 判吏兵部事 洪陽公)'이라는 벼슬을 제수받고 어머니 정씨는 '삼한국대부인(三韓國大夫人)'라는 칭호를 받았다. 『태고록(太古錄)』의 「행장(行狀)」에 따르면 어머니는 보우를 회임할 당시 일륜(日輪)을 품는 태몽을 꾸었다고 전해지며, 성장할 때에 기골이 준수하여 관상보는 이들이 법왕아(法王兒)가 될 것으로 예언하였다.

　태고보우는 13세 때인 충선왕 5년에 가지산문의 종사인 회암사(檜巖寺) 광지 선사에게 출가·득도함으로써 구산선문(九山禪門) 가운데 가지산파(迦智山派) 소속의 스님으로 출발하였다. 그는 19세 때부터 만법귀일(萬法歸一)의 화두를 참구하였으며 교학도 겸수하여 26세 때에는 국가시험인 화엄선(華嚴選)에 합격하기도 하였다.

태고보우는 30세 되던 해(1330)에는 경기도 용문산(龍門山) 상원암(上院庵)에 들어가 12가지 큰 서원을 세우고 관세음보살께 기도·정진하였지만 서원의 내용은 전해지지 않고 있다. 33세 되던 가을(1333)에는 성서(城西)의 감로사(甘露寺) 승당에 머물면서 수행이 부족함을 한탄하여 "성질이 나약하고 게을러 불법을 깨우치는 큰 일을 성취하지 못할 바에는 차라리 고행을 하다가 죽느니만 못하다"라고 크게 마음을 내어 7일 동안 침식을 잊고 죽음을 각오한 용맹정진에 몰입하였다.

태고보우는 37세(1337) 가을에는 불각사(佛脚寺) 독방에서 『원각경(圓覺經)』을 읽다가 "일체가 모두 소멸하는데 이르면 이것을 부동(不動)이라 이름하며, 소지(所知)의 경계를 벗어나는 것이다"라고 한 대목에서 큰 깨달음이 있었다.

이후 태고보우는 계속 정진하였는데 그 해 10월 당시의 세력가인 채홍철(蔡洪哲)이 전단원(栴檀園)을 수행처로 추천하였다. 태고는 정진한 끝에 38세 때 크게 깨쳐 오도송을 지었고 여기서 "뇌관(牢關)을 타파한 후에 맑은 바람이 태고(太古)로부터 불어오네"라는 마지막 구절로 인해 태고가 자신의 휘(諱)가 되었다.

오도송(悟道頌)

趙州古佛老	조주 고불(古佛) 늙은이가
坐斷千聖路	앉아서 천성인의 길을 끊었다
吹毛覿面提	취모검을 얼굴에 들이댔으나
通身無斡窺	온몸에 빈 틈이 없다.
狐兔絶潛蹤	여우와 토끼가 자취를 감추더니

飜身師子露　　몸을 바꾸어 사자가 뛰쳐나온다
打破牢關後　　뇌관을 타파한 후에
淸風吹太古　　청풍(淸風)이 태고로부터 불어오네.

　전단원에서 크게 깨친 태고는 38세 3월에 고향인 양근초당(楊根草堂)에서 부모를 모시고 1천 7백 공안을 두루 참구(參究)하였는데, 공안 가운데 '암두가 비밀히 계합한 곳〔巖頭密啓處〕'에 막혀 있었다. 이 공안은 남송시대 무문혜개(無門慧開)가 지은 『무문관(無門關)』에서 제13칙(則)인 '덕산탁발(德山托鉢)'에도 나오며 여러 곳에 그 출처가 있다.

◉ 덕산탁발(德山托鉢)

　하루는 덕산(德山)선감 선사가 바릿대를 들고 식당으로 나오는데 설봉(雪峯)이 보고 말했다.

　"노스님 아직 종도 울리지 않았고, 북소리도 나지 않았는데 어디 가십니까?"

　이에 덕산 선사께서는 이에 말없이 당신 방으로 되돌아 가셨다. 설봉이 암두(巖頭)에게 이 말을 하니 암두가 말했다.

　"대단하다는 덕산 노장님이 아직 말후구(末後句)를 모르셨네."

　덕산 선사 이 말을 듣고 시자를 시켜 암두를 불러놓고 말했다.

　"네가 나를 긍정하지 않는가?"

　이에 암두는 스님의 귀에 입을 대고 가만히 그 뜻을 말하였다〔巖頭密啓其意〕.

　덕산 선사께서 아무 말 없다가 다음 날 법상에 오르셨는데 과연 다른 때와 그 태도가 달랐다. 암두가 법문하시는 방 앞에 가서 손뼉을 치고 크게 웃으며 말했다.

"기쁘도다. 우리 노스님이 말후구를 아셨다. 이로부터 천하에 어떤 사람이 올
지라도 덕산 선사를 어떻게 건드리지 못하리라."

위에서 덕산선감(德山宣鑑, 780~865) 선사는 용담(龍潭) 선사의 법
을 이었고 제자를 가르칠 때에 봉(棒)을 자주 사용하여서 임제와 더불어 '덕
산봉 임제할(德山棒 臨濟轄)'이라 불렸다. 암두전활(嚴頭全豁,
828~887)과 설봉의존(雪峰義存, 822~908)은 모두 덕산의 제자로 법
형제 간이 된다. 무문(無門) 선사는 위 공안에 평을 달길, "만약 이것이 말
후구라면 덕산과 암두 두 분 다 꿈에도 말후구의 도리를 보지 못했다. 알고
보면 덕산, 설봉, 암두 모두가 한 누각의 꼭두각시니라"라고 하였다. 태고보
우는 이 공안의 뜻을 홀연히 깨치고 나서 "암두가 활을 잘 쏘기는 하지만 이
슬에 옷 젖는 줄 모른다"라고 평하고, "20년 동안 고심했던 것이 여기서 끝
났다"라고 하였다. 이때 태고보우의 세수는 38세 때였다고 전해진다.

3. 임제정맥의 계승

　태고보우는 큰 깨달음을 얻은 후 고향에 들러 부모님을 모시다가 39세에
는 소요산(逍遙山) 백운암(白雲庵)에 머물렀다. 이때 태고보우를 사모하
던 고려의 권신인 채하중과 김문귀 등이 삼각산 중흥사(重興寺)로 간곡히
모셔 수많은 납자들이 모여 들었다. 태고보우는 이때 절 동쪽에 암자를 짓고
태고암(太古庵)이라 이름 하였는데 그곳에서 자신의 오도를 노래한 것이
유명한「태고암가(太古庵歌)」이다.

　태고의 나이 45세 때 무극(無極)이라는 중국 스님이 들어와 뛰어난 논변
으로 많은 선지식들을 굴복시켰다. 무극은 태고보우도 만났으나 오히려 태
고에게 깊이 감복하고 말하길 "중국의 남조(南朝)는 아직도 임제의 종맥이
끊어지지 않았으니, 거기서 인가를 받으십시오. 임제의 직계로서 설암(雪
巖)의 후손과 석옥청공(石屋淸珙) 등 몇 사람이 있습니다"라고 하였다. 태
고는 기뻐하며 다음 해 곧 중국을 가려하였으나 인연이 닿지 않아 삼각산 중
흥사에서 5년간 쇠락해 가던 사원을 중수하고 총림을 이루어 크게 선풍을
진작하였다.

당시의 중국은 몽고족이 세운 원(元, 1271~1368)나라가 지배하던 시기였지만 조정의 제위쟁탈전으로 인해 국력이 쇠약해지면서 부패와 자연재해가 만연하였고, 이어 여러 지방에서 농민이 봉기하였다.

고려는 몽고족의 침략으로 전 국토가 유린되는 와중에 황룡사 9층탑과 대장경판본의 소실 등 엄청난 문화재의 피해를 입었으나, 원과 강화를 맺은 후원 세조 쿠빌라이는 고려 불교사원을 보호하였고 고려는 묘련사(妙蓮寺) 등지에서 원 황제들을 위한 의례법회를 열었다.

원제국은 대외관계에 있어 개방적이고 관용적이어서 외국인들의 출입이 많았고 경제적 문화적 교류가 활발하였다. 특히 불교를 신봉하고 유교와 도교 외에 기독교와 이슬람교도 허용하는 포용성을 보였다. 원에 유학한 고려승은 태고 외에 나옹(懶翁) 선사와 백운(白雲) 선사 등이 있으며, 이들도 중국선맥의 후손으로부터 인가받고 고려로 돌아와서 한국불교의 선양에 힘썼다.

태고보우는 46세(1346)에 원을 방문하여 다음 해 봄 연경의 대관사(大觀寺)에 머물렀다. 이 때 태고보우의 명성이 원 황제에게도 알려져 그 해 겨울 태자의 생일 때 황제는 태고보우를 초청하여 『반야경』을 강설하게 하였다. 다음 해(1347) 봄 태고보우는 남소(南巢)의 축원성(竺源盛) 선사를 찾았으나 이미 입적한 뒤였다. 그러나 문인인 홍아종(弘我宗) · 월동백(月東白) 등이 다음과 같이 축원성 선사의 삼전어(三轉語)를 가지고 태고의 도를 시험하였다.

첫째, 출가하여 도를 공부하는 것은 다만 견성을 도모하기 위한 것인데 그 성품은 어디 있는가?

둘째, 3천 리 밖에서는 사람이 와서 사투리 말을 하게 되면 성품이 같건만 어찌 그 말을 알아듣지 못하는가?

셋째, 두 손을 펴 보이며 말하길 "이것은 제1구이니, 제2구는 나에게 돌아온다."

이때 태고는 다음의 게송으로 삼전어의 관문을 모두 관철하였다.

坐斷古佛路	앉아서 고불(古佛)의 길을 끊고
大開獅子吼	사자후를 크게 열었다
還他老南巢	돌이켜 남소의 노인을 찾았건만
手脚俱不露	손발을 모두 드러내지 않네
不露也明如日	드러내지 않으나 밝기가 해와 같고
不隱也黑昭漆	숨기지 않지만 검기가 옻칠 같구나
我來適西歸	서쪽 땅에 와서 못 뵙고 가는 마음
餘毒苦如蜜	독하고 괴로움이 오히려 꿀과 같구나.

같은 해 7월 15일 태고는 호주 하무산 천호암(天湖庵)을 찾아 당시 임제종의 적손(嫡孫)인 석옥청공(石屋淸珙) 선사를 만났다. 석옥은 태고의「태고암가」를 듣고 여러 가지 문답으로 태고를 시험한 후 태고를 깊이 인정하였다. 당시 석옥 선사는「태고암가」의 발문을 써주면서 물었다.

우두(牛頭) 선사가 4조를 만나기 전에는 무엇 때문에 온갖 새들이 꽃을 입에 물고 왔던가?

부귀하면 사람들이 다 우러러 보기 때문입니다.

4조를 만난 뒤에는 무엇 때문에 입에 꽃을 문 새들을 찾아볼 수 없었던가?

가난하면 아들도 멀어지기 때문입니다.

공겁(空劫) 이전에도 태고가 있었던가, 없었던가?

허공이 태고 가운데서 생겼습니다.

이에 석옥 선사는 "불법이 동방으로 가는구나"라고 말하며, 태고에게 가사(袈裟)를 전하고 "이 가사는 오늘 전하지만 법은 영산(靈山)으로부터 여기까지 내려온 것으로 그대에게 주니 잘 보전하여 끊어지지 않게 하라"라고 당부하였다.

태고는 보름 정도 더 머무른 후 8월에 그곳을 떠나 10월에 북경에 도달하니 태고의 부법(付法) 사실이 알려져 명성이 이미 높았다. 태고는 원 태자의 생일을 맞아 영녕사(永寧寺)에서 설법하였는데, 황제의 스승과 황후 및 태자는 향을 선물하고 태고는 황후가 바친 금란가사(金蘭袈裟)를 입고 설법하였다.

이때 볼모로 잡혀있던 고려의 세자 기(琪)가 참석하여 듣고 감탄하길 자신이 훗날 고려의 왕이 되면 태고를 스승으로 모시겠다고 약속했으니 그가 곧 공민왕이다. 1348년 봄 48세 때 영녕사 주지를 사임하고 선가의 법규인 『백장청규(百丈淸規)』와 『치문경훈(緇門經訓)』을 소지하고 귀국 길에 올랐다.

4. 불교 교단의 개혁과 통합

1) 고려사회와 공민왕의 개혁정치

태고보우는 원으로부터 귀국한 후 석옥으로부터 전해 받은 의발(衣鉢)을 가지고 삼각산 중흥사의 옛 설법도량에 돌아와 하안거에 들었다. 결제가 끝났을 때 노리(老吏)인 선대(善大)의 간청으로 용문산의 북쪽 소설산에서 4년간 머물렀다.

당시 혼란스러웠던 고려 말기의 상황은 충선왕이 폐정개혁 27개조를 발표하여 정치혼란을 바로 잡으려고 하였으나 권문세력의 거센 반발과 원의 압력으로 실패하였고, 다시 충목왕 3년(1347)에도 정치도감을 설치하여 정치와 경제, 사회 등 당면 문제들을 해결하려 하였으나 역시 실패하고 이후 공민왕이 즉위하였다.

일찍이 공민왕은 영녕사 개당법회에서 태고를 만났고, 이 때 설법을 듣고 감화한 태자는 태고를 스승으로 모시겠다고 약속하였다. 태고가 56세 되던 2월에 공민왕이 한가귀(韓可貴)를 시켜 태고를 맞도록 하였으나 불응하였다. 공민왕은 다시 태고를 불러 내불당(內佛堂)에 모시고 공양과 예배를 올리며 법회를 보도록 하였다.

공민왕은 보우를 궁중으로 받아들여 치국(治國)의 도를 물었고 이때 태고는 '다만 거룩하고 인자한 마음이 모든 교화의 근본이요 다스림의 근원이니 마음을 근본으로 삼아 나라를 다스릴 것'을 당부하였다.

당시 태고는 중흥사의 부원세력인 권신들과 연락을 끊고 소설산에 은거하였으며, 원과의 교류도 중지하였다. 다만 공민왕의 요청으로 봉은사에서 원의 순제를 위한 축성도량을 베풀 때, 원에서 여러 가지 시물(施物)을 보내온 적이 있을 뿐이다. 태고는 공민왕의 포부인 자주적인 개혁정치에 부담을 느끼지 않도록 처신한 것으로 보인다.

이때 원의 석옥 선사는 멀리 편지를 보내어 승려로서의 본분을 지키는 것이 국가나 불은(佛恩)의 보답에 모두 부합된다고 조언하여 혼란한 정치적 혼란 가운데 입지 모를 재앙을 경계토록 하였다.

태고는 공민왕 5년(1356) 봉은사 법회를 마치고 또 왕에게 글을 올려 돌아갈 것을 요청하였으나 공민왕은 오히려 "과인은 스님의 도를 일찍부터 사모하였습니다. 과인의 소망을 꺾지 마소서. 스님이 머물지 않는 것은 도리에 어긋납니다"라고 하여 태고가 그의 곁에 머물러주기를 요청하였다.

공민왕은 불교계의 개혁을 주도할 원융부(圓融府)를 설치하고 태고를 왕사(王師)에 책봉하였다. 태고는 공민왕의 명을 받고 여러 차례 법회를 주관했으며 또 왕의 요청을 받고 많은 법문을 베풀었다. 공민왕은 원융부의 설치를 통해 통합된 불교세력을 배경으로 실추된 왕권을 강화하고 나아가 고려의 자주적 개혁정치를 실시하고자 하였다.

이후 봉은사에서 원의 순제를 위한 법회를 열었는데 당시 태고보우는 고려 태조의 진영이 봉안되어 있는 태조전에 참배하면서 삼한을 통일한 태조의 위업을 기리고, 다시 앞으로 전개될 영토 회복을 위한 군사작전에 태조의 영혼이 감응해주기를 축원하였다.

이때 공민왕은 대표적 부원세력인 기씨 일당을 주살하였고, 원의 간섭기관인 정동행성을 폐지하였다. 또한 원의 연호를 정지시키고 고려의 옛 관제를 회복하고 쌍성총관부를 격파한 후 원에게 함락되었던 동북지방을 99년만에 수복하였다. 태고보우는 불교계의 구산선문을 통일시킬 것과 한양천도를 건의하였다.

2) 5교9산(五敎九山)의 통합

고려 후기의 혼란한 사회는 정치·사회적인 개혁과 함께 침체된 불교에도 변화가 요구되었다. 공민왕은 정치와 외교의 개혁추진에 있어 왕사의 정신적 조언에 의지했고 태고의 불교교단 통합과 개혁의 노력에 많은 지원을 하였다.

공민왕은 원융부를 설치하여 독립된 관속들을 두었으며 태고를 모셔 사제(師弟)의 예를 갖추었다. 또한 태고를 원융부의 주지로 임명함으로써 불교교단의 통합을 태고에게 일임하겠다는 의지를 보였다. 공민왕은 태고를 왕사로 모신 후 자신의 생일날 태고를 내전(內殿)에 맞이하고 승려 108명을 공양하였다. 이때 공민왕은 "이제부터 선교종문의 주지는 왕사의 주의를 들은 것이며 과인은 다만 제목을 내릴 뿐이다"라고 하여 태고의 왕사직 수행을 지원하였다.

고려 후기의 불교교단의 통일은 구산문의 분열과 대립에서 비롯된 것으로 이것은 교단내부 뿐만 아니라 국가차원에서도 큰 문제가 될 수밖에 없었다. 태고가 공민왕에게 건의한 구산선문의 통합과, 백장청규(百丈淸規)의 도

입, 그리고 5교의 홍포는 공민왕에게 채택되어 추진되었다. 공민왕 5년 (1356)에 설치된 원융부(圓融府)는 태고로 하여금 불교계의 영도적인 위치를 확고하게 하였고 종교의 최고 책임자로서 승직의 임명권을 부여받았다. 태고는 당시 자신의 불교계에 대한 개혁에 대해 다음과 같이 설하였다.

> 지금 9산의 선객들은 각각 그 문중을 등에 업고 피차의 우열을 따지며 심히 싸우다가 요즈음에는 무리를 더하여 창과 방패를 쥐고 울타리를 만들어 화합을 해치고 정도(正道)를 깨뜨립니다. 아아! 선(禪)이란 원래 한 문이건만 사람들이 많은 문을 만들었으니, 저 부처님의 평등하여 '나'가 없다는 도리와 여러 조사들의 격식을 벗어나 맑게 드날리는 가풍과 선왕의 법을 보호하고 나라를 편하게 하려는 뜻을 어디서 찾겠습니까?

이것은 당시 구산선문 파벌싸움의 폐단이 얼마나 심했는지를 보여주는 것이다. 불교계는 스스로 자정의 능력을 잃었기 때문에 태고보우는 원융부의 설립이라는 최후의 수단을 선택한 것으로 판단된다.

또한 태고는 구산이 일문(一門)이면서 서로 다투고 화목하지 못한데 대해 한탄하고 "구산이 이 땅에 들어온 지 오래되어 처음의 하나로 돌아가느니만 못하니, 오로지 신양(新陽)만이 불교의 병을 낫게 한다"라고 하여 당시의 불교교단에 대해 앞으로 통일된 하나(一)를 향한 변화의 시대가 필요함을 역설하였다. 태고의 주역을 통한 변화의 예고는 훗날 태고의 천도(遷都)설까지 일치시켜 종교적 통일 이외에 고려의 사상적 통일, 기타 정치적 통일을 함께 하고자 한 의미가 담겨 있었다.

한편 태고보우는 원에서 귀국할 때『치문경훈(緇門經訓)』을 가지고 돌아왔다.『치문경훈』은 1313년 원의 영중(永中) 스님이 고승대덕의 좋은 글들을 모아 9권으로 편집한 것으로 치문(緇門)은 말 그대로 납자들의 귀감이 되는 글귀를 모은 것이다. 영중 선사가 쓴 글에는 "도(道)는 본래 말이 없으나 말로 인해 도가 드러나게 된다. 이것이 3교의 서적들이 지어지게 된 까닭이다"라고 하여 유불선(儒佛仙)을 가리지 않고 수행에 필요한 글들을 편집한 이유를 밝히고 있다. 또한 "널리 배우고자 하는 이들은 보고 듣기 바란다. 뜻을 얻고 말을 잊기에 이르면 곧 구구한 생각들이 될 뿐이겠지만, 어찌 그것이 헛되다고만 하겠는가?"라고 하여 글에 집착하지 말고 뜻을 새기도록 당부하였다.

『치문경훈』은 1378년 명회(明會) 스님이 판각하여 간행하였으니 태고는 서(序)에서,

내가 남방에 다니며 법을 구할 때, 다행히 이『치문경훈』을 만나, 본국에 가지고 돌아와 널리 유포시켜 국가와 민족을 이익케 하려한 지 여러 해가 되었다. 이제 뛰어난 학자인 명회(明懷)가 큰 서원을 내어 널리 시자(施者)의 인연을 모아 판각하고 인쇄하여 유포하니, 백성들로 하여금 한 번 보고 듣게 하여 모두 훌륭한 인연을 맺고 마침내 다 함께 위없는 바른 깨달음을 이루리라.

라고 하였다.

여기서 태고보우는『치문』의 간행이 소수의 출가 수도승들뿐만 아니라 일반 국민과 국가에 이익이 될 것임을 밝혔다. 이 책은 불교의 특정 종파의 한계를 초월하여 유·불·선을 통합했기 때문에 신분과 소속을 막론하고 누구라도 자유롭게 읽었을 뿐 아니라 당시 고려의 사회통합의 큰 뜻을 담고 있음을 알 수 있다. 태고가『치문경훈』을 간행한 것은 78세 때였으니 중국에서 귀국한 후 30년 만의 일이었다.

『치문경훈』은 태고 자신의 저술은 아니지만 고려시대로부터 현재에 이르기까지 불교를 사회와 통합시키고 조선시대에는 중각(重刻)·복간(復刊)이 계속되어 오늘에 이르며, 아직도 강원의 사미과 교재로 통용되고 있으니, 태고의『치문경훈』에 담긴 선사의 원력이 지중함을 알 수 있다.

또한 앞서 말한 것처럼 태고는 구산선문에 백장청규를 도입할 것을 선양하였는데, 백장청규는 중국의 백장회해(百丈懷海) 선사에 의해 정해진 것으로 선승들의 수도생활에 필요한 생활규범이다. 백장의 '하루 일하지 않으면 하루 먹지 않는다〔一日不作 一日不食〕'라고 한 근로사상은 중국뿐만 아니라 한국불교에 끼친 영향이 크며, 청렴한 승가 공동체의 청정한 생활지침이 되어왔다.

원래 선문에는 임제 이후에도 청규(清規)가 무수히 많았으나 백장청규는 임제종(臨濟宗)에 국한하지 않은 초종파적인 입문서로서 당시 9산을 포용하려는 보우의 정신을 발견할 수 있다. 태고의『치문경훈』과『백장청규』의 유포는 고려불교에 선을 단절하고 임제종을 수입하였다는 비판도 있으나, 태고는 석옥청공에게 인가받은 이후 따로 임제종을 세우거나, 임제종을 자처한 일이 없기 때문에 임제종과는 무관한 일이며 오로지 당시 고려의 선문을 일신하기 위한 목적으로 수용된 것으로 보아야 할 것이다.

5. 교화의 삶과 열반

태고보우는 평생을 거쳐 교화활동을 펴서 오도(悟道) 이후 석옥의 인가를 받기 전부터 채하중 · 김문귀와 같은 거사들의 청을 받아들여 삼각산 중흥사에서 총림을 크게 일으켰다. 또한 왕사로서 공민왕을 도와 국가와 사회를 지도하였다. 태고는 선(禪)을 중심으로 간화선을 선양하였고 그 교화는 선가의 제자들뿐만 아니라 왕과 관료 등 상당수 재가 거사들에게까지 미쳤다.

태고는 공민왕에게 심요(心要)를 청한 데 대해 답하면서 국왕에게 화두를 참구하여 마음을 밝히고 유불선을 넘은 선정을 백성에게 베풀 것을 일깨웠다. 또한 사암(寺庵)을 건립하는 일에 관심을 가져 10여 군데 이상 건립한 사실은 그가 서민대중의 교화에도 뜻이 있었음을 보여준다.

태고의 명성은 국제적으로도 널리 알려져 『태고록』에는 외국 수행자들에게 준 다수의 글들이 실려 있다. 이 가운데 일본인 지성(志性) 선사에게 "태양이 동해에서 떠오른다. 청하노니, 이를 잘 살펴보소. 그 밝음을 돌이켜보아 밝게 깨달으면, 서 있는 곳이 바로 깨닫는 곳일세"라고 한 가르침은 도(道)는 고려 뿐 아니라 일본에서라도 이룰 수 있다고 격려한 법어이다. 또한 인도승 달마실(達摩悉)에게 준 게송에는 "인도의 참된 불자여, 신세 흰 구름처럼 한가로워라. 한마디 부치노니 산들과 물에 모름지기 푸른 눈을 뜨고서 보소"라고 하여 지혜의 눈으로 공부할 것을 충고하였다. 이처럼 태고의 문하에는 고려뿐만 아니라 기록되지 많은 외국 선객들이 가르침을 청하여 방문하였음을 짐작할 수 있다.

태고보우가 왕사직을 사임하고 1357년 소설암으로 돌아간 다음 해 홍건족의 난을 예견하고 왕에게 진언하여 성곽을 수축하게 하였다. 과연 1361년 홍건족이 쳐들어와 왕은 안동까지 피난을 갔다.

그 후 공민왕은 노국공주의 죽음을 계기로 마음이 크게 바뀌어 편조(遍照) 신돈(辛頓)과 같은 삿된 무리를 가까이 하면서 태고와 멀어졌고, 태고는 68세 되던 해에 신돈의 해를 피하기 위하여 원나라로 외유할 것을 청하였으나 신돈이 방해하였다. 태고보우는 당시 신돈의 모략으로 속리산(俗離山)에 금고되었으나 조금도 공민왕을 원망하지 않았다. 1371년 공민왕은 신돈의 역모를 감지하여 처형한 후, 태고를 다시 국사로 추대하였다.

태고는 왕사·국사가 된 이후 불안한 고려의 정세와 혼탁한 사회를 개혁하려 노력하였고, 민족의 수난을 겪어낸 어려운 시기를 살았다. 태고는 1382년 12월 24일 제자들을 모아놓고 임종게를 읊고 열반하였는데, 이때 태고의 세수는 82세요, 법랍은 69세였다.

태고보우는 다음과 같이 임종게를 남겼다.

人生命若水泡空	사람의 목숨은 물거품 같고
八十餘年春夢中	팔십 평생 봄 날 꿈속이어라
臨終如今放皮袋	임종 맞아 가죽 포대 놓으니
一輪紅日下西峰	붉은 해가 서산을 넘는구나.

다음해 1월 초에 다비(茶毘)를 하니 수많은 사리가 나왔다.『태고록』에는 다음과 같이 기록되어 있다.

1383년 1월 12일 국사의 유해를 방장실 앞에서 화장하였다. 그 날 밤 광명이 하늘에 뻗쳤고 사리가 무수히 나왔는데 정수리에서 나온 사리들은 별과 같이 찬란하였다. 이 때 왕에게 사리 100과를 나라에 바치니, 왕은 더욱 공경하고 존중하여 원증(圓證)이라 시호를 내렸다. 그리고 중흥사 동쪽 봉우리에 부도를 세워 이름을 보월승공(寶月昇空)이라 하고 영골(靈骨)을 넣어 두었다. 스님의 문도와 장로들은 모두 "우리 스승은 떠나셨지만 사리가 세상에 있으니 어찌 근심하겠는가"라고 하고, 대중과 함께 힘과 마음을 다해 돌을 다듬어 부도를 만들어 넣어 네 곳에 모셨으니, 그곳은 양산사(陽山寺)·사나사(舍那寺)·청송사(靑松寺)·태고암(太古庵)이었다.

후에 문도들은 태고보우의 문집과 행장을 기록한『태고록』을 편찬하였고 이때 이색(1328~1396)과 정몽주 등의 유학자들도 각각 서문과 발문에서 태고보우 국사의 업적을 기리고, 태고의 입적을 애석해 하였다. 이에 우왕 9년(1383) 10월 문인 유창(維昌)이 태고보우 국사의「행장(行狀)」을 지었다. 유창은「행장」에서 다음과 같이 국사의 명호를 올려 선사를 기렸다.

고려국 국사 대조계사조 전불심인 행해묘엄 비지원융 찬리왕화 부종수교 대원보제 일국대종사 마하실다라 이웅존자 시원증 행장(高麗國國師 大曹溪嗣祖 傳佛心印 行解妙嚴 悲智圓融 贊理王化 扶宗樹敎 大願普濟 一國大宗師 摩訶悉多羅 利雄尊者 諡圓證 行狀).

제2장

•• 선종의 성립과 태고의 법맥

한국의 선종사(禪宗史)

임제정맥(臨濟正脈)

임제종풍의 사법(嗣法)

태고종풍과 종도의식(意識)

1. 한국의 선종사禪宗史

1) 신라 · 고려의 선종사

한반도에 선(禪)이 들어온 것은 통일신라시대이다. 통일신라시대에는 법랑(法朗) · 신행(神行) · 무상(無相) 등에 의해 처음 선이 알려졌지만, 본격적으로 선이 이해된 것은 도의(道義) · 홍척(洪陟) · 혜철(惠哲) 등에 의해 본격적으로 이해되고 참구되었다.

신라시대의 선의 특징을 말하면 산문선(山門禪)이라 할 수 있는데 이유는 중국 초기의 선과는 달리 다양한 산문이 독자적으로 개산입종(開山立宗)하였기 때문이다. 신라시대의 초기 선을 구산선문(九山禪門)이라 말하지만 구산선문에 포함되어 있지 않은 선문도 있고, 고려시대에 비로소 연 선문도 있으므로 구산선문은 고려 중기에 정의된 선문이다.

「희양산지선대사비명(曦陽山智詵大師碑銘)」에 의하면 '북산의 남악척(北山義 南岳陟)'이라는 기록이 보이는데 북산이란 설악산을 의미하며, 도의(道義)가 가지산에서 설악산 진전사(陳田寺)로 들어간 일을 가리킨다.

또한 남악이란 지리산을 가리키며 홍척(洪陟)이 남원 실상사(實相寺)를 개산하였던 사실을 뜻한다. 이 도의와 홍척은 함께 신라 선의 선각자로서 마조(馬祖)의 제자 서당(西堂)에게 법을 이었다.

도의 국사는 784년(선덕왕 5년) 당에 유학하여 강서(江西) 개원사(開元寺)의 서당지장(西堂智藏)의 법맥을 이어 받았고 백장회해(百丈懷海)를 찾아가 법요(法要)을 배웠으며 821년(헌덕왕 13년)에 귀국하였다. 도의는 양양의 진전사(陣田寺)에 들어가 40년 동안 수도한 후 제자 염거(廉居)에게 남방선(南方禪)을 전하고 입적하였다. 이 때문에 도의는 가지산파(迦智山派)의 개조(開祖)로 일컬어진다.

도의 선사는 귀국 후 진전사에서 15년간 은둔생활을 하였지만 홍척은 흥덕왕과 선강(宣康)태자를 제자로 삼고, 국사(國師)의 호까지 받았다. 이것은 신라의 전통적 골품제도가 폐지되고 지방호족제도로 바뀌는 역사적 상황도 한 배경이 되었다. 어쨌든 '북산의 남악척'은 당시 모든 산문에 영향을 미쳐 신라 선문의 양대선맥을 형성하였다.

북산계에서는 사굴산의 범일(梵日)이 '석존의 스승은 진귀조사(眞歸祖師)이다' 라고 하는 전설을 가지고 선의 우위성을 주장했다. 또한 성주산의 무염(無染)은 교학(敎學)의 '유설토(有舌土)'에 대해서, 선학(禪學)의 '무설토(無舌土)'가 근본적이며 우위의 세계에 있다고 설명하였다. 이러한 선 우위사상은 세속을 초탈한 판단이었으나 훗날 이러한 선사상은 조선시대의 조사선풍(祖師禪風)에 많은 영향을 미쳤다. 이에 반해 남악계는 선을 현실 속에 토착화하는 것에 관심을 두어 희양산의 지선은 의양산에 선궁(禪宮)을 구축하였고 동리산의 도선(道詵)은 도참(圖讖)과 위서(緯書)를 가지고 신라사회에 영향을 주었다.

한편 쌍계산의 혜소는 범패를 실연하는 불교의 대중화를 목표로 한 활동을 하였다. 이처럼 선과 정치, 선과 사회풍속, 선과 교학을 융화하려는 융선(融禪)의 경향은 당시 호족들의 정신적 배경이 되어, 호족의 한 사람이었던 왕건이 성공한 결과 융선사상(融禪思想)이 고려사회에 강하게 영향을 미치게 되었다.

고려시대가 되자 송나라의 화엄, 천태의 발달과 함께 선과 교가 상호 대칭 관계를 가지고 불교가 전개되었다. 선과 교를 회통하는 움직임은 이념통일에 부심했던 의천(義天)이 송나라로부터 천태종을 가지고 고려에 유포하여 송도(松都)에 국청사(國淸寺)를 창건한 것이 계기가 되었지만 그의 선교원융의 입장은 천태종의 영역에 국한한 것이었다.

당시 고려의 교종은 5교양종을 형성하였는데, 이 용어는 고려 중기에서 조선 초기에 이르기까지 『고려사(高麗史)』나 『조선왕조실록(朝鮮王祖實錄)』에도 보이고 있다. 오교는 「대각국사묘지명(大覺國師墓誌銘)」에는 법상종(法相宗), 계율종(戒律宗), 열반종(涅槃宗), 법성종(法性宗), 원융종(圓融宗)으로 되어 있으며, 『태종실록(太宗實錄)』에는 자은종(慈恩宗), 총남종(摠南宗), 시흥종(始興宗), 중도종(中道宗), 화엄종(華嚴宗)으로 되어 있다. 한편 양종(兩宗)은 조계종(曹溪宗)과 천태종(天台宗)을 가리킨다.

고려시대 후기에는 불교의 침체와 부패로 인해 여러 불교혁신 운동이 일어났으며, 이 가운데 정혜결사(定慧結社)와 백련결사(白蓮結社) 등의 신행결사가 두드러진다. 이 가운데 법상종(法相宗)의 승려들은 사경(寫經) 활동이 활발하여 오늘날 많은 사본들이 전해지고 있다.

보조지눌(普照知訥)은 자종의 입장을 넘어서 진정한 화회(和會)는 '진심(眞心)'으로 돌아가는데 있다고 주장하고 『수심결(修心訣)』을 지어 정혜쌍수(定慧雙修)와 돈오점수(頓悟漸修)를 주장하였다. 지눌의 선사상과 그 수행법은 그의 직계 제자며 조계산문의 제2세인 진각혜심(眞覺慧諶, 1178~1234) 국사에게로 계승되는데 혜심은 지눌 밑에서 조주의 '구자무불성(狗子無佛性)'과 대혜(大慧)의 10종병(十種病)을 문답하여 심인을 전해 받았다. 그 뒤 혜심 스님은 『구자무불성화간병론(狗子無佛性話揀病論)』을 저술하여 무자 공안을 널리 진작시키기도 하였는데, 이것은 고려 말의 나옹혜근(懶翁慧勤, 1320~1377)·백운경한(白雲景閑, 1299~1375) 등 많은 선승들의 수행법으로 활용되었다.

2) 가지산파(迦智山派)

신라 구산선문의 가지산파는 장흥사를 중심으로 도의국사의 법손인 보조(普照) 체징(體澄)에 의해 크게 선풍이 진작되었다. 체징(804~880)은 속성이 김 씨로 후에 시호를 보조(普照)라고 하였다. 어려서 출가하여 화산권법사(花山勸法師)에게서 배웠고, 설악산 억성사(億聖寺)의 염거(廉居) 밑에서 선(禪)을 닦았다. 희강왕 2년(837) 정육(貞育)·허회(虛會) 등과 당나라에 가서 수도하고 문성왕 2년(840)에 귀국한 다음 헌강왕의 초청으로 경주에 갔다가 가지산 보림사를 중수하고 선종(禪宗)을 폈다.

구산선문 가운데는 일연(一然, 1206~1289) 스님의 활동으로 인해 가지산문(迦智山門)이 흥성하였고 이후 혼구(混丘, 1251~1322)로 이어져 발전하였다.

혼구는 무극노인(無極老人)이라고 하며 본관은 청풍(淸風), 속성은 김 씨이다. 10세 때 무위사(無爲寺)의 천경(天鏡) 밑에서 승려가 되고, 승과에 급제하였으나 벼슬을 단념하고 일연을 따라 불경 공부와 수도에 힘써 그 자리를 승계하였다. 고려 충렬왕 때 대선사(大禪師)를 지냈으며 충선왕 즉

위 초에 양가도승통(兩街都僧統)을 거쳐 충숙왕 때 왕사(王師)가 되었다. 뒤에 은퇴하여 밀양(密陽)의 영원사(瑩源寺) 주지로 있다가 송림사(宋林寺)에서 입적하였다. 저서로는『어록(語錄)』,『가송잡저(歌頌雜著)』,『신편수륙의문(新編水陸儀文)』,『중편지송사원(重編指頌事苑)』이 있다.

『태고록』에는 태고보우가 19세(1319)에 구산선문의 하나인 가지산 총림에서 수행하였다고 전해진다. 태고의 득도사인 광지(廣智) 선사에 대해서는 자세히 알려져 있지 않다. 태고보우가 출가한 가지산 총림은 현재 경기도 양주군 회천읍 천보산에 자리한 회암사(會巖寺)를 가리킨다.

회암사의 창건은 고려 충숙왕 15년(1328)에 인도승 지공 선사가 창건한 것으로 지공은 절터를 보고서 인도의 나란다사(那蘭陀寺)와 닮았다고 말한 데서 비롯된다. 이후 회암사는 나옹(懶翁)에 의해 선종이 크게 드날렸으며, 훗날 재가 제자였던 이성계는 회암사에 각별한 관심을 갖고 무학 대사가 주석할 당시 많은 불사를 도왔다. 또한 이성계의 말년에 태종과 결별할 때에도 회암사에 은둔하였다.

태고보우는 회암사에 온지 얼마 안 되어 은사를 작별하고 가지산 총림으로 가게 된다. 스승인 광지는 제자의 인연을 살펴 회암사로부터 멀리 떨어진 가지산(迦智山) 보림사(寶林寺)에서 선(禪)을 공부하게 하였다.

『태고록』에는 태고보우와 회암사 간에는 더 이상의 기록은 남아있지 않으나 태고보우의 제자인 환암 혼수와 회암사는 깊은 관계가 있다. 혼수(混脩, 1320~1392)는 계송(繼松)에게 출가하여 경전을 배우고 충혜왕 복위 2년(1341) 승과(僧科)에 급제하였다. 이후 금강산에 들어가 2년간 공부하고 선원사(禪源寺)에서『능엄경』을 연구하였다. 충주(忠州)의 청룡사(靑龍寺) 근처에서 연회암(宴會庵)을 짓고 있던 중, 회암사(檜巖寺) 주지로 취임하라는 공민왕의 요청이 있었으나 사양하고, 여러 차례 왕이 요직에 중용하려 할 때마다 깊은 산에 숨었으나 결국 왕의 소명을 받고 주석하였다. 우왕 초에 송광사(松廣寺) 주지를 지내고 우왕 9년(1383)에 국사가 되었다. 문장과 글씨에도 능하였으며 현재 충주 청룡사 터에는 스님의 비(碑)와 탑이 있다. 원래 혼수는 나옹의 인가 제자였으나 보우의 제자가 됨으로써 임제선법을 계승하였다. 이처럼 회암사는 지공 · 나옹 · 무학의 3대 화상으로 이어지는 선종사찰이지만 나옹의 제자인 환암 혼수가 태고의 전법제자가 됨으로써 회암사는 태고의 출가본사이며 임제선의 고향으로 그 면모가 바뀌었다.

2. 임제정맥臨濟正脈

1) 선의 역사

(1) 중국불교의 선의 역사

① 초기 선수행

선(禪)은 고대 인도인의 요가에서 비롯된 것으로 기원전 20세기로 그 기원이 거슬러 올라간다. 선은 산스크리트어인 드야나(dhyana)의 음사로 '명상(瞑想)'을 의미하며 요가(Yoga)는 '정신집중'이라는 의미이다. 중국의 선종(禪宗)은 양나라 때에 중국에 온 보리달마(菩提達摩)를 초조(初祖)로 하여 혜가(慧可), 승찬(僧璨), 도신(道信), 홍인(弘忍), 혜능(慧能)의 순서로 그 선법(禪法)을 전했다고 한다.

조사선(祖師禪)이 확립되기 이전에 당나라의 규봉종밀(圭峰宗密)은 선(禪)에 대해 외도선(外道禪), 범부선(凡夫禪), 소승선(小乘禪), 대승선(大乘禪), 최상승선(最上乘禪)의 5종으로 분류하였다.

외도선은 말 그대로 외도(外道)의 선으로 종밀은 그릇된 인생관에 근거하여 천상의 열락(悅樂)을 바라고, 승천을 목표로 하는 수행이라고 정의하였다. 이것은 인도의 자이나교나 요가의 수행을 말하는 것이지만, 중국의 경우 선도(仙道)의 수행 등도 포함하는 것이 된다.

범부선은 선인선과(善因善果), 악인악과(惡因惡果)의 이법(二法)을 신봉하며 악업의 괴로움을 벗어나기 위한 승천을 목표로 한 수행이다.

소승선은 사성제(四聖諦)와 12연기법의 도리에 의해 생로병사 등의 무상관(無常觀)을 행하는 것이며 대승선(大乘禪)은 일체개공(一切皆空)인 반야지(般若智)를 관하는 수행이다.

염불선은 중국 초기의 정토교가 아미타불의 한역명(漢譯名)인 무량수불(無量壽佛)에 대해 불로장생(不老長生)의 목적인 세속의 신앙과 연결된 주술적 선이다.

마지막으로 최상승선에 대해 종밀은 "만일 자신의 마음이 본래 청정하며 본디부터 번뇌라고 하는 것이 없고 물듦이 없는 지혜가 바로 갖추어져 있다고 하면, 그러한 근원적인 마음이 바로 부처이다. 궁극적으로 불타와 어떤 다름도 없음을 직관하고, 그 진리를 일상생활에서 실현하는 것이 최상승선으로 또한 여래청정관(如來淸淨觀)이나 진여삼매(眞如三昧)라고도 불린다"라고 하였다.

② 조사선(祖師禪)의 성립

인도에서 전래한 선이 조사선(祖師禪)을 형성한 것은 강서(江西)의 마조(馬祖)와 호남(湖南)의 석두(石頭)이며 이들은 모두 조계산 혜능(慧能)의 문하인 회양(懷讓)과 행사(行思)의 제자들의 계보를 잇는다. 조사선의 특징은 언어와 문자에 의지하지 않고 직접 스승으로부터 이심전심(以心傳心)

으로 깨침을 얻는 것이다.

『전등록』에 따르면 조사선의 시조인 달마 대사는 남인도 향지국(香至國)의 셋째 왕자로 스승인 반야다라(般若多羅, ?~457)의 법을 이어 40년간 모셨다. 520년경 중국에 들어와 양무제(梁武帝)를 처음 만났으나 법을 전할 때가 이르지 않음을 알고 북위(北魏) 낙양(洛陽)의 숭산 소림사(少林寺)에서 9년간 면벽좌선하였다가 혜가를 만난 후 비로소 법을 전하였다.

달마 대사와 양무제의 첫 만남과 혜가에게 법을 전한 사연은 선가에서 유명한 일화로 회자된다.

양무제가 물었다.

"짐이 즉위한 후로 오늘까지 스님들을 공양하고 절을 짓고 경전을 펴내고 불상을 조성했는데 이러한 공덕은 얼마나 크다고 생각하십니까?"

"아무런 공덕이 없습니다."

"어째서 공덕이 없습니까?"

"이런 공덕은 중생세계에는 조그마한 과보라고 볼 수 있으나 이 역시 생사를 윤회하는 원인을 만들 뿐입니다. 이는 마치 형태를 따르는 그림자가 있기는 하나 그 그림자는 실체가 없는 것과 같기 때문입니다."

양무제는 의아스러운 얼굴로 다시 물었다.

"그렇다면 어떤 것이 진실한 공덕입니까?"

"본체가 맑고 공적(空寂)한 지혜를 얻어야 합니다. 이런 지혜는 세속적인 일을 많이 한다고 해서 얻어지는 것이 아닙니다."

그러자 양무제는 두 번째 질문을 하였다.

"무엇이 불법(佛法)의 성스러운 진리 가운데 첫째 가는 것입니까?"

달마가 대답했다.

"진리는 확연하여 아무것도 성스러울 것이 없습니다."

양무제가 다시 물었다.

"그렇다면 짐〔朕〕을 대하고 있는 그대는 누구입니까?"

"모릅니다."

양무제는 처음부터 끝까지 달마 대사의 말뜻을 알지 못했고 나중에는 얼굴까지 붉힌 채 말이 없었다.

달마 대사는 아직도 심법(心法)을 펴기에는 인연이 닿지 않음을 알고 그해 10월 19일에 양나라를 떠났다. 이때 양나라 고좌사(高座寺)에 있던 지공(志公) 화상이 일부러 양무제를 찾아가서 이렇게 물었다.

"듣건대 인도에서 승려가 왔다는데 어디 계십니까?"

양무제는 불쾌한 듯이 말했다.

"어제 양자강을 건너 위(魏)나라로 갔소"

이 말에 지공 화상은 놀라는 표정을 지으며 말했다.

"폐하께서는 보았지만 보지 못했고 만났지만 만나지 못했습니다."

"그가 누구란 말이요?"

"달마 대사가 부처님의 심법(心法)을 전하는 분입니다."

이 말에 양무제는 한탄하면서 말했다.

"보았지만 본 것이 아니고 만났지만 만나지 못했도다."

양무제가 즉시 중사(中使) 조광문(趙光文)을 보내어 달마 대사를 다시 모셔오려고 하자 지공 화상이 말했다.

"조광문 뿐만 아니라 온 나라 사람이 다 가서 청해도 돌아오지 않을 것입니다."

달마 대사의 도래 이후 중국 선종을 조사선(祖師禪)으로 대성시킨 사람은 마조도일(馬祖道一)로 그는 남악회양(南嶽懷讓)이 6조 혜능의 정법을 이은 대선지식임을 알고 참문하여 즉시 깨달음을 얻었다고 전해진다.

마조도일의 가르침은 '평상심시도(平常心是道)'로 표현할 수 있다. 이에 따르면 도(道)는 수행을 필요로 하지 않으며, 평상심이 곧 도(道)라고 설하는 것인데, 평상심이란 조작(造作)도 없고 시비(是非)나 취사(取捨)도 없고 단상(斷常)이나 범부나 성인이라는 분별이 없는 일상적인 마음이다.

마조의 제자 가운데 백장회해(百丈懷海)는 당시 율사(律寺)에 있던 선원(禪院)을 독립하여 대소승(大小乘)의 계율을 절충해 교단의 규칙을 정했는데, 이것이 선종의 교단조직과 수행생활의 규칙 등을 성문화한『백장청규(百丈淸規)』이다. 회해는 선원에 불전을 세우지 않고 법당만을 세우고 존경해야 할 스승을 장로로 삼는다고 하고 있다.

선종의 역사서인『보림전(寶林傳)』에는 석가모니불이 가섭에게 부촉한 정법안장(正法眼藏)을 비롯해 서천 28조, 동토 6조의 전등을 거쳐 마조, 석두에게까지 전래되었다는 계보를 완성하여 중국 선종의 형성은『보림전』을 통해 법계가 분명해졌다.

(2) 남종선(南宗禪)과 북종선(北宗禪)

5조 홍인(弘忍) 이후 중국의 선종은 북종(北宗)과 남종(南宗)의 두 파로 나뉘어지며 양종의 특색으로 북종은 점교(漸敎)의 가르침을 설하고 남종은 돈교(頓敎)의 가르침을 실한다고 전해진다. 북종(北宗)의 명칭은 혜능의 제자인 하택신회가 선양하였으며, 남종(南宗)의 정법은 조계 혜능(慧能)을 계승한 것이다. 남종은 북종(北宗)의 신수(神秀)를 방계(傍系)라고 주장하여 양파가 구분되었다.

지리적인 구분에 따르면 북종선은 양자강을 중심으로 낙양, 장안 등의 북쪽 지방에서 활약한 선객들의 통칭이며, 북종선의 중심인물은 신수(神秀)이다. 신수는 어려서 유학 및 노자와 장자의 전적에 정통하였고 50세 가까이 되어 홍인의 문하에 들어가 6년간 수학했다.

신수는 홍인의 사상을 계승하여 독자적인 수행법을 설하였는데, 그의 요심수도(了心修道)설에 따르면 마음은 정심(淨心)과 염심(染心)으로 나뉘어지며, 전자는 진여(眞如)의 마음이고 염심(染心)은 무명(無明)의 마음이라고 하였다. 만약 진여를 자각하면 곧 성인이기 때문에 신수는 마음을 다스려 망견(妄見)에서 떠날 것을 강조하고 있다. 이와 같은 요심수도설은 『기신론』에 근거한 것이다. 북종선은 안록산과 사사명의 난이 일어나기 직전까지의 반세기 동안 보적(普寂)과 의복(義福) 등의 활약으로 크게 융성했지만 그 후로 점차로 쇠약해져 남종선에 밀리게 된다.

남종선(南宗禪)의 시조는 6조 혜능(慧能)이다. 혜능은 속성이 노(盧)씨이며 선조는 대대로 범양(范陽)에 살았지만 아버지의 좌천으로 인하여 신주(新州)의 평민이 되었다. 아버지가 일찍 돌아가시자 남해(南海)로 이주하여 땔나무를 팔아서 모친을 봉양하였다. 어느 날 마을의 손님 한 사람이 숙사로 돌아가 『금강경』을 독송하는 것을 듣고 깨달은 바가 있어 홍인(弘忍)의 문하에 들어갔다. 그는 8개월간 방아지기로 생활하면서 법을 이었는데 이때 혜능의 나이 24세 때의 일이다. 그의 설법은 『육조단경(六祖壇經)』으로 법해(法海)가 기록하였고, 혜능은 후에 대감(大鑑) 선사라는 시호를 받았다.

『육조단경』에 따르면 혜능의 선사상은 돈오견성설(頓悟見性說)과 반야바라밀이며, 그 구체적인 실천은 무념(無念), 무주(無住), 무상(無相)의 사상이다. 혜능은 반야는 지혜로 일체시중(一切時中)에 한 생각 한 생각이 어리석지 않고 항상 지혜로 실행하는 것이 반야행(般若行)이라고 말하고 반야삼매에 들어가고자 하는 자는 곧 반야바라밀이며 반야를 깨달은 것이 바로 무념(無念)이라고 하였다. 이처럼 혜능은 자성청정심(自性清淨心)의 자각과 무념(無念), 무주(無住), 무상(無相)의 반야의 실천을 일체화하였다.

혜능의 문하 가운데서 남종선의 정통성을 가장 강하게 주장한 사람은 하택신회(荷澤神會)로 그는 혜능의 만년에 들어가 수년간 배웠다. 732년에는 활대(滑台) 대운사(大雲寺)에서 무차대회를 열어 천하의 학도자들을 모아 놓고 보리달마로부터 비롯된 남종의 정법을 이은 6조는 혜능이라고 주장하였다.

그에 따르면 달마로부터 전래된 선불교의 근본은 여래선(如來禪)이며 북종의 좌선관심(坐禪觀心)이 달마의 진의가 아니라고 배척하였다. 그는 무념(無念)으로서 청정한 자성(自性)을 깨치면 곧 견성한다는 돈오견성(頓悟見性)을 주장하였다. 신회는 북종선의 법은 단순히 마음을 조복시키는 방법을 가르치는 것에 지나지 않는다고 지적하고서 남종선의 수행은 단순히 마음의 조복에 있는 것이 아니라 이를 자각견성(自覺見性)하는 것이라고 밝혔다.

(3) 5가7종(五家七宗)

중국의 선 역사상 삼무일종(三武一宗)의 법난인 당말(唐末) 회창(會昌)의 폐불사건은 이미 쇠퇴하고 있던 불교에 결정적인 타격을 주었으며, 이는 중국 역사상 3회에 이르는 대규모의 폐불이었다. 폐불의 원인은 불교교단의 내부적 퇴폐와 면세의 특권을 갖는 사찰의 증가로 인하여 국가재정이 어려워진 것에도 원인이 있지만 직접적으로는 당 무종이 도사(道師) 조귀진(趙歸眞)을 신임하여 재상 이덕유(李德裕)와 함께 그의 의견을 받아들인 데서 비롯되었다. 당시 842년 이후 승니의 환속이 적극 권장되었으며 특히 845년에는 대탄압 명령이 내려져 사찰 4600개 소, 작은 절 4만여 개 소가 폐쇄되고 승니 환속 26만여 명, 사전(寺田) 몰수 수십만 경(頃), 그리고 사찰 노비의 해방이 15만 명에 이르렀다.

사원을 의지처로 했던 불교는 이 사건으로 말미암아 거의 멸망의 위기에 빠져들었지만 오직 선종만은 이를 계기로 하여 크게 번영하였다. 특히 당말에서 오대(五代)에 걸쳐 오가(五家)가 성립하게 되는데, 오가(五家)란 선풍에 따라 붙여진 이름으로서 위앙종, 임제종(臨濟宗), 조동종(曹洞宗), 운문종(雲門宗), 법안종(法眼宗)을 말한다. 여기서 다시 송대에 임제종에서 분리된 황룡(黃龍), 양기(楊崎)의 2종을 합쳐서 오가칠종이라고 한다.

선종 오가(五家) 가운데 최초로 형성된 위앙종은 호남의 위산 동경사의 영우(靈祐)와 그의 제자인 앙산혜적(仰山慧寂)의 2대에 걸친 독창적인 선풍을 말한다. 후에 혜적이 강서의 원주 앙산을 중심으로 교화했기 때문에 이러한 이름으로 불렸다.

선종 오가(五家) 가운데 두 번째로 형성된 종파가 임제의현(臨濟義玄)의 임제종(臨濟宗)이다. 임제(臨濟)라는 종명은 의현이 강서에서 스승인 황벽희운(黃檗希運)의 불법을 이어받은 뒤에 하북성 진주의 호타하라는 강변 기슭에 임제원을 짓고 학인들을 지도하였기 때문에 생긴 말이다.

조동종(曹洞宗)은 동산양개(洞山良介)와 그의 제자인 조산 본적(本寂)의 2대가 청원(靑原), 석두(石頭)계의 선법을 계승하여 개창한 것으로 임제종과 거의 같은 시기에 형성되었다.

강남의 운문종(雲門宗)과 법안종(法眼宗)의 형성으로 중국선의 발전은 절정에 이른다. 운문이나 법안은 모두 설봉 의존(義存)의 법을 이어 발전시켰다. 운문은 영남지방을 통치한 남한(南漢)의 유씨의 귀의를 받아 선법을 전개하였다. 운문종(雲門宗)은 운문문언(雲門文偃)이 남한의 건형 3년 소주 운문산에 광태선원을 창건하고 독창적인 선법을 펼치며 강남의 불교를 발전시키면서 붙여진 이름이다.

법안종은 설봉의존(雪峰義存), 현사사비(玄沙師備), 나한계침(羅漢桂琛), 법안문익(法眼文益)과 그 문하의 선승들이 펼친 선풍이다. 법안종(法眼宗)은 창시자인 법안 문익이 나한의 법을 얻은 뒤 승주의 청량원에 거주하면서 오월왕 왕전씨의 귀의를 받으면서 크게 선풍을 진작시켰다. 그의 문하에 천태덕소(天台德韶), 백장도항(百丈道恒) 등 다수의 제자들이 배출되어 절강과 복건지방을 중심으로 크게 교세를 확장했다. 이 가운데 임제종과 조동종은 오늘날까지도 그 선풍이 이어지고 있으며, 중국 선종을 대표한다고 할 수 있다.

(4) 간화선과 묵조선(默照禪)

간화선(看話禪)은 화두(話頭)를 참구하는 수행으로 화(話)란 화두의 준말이며, 화두란 고칙(古則), 공안(公案)의 첫마디를 화두 하나로 해결하면 차례로 깨달음을 추구하는 선풍을 말한다. 역사적으로 묵조선(默照禪)인 조동종(曹洞宗)의 선풍에 대해 임제종(臨濟宗)은 간화선으로서 대립해왔다. 이것은 송(宋)나라 때 조동종의 굉지정각(宏智正覺, 1091~1151)이 묵조선을 표방(標榜)하고 나오자 임제종의 대혜종고(大慧宗杲, 1089~1163)가 이를 비판하면서 간화선과 묵조선의 대립이 명확해졌다. 따라서 대혜종고는 간화선(看話禪, 公案禪)의 조직을 대성한 것으로 유명하며 이로써 중국의 조사선은 새로운 공안선(公案禪)의 역사가 전개되는 것이다. 간화선은 '선(禪)'을 무(無)의 깨침으로 정착시켰고, 중국의 주자학(朱子學)이나 남송의 사대부(士大夫)들로부터 지원을 받고 세력을 펼 수 있었다.

반면 송대의 조동종(曹洞宗)은 단하자순(丹霞子淳, 1064~1117)의 법을 이은 굉지정각(宏智正覺)과 진헐청료(眞歇清了, 1088~1151)에 의해 선양되었다. 조동종의 선법인 묵조선(默照禪)은 좌선(坐禪)을 통해 마음을 관조하는 선풍이며 정각(正覺)이 『묵조명(墨詔銘)』이 근본 문헌이다.

묵조선은 자성청정(自性清淨)을 기본으로 한 수행법(修行法)이다. 묵(默)은 묵묵히 좌선(坐禪)하는 것이며, 조(照)는 조용(照用)으로서 심성(心性)의 영묘한 깨달음의 작용을 말한다. 즉 묵묵히 좌선(坐禪)하는 그 가운데 영묘한 마음의 작용이 있다는 것이며, 간화선과 같이 갑자기 대오(大悟)를 기다리는 것이 아니라 본성을 관조하여 드러내는 것이기에 큰 의심이 필요한 간화선(看話禪)과는 대조적이다. 간화선의 대혜종고는 묵조선을 사선(邪禪)이라 비판했지만 양자의 차이는 본래의 면목(面目)을 추구하는 방법의 차이이다.

불조의 어록에 평창(評唱)을 덧붙여 이를 하나의 전형으로 삼아 구도자들이 배우게 한 공안의 전형적 모습이 갖추어지기 시작한 것은 11세기 후반부터 나타나기 시작한다.

임제종의 원오극근(圓悟克勤, 1063~1135)은 『벽암록(碧巖錄)』을 저술하여 수시(垂示)·착어(著語)·평창(評唱)의 형태를 갖추었고, 조동종 계통의 굉지정각(宏智正覺)이 『종용록(從容錄)』을 찬술하고, 조동계의 회암지조(晦巖智照)가 『인천안목(人天眼目)』을 편찬(1183)하였다.

2) 임제선의 법맥

(1) 황벽(黃檗)과 임제

　임제의 스승인 황벽희운(黃檗希運, ?~850)은 시호가 단제(斷際)로 홍주(洪州) 황벽산에 들어가 승려가 되었다. 황벽은 훗날 백장회해(百丈懷海)에 의해 선의 깊은 뜻을 깨쳤다. 황벽은 상국배휴(相國裴休)의 청으로 완릉(宛陵)의 개원사(開元寺)에 머물며 학인들을 가르치고 황벽산에서 입적하였다.

　임제의현(臨濟義玄, 787~866)은 혜능(慧能)·회양(懷讓)·도일(道一)·백장(百丈)·황벽(黃檗) 등으로 이어지는 법통을 계승한 것으로 임제선의 가풍을 요약하면 돈오돈수(頓悟頓修)를 표방하는 남방선의 계통이다.

　임제가 오도(悟道)를 한 계기는 황벽희운(黃檗希運)을 스승으로 모시고 대우(大愚) 화상을 찾아간 것에서 시작된다. 임제의 깨달은 인연을 기록한 것은 『조당집』과 『임제록』 등 여러 곳에서 보이는데 먼저 『조당집』에 전하는 내용을 소개하면 다음과 같다.

　　황벽 화상이 대중에게 말했다.(『조당집』 제19권 「임제화상전」)
　　"내가 옛날에 대적(大寂: 마조도일) 문하에서 수학할 때, 함께 정진했던 도반 가운데 대우라는 스님이 있었는데, 그는 제방을 두루 행각하여 법안이 매우 밝았다. 지금 고아현에 계시는데, 대중과 여럿이 살기를 좋아하지 않고 초암에 혼자 지내기를 좋아했다 나와 헤어질 때 간곡히 부탁하기를 '나중에 영리한 사람을 만나면 나를 찾도록 지시해 주시요' 라고 말했다."

이때 임제 선사는 대중에 있다가 이 말을 듣고, 곧 대우 화상을 찾아가 뵙고 황벽 선사의 말씀을 자세히 이야기하였다. 그리고 밤에는 대우 화상 앞에서 유가론을 이야기하고 유식을 설명한 뒤에 다시 이것저것을 질문했다. 이때 대우 화상은 밤새도록 초연히 앉아서 아무런 대꾸도 하지 않더니 아침이 되자 선사한테 이렇게 말했다.

"노승이 홀로 초암에 살고 있어, 그대가 먼 길을 온 것을 생각해서 하룻밤 묵어가도록 하였는데, 그대는 어젯밤에 어찌해서 내 앞에서 부끄러움도 없이 방귀를 뀌어댔는가?"

말을 마치자 몇 차례 주장자를 들어 때리고는 문 밖으로 밀어내고 문을 닫아 버렸다.

선사는 황벽 화상에게 되돌아와서 앞의 일을 자세히 이야기하니 황벽 화상은 듣고서 머리를 조아리고 이렇게 말했다.

"작가(作家)는 마치 이글거리는 불더미같이 그대를 만난 것을 기뻐했거늘, 그대는 어찌하여 헛되이 갔다 왔는가?"

임제 선사는 다시 찾아가 대우 화상을 뵈니, 대우는 말했다.

"엊그제는 부끄러움도 모르더니 어찌 다시 찾아왔는가?"

말을 마치자 곧 방망이로 때리고 문 밖으로 밀어냈다. 선사는 다시 황벽으로 되돌아와 황벽 화상께 이렇게 말했다.

"이번에 다시 돌아왔으나 헛되이 돌아오지는 않았습니다."

황벽 화상이 물었다.

"어째서 그런가?"

선사는 대답했다.

"한 방망이에 부처의 경지를 깨달았습니다. 설사 백겁 동안 뼈를 갈고 몸을 부수도록 수미산을 머리에 이고 끝없이 돈다고 해도 이 깊은 은혜를 보답하기 어렵습니다."

황벽 화상이 이 말을 듣고 기뻐하면서 평소와는 달리 이렇게 말했다.

"그대는 우선 쉬고 다시 오도록 하라!"

임제 선사는 한 열흘을 쉬고는 다시 대우 화상을 찾아가니 대우 화상은 선사를 보자마자 또 방망이를 들고 때리려고 하였다. 선사는 빨리 방망이를 빼앗고 대우 화상을 껴안은 채 쓰러졌다. 그리고 그의 잔등에다 두어 주먹 쥐어지르니 대우 화상이 연이어 고개를 끄덕이면서 이렇게 말했다.

"내가 혼자 초암(草庵)에 살면서 일생을 헛되이 보낸다고 여겼더니 오늘 한 아들을 얻었구나!"

이로 인하여 선사는 10여 년 동안 대우 화상의 곁에서 시봉을 하였는데, 대우 화상이 임종할 때에 선사에게 다음과 같은 유언을 남겼다.

"그대는 스스로가 평생사(平生事)를 져버리지 않았고 또한 나의 임종을 지켜 봐주었구나! 뒷날 세상에 출현하여 마음의 법을 전하게 되거든 무엇보다 황벽을 잊지 말라!"

그로부터 선사는 진부(鎭府)지방에서 교화를 펼쳤는데, 비록 황벽의 법을 이었으나 항상 대우 화상을 찬양하였고, 교화하는 방편문에서는 방망이〔棒〕와 고함〔喝〕을 많이 사용하였다.

다음으로 『임제록』에 소개된 임제의 오도의 연기는 훨씬 극적으로 표현되어 있다.

임제 선사의 오도연기(『임제록』)

임제 스님이 처음 황벽 화상의 문하에서 수학하고 있을 대 한결같이 행업순일(行業純一)하게 정진하고 있었다. 수화는 이러한 선사를 보고, "비록 후배이긴

하지만 남다른 데가 있다"며 감탄하여 물었다.

"상좌는 이곳에서 정진한 지 얼마나 되었는가?"

선사는 "3년 됩니다"라고 대답했다.

수좌는 물었다.

"일찍이 방장 화상을 참문한 적이 있는가?"

선사는 대답했다.

"참문한 적이 없습니다. 도대체 무슨 질문을 해야할지 모르겠습니다"

수좌는 말했다.

"자네는 왜 방장 화상을 찾아뵙고 '어떤 것이 불법의 올바른 대의(大義)입니까'라고 질문하지 않는가?"

선사는 곧바로 방장 화상을 찾아뵙고, 수좌가 시키는 대로 질문을 하였으나, 말이 채 끝나기도 전에 황벽 화상은 그냥 몽둥이로[棒]로 후려쳤다. 그래서 선사가 내려오니 수좌가 말했다.

"법을 물으러 갔던 일은 어찌 되었는가?"

이에 선사는 "미처 질문도 끝나기 전에 화상께서 바로 내리치시니 도대체 무슨 영문인지 모르겠습니다"라고 대답했다

수좌는 "그렇지만 또다시 찾아가서 질문해 보라"라고 말했다. 선사가 다시 찾아가 질문하니, 황벽 화상은 주장자로 또 내리쳤다. 이렇게 세 번이나 질문하였지만 세 번 모두 얻어맞은 것이다. 임제 스님은 수좌에게 가서 말했다

"다행히 수좌의 자비로 방장 화상께 세 번이나 찾아가 질문하였으나, 세 번다 얻어 맞았습니다. 저는 업장(業障)이 두터워 불법의 깊은 뜻을 깨닫지 못함을 한탄하고, 이제 이곳을 떠나려고 합니다."

수좌가 말했다.

"자네가 떠나려면 화상께 인사를 올리고 떠나도록 하게!"

임제 스님은 인사하고 물러나자, 수좌는 먼저 황벽 화상께 찾아가 말씀을 올렸다

"불법을 질문하던 그 후배가 실로 여법(如法)한 인물입니다. 만약 찾아와서 하직인사를 하거든 방편으로 이끌어 주십시오. 정진하여 뒷날에 한 그루의 큰 나무가 되어 천하 사람들에게 시원한 그늘을 드리울 것입니다."

선사가 황벽 화상께 하직인사를 올리자 화상께서 말씀하셨다.

"다른 곳으로 가지 말고 고안(高安)의 강변에 있는 대우 화상의 문하에 가도록 하라. 너를 위해 반드시 좋은 설법이 있을 것이다."

임제 선사가 대우 화상의 처소에 이르자, 대우 화상이 질문했다.

"어디서 왔는가?"

"황벽 화상의 처소에서 왔습니다."

"황벽 화상에게 어떤 가르침을 받았는가?"

"저는 세 번이나 '불법의 올바른 대의가 무엇입니까' 라고 질문했습니다만 세 번 모두 얻어맞기만 했습니다. 저에게 허물이 있습니까, 없습니까? 잘 모르겠습니다."

대우 화상이 말했다.

"황벽 화상이 그토록 간절한 노파심으로 너를 위해 애를 썼는데, 이제 이곳에 와서 허물이 있는지, 없는지를 묻고 있느냐!"

선사는 대우 화상의 이 말에 크게 깨치고 말했다.

"와! 황벽 화상의 불법이 그렇게 단적인 줄이야, 미처 몰랐네〔元來 黃蘗佛法 無多子〕!"

대우 화상은 선사의 멱살을 움켜잡고 말했다

"이 오줌싸개 녀석아! 아까는 허물이 있는지 없는지 하더니 이제 와서 황벽의 불법이 그렇게 단적인 줄 몰랐다고 말하는데, 도대체 너는 무슨 도리를 보았느

냐? 빨리 말해라! 빨리 말해!"

임제 선사가 대우 화상의 옆구리를 세 번 주먹으로 쥐어박자 대우 화상은 선사를 밀어젖히며 말했다.

"너의 스승은 황벽이니, 나와는 상관없다. "

선사는 대우 화상을 하직하고 다시 황벽 화상의 처소로 돌아왔다.

황벽 화상은 선사가 오는 것을 보고 물었다

"이놈이 왔다 갔다 하기만 하니 언제 마칠 날이 있겠느냐?"

선사는 말했다.

"오직 화상의 간절하신 노파심 때문입니다. "

인사를 마치고 옆에 서 있으니, 황벽 화상이 물었다.

"어디를 갖다 왔느냐?"

"지난번에 화상의 자비하신 가르침을 받고 대우 화상을 찾아 뵙고 왔습니다."

"대우가 무슨 말을 하더냐?"

선사가 이야기를 올리니, 황벽화상이 말씀하셨다.

"어떻게 하면 이놈의 작자가 오는 것을 기다렸다가 호되게 한방 먹여줄까?"

"그가 오기를 기다릴 것까지야 있겠습니까? 지금 곧장 잡수십시오."

그리고 곧바로 뺨을 올려 붙이니, 황벽 화상이 말했다.

"이 미친 놈[風顚漢]이 다시 여기 와서 범의 수염을 만지는구나!"

임제 선사가 고함을 치고 할(喝)을 하니 황벽 화상이 말했다.

"시자야! 이 미친 놈을 선당(禪堂)에 데려 가서 참여하도록 하라!"

이상이 『임제록』에 실린 임제 선사의 오도의 인연으로 임제선사의 법어(法語)는 배휴가 집대성하여 『전심법요(傳心法要)』(1권)를 남겼다. 대우 화상에 대해서는 자세히 전하지 않으나 『전등록』 10권에 귀종지상(歸宗智

常)의 법을 이은 '홍주고안(洪州高安)출신의 대우(大愚) 선사'라는 이름만 전한다.

임제는 오도 후 하북의 임제원(臨濟院)에 살면서 선풍을 드날렸는데 그는 매우 엄격하여 덕산과 함께 '덕산의 봉(棒), 임제의 할(喝)'이라는 말이 유행하였다. 임제는 훗날 황벽문하에서 깨달음을 체득하게 된(여기부터) 그 사건을 『상당법문』에서 다음과 같이 설하고 있다

대중들이여! 대개 법을 위하는 사람은 몸이나 목숨을 잃는 것을 피하지 말아야 한다. 나는 황벽 선사의 문하에 있으면서 세 차례 불법의 올바른 대의(大義)를 질문했다가 세 차례 모두 방망이로 얻어 맞았으나, 마치 쑥대〔蒿枝〕로 살짝 쓰다듬는 것과 같았다. 지금 다시 한 번 선사의 일돈방(一頓棒)을 맞아 보고 싶은 생각이다

-『임제록』

임제가 이처럼 말한 것은 황벽의 지도와 인도로 인해 깨달음을 체득하게 된 그 지극한 감사를 잊지 못해서 제자들에게 이렇게 표현하였다.

위에서 보듯 임제는 대우의 처소에서 깨달음을 얻고 "황벽의 불법에 말할 거리가 없군〔黃檗佛法無多子〕"이라는 유명한 말을 남겼다. 이것은 황벽의 불법이 볼 것이 없다는 뜻의 폄하하는 말이 아니라 진정한 오도는 형식적인 수행과 번잡한 알음알이를 초탈한 것으로 있는 현실 그대로에 진리의 실체가 드러나 있다는 뜻이다. 이 때문에 진리는 오묘한 논리와 언어의 군더더기로 표현할 수 없는 것이기 때문에 황벽은 알음알이를 넘어 여실하게 드러나 있는 진리를 보여주기 위해 몽둥이를 들은 것이다.

(2) 임제선의 풍격: 무위진인(無位眞人)

황벽으로부터 계승된 임제선은 삶과 죽음을 비롯한 일체의 경계에 처하되 추호의 구애됨이나 물듦이 없이, 모든 법에 순응하여 그 본성을 남김없이 발휘할 수 있는 것이다. 임제의 선풍은 본래 부처인 진인(眞人)의 경계가 전개될 뿐 모두가 무위진인이다.

임제의현 스님의 선사상은 삼구(三句)·삼현(三玄)·삼요(三要)로 요약되며, 이것이 임제선이 지향하는 무위진인의 경지를 설명하고 있다. 무위진인의 경지는 삼구 가운데 증위(證位)에 해당되며, 『임제록』에 따르면 이것은 진정한 견해를 증득한 자리이므로 생사에 물들지 않고 움직이고 머무름이 자유롭고 수승하다. 또한 구하지 않아도 수승함이 스스로 이르게 되는 자리이며, 범부나 부처, 진리나 세속 등 일체의 상대적 경계를 초월한 것이기 때문에 닦을 일마저도 없는 자리로 설해진다.

『임제록』에는 이른바 3종의 근기에 대해 다음과 같이 설해져 있다.

그대들 제방의 학인들이 찾아올 때, 나는 여기서 3가지 근기로 끊는다. 중하근기(中下根機)가 올 때에는 나는 곧 그 경계는 뺏으나 그 법은 없애지 않고, 중상근기(中上根機)가 올 때에는 나는 곧 경계와 법을 모두 빼앗고, 상상근기(上上根機)가 올 때에는 나는 곧 경계와 법과 사람 모두를 빼앗지 아니하고, 격을 벗어난 견해를 가진 사람[出格見解人]이 올 때에는 곧 전체로 작용하며 근기를 매기지 아니한다.

– 『임제록』

위에서 임제가 중하근기가 오면 경계는 빼앗고 법은 빼앗지 않는다고 말한 것은 이승(二乘)의 제법실유의 견해를 부정하기 위한 것이다. 중상근기가 올 경우는 경계와 법을 모두 빼앗는다고 하는 것은 보살들이 집착하는 제법개공에도 머물지 않게 하는 것이며, 상상근기일 경우는 경계와 법과 사람 모두를 빼앗지 않는다고 하는 것은 범부와 부처, 제법과 공성 등의 일체 분별을 두지 않는 부처의 지위이다. 여기서 임제가 말했듯이 격을 벗어난 사람〔出格見解人〕이란 근기를 매기지 않는 최상승의 격외선인 것이다.

이러한 격외의 도리를 깨우친 것이 무위진인의 경계로서 삶과 죽음 또는 가고 머뭄이 자유자재하고, 일체의 경계에 처하되 추호의 구애됨이나 물듦이 없이, 모든 법에 순응하여 그 본성을 남김 없이 발휘할 수 있는 것이 임제선의 풍격이다. 그러므로 임제의 선풍에는 생사와 열반, 범부와 부처 간의 어떠한 대립도 없으며, 심지어 닦음〔修〕마저도 용납되지 않는다. 범부는 범부대로 부처는 부처대로 그것은 모두가 무위진인의 나타난 모습이기 때문이다.

이와 같은 무위진인의 본경은 임제선의 논리에 의하면 사람마다 누구나 갖추고 있는 것이다. 그러나 그러한 경계는 누구에게나 발현되는 것은 아니다. 『임제록』에서 임제는 "만일 진정한 견해를 통달하여 원만·명백하게 되면 그 때에 비로소 깨달아 마친 것이다"라고 하였고, 이에 대하여 다음과 같이 밝히고 있다

　사람들은 언제 어디서나 범부의 경계에도 들어가고 성인의 경지에도 들어가고, 더러운 것에도 들어가고 깨끗한 것에도 들어가며, 모든 부처님의 국토에도 들어가고, 미륵불의 누각에도 들어가며, 비로자나불의 법계에도 들어가는 데, 이르는 곳마다 그 국토에서 성주괴공(成住壞空)을 하게 된다

　불타가 세상에 출현하셔서 대법륜을 굴리시다가 열반에 드셨으나 가고 오는

모양이 있음을 보이지 않으셨다. 생사가 있는 것인지 살펴보려고 해도 알 수가 없다. 그것은 무생법계에 들어 여러 국토를 다니시고 화장세계에 드시기는 했으나, 그것은 모든 법이 공상(空相)이요 모두가 다 실법(實法)이 아니라는 것을 철저히 보시기 때문이다. 오직 법을 듣는 무의도인(無依道人)이 있으니 그것이 모든 부처님의 어머니이다. 그러므로 부처는 의지함이 없는 것으로부터 나온다. 만약 의지할 것이 없다는 것을 깨달으면 부처도 또한 얻을 것이 없느니라. 만약 이와 같이 알기만 한다면 이것이 곧 진정한 견해이다.

-『임제록』

임제선의 수행은 무위진인의 경지에 이르는 방법으로써 고칙공안을 참구하고, 제자들을 접화하는 방법으로써 할(喝)과 봉(棒)을 사용하게 된 것은 임제선이 지니는 한 특성이라 할 것이다.

서옹 스님은 임제선을 요약하여 "그러므로 임제의 무위진인의 경지는 '진정한 견해를 증득한 자리이므로 생사에 불염(不染)하여 움직이고 머무름〔去住〕이 자유롭고 수승함을 구하고자 원하지 않아도 수승함이 스스로 이르게 되는 것이다. 뿐만 아니라 그 경지는 범부나 부처, 진리와 세속 등 일체의 상대적 경계를 초월한 경지이므로 닦을 일마저도 없는 자리이다. 만약 닦을 것이 있다면 그것은 아직 범부중생의 경계요 무위진인의 오계(悟界)는 아니기 때문이다"라고 하였다

이처럼 임제선은 좌선만이 수행이라는 종래의 관념에서 벗어나 일상생활 전부를 수행으로 하는 새로운 불교관이 확립되었다. 임제의 '수처작주 입처개진(隨處作主 立處皆眞)'이라는 말은 현실에서 행하는 그 모든 것들을 도(道)의 수행으로 전개한 생활불교의 모습으로 이것이 곧 임제선의 전통이자 특색인 것이다.

3. 임제종풍의 사법嗣法

1) 임제선과 석옥청공(石屋清珙)

임제의현(臨濟義玄)의 18대 손(孫)인 석옥청공(石屋清珙, 1271~
1352)은 남송 도종(度宗) 8년(1271)에 태어났으며, 소주(蘇州) 상숙인
(常熟人)이다. 그는 혜량(慧亮)의 법손이자 급암(及庵)의 법자로 하무산
(霞霧山) 천호암(天湖庵)과 복원사(福源寺)에서 천하의 선객들을 제접하
였다.

석옥청공 당시 중국의 시대적 배경을 살펴보면 원(元)의 태조(太祖)는
티베트불교의 신자로서 불교를 옹호하고 도교(道敎)를 배척했으나, 당시의
불교는 미신과 혼합하여 타락에 흐르는 경향이 있었다. 때문에 불교는 유교
(儒敎)와 뒤섞이거나, 다신교적인 신앙으로 변질되어 선과 염불(念佛)이
습합(習合)되거나, 화엄(華嚴)에 근거하여 교선일치(敎禪一致)를 주장하
는 등 선(禪)이 속화(俗化)된 경향마저 나타났다.

석옥청공은 어려서 주육(酒肉)을 끊었으며 성격자체가 맑고 조촐했다고

전한다. 처음에 숭복사(崇福寺)에서 출가하고 20세에 득도한 후, 3년 후엔 구족계(具足戒)를 받았다.

하루는 어느 스님이 문 앞을 지나가기에 석옥은 누구냐고 물었다. 승(僧)이 말하길 "나는 지금 고봉(高峰) 화상이 있는 도량에 가는데 나와 함께 가지 않겠는가"라고 말했다. 이리하여 오랫동안 숭복사 한 곳에만 있던 그는 고봉 화상 처소에 함께 갔다.

고봉이 물었다.

"자네는 무엇하러 왔는가?"

석옥은 답하였다.

"큰 법을 구하러 왔습니다."

고봉은 말하였다.

"대법(大法)은 그리 쉽게 구해지는 것이 아니니 그렇다면 손가락에 향(香)을 놓고 불살라 보라."

석옥은 답하길

"제가 지금 화상의 대법을 친견하려 하는데 왜 그리 숨기십니까?"

석옥은 이처럼 답하고 움직이지 않았고 이로 인해 고봉은 석옥이 큰 그릇임을 알고 만법귀일(萬法歸一)의 화두를 주었다. 석옥은 3년 동안 참구한 끝에 자신의 심정을 말씀을 드렸으나 고봉은 인정하지 않았다. 석옥은 그 길로 고봉 문하를 떠나 호주(湖州)의 급암종신(及庵宗信)에게 갔다. 두 스님 사이에 오간 문답은 다음과 같다

종신: 어디서 오는가?

석옥: 천목에서 왔습니다.

종신: 어떤 가르침을 받았는가?

석옥: 만법귀일(萬法歸一)입니다.

종신: 어떻게 알았나?

이때 석옥은 대답하지 않았다.

종신: 그것은 사구(死句)라 열병(熱病)의 해(害)만 가져올 뿐이다.

석옥: 구체적으로 가르쳐 주십시오.

종신: 부처님 계신 곳에 머물지 말고 부처님 안 계신 곳에는 급히 지나가야 한다는 뜻이 무엇인가?

석옥: 답해도 계합치 않습니다.

종신: 그것도 사구(死句)다.

이때 석옥은 이마에 땀을 흘리고 입실(入室)하여 깊이 생각한 뒤 다시 답했다.

석옥: 말 위에서 길을 봅니다.

종신은 웃으면서 답했다.

"내가 6년간 이곳에 있으면서 바로 그러한 견해를 지었을 뿐이다."

이때 석옥은 머리를 들어 풍정(風亭)을 보다가 활연대오(豁然大悟)하였다. 이 때 종신이 다시 물었다.

"부처님 계신 곳에 머무르지 말고 부처님 안 계신 곳에는 급히 지나가 버리라는 의지를 사구(死句) 밖에 몰랐는데 이젠 활구(活句)를 얻었는가?"

석옥은 다음과 같이 답했다.

"청명(淸明)이 된 때에 비가 처음 개고 황색의 꾀꼬리 가지에 앉은 것이 분명

(分明)한 말이로다."

　이때 종신은 이 말을 듣고 한참 서있더니 곧 자리를 떠났다.

　이리하여 석옥은 호주(湖州)의 도량사(道場寺)에서 종신의 법을 이었고 이들은 중국 동남지역의 오월(吳越)을 드나들며 선풍을 크게 진작시켰다. 석옥청공은 하무산(霞霧山)에서 시게(詩偈)를 지으며 여생을 보냈으나, 가장 정통적인 선을 지니고 세상의 영욕(榮辱)에 민감하지 않고 명리를 버리고 소박한 삶을 살았다.

2) 임제종풍의 계승

　1347년 7월15일 태고보우는 호주 하무산 천호암(天湖庵)을 찾아가 당시 임제종 최고의 선승인 석옥청공 선사를 만나 상호 심계(心契)를 전하고, 가사를 전수받았다. 석옥청공이 무수한 중국의 선객들을 제쳐두고 멀리 고려에서 찾아와 보름 남짓 머문 태고보우에게 의발을 전한 것은 보통 기연(奇緣)이 아니다

　중국의 임제종이 한반도에 전래된 것은 고려 중기 때로 먼저 황룡파 계통과 고려의 학일(學一)과 탄연(坦然) 등의 교류가 있었다. 수선사의 보조지눌은 양기파의 대혜종고(大慧宗杲)의 영향을 크게 받았고 혜심(慧諶)은 지눌을 계승하였다. 원나라의 침략 이후 충렬왕대에는 중국의 임제종과 고려 선승들과의 교류가 활발하게 이루어졌다.

　태고보우가 원을 방문하게 된 계기는 중국의 승려인 무극(無極)의 조언에 의해 이루어졌다. 그 결과 태고보우는 임제(臨濟)의 17대손인 석옥청공(石屋淸珙) 선사의 인가를 받고 석옥청공 선사는 태고보우를 만나 심계(心契)

를 주고 받았다.

태고와 석옥과 급암, 이세 선사가 서로 만난 법연(法緣)을 관조해 보면 실로 이심전심으로 전한 그 마음의 기연은 신기 묘하다고 하겠다. 석옥이 사법사(嗣法師)인 급암으로 부터 법맥(法脈)을 전수 받았을때 급암 선사는 대중들에게 "이자는 법해(法海) 가운데서 그물을 뚫고 나오는 금린(金麟)"이라고 칭찬하였다는데 석옥 선사가 태고보우를 인가하면서 "금린이 곧은 낚시에 올라 온다"고 일렀으니 이것으로 보아 석옥은 스승에게 금린(金麟)이 받으란 게송을 다시 태고에게 내렸으니 급암과 석옥의 법이 함께 해동(한국)으로 전해 졌다고 하겠다.

석옥청공이 태고보우를 처음 조우하여 「태고암가」를 보고 훗날 석옥은 어록에 다음과 같이 글을 남겼다.

정해년(1347) 7월에 나의 산석의 암자[山石庵]에 이르러서는 고요히 서로를 잊은 듯 반달 동안 도를 이야기하였다. 그의 행동이 침착하고 조용함을 볼 수 있었고 그의 말은 분명하고 진실함을 들을 수 있었다. 이별할 때가 되어서 전에 지었던 「태고가」를 내보였는데 나는 밝은 창 앞에서 펴보고는 늙은 눈이 한층 밝아졌다. 그 노래를 읊어보면 순박하고 무거우며, 그 글귀를 음미해보면 한가하고 맑았다. 이는 참으로 공겁(空劫) 이전의 소식을 얻은 것으로서 날카롭고 과장된 요즘의 글에 비할 것이 아니었으니 '태고'라는 이름이 틀리지 않았다. 나는 오랫동안 사람들과 화답하는 일을 끊고 지내 왔는데 붓이 갑자기 날뛰어 모르는 결에 종이 끝에 아울러 노래를 짓는다.

先有此庵   먼저 이 암자가 있고
方有世界   바야흐로 세계가 있었으니

世界壞時	세계가 무너질 때에도
此庵不壞	이 암자는 무너지지 않으리
庵中主人	암자 안의 주인이야
無在不在	있고 없음이 없으니
月照長空	달은 먼 허공에서 비추고
風生萬籟	바람은 온갖 소리를 내네.

석옥청공이 76세의 고령에 호주 하무산에서 쓴 이 글에는 태고 스님에 대한 애정과 그의 깨달음에 대한 믿음을 엿볼 수 있다. 태고보우는 석옥을 하직할 때 다음과 같이 그 감회를 기록하였다.

◎ 석옥화상을 하직함

제자 보우는 오랫동안 도풍을 우러러 천만 리를 멀다 않고, 이 하무산 꼭대기를 찾아와 마침내 스승을 모시게 되매 마치 빈궁한 아들이 아버지를 만난 것 같았습니다.

그리하여 반달 모시고 있으면서 심요를 결택하고 법의 젖을 한껏 먹었습니다. 이러한 큰 은혜는 비록 몸이 가루가 된다 해도 실로 갚기 어려웠는데, 이제 하직하게 되었으니 어찌 감회가 없겠습니까. 삼가 덕을 칭송하며 발원하옵고 게송을 지어 올려 조그만 정성을 표합니다.

吾觀本師大圓鏡	제가 큰 스승 석가의 대원경지를 관찰하고
亦觀弟子平等性	또 제자인 저의 평등성지를 관찰하매
同是一體邊十方	원래 한바탕으로 시방세계에 두루하여

廓然瑩徹了無影　　환히 밝고 트여 그림자 없습니다
無生無佛絶能所　　중생도 없고 부처도 없어 능소가 끊어졌고
靈通皎潔常寂照　　신통하고 밝아 항상 고요하고 비추옵니다
萬像森羅現其中　　삼라만상이 그 속에 나타나니
吾師水月形亦路　　우리 스승 물의 달이라 모습 드러내고
亦有弟子空華身　　제자도 역시 허공 꽃의 몸입니다
淨穢苦樂皆現了　　더럽고 깨끗함, 괴롭고 즐거움 다 나타납니다
今以吾師大和尚　　우리 스승인 큰 스님의
大圓鏡中弟子某　　크고 둥근 거울 속의 제자 아무개요
歸命禮弟子鏡中　　목숨 바쳐 예배하는 제자의 거울 속
本師和尚古佛老　　우리 스님 늙은 부처이니
發誠願語異加被　　정성으로 발원하는 말씀에 더욱 가피 주셔서
世世生生亦如是　　세세생생에 언제나 이러할 지이다

師爲華藏世界主　　스승께서 화장(華藏)세계 주인이 되고
我爲長子助其利　　나는 맏아들 되어 그 이익한 일을 도와
或住兜率演法時　　도솔천에 계시면서 법을 연설하실 때에는
我爲天主常衛侍　　나는 그 하늘의 주인이 되어 항상 호위해 모시고
或坐菩提樹下時　　보리수 밑에 앉아 계실 때에는
我爲國王行法施　　나는 국왕이 되어 법보시를 행하오리다

如我今日本誓願　　오늘 저의 이러한 본원(本願)으로
種種莊嚴悉圓備　　갖가지 장엄을 원만히 갖추어
供裏十方無盡佛　　시방세계의 다함없는 부처님과

大乘菩薩及一切	대승보살 등 일체에 공양하리로다
普與法界諸佛子	또한 법계의 모든 불자(佛子)와 더불어
同證如來常寂理	여래의 항상 고요한 이치를 증득하고
滅除煩惱無餘垢	번뇌를 없애어 남김이 없고
一切妙行皆成就	일체의 묘한 행을 모두 성취하오리다
當來佛佛會會中	앞으로 부처 부처 모임 모임마다
互爲賓主須相遇	서로 손과 주인이 되어 반드시 만나리니
師爲主我爲伴	스승님이 주인이 되면 나는 짝이 되고
師爲伴我爲主	스승님이 짝이 되면 나는 주인이 되어
盡未來際作佛事	미래 세상 다하도록 불사를 짓고
度盡衆生歸去後	중생을 다 건지고 돌아간 뒤에는
同遊無上大涅槃	위 없는 큰 열반에서 같이 노닐되
一如今日遊霞霧	마치 오늘 하무산에 노는 듯 하여이다
吾雖幻質分彼此	내 몸은 변하여 이쪽 저쪽 나뉘더라도
此心終不離左右	내 마음은 끝내 좌우로 떠나지 않으리로다.

연수사(延壽寺)의 사문 원욱(元旭)이 찬한 「복원 석옥청공선사탑명」에 석옥과 보우의 관계에 대해 언급한 내용이 남아있으니 다음과 같다.

석옥 스승의 제자에 태고보우가 있으니 고려사람이다. 친히 스승의 종지(宗旨)를 얻었기에 게송을 설하여 인가한 끝에 '금린(金鱗)이 곧은 낚시에 올라온다'는 싯구를 남겼다. 고려왕이 국사의 칭호를 주어 존경하였다. 스승의 도행(道行)을 듣고서 뜻에 매우 갈앙(渴仰)의 정성을 기울여서 표를 지어 조정에 올려 조명(詔命)으로 '불자혜조선사(佛慈慧照禪師)'의 시호를 스승에게 주었고 스승의 글을 강호에 널리 옮겼다. 정자(淨慈)의 평산(平山) 처림공(處林公)을 청하여 함께 천호암에 와서 스승의 사리를 가지고 관반(館伴)으로 본국에 돌아왔으니 평산 처림 선사가 스승과 동참이 된 것은 모두 보우공의 본뜻이었다.

여기서 '금린(錦鱗)'은 석옥 선사의 스승인 급암이 일찍이 대중에게 석옥을 들어 말하기를 '이 자는 법해(法海) 가운데서 그 물을 뚫고 나오는 금린'이라고 말하여 대중들이 경탄한데서 연유한 것이다. 석옥청공의 비명에 태고보우가 법명을 전하는 유일한 제자이며, 스승의 입멸 후 친히 사리를 제자에게 전할 정도로 석옥과 보우는 남다른 법손인 사실은 후손들에 의해서도 인지되어 있는 사실이다.

태고는 중국에 가서 석옥청공으로부터 임제의 정맥을 사법한 최초의 선사가 되었다. 그러나 태고보우는 자신을 석옥 선사의 사법제자인 사실은 명확히 하면서도 스스로를 임제종을 세우거나, 임제종 소속임을 공언한 일은 없기 때문에 임제종을 계승했다기보다 한국선을 인증한 것으로 평가해야 할 것이다.

4. 태고종풍과 종도 의식意識

현재 태고종과 10여 개 종단에서는 종조로 조계종에서는 중흥조로 추앙하고 있다. 태고종의 종헌(宗憲)에 제정(制定)되어 있는 태고보우 국사와의 관계를 살펴보면,

  1. 宗憲 宣布文에는
  "前略"本宗은 佛敎界의 發展을 爲하여 諸宗을 包攝하고 通佛敎의 單一法脈을 樹立한 太古國師의 定慧兼修와 理事無碍의 大乘思想과 理念을 具現, 成佛度生의 宗乘을 宣揚하고 扶宗 樹敎의 一念으로 時代에 適應할 수 있는 正統敎團을 再建發足하는 바이다.
  "中略"時代的 使命感과 大願力으로 크게 뭉치어 太古의 宗名을 公稱하고 宗憲을 制定하여 ……"中略"…… 敎化의 使命을 다하려는 것이다 … 라고 하였고

◉ 宗憲

第 1 條 (宗名) 本宗은 韓國佛教太古宗이라 한다.

第 2 條 (宗祖) 本宗은 麗末 諸宗 包攝으로 單一宗을 創樹하신 太古普愚國師를 宗祖로 한다.

第 3 條 (宗旨) 本宗은 釋迦 世尊의 自覺覺他 覺行 圓滿한 根本敎理를 奉體하고, 太古宗祖의 宗風을 宣揚하여 見性成佛 傳法度生함을 宗旨로 한다.

第 7 條 (宗統) 本宗은 新羅 憲德王 때 道義國師로부터 淵源된 迦智山門의 法統을 이어 받은 高麗末 太古普愚國師의 諸宗 包攝에 의한 禪敎不二 理事無碍의 圓融宗風을 宗統으로 삼아 그 法脈을 淸虛와 淨休를 거쳐 이후 綿綿히 繼繼承承한다.

第 8 條 (嗣法) 本宗은 法脈相承은 入室 面授 또는 傳法偈의 授受로서 행한다라고 하고 있다.

2. 오늘날 太古宗徒 및 佛弟子들은 佛祖의 慧命을 받들어 繼承하며 修行 精進布敎하고 있다.

종단(宗團)의 지도자들은 자기 종단의 종조요는 전법초조(傳法初祖)며 중흥조(中興祖)이신 태고보우 국사를 진심으로 존경하며 종지와 종풍 그 수행법을 얼마나 체득(體得)하고 있고 또 종도들의 사표(師表)인「본분종사(本分宗師)」가 되어 지도하고 있는지?

또한 태고 종도들과 법손 및 불자들은 얼마나 태고의 본원적 중심사상인 종지와 종풍 그 지도 이념에 따라 불조의 혜명을 받들며 승가 본연의 출가 정신과 종단관 및 불자관을 가지고 수행 정진하고 있는 지를 각자가 스스로를 반조해 볼 일이다.

제3장

•• 태고보우 국사의
종지(宗旨) : 선지(禪旨)

본분종지(本分宗旨) : 禪旨

근본종지(根木宗旨)

1. 본분종지本分宗旨: 禪旨

1) 무일물(無一物) = 일물(一物)·불성(佛性)· 마음(心)·도(道)·만법지왕(萬法之王)· 본래면목(本來面目)

태고보우 국사의 종지(宗旨)와 종풍(宗風) 그 수행법(修行法)은 모든 태고 법손(法孫)들과 종도(宗徒) 불자들이 반드시 갖추어야 할 본원(本願) 적 중심사상이요 지도이념(指導理念)이며 최상승 조사선법이다.

태고의 본원(本願) 종지가 진공묘유(眞空妙有)의 세계에서 불조(佛祖) 의 혜명(慧命)과 불법(佛法)에 따라 본분(本分) 종지(心, 佛性, 一物, 道) 를 바로 깨닫기[正覺] 위해 위없는[無上] 대선법(大禪法)인 근본(根本) 종지[向上宗乘, 一佛乘, 一乘圓融]를 수행하여 우주법계의 본성공[本性 空, 無, 一物, 無心, 無佛性, 無空, 無相, 無道]을 바로 깨달아[無上正等 覺] 본분(정안)종사(本分「正眼」宗師)가 되어 불타(佛陀)의 반야지혜 (般若智慧)와 자각견성(自覺見性)한 대영지(大靈知)로서 각행원만(覺行

圓滿)하게 자기의 위신력을 최대한 발휘함으로써 일체만법의 진리대로 전법도생(傳法度生)하고 일체 고해(苦海) 중생을 깨닫게 제도하여 불국정토(佛國淨土)를 구현하며 자유자재하게 해탈 하는데 있다고 한다면『태고보우 국사의 종지와 종풍 그 수행법』은 만고에 빛나는 대도(大道)요, 귀감이라 하겠다.

태고의 본원종지의 가르침은 실로 정신적인 차별마저 뛰어넘는 최고의 선법이다. 태고는 석옥 화상과의 만남에서 "공겁(空劫) 이전에도 태고(太古)가 있었던가, 없었던가?"라는 석옥의 질문에 대해 "허공이 태고 가운데서 생겼습니다"라고 답하였다. 이것은 선의 궁극적인 세계가 시공(時空)의 경계를 넘어선 일체만법의 근원을 밝히고 추구하는데 본뜻이 있음을 보이는 것이다.

본래무일물(本來無一物)·진공묘유(眞空妙有)의 불법 종지에 도달한 경지는 오로지 하나밖에 없는 궁극적인 진리이다. '하나'로 표현된 그것을 태고보우는 부처, 마음으로 표현했으며 달리 일물(一物), 부처(佛)·마음(心)·도(道)·만법지왕(萬法之王)·본래면목(本來面目), 또는 영지(靈知) 등의 여러 표현을 즐겨 하였다.

※선종(禪宗) - 좌선, 내관(內觀)의 법을 닦고, 인간 마음의 본성을 깨달으려고 하는 종파를 이름. 불심(佛心)을 깨닫는 것을 목적으로 하기 때문에 불심종(佛心宗)이라고도 함. 인도의 보리달마(菩提達摩)에 의해 521년(또는 527)에 처음으로 중국에 전해지고 오조홍인(五祖弘忍)의 문하(門下) 중 혜능(慧能)에 의해 남종(南宗)이, 신수(神秀)에 의해 북종(北宗)이 흥해서 두 파로 나누어 졌음. 혜능(慧能) 아래로부터는 청원(靑原), 남악(南嶽)의 두 계통이 나와 전자는 조동종(曹洞宗)이 되고 후자는 임제종(臨濟宗)이 되어 강남땅에 기

세와 위엄을 떨쳤음. 선종(禪宗)이라고 하는 말은 육조혜능(六祖慧能)으로부터 반세기 이후, 800년 전후부터 나타남, 초기의 선종에는 보이지 않는다.

더 자세히 선종사를 살펴보면 달마 대사가 중국에 전한 종지, 교외별전(敎外別傳)을 종(宗)의 강격(綱格)으로 하고 좌선으로서 내관자성(內觀自省)하여 자기의 심성(心性)을 철견(徹見)하고, 자증삼매(自證三昧)의 묘한 경지를 체달함을 종요(宗要)로 하는 종.

선종이란 말은 부처님의 설교(說敎)를 소의(所依)로 삼는 종파를 교종(敎宗)이라 함에 대하여 좌선을 닦은 종파라는 뜻. 당나라 말기로부터 선종 · 교종의 세력이 대립하게 되며 교(敎) 밖에 선(禪)이 있다는 치우친 소견을 내고 교외별전의 참뜻을 잃게 되어, 도리어 선종이란 명칭을 배척하지 아니할 수밖에 없게 되다. 이 종은 석존에게서 정법의 유촉을 받은 가섭으로부터 보리달마까지의 28조가 있고 제28조인 보리달마가 (520양의 보통 1년) 중국에 와서 혜가에게 전함으로부터 동토의 제5조 홍인에 이르러 그 문하에서 혜능을 제6조로 하는 남종(南宗)과 신수를 제6조로 하는 북종(北宗)으로 갈리었다.

북종은 오래지 않아 끊어지고, 혜능의 1류(流)만이 번성하여 5가(家)7종(宗)을 내었다.

원나라, 명나라 때 이르러서는 다른 종파는 다 쇠퇴기에 들어갔으나, 이 종만은 오히려 번성하였다. 우리나라에 들어온 것은 신라 선덕왕 5년(784) 당나라 서당지장(西堂智藏)에게서 법을 받아온 도의(道義)를 초조(初祖)로 하는 가지산문(迦智山門)을 비롯하여, 역시 지장의 법을 받은 홍척(洪陟)을 초조로 하는 실상산문(實相山門), 염관제안(鹽官齊安)에게서 법을 받아 온 범일(梵日)을 초조로 하는 사굴산문(闍崛山門), 지장에게서 법을 받은 혜철(惠哲)을 초조로 하는 동리산문(桐裏山門), 마곡보철(麻谷寶徹)의 법을 받은 무염(無染)을 초조로 하는 성주산문(聖住山門), 남전보원(南泉普願)의 법을 이은 도윤(道允)을 초조로 하는 사자산문(師子山門), 선종혜은(禪宗慧隱)의 법을 이은 도헌(道憲)을 초조로 하는 희양산문(曦陽山門), 장경회휘(章敬懷暉)의 법을 이은 현욱(玄昱)을 초조로 하는 봉림산문(鳳林山門)과 신라 말기에 운거도응(雲居道膺)의 법을 이은 이엄(利嚴)을 초조로 하는 수미산문(須彌道應)의 9산문(山門)이 성립되어 한창 번성했으나 고려 때에는 차츰 쇠퇴하여 지다.

고려 명종 때 불일보조(佛日普照) 국사가 나서 조계산에 수선사(修禪寺)를 세우고 정혜결사(定慧結社)를 설립하여 일으켰으나, 그 뒤부터 승행(僧行)이 타락되면서 차차 쇠퇴하기 시작, 고려 말기에 이르러 태고보우(太古普愚)는 중국 호주 하무산(霞霧山)의 석옥청공(石屋淸珙)의 법을 받아 왔고, 나옹혜근(懶翁惠勤)은 강서의 평산처림(平山處林)의 법을 받아 오고 백운경한(百雲景閑)이 석옥청공으로부터 법을 받아 옴으로서 두 파가 갈린다. 나옹의 법계(法系)는 얼마 안 되어 없어지고 태고의 법계만이 지금까지 전해지고 있다.

〈『禪源諸全集都序』「正法眼藏」佛道大 82권 183〉

〈「禪宗落草義」〉〈「佛祖源流」四溟源流錄〉

〈『佛敎大詞典下』〉

* 본분(本分) - 본래의 분제(分際). 태어나면서부터 불성을 가지고 있다는 인간의 본래의 모습. 미혹함이나 깨달음에 관계 없는 절대적 경지. 본래의 마음, 마음의 본성.〈佛敎大詞典上〉

『태고록(太古錄)』은 상당(上堂), 시중(示衆), 법어(法語), 가(歌), 음(吟), 명(銘), 게송(偈頌), 찬발(讚跋), 부록(附錄) 등으로 편성되었는데 양이 많은 편은 아니라도 귀중한 내용들이 수록되어 있다. 그중에서 태고의 근본 선사상을 살펴보기 위하여 몇 항목의 문헌을 참고하도록 하겠다.

● 현릉청심요전문(玄陵請心要 - 현릉이 심요를 청하다)

한 물건이 있으니 밝고 또렷하여 거짓 없고 사사로움 없어 고요히 움직이지 않으면서 대영지(大靈知)가 있습니다. 본래 생사가 없고 분별이 없고 명상이 없고 언설이 없습니다. 허공을 삼키고 하늘을 덮고 땅을 덮고 빛과 소리를 덮어 체용을 갖추었습니다. 그 체(體)를 말하면 넓힐 때는 광대하여 밖이 없고 거두어들일 때는 미세하여 안이 없습니다. 그 용(用)을 말하면 한량없는 지혜, 신통, 삼매, 변재로 숨기도 하고 나타나기도 하여 종횡이 자재하여 대신변(大神變)이 있으니 비록 성인이라도 다 알 수 없습니다

이 한 물건은 항상 사람 사람에게 다 있습니다. 일상 생활 속에서 분명분명 또렷또렷합니다. 낱낱 것에서 밝고 물건마다에 나타나니 모든 일에 변함없이 밝게 나타남을 방편으로 '마음'이라 하고 '도'라 하고 '만법의 왕'이라 하고 '부처'라 합니다.

부처님은 "경행(經行)과 좌와(坐臥)가 항상 그 가운데 있다" 하였고 요순(堯舜)은 "진실로 그 가운데를 잡으면 윤집궐중(允集厥中)함이 없어 천하가 잘 다스려진다" 하였습니다. 다만 이 마음을 밝혔을 뿐입니다. 그러므로 불불조조(佛佛祖祖)가 문자를 내세우지 않고, 언어를 내세우지 않고 다만 마음으로 마음을 전했을 뿐 다시 별다른 법이 없습니다. 만약 이 마음 밖에 따로 한 법이라도 있다면 이것은 마귀의 말이며 원래 부처님의 말씀이 아닙니다.

그러므로 이 마음이란 범부가 망령되이 내는 분별심이 아니요, 고요하여 움직이지 않는 바로 그 사람의 마음입니다. 이런 제 마음을 지키지 않고 모르는 결에 망령되이 움직이면 분주하게 경계의 바람에 어지러이 흔들리고, 6진(六塵) 속에 파묻혀 금시 일어났다 금시 사라졌다 하면서 망령되이 무궁한 생사의 업과 고통을 짓는 것입니다. 그러므로 부처님이나 조사님 같은 성

인들은 과거의 원력을 이어 세간에 나와 큰 자비로 사람의 마음이 본래 부처임을 바로 가리켜 마음 부처를 깨치게 하신 것입니다.

전하께서도 자기 부처를 관찰하셔야 합니다. 여러 가지 정치하시는 여가에 전상(殿上)에 금부처, 나무부처처럼 바로 앉아 모든 선악을 조금도 생각하지 마시고 몸과 마음법을 모두 버리신다면 났다 사라졌다 하는 망념이 다 없어지고 없어졌다는 그 생각마저 없어질 것입니다. 어느덧 마음이 고요하여 움직이지 않아 의지할 곳이 없어지고 몸과 마음이 갑자기 텅 비어 허공을 의지한 것같이 될 것입니다.

거기서는 밝고 또렷하며 또렷하고 밝은 그것이 앞에 나타날 것이니 바로 그때 부모가 낳아주기 전의 본래면목을 자세히 살펴보셔야 합니다. 그렇게 하자마자 곧 깨치면 마치 물을 마시는 사람이 차고 따뜻함을 저절로 아는 것과 같아질 것입니다. 그것은 남에게 보일 수도 없고 남에게 말할 수도 없는 것으로서 다만 그 신령한 빛이 하늘 땅을 덮을 것입니다.

위에서 말한 경계가 저절로 나타날 때에는 생사도 의심되지 않고 불조(佛祖)의 말씀도 의심되지 않아 불조와 만나게 될 것입니다. 이것이 곧 불조가 부자 간에 서로 전한 묘한 이치이니, 부디 명심하시어 소홀히 여기지 마소서. 정사에 나아가 백성들을 새롭게 할 때에도 그렇게 하시고 또 이 도로써 온갖 근기를 두루 깨우치고 모든 백성들에게 권하여 태평하여 함이 없는 이치를 함께 즐기시면 모든 부처와 용과 하늘들이 어찌 기쁘게 이 나라를 돕지 않겠습니까?

국왕과 공주는 이 생만이 아니라 여러 생 동안 성인이신 부처님을 만나 이 최상의 종승 안에 반야의 종자를 깊이 심으셨습니다. 본래의 원력으로 지금 국왕과 공주가 되시어, 저절로 함이 없이 즐겨 이 이치를 물으시는 것은 마치 묻힌 불을 헤치는 것과 같아서 반드시 큰 일을 성취하시리라 믿습니다.

이 나라 사람으로서 복과 지혜가 있는 이는, 국왕의 뜻을 받들어 부처님인 듯 공경하고 마음 속의 기쁨을 얼굴에 나타내면서 "우리 임금님은 부처님 마음 같은 국왕이요, 우리 공주는 부처님 마음 같은 공주이시다" 하며 찬양해 마지않으면, 그 사람은 반드시 전생에 국왕·공주와 함께 선근(善根)을 심어 와서 지금까지 그것이 자란 것일 것입니다. 혹 보고 듣고도 의심을 내거나 또 보지도 듣지도 못한 이가 있더라도 그것은 논할 것이 못됩니다.

태고암가(太古庵歌)

吾住此庵吾莫識	내가 사는 이 암자 나도 몰라
深深密密無壅寒	심심하고 밀밀하여 옹색함이 없고
函盖乾坤沒向背	하늘 땅 뒤덮어 앞뒤 없으니
不住東西與南北	동서남북 어찌 머물랴
珠樓玉殿未爲對	주루 옥전 비할 수 없고
少室風規亦不式	소림의 풍규에도 따르지 않네
爍破八萬四千門	팔만사천 문 다 부수니
那邊雲外靑山碧	저편 구름 밖 청산이 푸르러라
山上白雲白又白	산상의 백운은 희고 또 희고
山中流泉滴又滴	산중의 샘물은 흐르고 또 흐르네
誰人解看白雲容	백운의 형용을 누가 알랴
晴雨有時如電擊	비 오고 개는 때 번개처럼 바뀌네
誰人解聽此泉聲	이 샘물 소리 누가 들으랴
千回萬轉流不息	천만 번 돌고 또 돌아 쉼이 없어라

念未生時早是訛　　생각을 내기 전에 벌써 틀렸고
更擬開口成狼籍　　입을 열려 할 때 더욱 부질없다
經霜勁雨幾春秋　　비 오고 서리 온 봄 가을이 얼마인데
有甚閑事知今日　　어찌 한가롭게 오늘을 알겠는가
麤也飡細也飡　　　거친 밥 고운 밥
任儞人人取次喫　　모두가 제각각 먹으니
雲門湖餅趙州茶　　운문의 호병 조주의 차인들
何似庵中無味食　　어찌 이 암자의 무미식만 하랴

本來如此舊家風　　본래 이런 옛 가풍
誰敢與君論寄特　　누가 기특하다 하리
一毫端上太古庵　　한 털끝 위의 태고암은
寬非寬兮窄非窄　　넓은 듯 좁은 듯
重重刹土箇中藏　　중중찰토가 이중에 있고
過量機路衝天直　　과량기의 길이 하늘로 트여
三世如來都不會　　삼세여래가 알 수 없고
歷代祖師出不得　　역대 조사가 나갈 수 없네

愚愚訥訥主人公　　우우하고 늘늘한 주인공
倒行逆施無軌則　　온갖 행위 법칙이 없어
着卻青州破布衫　　떨어진 베옷 입고
藤蘿影裏倚絕壁　　넝쿨 속 절벽에 서성거려
眼前鵝法亦無人　　눈앞에는 법과 사람 모두 없고
旦暮空對青山色　　조석으로 청산만 바라보네

兀然無事歌此曲	일 없이 앉아서 이 곡을 노래하니
西來音韻愈端的	서래의 운곡이여 참으로 좋을시고
徧界有誰同唱和	이 세상 누가 같이 부를까
靈山少室謾相拍	영산과 소림굴이 서로 주고받네
誰將太古沒絃琴	누가 태고의 줄 없는 가야금으로
應此今時無孔笛	금시의 구멍없는 피리에 화답할까
君不見	그대는 보지 못했는가
太古庵中太古事	태고암 중의 태고 일을
只這如今明歷歷	지금까지 분명하고 역력하여
百千三昧在其中	백천삼매 그 속에 있어
利物應緣常寂寂	때로는 중생을 이끌되 항상 적적하네
此菴非但老僧居	이 암자는 노승만 머물지 않고
塵沙佛祖同風格	진사의 불조가 같은 풍격일세
決定說君莫疑心	그대는 의심말라! 이 결정설을
智亦難知識莫測	지혜와 지식으로 알기 어려워
回光返照尚茫茫	회광반조해도 오히려 망망하고
直下承當猶滯跡	바로 알아도 자취에 걸리네
進問如何還大錯	뭐냐고 물어도 크게 어긋났고
如如不動如頑石	여여부동해도 돌과 다를 바 없네
放下着莫忘想.	놓아라! 망상을 말라!
卽是如來大圓覺	이것이 여래의 대원각이다

歷怯何曾出門戶　　　겁수를 지낸들 어찌 문호를 나왔으랴만
暫時落泊今時路　　　잠시 떨어지면 금시의 길이로다
此菴本非太古名　　　이 암자는 본래 태고암이 아닌 것을
乃因今日云太古　　　금일로 인하여 태고라 했네
一中一切多中一　　　하나 속에 일체이고 일체 속에 하나
一不得中常了了　　　'하나'도 없는 데서 항상 또렷하네

能其方亦其圓.　　　　모나기도 둥글기도 하여
隨流轉處悉幽玄　　　유를 따라 어디든지 다 유현하네
君若問我山中境　　　누가 나에게 산중의 경계를 물으면
松風簫瑟月滿川　　　소슬바람에 달빛은 하늘에 가득하오

道不修禪不參.　　　　도도 닦지 않고 선도 하지 않아
水沈燒盡爐無煙　　　향 다 탄 향로에 연기 없으면
但伊騰騰恁麼過　　　그런대로 그렇게 지내는 거지
何用區區求其然　　　어찌 구구히 태을 향을 구하랴
徹骨清兮徹骨貧　　　사무치게 맑고 사무치게 가난해도
活計自有威音前　　　살길은 본래부터 스스로 있네
閑來湖唱太古歌　　　한가이 태고가 부르며
倒騎鐵牛遊人天　　　쇠소를 거꾸로 타고 인천에 노니노라

兒童觸目盡伎倆　　　아이들은 보는 대로 재주를 내지만
曳轉不得徒勞眼皮穿　　생각처럼 안 되어 피곤만 하네
庵中醜拙只如許　　　암중의 추졸이 이러한데

可知何必更重宣   아는 일을 어찌 일부러 다시 말하랴
舞罷三臺歸去後   삼대에서 춤추고 돌아간 후에
靑山依舊對林泉   청산은 예전처럼 임천을 바라보네.

위에서 초록한 「태고암가」, 법어(法語), 상당록(上堂錄)의 내용만을 음미해 보더라도 태고의 본분선지(本分禪旨)가 어떤 것인가는 충분히 짐작할 수 있다.

태고는 「태고암가」에서 노래하기를 "내가 사는 이 암자 나도 몰라 하늘 땅 뒤덮어 앞뒤 없으니 주루(珠樓)와 옥전(玉殿)으로도 비할 수 없고 소림의 풍규에도 따르지 않네. 8만 4천 문 다부수니 저편의 구름 밖 청산이 푸르러라"라고 읊고 있다.

태고는 본분의 선지(禪旨)를 '태고(太古)'라는 어취를 빌려 표현하고, 본분의 선세계를 '태고암'으로 노래함을 볼 수 있다. 「태고암가」의 첫 구절에서 '내가 사는 이 암자는 나도 모른다'고 읊은 것은 의식(意識), 사량(思量)을 초월한 본분선지를 개연(開演)함이다.

그리고 태고의 본분선지는 어디에도 한정되지 않고 무엇과도 비교할 수 없으며 어느 격식에도 따르지 않음을 근본으로 하고 있음을 노래한다. 소림 가풍에도 따르지 않는다는 말이 바로 그것이다. 그리고 연이어서 '8만 4천 문 다 부수니, 저편의 구름 밖 청산이 푸르르다'고 읊으니 이는 몰사량(沒思量), 몰파비(沒巴鼻)의 활구(活句) 격외선지(格外禪旨)를 이름이다.

태고에게 있어서 이러한 격외선지는 태고암의 무미식(無味食)으로도 상징화하고 있다. 운문(雲門)의 호병(糊餠)과 조주(趙州)의 차(茶)가 어찌 이 암자의 무미식만 하랴고 한 데서 본분선지를 '태고암의 무미식'으로 현창하고 있음을 보겠다. 이러한 본분선지는 '초불초조(超佛超祖)'의 경지임

을 창언한다. 태고암은 삼세여래(三世如來)가 알 수 없고 역대조사(歷代祖師)가 나실 수 없다고 한 데서 볼 수 있는 것이다.

태고는 이렇게 소림풍규와 불조의격(佛祖儀格)에도 머물지 않는 본분선지를 선양하고 있다. 「태고암가(太古庵歌)」는 이 같이 조도(祖道)를 광양(光揚)하는 게송처럼 '삼대(三臺)에서 춤추고 돌아간 후에 청산은 예전처럼 임천(林泉)을 바라보네'라는 노래로 대미를 이루고 있다. 니는 태고의 몰사량 격외선의 활발발(活鱍鱍)한 경지를 읊은 구절이라 하겠다. 태고의 본분선의 의미를 더욱 선명하게 해주고 있다.

태고는 공민왕에게 한 「심요(心要)」의 법에서도 "마음은 생사(生死), 분별(分別), 명상(名相), 언설(言說)이 없이 천지(天地)를 덮고 성색(聲色)을 덮으며 지혜(智慧), 신통(神通), 삼매(三昧), 변재(辨才)를 갖춘 대영지(大靈知), 대신통(大神通)이니, 마음을 떠나서 한 법이라도 있다면 이것은 마설(魔說)이다"라고 말하며 상당법어(上堂法語)에서도 향상종승(向上宗乘: 本分禪旨)에는 불(佛)·조사(祖師)·납승(衲僧)·등각·묘각·열반·생사·진로(塵勞) 등의 명자(名字)가 모두 쓸데 없으며, 일대장교(一大藏敎)·천칠백공안(千七百公案)·임제할(臨濟喝)·덕산방(德山棒)이 다 부질없는 것이라고 말하고 있다. 태고는 다른 법어에서도 여기 「본분선지」에는 부처가 와도 때리고 조사가 와도 때린다고 하며 이어서 법좌(法座)를 가리키며 말하기를 "백천불조(百千佛祖)가 여기를 향하여 많은 냄새를 피워서 사바에 가득하니 금일 산승(山僧)이 사방(四方)의 대해수(大海水)를 기울여 세척하여 깨끗하게 하지 않을 수 없다. 대중(大衆)은 부질없는 말 많이 한다고 이르지 말라"고 하였다.

이상의 법어는 모두가 태고의 불사선악(不思善惡) 방하착(放下着), 막망상(莫妄想), 몰사량(沒思量), 활발발(活鱍鱍)의 본분선지와 선풍을 선양한 법어들이다. 이러한 법어들을 통하여 태고의 본분종사(本分宗師)로서의 고준한 선풍을 엿볼 수 있다.

2) 태고의 불교사상의 체계

(1) 만법귀일(萬法歸一) · 귀일하처(歸一何處)

태고는 19세 때부터 가지산(迦智山) 총림에 가서 만법귀일(萬法歸一) · 귀일하처(歸一何處)의 화두를 들고 간화선의 수행을 시작했다고 했다. 그런데 이 만법이 어디로 귀일하느냐의 해답을 얻기 위해 조사들의 1700화두를 모조리 참구(參究)하며, 경전의 심오한 듯을 탐색하고 용맹정진 했다. 그러다가 발견한 것이 『원각경』을 보다가 '일체가 멸한 곳을 이름하여 부동(不動)이라고 한다'라고 한 대목에서 소지(所知)가 벗겨졌다고 전해진다. 여기서부터 태고의 불교적 본체론의 단서를 찾은 것으로 심지(心地) 중 본체를 찾은 것이다. 이 우주의 본체가 무엇일까 잡힐 듯 잡힐 듯 하면서도 포착되지 않는 이 일물(一物)의 존재양상을 게송으로 이렇게 표현하였다.

靜也千般現	고요하지만 천 가지로 나타나고
動也一物無	움직이지만 한 물건조차 없네
無無是什麼	무(無), 무(無)라, 이것이 무엇인가?
霜後菊花稠	서리 온 뒤에 국화가 무성하다.

여름철 더울 때는 모든 풀이 천 가지로 무성하더니 서리를 맞아 다 시들고 국화 한 가지만 주밀하게 피어난다. 그러면 서리가 내려도 피어있는 저 국화

는 무엇인가. 인간이 '죽음의 서리에도 죽지 않는 그 물건[一物], 그 물건이 무엇일까? 이렇게 보임(保任)하는 동안 그는 일물무(一物無)에서 무자(無字)에 귀착한다. 그래서 그때부터 일물(一物)과 무(無)의 함수관계를 풀기 위해 본격적으로 일대사(一大事), 즉 승려의 일대사란 견성성불(見性成佛)이다.

그래서 태고는 채홍철의 전단원에 들어가서 생사를 걸고 참선(參禪), 오도(悟道)하였다. 모든 선사들의 구극(究極)적 목적인 이 본체, 즉 만법의 근원이 되는 이 일물(一物)의 현전(現前)에 몰두하는 것이다. 이 '일물'이 만법의 귀일처인데 그것이 무엇이며 어떤 성질을 가졌으며[體], 어떤 실상을 하고 존재하며[相], 그 일물은 어떤 능력[用]을 가졌기에 이 우주의 '만법'을 움직이는 왕인가? 이것을 한해 겨울 동안 전단원에서 마치 죽은 사람 같이 되도록 몰입했었다. 드디어 조주의 무자화두를 통해 조주를 만나서야 비로소 그 칠통을 깨뜨리고 의심의 뭉치[疑團]를 타파하였으니 이듬해 태고의 나이 38세 때는 지원(至元) 무인(戊寅) 1338년 정월 7일의 일이다. 태고는 이 일물의 실체를 직접 보고나서 조주종심(趙州從諗) 무자화두(無字話頭)의 신효(神効)를 체득하고 다음과 같이 오도송을 읊었다. 이때 태고에게는 조주는 성불했음을 체지(體智)했으므로 조주가 고불로(古佛老)라 칭하고 『태고록』의 선지시중이 조주 일색(一色)으로 지해(知解)되고 있다.

趙州古佛老	조주(趙州)고불(古佛)의 늙은이가
坐斷千聖路	앉아서 천성(千聖)의 길을 끊었다
吹毛覰面提	취모검(吹毛劍)을 얼굴에 들이댔으나
通身無軹窺	온몸에 빈틈이 없다
狐兎絶潛蹤	여우와 토끼가 자취를 감추더니

飜身師子露	몸을 바꾸어 사자가 뛰쳐나온다
打破牢關後	뇌관(牢關)을 타파한 후에
淸風吹太古	청풍(淸風)이 태고(太古)에 불고 있다.

이때 채중암이 감격하여 "어디서 조주와 만났오?"라고 물으니 태고는 "파전수후(波前水後)"라고 대답했다. 그리고 그 파전수후를 게송으로 해설했다.

古澗寒泉水	오랜 골짜기의 찬 샘물을
一口飲卽吐	한 입에 머금어 토해내니
却流波波上	흐르는 물결 파도 위에
趙州眉目露	조주의 면목이 드러났네.

이후 태고는 조주의 무자 화두 대한 증득(證得)과 확철대오(廓徹大悟)한 체지체증(體知體證)을 그의 제자들에게 법어로 강연으로 훈요로 시중(示衆)으로 편지 등으로 면밀하고도 자세하게 교육하고 지도하였으며 시중 100여 편 중에 87%가 조주의 무자 화두를 권하고 있다. 왕에게나 외국 승에게나 심지어 전쟁하는 장군인 염흥방(廉興邦)에게까지 조주무화(趙州無話)를 권하는 게송을 써주었다. 그만큼 태고의 조주사상에 대한 철저함을 볼 수 있다. 얘기하면

趙州道無意	조주의 무(無)를 말한 뜻을
正好切參看	잘 참구하였소
參到百不會	몇백 번 하다보면

便是露團團　　단단이 갑자기 나타나리라

疑盡情忘處　　의심이 다 풀리고 뜻도 있던 곳이니

趙州是何顏　　조주의 참 얼굴이 어떠한가

若也別生念　　만일 딴 생각을 내다가는

面前蜀道難　　면전에 촉(蜀)의 길이 험난함을 보리다.

하였다.

이렇게 해서 일물무(一物無)의 본체의 실상을 체와 상과 용으로 나누어 공민왕에게 직지심지(直指心地)하여 아래와 같이 설명하였다.

(2) 일물(一物)의 실상(實相)

사람의 심지(心地)에는 일물이 있는데 이 일물은 밝고 또렷하여 거짓 없고 사사로움 없어 고요히 움직이지 않으면서 대영지(大靈知)가 있다. 본래 생사가 없고 분별이 없고 명상이 없고 언설이 없다. 허공을 삼키고 하늘을 덮고 땅을 덮고 빛과 소리를 덮어 체용을 갖추었습니다.

이렇게 일물의 모양을 설명하였다. 이것이 우주의 본체(本體)요, 만물의 근원인 일물의 실상이다. 다시 이어서 그 일물의 실체를 드러내기를,

(3) 일물의 실체(實體)

그 일물의 체(體)를 말하면 넓힐 때는 광대하여 밖이 없고 거두어들일 때는 미세하여 안이 없습니다.

이렇게 그 일물(一物)을 설명했다. 즉 크다면 이 밀물보다 더 큰 것이 없고 작기로 말하면 이 일물보다 더 작은 것이 있을 수 없다. 즉 대소마저도 자유자재하다는 설명이었다. 그리고 뒤이어 그 용(用), 즉 쓰임새인 활용에 대하여 다음과 같이 설하고 있다.

(4) 일물(一物)의 용(用: 功能)

그 용(用)을 만하면 한량없는 지혜, 신통, 삼매, 변재로 숨기도 하고 나타나기도 하여 종횡이 자재하여 대신변(大神變)이 있으니 비록 성인이라도 다 알 수 없다.

그러면 이 생사(生死)가 없이 영구자재하며 안이 없이 작고, 밖이 없이 커서 천지를 안팎으로 싸고 있어서 무소부재(無所不在)하게 편재(遍在)하며 어떠한 대성인도 다할 수 없는 전지(全知)하는 영지와 전능(全能)한 용력을 갖춘 이 우주유일의 실체는 어디에 존재하는가? 그 존재처를 태고는 다음과 같이 설명했다.

(5) 일물(一物)의 존재양상

이 한 물건은 항상 사람 사람에게 다 있습니다. 일상생활 속에서 분명분명 또렷 또렷하며, 낱낱 것에서 밝고 물건 마다에 나타나니 모든 일에 변함없이 밝게 나타남을 방편으로 '마음'이라 하고 '도'라 하고 '만법의 왕'이라 하고 '부처'라고도 합니다.

태고가 19세 때부터 증득하려던 만법귀일·귀일하처의 답은 일물(一物)이요, 이 일물은 방편상 '심(心)'이라 하였으니 일물즉심(一物卽心)이요, 일물을 도(道)라고도 하니 일물즉도(一物卽道)며 일물을 불(佛)이라고도 한다 했으니 일물즉불(一物卽佛)이다.

정리하면 귀일하처(歸一何處) → 일물(一物) → 심(心) → 도(道) → 법왕(法王) → 불(佛)이다. 고로 만법의 귀일처(歸一處)는 '만법의 왕'인 '심(心)'이요, '도(道)'요, '불(佛)'이다.

일물즉심(一物卽心), 일물즉도(一物卽道), 일물즉법왕(一物卽法王), 일물즉불(一物卽佛)이 된다. 또한 즉심즉일물(卽心卽一物)이요, 즉심즉불(卽心卽佛)이다. 그렇다면 일물(一物)은 유일한데, 불(佛)과 조사(祖師)와 중생의 차별은 어떻게 생기는가?

(6) 무차별론(無差別論: 直指人心 本來是佛)

인인분상(人人分上)에 상재하는 이 '심일물(心一物)'이 어떤 이에게는 부처님이요, 어떤 이에게는 조사요, 어떤 이에게는 중생인가, 이에 대한 그의 설명은 이렇다.

그러므로 이 마음이란 범부가 망령되이 내는 분별심이 아니요, 고요하여 움직이지 않는 바로 그 사람의 마음입니다. 이런 제 마음을 지키지 않고 모르는 결에 망령되이 움직이면 분주하게 경계의 바람에 어지러이 흔들리고, 6진(六塵) 속에 파묻혀 금시 일어났다 금시 사라졌다 하면서, 망령되이 무궁한 생사의 업과 고통을 짓는 것입니다. 그러므로 부처님이나 조사님 같은 성인들은 과거의 원력을 이어 세간에 나와 큰 자비로 사람의 마음이 본래 부처임을 바로 가리켜,

마음 부처를 깨치게 하신 것입니다.

전하께서도 자기 부처를 관찰하셔야 합니다. 여러 가지 정치하시는 여가에 전상(殿上)에 금부처, 나무부처처럼 바로 앉아 모든 선악을 조금도 생각하지 마시고 몸과 마음법을 모두 버리신다면, 났다 사라졌다 하는 망념이 다 없어지고, 없어졌다는 그 생각마저 없어질 것입니다. 어느덧 마음이 고요하여 움직이지 않아 의지할 곳이 없어지고, 몸과 마음이 갑자기 텅 비어 허공을 의지한 것 같이 될 것입니다.

라고 하였다. 즉,

① 부처와 ② 마음과 ③ 범부중생(凡夫衆生)과 똑같은 사람이지만, 다만 심지(心地)를 깨끗이 가졌느냐의 차이 뿐이라 했다. 다시 말해서 심지가 정토(淨土)가 되었느냐, 안 되었느냐? 의 차이가 있을 뿐 불(佛)과 조사(祖師)와 중생(衆生)이 일미(一味)라는 설명이다. 그러면 이 모든 중생 가운데 들어 있는 직지심지(直指心地)가 정토로 바뀌어 부처가 된다면 태고의 정토사상은 사람이 죽어서 간다는 극락정토(極樂淨土)는 실재(實在)하는 것이 아니라는 뜻인가. 그렇다면 태고가 깨달은 극락정토는 정시당인(正是當人)의 적연부동저심(寂然不動底心)의 세계만을 의미하는 것인가, 아니면 따로이 아미타불(阿彌陀佛)이 계시는 극락정토가 다로 존재하는가에 대해 확인하면 태고는 그에 대하여 이렇게 낙암(樂庵)에게 설명한 일이 있다.

(7) 태고의 정토관(淨土觀)

아미타불(阿彌陀佛)은 범어인데 무량수불(無量壽佛)이란 말이며 불(佛)도 범어이니 각(覺)이란 말이다.

이는 사람 사람의 본성이 대영각(大靈覺)이 있어서 본래 생사가 없고 고금이 다하도록 영명정묘(靈明淨妙)하며 안락자재(安樂自在)하니 이것이 어찌 무량수불(無量壽佛)이 아니겠는가.

그러므로 이 마음을 밝힌 이를 불(佛)이라 하고 이 마음을 설명하는 것을 '교(教)'라 한다. 부처님이 교설한 일대장교(一大藏教)는 사람 사람의 자각성(自覺性)을 가리킨 방편이다. 방편이 많으나 요점만을 말하면 '유심정토(唯心淨土) 자성미타(自性彌陀)'이다. 마음이 깨끗하면 불토(佛土)가 깨끗하고 자성(自性)이 나타나면 불신(佛身)이 나타난다는 말은 이를 이르는 말이다.

그러므로 태고는 '아미타불'이란 '실재하는 부처'가 아니요, '편재하는 불성'을 말하며, 만인이 본래부터 가지고 태어난 본성품을 말하여, 극락정토란 중생이 마음을 깨끗이 닦아서 정심(淨心)이 되면 곧 정토(淨土)다. 그 본성품인 영명정묘(靈明淨妙)한 무량수불이 되어 안락자재하면 온 천지가 열반낙토이니, 온 우주가 극락정토라는 것이다. 그러면 태고는 '유심정토(唯心淨土)'와 '미타정토(彌陀淨土)'의 '상호일미(相互一味)'를 어떻게 설명하고 있나 알아보면,

(8) 유심정토관과 미타정토관의 관계

오직 마음이 정토이고 우리의 성품이 그대로 나타난 것이 곧 부처님의 몸으로 나타난 것이니, 이것이 바로 아미타불입니다. 청정하고 묘한 법신은 일체 중생의 마음속에 두루 있습니다. 그러므로 마음과 부처와 중생은 이 셋이 차별이 없다고 하였고 또한 마음이 곧 부처요, 부처가 곧 마음이니 마음 밖에 부처는 없고 부처 밖에 마음이 없다고도 말했습니다.

라고 설명하였다. 즉 '유심즉미타(唯心卽彌陀)'이므로 유심정토(唯心淨土)가 곧 미타정토(彌陀淨土)라고 명쾌하게 설명한 것이다.

이상에서 설명한 것과 같이 태고의 우주관은 한국불교의 정통사상체계인 '우주와 나'를 하나로 보는 화엄사상을 토대로 하고 있으며 '우주를 각계(覺界)'로 하고 만유를 불신(佛身)으로 하며 '심불급중생(心佛及衆生) 시삼무차별(是三無差別)'의 화엄경대지(華嚴經大地)에 서 있는 불이사상(不二思想)의 이론체계가 확립되어 있음을 확인하였다.

(9) 태고의 불교관과 선교일치(禪敎一致)사상

태고는 구산일문론(九山一門論)과 오교홍섭론(五敎弘攝論)을 공민왕에게 개진한 일이 있으며 그의 법호기(法號記)에 부종수교(扶宗樹敎)라는 문구가 있는 만큼 종(宗:선종)을 부양하고, 교를 수립하며『화엄경』,『원각경』,『반야경』,『법화경』등 간경에도 힘쓰고, 화엄선과도 입선(入選)했는가 하면 간화시중(看話示衆)으로 제자를 가르치고 돈오(頓悟)에 힘서 오도견성하였다. 그러므로 어느 한 곳에 치우치지 않는 것이 상상(上上)의 종승(宗乘)이라고 설명하기도 하였다.

또한 선지도 일대장교도 견성을 위한 방편일 뿐이라고 설했고, 석옥에게 말하길 "무인지경(無人之境)에서도 길을 찾아 관문을 통과하여 견성오도한 것이 모두 보처님과 조사의 방편이 갖추어 있었기 때문이다"고 답하였다. 그러한 태고의 '불교관'을 어떻게 설명하고 있는가.

"그러므로 이 마음을 밝힌 분을 불(佛)이라 하고 이 마음을 설명한 것을 교(敎)라고 합니다. 부처가 일대장교를 설한 것은 사람들에게 지시하여 본

성품을 스스로 깨닫게 한 방편이었습니다. 방편이 비록 많은 듯하지만 가장 중요한 것을 말하면, 내 마음이 극락정토이고 자기 성품이 아미타불인 것이니, '마음이 청정하면 부처님 국토가 청정하고 본 성품이 나타나면 부처님 몸이 나타난다' 함은 바로 이것을 말한 것입니다"라고 불(佛)과 교(敎)를 나누어 설명하고, 다시 불(佛)과 교(敎)가 하나인 것을 설명했고 다시 불심종(佛心宗)도 교종(敎宗)도 모두 견성을 위한 방편이기는 마찬가지라고 설명했다. 마음을 밝힌 분이 불(佛)이요, 불이 말로써 마음을 밝히는 것이 교(敎)인 것이다. 일대장교(一大藏敎)도 심(心)을 밝히는 방편이다. 이것이 불(佛)과 교(敎)에 대한 설명이다. '이 마음을 밝힌 분을 불(佛)이라 하고 이 마음을 설명한 것을 교(敎)라고 합니다'라고 한 것은 선시불심(禪是佛心), 교시불어(敎是佛語)와 일맥으로 선교일치(禪敎一致)사상의 전형이 되어온 이론이다.

이것은 중국의 선교(禪敎)일치운동의 전통적 선(禪)·교관(敎觀)에도 일맥상통한다. 중국에서는 이미 남북조시대부터 세존(世尊)삼처전심자(三處傳心者)는 위선지(爲禪旨)요, 일대소설(一代所說)은 위교문(爲敎門)이니, 고로 말하길 선시불심(禪是佛心)이요, 교시불어(敎是佛語)라는 선교관을 제창하여 일치운동을 해왔다. 원의 항주 경산사 43대조사인 운봉묘선사(雲峰妙禪師)는 지원(至元) 연간에 궁전내에다 강남(江南)의 선교스님들을 모이게 하고 항제 앞에서 선교일치(禪敎一致)의 이론을 거양한 일까지 있었다. 그때 천축승까지 입회시켜 그 합리성 여부를 질의 응답한 기록을 열거하면,

선이란 정토와 증지(證知)와 묘유(妙有)와 원증(圓證)을 본체로하며 본래 공적한 것이라서 지견이나 성물이나 연각이나 도는 지각(知覺)은 망각(妄覺)

이니, 지해(知解)로도 알 수 있는 바가 아니며 사량과 분별로도 이해가 어렵다. 다시 말하자면 부처님의 '선(禪)과 교(敎)는 본래 일체(一體)'였다. 선이란 부처님의 마음이요, 교란 부처님의 말씀이다. 부처와 부처의 말씀으로 심불(心佛)을 드러내어 견성성불 하자는 것이다. 비유컨대 모든 강물이 바다로 흘러 들어가면 모든 물이 일미(一味)인 것이다.

이처럼 선종사상(禪宗思想)은 문자나 언어를 통하지 않고, 즉심즉불(卽心卽佛)이니 직지인심(直指人心)이며, 유심정토와 자성미타로서 심불정토(心佛淨土)가 되면 즉현불신(卽顯佛身)하여 견성성불한다. 이 길 이외에는 다른 법이 없음을 태고는 강조했다.

그러므로 불불조조(佛佛祖祖)가 문자를 내세우지 않고 언어를 내세우지 않고 다만 마음으로 마음을 전했을 뿐 다시 별다른 법이 없다. 만약 이 마음 밖에 따로 한 법이라도 있다면 이것은 마설(魔說)이며 원래 불어(佛語)가 아니다.

라고 심일법(心一法) 외에는 언어도 문자도 주장하면 이는 마법(魔法)이지 불법은 아니라는 것이 태고의 불교관이다.

2. 근본종지根本宗旨

1) 향상종승(向上宗乘)

태고의 향상종승의 가르침은 종교적인 차별마저 뛰어넘은 최고의 선법이다. 마치 여러 갈래의 강이 흘러 하나가 되듯〔一乘〕 불교의 가르침이 많지만 오직 위로 향하여 나아가 불법의 궁극의 경지 '아뇩다라삼먁삼보리 – 위 없이 평등한 깨달음'에 이를 때까지 오직 하나 밖에 없는 위없는 진리(一物) 일불승 대법이며 근본종지이다. 태고보우의 선법은 태고 이전의 선법과는 판이한 특색을 가지고 있다.

태고보우가 깨달음을 성취한 수행은 선(禪)에서 직접적인 계기를 얻었으며, 석옥청공로부터 심인(心印)을 전해 받은 후 상근기(上根機)의 제자들을 지도할 때 언제나 간화선(看話禪)을 활용하고 선(禪)의 궁극적 경지에 있어서 언어나 문자의 알음알이를 경계하였다. 이것이 태고선법의 제일의이다.

태고보우는 그의 오도송에서 "조주고불(趙州古佛)의 늙은이가 앉아서 천성(千聖)의 길을 끊었다. 취모검(吹毛劍)을 얼굴에 들이댔으나 온몸에 빈틈이 없다. 여우와 토끼가 자취를 감추더니 몸을 바꾸어 사자가 뛰쳐나온 다"라고 하였다. 여기서 여우와 토끼는 선을 헤아리는 모든 교학과 논리적 사량(思量)을 초월함을 뜻하는 것이다.

태고는 '일물'이라는 존재를 '마음'이라고 칭하고 있다. 이 마음은 언어 나 문자로는 전할 수 없기 때문에 '일물'의 깨달음은 언어로는 도달할 수 없 는 경지이자, 의식작용(심작용)이 멸한 경지이다.

태고보우는 선(禪)의 궁극적 경지에 있어서 언어나 문자의 터럭이 붙는 것을 경계하고 언어 이전의 도리가 제일의(第一義)이며, 지고(至高)의 도 리에서는 언설의 범주를 넘어설 것을 언제나 강조하고 있다. 태고는 언어를 통한 선의 이해는 업식의 일이요, 본분과는 관계없는 것이므로 불립문자(不 立文字), 불립언어(不立言語)를 주장하였다. 이러한 향상종승인 최상의 선법에 대해 또한 다음과 같이 설하였다.

내가 이 일을 들어 보이더라도 이 뒤에 아무도 알아듣지 못할까 두렵다. 그러 나 이 경지에 이르러서는 부처라는 표현도 쓸 수 없고 조사라는 표현도 쓸 수 없 으며, 납승이라는 표현도 쓸 수 없고 조사라는 표현도 쓸 수 없으며, 납승이라는 표현도 쓸 수 없고, 사과(四果)·사향(四向)·삼현(三賢)·십지(十地)·등 각(等覺)·묘각(妙覺)이라는 표현도 쓸 수 없으며, 8만 4천 바라밀이라는 표 현도 쓸 수 없고, 8만 4천 번뇌라는 표현도 쓸 수 없다. 그러니 일대장교가 이 무슨 부질없는 말이며, 1천 7백 공안이 이 무슨 잠꼬대이며 임제의 할과 덕산의 방망이가 이 무슨 아이들 장난인가. 듣지 못하였는가.

이처럼 태고의 선법은 철저하게 언어적 표현이 무시된다. 그리고 이러한 그의 선법을 향상종승이라고 함으로써 최고의 선법임을 강조했던 것이다.

태고보우는 「현릉청심요」에서 다음과 같이 말하고 있다.

그러므로 예로부터 부처와 조사들이 문자를 주장하지 않고 언어를 내세우지 않았으며, 오직 마음으로 마음을 전하였고 다시 별다른 법은 없었습니다. 만일 이 마음 밖에 따로 한 법이라도 있으면 이는 곧 마의 주장이요, 부처의 말씀은 아니라고 하겠습니다. 여기에서 '마음'이라 하는 것은 범부들이 허망하게 분별을 내는 마음이 아니라 바로 당인의 적연하여 움직이지 않는 마음입니다. 곧 이러한 자기의 마음을 스스로 지키지 못하면 모르는 결에 허망하게 움직여서 순간 순간마다 경계의 바람에 동란 됨을 입어서 여섯 티끌 속에 빠지고 묻혀서 자주 일어나고 자주 멸하면서 허망하게도 끝없이 나고 죽는 업고를 짓는 것입니다. 그러므로 부처와 조사 성인들이 일찍이 세운 원력으로 세상에 출현하시어 큰 자비심으로 '사람의 마음이 본래 부처임'을 가르쳐 주어서 그들로 하여금 오직 자기 마음의 부처를 깨닫게 하여 주었을 뿐입니다.

이처럼 진리의 세계는 범부들이 그대로 인식하고 경험할 수 있는 것이 아니었기 때문에 보우는 여기에서 일단 말을 바꾸어 선의 진리는 문자언어를 초월하여 '이심전심'으로 전수되는 것임을 강조하고, 계속하여 부처나 조사들의 가르침은 그 '마음'을 스스로 지키지 못하고 외연에 흔들리어 생사의 업고를 벗어나지 못하는 범부들에게 '자기의 마음이 곧 본래의 부처임'을 깨닫게 하려는 데 지나지 않는 것이다. 또한 「태고암가」의 첫 구절에서 '내가 사는 이 암자는 나도 모른다'고 읊은 것은 의식(意識), 사량(思量)을 초월한 본분의 선지를 설한 것이다. 태고보우에게 향상의 길에는 경설(經說)의 방편이 존재한다. 그러나 최상의 지고의 경지에선 언설의 방편을 넘고 선의 수단마저도 버려야 참된 도리에 도달할 수 있는 것이다. 이것을 태고는 향상의 종승이라고 말한 것이다.

◉ 상당록(上堂錄)

어떤 것이 향상종승(向上宗乘)인가. 한참 있다가 이르길 "내가 만약 이 일을 거양(擧揚)하더라도 뒤에 아는 사람이 없을가 염려된다. 비록 그러하나 이 경지에 이르러서는 불(佛)의 명자(名字)도 쓸데없고 조사(祖師) 명자도 쓸데없고, 납승(衲僧) 명자도 쓸데없고, 사과사향(四果四向), 삼현십지(三賢十地), 등각(等覺) 묘각(妙覺) 명자도 쓸데없고, 열반(涅槃) 명자도 쓸데없고, 생사(生死) 명자도 쓸데없고, 팔만 사천 바라밀 명자도 쓸데없고, 팔만 사천 진로(塵勞) 명자도 쓸데없다. 일대장교(一大藏敎)는 무슨 부질없는 말이며, 1천 7백 기연어구(機緣語句)는 무슨 헛소리며, 임제할(臨濟喝) 덕산방(德山棒)은 무슨 어린애 장난인가. 보지 못했는가. 고로(古老)가 이르기를 '문 닫고 졸 때는 상상기(上上機)를 업하는 것이며, 돌아보고 얼굴 표정을 짓는 것은 중하기(中下機)를 위함이다. 어찌 굽게 깎은 목상(木床)에 나아가서 안일(眼逸)을 희롱하겠는가' 했으니 이 말은 비록 용렬한 말이나 오히려 조금 가깝다"고 하였다.

또한 「태고암가」의 첫 구절에서 '내가 사는 이 암자는 나도 모른다'고 읊은 것은 의식(意識), 사량(思量)을 초월한 본분의 선지를 설한 것이다. 태고보우에게 향상의 길에는 경설(經說)의 방편이 존재한다. 그러나 최상의 지고의 경지에선 언설의 방편을 넘고 선의 수단마저도 버려야 참된 도리에 도달할 수 있음을 말한 것이며, 이것이 위를 향한 궁극적 진리에 도달하는 길인 향상종승(向上宗乘)인 것이다.

태고보우가 설한 향상종승의 법문은 석옥청공으로부터 가사를 전해 받은 후 원나라 연경의 영녕사(永寧寺)의 주지로 취임하면서 설법할 때 드러난다. 태고보우는 몇 차례 문답이 오간 후 한 선객이 질문하려 할 때 불자로 막아 세우고 최고의 도리가 무엇인지를 다음과 같이 설하였다고 전해진다.

문답은 그만두어라! 비록 백 천억 아승지의 부처님이 한꺼번에 나와 걸림 없는 장광설(長廣舌)을 펼치되 그 혀마다 다함이 없는 바다같은 말을 하고, 말마다 무진한 말재주를 갖추어 한꺼번에 백 천 가지로 따져 묻더라도 나를 감당하지 못할 것이고, 호통 한마디로써 모두에게 답할 것이다. 그러나 이렇게 묻고 답한다면 미륵이 세상에 나타날 때까지 계속하더라도 그것은 업식(業識)의 이치요, 본분사(本分事)는 아무 관계가 없다. 더구나 갈구리 같은 문장과 가시 돋친 마(魔)의 시비를 드러내는 것은 다만 향상종승(向上宗乘)을 파묻을 뿐만 아니라, 또한 본래의 콧구멍도 잃고 말 것이다. 그러므로 지금까지의 부처와 조사들도 문자나 언어를 세우지 않고, 마음으로 마음을 전하고 법에서 법으로 도장 찍어 대대로 이어 끊이지 않고 전했던 것이니 지금도 그런 사람이 없는 것은 아니다. 그것은 그만두고 무엇이 향상종승인가?

위에서 태고가 설한 본분사는 성불을 위해 노력하는 납자의 근본을 말하는 것이고 콧구멍은 곧 살아있는 존재로서 유정(有情)인 자신의 본래성품을 말하는 것으로 본래면목과 같은 말이다. 향상종승은 곧 '위를 향한 불교의 최고의 종지'를 묻는 법문으로 선뿐만 아니라 모든 알음알이와 문자를 초월한 불교의 궁극적인 가르침을 말하는 것이다. 태고의 향상종승은 제자들을 지도할 때 간화선 수행이 목표로 한 최고의 깨달음을 표현하는 말이며, 현재에도 한국불교의 궁극적인 종지로서 전승되고 있다.

위의 「영녕선사(永寧禪寺)의 법문」을 요약하면 다음과 같이

첫째, 언어나 문자를 세우지 않으며[不立文字]
둘째, 본분사를 밝히는 견성성불(見性成佛)을 목표로 하며
셋째, 마음에서 마음으로 전한다[以心傳心].

이기 때문에 향상종승을 이루는 내용은 달마 대사 이후 6조 혜능과 임제로 전해진 남방선의 특징을 담고 있다.

이외 「태고암가」의 두 번째 노래에서 태고는 다음과 같이 읊었다.

珠樓玉殿未爲對	구슬 누각 백옥전이 어찌 이에 견줄 것인가?
少室風規亦不式	소실의 옛 풍규도 본받지 않았건만
爍破八萬四千門	팔만 사천 온갖 문을 모조리 쳐 부수니
那邊雲外青山碧	구름 밖 푸른 청산 그곳이 어디인가?

「태고암가」는 태고보우가 석옥청공 선사에게 보임으로써 오도의 경지를 인정받고 가사를 전수받을 정도로 태고의 오도의 경지를 볼 수 있는 대표적 작품인데, 여기서 태고는 소림(少林)의 선(禪)과 팔만 사천 법문의 교리를 모두 초탈한 세계를 노래하고 있다. 이처럼 격식으로 표현된 세계를 넘어 진리의 세계가 있음을 표현한 것을 격외도리(格外道理)라 말한다.

태고는 귀국 후 봉은사에서 한 설법에서 "여기는 부처가 와도 때리고 조사가 와도 때린다"라고 하였다. 이어서 법좌(法座)를 가리키며 말하기를 백천 불조(百千佛祖)가 여기를 향하여 많은 냄새를 피워서 사바에 가득하니 금일 산승이 4방의 대해수(大海水)를 기울여 세척하여 깨끗하게 하지 않을

수 없다. 대중은 부질없는 말 많이 한다고 이르지 말라"라고 한 것도 향상종 승의 도리에 있어 부처나 조사를 초월하는 간화선의 최고의 목표가 담겨 있 음을 말한 것이다. 이처럼 태고의 향상종승은 제자들을 지도할 때 간화선 수 행이 목표로 한 최고의 깨달음을 표현하는 말이며, 현재에도 한국불교의 궁 극적인 종지로서 전승되고 있다.

● 영녕선사(永寧禪寺) 상당법문(上堂法門) 전문

   스님은 삼각산(三角山) 중흥사(重興寺)에서 6년 동안 계시다가 지정(至 正) 병술년(1346) 봄에 천하에 법을 구할 뜻을 품고 연도(燕都)에 들어가셨 다. 정해년(1347) 가을에 호주(湖州) 하무산(霞霧山)을 찾아가 석옥(石屋) 스님을 뵙고, 법을 이어받고 가사를 전해 받으셨다.

   그 해 10월에 대도〔燕京〕로 돌아오시니 여러 산의 장로들은 대신들에게 글 을 올려 알리고, 우승상(右丞相) 타아적(朶兒赤)과 선정원사(宣政院使) 활활 사(闊闊思) 등이 천자에게 아뢰었다. 11월 24일은 태자의 생일이었으므로, 자 정원사 강금강길(資政院使 姜金剛吉)·태의원사 곽목적립(太院使 郭木的 立)·선정원동지 열자독(宣政院同知 列刺禿)·자정원동지 정주겁설(資政院 同知 定住怯薛)·관인 답자해(官人 答刺海) 등은 천자의 명령을 받들어 스님 을 영녕선사(永寧禪寺)의 주지로서 개당(開堂)하게 하였다.

   그 날에는 어향(榮香)과 금란가사(金襴袈裟), 침향(沈香)으로 만든 불자 (拂子)와 제사(帝師)의 향, 삼전황후(三殿皇后)의 향과 황태자의 향이 모두 이르렀다.

   스님께서는 주지실〔據室〕에서 주장자로 법상을 한 번 내리치고 말씀하셨다.

   "이것은 부처님과 조사님을 삶는 큰 풀뭇간이요, 생사(生死)를 단련하는 지독한 집게와 망치이다. 이 앞에서는 이는 담이 서늘하고 혼이 나갈 것이니, 이 노승에게 얼굴이 없다고 괴상히 여기지 말라."

또 한 번 내리치고 "백 천의 부처님도 이 속에서는 얼음처럼 녹고 기왓장처럼 부숴지느니라" 하시고, 또 내리치셨다. 그리고 주장자를 들고 말씀하셨다.

"이런, 앗! 고래가 바닷물을 모두 마셔 산호가지가 드러났구나."

스승에게 전해 받은 가사를 들고 말씀하셨다.

"이 한 조각 쇠가죽은 부처님과 조사님의 혈맥이 끊어지지 않았다는 징표이다. 석가 늙은이가 49년 동안 3백여 회상에서 다 쓰고도 남아 맨 마지막 영산회상에서 금빛 얼굴을 가진 늙은 두타(頭陀 - 迦葉)에게 전해 주면서 '대대로 전해 말세에 이르도록 끊어지지 않게 하라' 하신 것이니 그 빛이 찬란하구나."

또 금란가사를 들고 말씀하셨다.

"이 금란가사는 무엇 때문에 오늘 왕궁에서 나왔는가. 이 법을 국왕과 대신들에게 부탁하여 맡기노라' 하신 말을 듣지 못했는가."

다시 스승에게 받은 가사를 들고 "이것은 부자 간에 직접 전한 사적(私的)인 물건이다" 하시고 다시 금란가사를 들고 말씀하셨다.

"이것은 왕궁에서 내리신 공적(公的)인 물건인데, 사는 공을 따르지 못하므로 공을 먼저하고 사를 뒤에 한다."

곧 금란가사를 입으시고는 한 자락을 들고 대중에게 말씀하셨다.

"이것을 보는가. 내가 기쁘게 받아 머리에 받들고 입을 뿐만 아니라 티끌같이 모래같이 많은 부처와 조사를 몽땅 감싸버리리라."

악! 하고 할을 한 번 하고는 전해 받은 가사를 들고 말씀하셨다.

"대중은 이것을 분명히 아는가. 이것은 하무산에서 전해 온 나쁜 물건이다."

곧 팔에 걸치고 법좌를 가리키면서 "비로봉 꼭대기에 한 길이 매우 분명하구나. 대중은 그 길을 보는가?" 하시고 법좌의 계단에 오르면서 "하나, 둘, 셋,

넷, 다섯" 하셨다.

법좌에 올라가 향을 피우고는 말씀하셨다.

"이 향은 가고 옴이 없지마는 그윽히 3세에 통하고, 안도 바깥도 아니면서 시방에 두루 사무치도다. 받들어 축원하오니, 세상의 주인이신 대원나라 황제, 거룩한 수명이 만세, 만세, 만만세를 누리시고, 바라옵건대 금륜(金輪 - 善政)으로 3천 세계를 다스리시며, 옥엽(玉葉 - 임금의 자손)은 억만 봄에 꽃 다우소서."

다음에 또 향을 피우고는 말씀하셨다.

"이 향은 맑고도 조촐하여 온갖 덕을 머금었고 고요하고도 편안하여 온갖 재앙을 누르도다. 삼가 축원하오니, 3궁(三宮)의 황후께서 모두 편안하시고, 그 수명이 하늘과 같아 용자(龍子)의 영화를 보시고 항상 젊고 늙지 않으시어 왕모(王母)의 즐거움을 누리소서."

또 향을 피우고는 말씀하셨다.

"이 향은 들어 올리면 하늘이 높고 땅이 두터우며 내려놓으면 바다가 고요하고 강물이 맑아지도다. 삼가 축원하오니, 아유실리(阿由實利)태자의 수명을 천세, 천세, 또 천세로 늘이소서. 궁궐에 한가히 노니시매 천세의 즐거움이요, 천안(天顔)을 효도로 받들매 만년의 기쁨이 되소서."

또 품었던 향을 피우고는 말씀하셨다.

"이 향은 불조도 알지 못하고 귀신도 헤아리지 못한다. 천지에서 생긴 것도 아니며, 저절로 얻어진 것도 아니다. 옛날 신라에서 행각할 때, 전단원(栴檀園)으로 가서 그림자 없는 나무 밑에서 그것을 잡으려 해도 틈이 없고 잡을 곳이 없는 경계에 부딪쳤다. 만 길 벼랑에 이르러 온몸을 던져버리고 숨이 전연 없다가 갑자기 다시 살아나 가벼이 날아 내렸다. 그러나 모든 사람들이 증명할 사람이 없다며 몹시 의심하니, 간직하려면 더욱 굳고 숨기려면 더욱 드러나 나쁜 소리와 더러운 기운이 천하에 가득하였다. 오늘 삼가 천자의 명을 받들어 이 향을 그대로 들어 사람과 하늘의 대중 앞에서 향로에 피워, 전에는 절강성(浙江省)서쪽 가홍로(嘉興路) 복원(福源)의 보혜선사(普慧禪寺)에 계시다가 하무산 꼭대기의 첨두옥(尖頭屋) 밑에 누워 계시는 석옥 큰스님께 공양함으로써 증명해 주신 은혜를 갚으려는 것이다."

법좌에 나아가자 홍화(興化)의 보은선사(報恩禪寺)에 있는 담당장로(湛堂長老)는 백추를 치며 말하였다.

"이 법회의 용상(龍象) 대중은 으뜸가는 이치(第一義)를 살펴보라."

스님께서 법문하시되, 주장자를 들어 한 번 내리치며 말씀하셨다.

"으뜸가는 그 이치는 바로 이 주장자이다. 나는 이미 백추치는 스님에게 주어 분명히 말하였으니, 여기에 은혜를 알고 은혜를 갚을 이가 있는가. 나와서 증거를 대라."

그때 한 스님이 물었다.

"예배하려니 사람마다 갖추어져 있는 물건이요, 예배하지 않으려니 사제 간에 예의가 빠집니다. 어떻게 해야 되겠습니까?"

"왜 스스로 일어났다가 자빠졌다 하는가."

"오늘 천자의 명으로 개당하여 보배자리에 높이 앉았으니, 사람과 하늘이 두루 보이고 손님과 주인이 서로 만났습니다. 스님께서는 누구의 노래를 부르며 누구의 종풍을 이어받았습니까?"

"하봉(霞峰)천고의 달이 대명궁(大明宮)에 와서 비춘다."

"그렇다면 석가의 뒤와 미륵의 앞에 있는 정법안장(正法眼藏)과 열반묘심(涅槃妙心)이 모두 스님의 손안에 있어 놓아주면 3현10지(三賢十地)가 서로 경하하고, 붙잡으면 6대 조사와 28조사를 우러러보아도 문이 없습니다. 스님께서는 놓아주십니까, 붙잡으십니까?"

"천상의 별은 다 북두를 떠받들고 인간의 물은 모두 동쪽으로 흐르느니라."

"그렇다면 마침내 물은 바다로 흐르고 구름은 끝내 산을 찾아가겠군요."

"좋은 사자가 아직 여우의 울음을 우는구나."

"여래의 몸은 범왕(梵王)의 몸이 되기도 하고 제왕의 몸이 되기도 하는데, 지금 황제의 몸은 어떤 부처가 나타낸 몸입니까?"

"위음왕불(威踵王佛)이니라."

"그래도 그것은 제2구(第二句)입니다. 무엇이 제1구입니까?"

스님께서는 악! 하고 할을 하셨다.

한 스님이 또 물었다.

"옛날의 영산회상과 오늘의 영녕선사는 같습니까, 다릅니까?"

"그대가 보기에는 같으냐, 다르냐."

"지금 황제는 정치하는 여가에 선의 종지에 마음을 두어 바른 법을 드날리시니 불법문중의 의지처입니다. 스님께서는 어떤 법으로 황은(皇恩)에 보답하시렵니까?"

"새겨진 바 없는 도장을 자재하게 활용해서 우리 황제의 억만 년 수명을 축원하리라."

"이 절의 공덕주이신 원사상공(院使相公)과 여러 관리와 재상들이 불법을 공경하고 존중하여 이런 훌륭한 인연을 지었으니, 어떤 상서(祥瑞)가 있겠습니까?"

"기린과 봉황은 상서를 바치고, 거북과 용은 대도(大都)에 내리리라."

또 한 스님이 나와 물으려 하자 스님께서는 불자(拂子)로 그를 막고 말씀하셨다.

"문답은 그만두어라. 비록 백천억 아승지의 부처님이 한꺼번에 나와 제각기 걸림 없는 장광설을 내되, 그 혀마다 다함이 없는 말의 바다를 내고 그 말마다 다함이 없는 말재주를 갖추어 한꺼번에 백천 가지로 따져 묻더라도 나를 녹이지 못할 것이요, 호통한 소리로 모두 답할 것이다. 이렇게 묻고 답한다면 미륵이 하생할 때까지 계속하더라도 그것은 업식(業識)의 일이요, 본분(本分)의 일과는 아무 관계가 없다. 더구나 난해하고 까다로운 문장으로 날카로운 말을 쓰는 것은 다만 향상의 종승[向上宗乘]을 파묻을 뿐만 아니라, 곧 양생의 비공(孃生鼻孔)을 잃고 말 것이다. 그러므로 지금까지의 부처님과 조사님네도 문자나 언어를 세우지 않고, 마음으로 마음을 전하고 법으로 법에 도장 찍어 대대로 이어 쉬지 않고 전했던 것이니, 지금도 그런 사람이 없는 것은 아니다. 그것은 그만두고, 무엇이 향상의 종승인가."

한참을 잠자코 있다가 말씀하셨다.

"내가 이 일을 들어 보이더라도 이 뒤에 아무도 곧이듣지 않을까 두렵다. 그러나 이 경지에 이르러서는 부처라는 이름도 소용없고 조사라는 이름도 소용없으며, 납승이라는 이름도 소용없고 4과(四果)·4향(四向)·3현(三賢)·10지(十地)·등각(等覺)·묘각(妙覺)이라는 이름도 소용없다. 열반이라는 이름도 소용없고 생사라는 이름도 소용없으며, 8만 4천 바라밀이라는 이름도 소용없고 8만 4천 번뇌라는 이름도 소용없다. 그러니 일대장교(一大藏敎)가 이 무슨 부질없는 말이며, 1천 7백 공안이 이 무슨 잠꼬대이며, 임제(臨濟)의 할과 덕산(德山)의 방망이가 이 무슨 아이들 장난인가? 듣지 못하였는가. 옛날 노스님은 문을 닫고 잘 때에는 상상근기를 지도함이요, 굽어보며 기세를 떨치는 것은 중하근기를 자상하게 위함이라 했거늘, 어찌 굽은 나무평상 위에서 귀신의 눈동자를 굴리겠는가 하였다. 이것도 변변찮은 말이기는 하나 그래도 다소 근사하다. 내가 이렇게 들어 보이는 것은 마치 꿈이 없는 한낮에 꿈을 말하고 긁어 부스럼을 만드는 것과 같으니 낱낱이 조사해 보면 이 주장자를 맞아야 할 것이다. 지금 매서운 솜씨를 가진 이가 없는가. 있다면 갚을 수 없는 은혜를 갚고 함이 없는 교화를 도울 것이며, 만일 없다면 이 명령을 빨리 받아 시행하라."

그리고는 주장자를 들어 법상을 한 번 내리치고 "천하가 태평하리라" 하신 뒤에 또 한 번 내리치고 "부처의 해가 거듭 빛난다" 하고는 거푸 두 번 내리치고 악! 하고 할을 한 번 하셨다.

그리고 다시 보수(保壽) 스님이 개당할 때의 이야기를 들어 말씀하셨다.

"삼성(三聖) 스님이 한 스님을 밀어내자 보수 스님이 때렸다. 삼성 스님이 말하기를, '그렇게 사람을 위한다면 진주성(鎭州城)사람들을 다 눈멀게 할 것이오' 하니 보수 스님은 방장실로 돌아갔다. 이 두 큰스님 중에 한 사람은 사갈라(沙瞰羅)의 큰 용왕이 수미산을 뒤흔들어 금시조의 알을 취하는 것과 같고, 한 사람은 금시조 왕이 큰 바다를 쪼개고 큰 용왕을 취하는 것과 같다. 각기 신통을 다 드러내어 죽이고 살리는 기틀과 손[賓]과 주인의 예를 갖추고, 주먹과 발이 서로 응하고 음정과 박자가 서로 맞아 큰 길거리로 나가 음식값을 계산하면서 일체에 보시하되 털끝만큼도 빠뜨림이 없다. 좋기는 좋고 묘하기는 묘하지마는 낱낱이 조사해 본다면 거기는 아직도 결함이 있는 것이다. 그러므로 보수 스님의 개당설법에는 화근의 불씨가 생긴 것이다. 삼성 스님이 한 스님을 밀어낸 것은 설상가상(雪上加霜)이요, 보수 스님이 때린 것은 여전히 정신을 희롱한 것이며 진주성 사람들을 모두 눈멀게 하리라고 말한 것은 제 허물도 모른 것이요, 보수 스님이 방장실로 돌아간 것은 호랑이 꼬리에 불을 놓은 격이다. 말해 보라. 내게 과연 사람들을 만나 점검해 준 일이 있었던가. 게송 한 수를 들어 보라."

借屋南城下	남쪽 성 밑에 집을 빌려
陶然臥醉鄉	얼근히 취해 누웠더니
忽聞天子詔	홀연, 천자의 조서가 내려
祝罷對殘缸	축원을 마치고 빈 항아리 마주했네

凜凜寒生骨	에일 듯한 추위는 뼛속에 돌고
蕭蕭雪打窓	날리는 눈발은 창을 두드리는데
地爐深夜火	깊은 밤 질화롯 불에 차를 달이니
茶熟透香	향기가 차관을 새나오는구나.

불자로 선상 모서리를 내리치고 백 추를 세 번 치고 말씀하셨다.

"법왕의 법을 자세히 보라. 법왕의 법은 이런 것이다."

그리고는 법좌에서 내려오셨다.

2) 일불승(一佛乘) 사상

태고보우(太古普愚, 1301~1382) 국사는 고려 후기 스님으로 중국 임제종의 18대 법손인 석옥청공(石屋淸珙)의 가사와 의발을 전수 받아 달마(達摩) 대사로부터 시작된 조사선(祖師禪)의 법맥을 계승하였으며, 고려 말의 혼란한 시대에 왕사(王師)가 되어 국난을 극복하는데 큰 기여를 하였다. 또한 태고보우의 원융사상(圓融思想)은 신라시대 원효의 화쟁사상(和諍思想)을 계승·발전시킨 것으로 원융부(圓融府)의 설치를 통한 5교9산(五敎九山)의 화합의 노력은 오늘 날 불교계로 하여금 태고보우를 한국불교의 초조(初祖)·종조(宗祖)·중시조(中始祖)로 평가되게 하고 있다.

태고보우가 불조정맥(佛祖正脈)을 계승하여, 후손에 전한 것은 일불승(一佛乘)의 대법(大法)이며, 간화선의 가르침이자, 선문(禪門)의 제종파를 일문으로 통합한 원융불교(圓融佛敎)의 실천이니, 일불승(一佛乘)과 간화선(看話禪), 그리고 원융불교(圓融佛敎)는 태고가 주창한 불법의 체(體)와 상(相), 그리고 용(用)의 3대(三大)를 구족하는 것이다.

먼저 '일불승'은 인도불교의 교단분열에서 비롯된 것으로 불교의 수행에 성문승(聲聞乘), 연각승(緣覺乘), 보살승(菩薩乘)의 차별이 있지만 삼승은 곧 일불승의 경지에 이르기 위한 전 단계로서 한순간 깨달음의 경지에 도달할 수 있는 최상승의 경지를 뜻한다. 궁극적으로 모두가 부처님의 지위에 오른다는 사상이다. 일불승의 의미는 최상의 선법에서 볼 때 단 하나의 부처가 되는 실천법, 곧 유일한 깨달음의 큰법이라고 말할 수 있다. 일불승이란 또한 최상승법에서 볼 때 불교의 진실한 가르침은 유일한 일승으로서 그 가르침에 의해 모든 사람이 다 동일하게 즉시 깨달아 부처가 되게한다고 설하는 가르침을 말한다.

중생의 능력, 성질에 따라 세워진 3승(부처가 되기 위한 3종의 실천법 – 성문 · 연각 · 보살승)도 궁극적으로 이 일불승(一佛乘)에 인도되기 위한 방편이라고 『법화경』에서는 설하고 있다. '일체중생은 모두 성불하게 하는 가르침'인 이것은 모든 중생을 한 곳에 태워 부처의 경지로 이끌어 가는 탈 것이란 뜻으로 승(乘)이라고 한다. 곧 최상의 깨달음의 경지에서 볼 때 불법의 체(體)가 동일하며, 차별이 없이 서로 다르지 않음을 말하는 것이며, 태고보우 국사가 부처님과 조사의 법을 계승한 최고의 선법(禪法)도 일불승사상에 기초한 것이다.

일불승은 다른 말로 '일승(一乘)'이라 불리며 『법화경』에서 불교교단의 대 · 소승의 대립을 일소하고 성문(聲聞), 연각(緣覺), 보살(菩薩)의 삼승(三乘) 모두가 미래에 모두 깨달음에 도달하여 부처가 된다는 일승사상에서 그 연원을 볼 수 있다. 『법화경』의 「방편품」에는 모든 부처님이 증득하신 법은 무량한 방편력으로 중생을 위해 설한다고 설하고 있으며 시방 불국토 가운데 오직 일승법만이 있을 뿐 삼승은 존재하지 않으며 오직 방편의 차별이 있을 뿐이라고 하였다.

『법화경』의 가르침대로 불법은 이승(二乘)이나 삼승(三乘)이 아닌 오직 성불의 한 가지 길만을 가르친다는 의미를 담고 있지만, 이 의미를 확대하면 인도불교뿐만 아니라 한국불교를 비롯해 중국의 종파불교 등 다양한 종단과 교학 및 수행유파 조차도 모두 일승사상에 의해 궁극적으로 한 길을 지향하고 있다는 포괄적인 의미를 가지고 있다 할 수 있다.

『법화경』이외『화엄경』의 일승(一乘)사상은 법계연기(法界緣起)설을 바탕으로 우주법계의 절대적이며, 통일적인 원리에 의해 진리는 유일한 것이며, 궁극적인 진리의 완성도 오로지 하나만 존재한다는 일승사상(一乘思想)의 다른 측면을 강조하여 설하였다.

일불승사상은 대승과 소승의 대립갈등을 포용하여 불법의 진의(眞意)에 차별이 없음을 말하는 것이지만 일불승사상의 대통합과 화합의 의미는 한국불교에서 크게 발전하여 원효(元曉) 스님의 화쟁(和諍) 이후 한국불교의 전통이 되었다. 고려시대에 들어 태고보우의 본분종지(本分宗旨)로서 교선(敎禪)과 진속(眞俗)을 초월하고, 불교계의 정화(淨化)와 5교9산의 통합의 업적을 이룬 현실적이고, 실용적인 모습을 보여주는 태고보우의 종풍도 근본적으로 일불승사상에 근간을 둔 것이다.

태고보우의 일불승사상은 그가 간화선(看話禪)에 의지하여 견성(見性)하였음에도 불구하고, 오도(悟道) 후에도『원각경(圓覺經)』을 비롯한 간경(看經) 소홀히 하지 않았던 보임(保任)의 태도와, 제자들을 제접힐 때 상대의 근기에 따라 간화선을 비롯해 정토(淨土)와 화엄(華嚴)을 넘나들며 교리적 한계나 경계에 걸림이 없었던 모습에서 일불승사상의 실천적 모습을 발견할 수 있다.

태고보우가 석옥 화상과의 만남에서 "공겁(空劫) 이전에도 태고(太古)가 있었던가, 없었던가?"라고 묻는 석옥의 질문에 대해 "허공이 태고 가운데서 생겼습니다"라고 답한 것에서 시공(時空)의 경계를 넘어선 일체만법의 근원이자, 진리의 당체를 묻는 선(禪)의 뜻을 볼 수 있다.

태고보우가 설한 진리의 체(體)는 '향상종승(向上宗乘)'이라 설해지며 이것은 말 그대로 '위를 향한 진리의 수레'로 일불승과 근본적 의미가 다르지 않다. 향상종승은 여러 갈래의 강이 흘러 큰 바다로 합쳐 하나가 되듯 불교의 가르침이 많지만 위로 향하여 그 불법의 종지에 도달한 경지는 오로지 하나밖에 없는 궁극적인 진리를 말한다. 궁극적 진리를 뜻하는 '하나'의 의미는 태고보우에 의해 부처, 마음으로 표현되기도 하고, 달리 일물(一物), 영지(靈知) 등의 여러 용어로 표현되었다.

일불승사상의 근저가 되는 것은 절대 진리를 표현한 일물사상으로 태고는 공민왕에게 설법한「심요(心要)」에서 다음과 같이 설하였다.

제게 본래 한 법도 없는데 무슨 말이 있겠습니까만 답하지 않을 수 없습니다. 국왕이 거듭 청하시므로 말 아닌 말로 마음 자리를 바로 가리켜 어떤 일물(一物)이 있다고 말하는 것입니다. 그것은 밝고 또렷하여 거짓도 없고 사사로움도 없으며, 고요하여 움직이지 않으나 큰 영지(靈知)가 있습니다. 이것은 본래 생사도 없고 분별도 없으며, 이름이나 모양도 없고 또한 말할 수도 없는 것입니다. 허공을 모두 삼키고 천지를 두루 덮었으며, 소리와 빛깔을 모두 덮었고 큰 본체와 작용을 갖추었습니다.

이처럼 태고의 설법에서 표현된 일물(一物)과, 영지(靈知), 본체(本體) 등의 표현은 선에서 깨닫고자하는 궁극적 진리이며, 마음자성이며, 깨달음인 것이다. 위 법문에서 일체의 삼라만상은 태고로부터 존재하지만 내재된 진리는 시공을 초월한 것이며 표현될 수 없다. 언설의 경계는 모두 세간의 표현을 빌린 것일 뿐 오도의 경지에선 논리나 문자, 언어뿐만 아니라 붓다나 중생의 경계마저도 없기 때문에 태고는 본래 일물도 없다고 말한 것이다.

또한 태고보우는 같은 「심요」에서 다음과 같이 말하고 있다.

여기에서 '마음'이라 하는 것은 범부들이 허망하게 분별을 내는 마음이 아니라 바로 당인의 적연하여 움직이지 않는 마음입니다. 곧 이러한 자기의 마음을 스스로 지키지 못하면 모르는 결에 허망하게 움직여서 순간 순간마다 경계의 바람에 동란 됨을 입어서 여섯 티끌 속에 빠지고 묻혀서 자주 일어나고 자주 멸하면서 허망하게도 끝없이 나고 죽는 업고를 짓는 것입니다. 그러므로 부처와 조사 성인들이 일찍이 세운 원력으로 세상에 출현하시어 큰 자비심으로 '사람의 마음이 본래 부처임'을 가르쳐 주어서 그들로 하여금 오직 자기 마음의 부처를 깨닫게 하여 주었을 뿐입니다. 위로 부처님과 그리고 조사와 조사에 의해 전해 내려오면서 문자를 세우지 않고, 말도 세우지 않습니다. 다만 마음과 마음으로 전할 뿐이며 그밖에 다시 다른 법은 없습니다. 그리고 만약 이 '마음' 외에 달리 한 법이라도 있다면 그것은 마설(魔說)이 될 것입니다.

이처럼 진리의 세계는 범부들이 그대로 인식하고 경험할 수 있는 것이 아니기 때문에 태고보우는 향상의 진리가 문자언어를 초월하여 '이심전심(以心傳心)'으로 전수되는 것임을 강조하였다 또한 부처나 조사들의 가르침은 그 '마음'을 스스로 지키지 못하고 외연에 흔들리어 생사의 업고를 벗어나지 못하는 범부들에게 '자기의 마음이 곧 본래의 부처임'을 깨닫게 하려는 것이니, 이것이 태고보우의 본분종지인 것이다.

태고보우가 간화선 뿐만 아니라, 문인들을 지도할 때 정토(淨土), 화엄(華嚴), 간경(看經) 등 여러 방편에 얽매이지 않았던 것은 그 스스로 불법의 제일의(第一義)인 일불승에 통달하여 거침없이 활용할 수 있었기 때문이다.

이처럼 태고보우의 근본종지는 일물(一物)·부처(佛)·도(道)·법왕(法王)·본래면목(本來面目)으로서 이를 밝혀내는 것이 곧 향상종승이며 일불승사상의 대법실현으로 태고 자신의 선풍뿐만 아니라 한국불교의 선풍(禪風)의 독자적 모습이 시작된 효시(嚆矢)라 할 수 있다.

3) 일승원융(一乘圓融)

태고보우는 향상종승이 밝혀야 할 대상에 대해 이는 곧 마음이며, 이 마음을 부처라 하고, 도라고 하며 만법의 왕이라고 하였다. 이 마음은 범부들이 허망하게 분별하는 마음을 말하는 것이 아니라 모든 사람들이 가지고 있지만 적연(寂然)하여 움직이지 않는 그 마음을 가리키는 것이다. 태고는 마음이 체(體)와 용(用)의 양면을 갖추고 있음을 다음과 같이 밝혔다.

그 본체로 말하자면 넓고 큰 것을 모두 감쌌으므로 바깥이 없고 미세한 것을 모두 거두었으므로 안이 없습니다. 그 작용으로 말하자면 부처세계의 티끌 수보다 많은 지혜와 신통삼매 말솜씨가 있고, 숨었다 나타났다 자재하며 큰 신통과 변화가 있어서 아무리 큰 성인이라도 그것을 완전히 알지는 못합니다

이처럼 태고의 선은 진리의 체인 마음을 찾는 것이며, 이 마음 밖에는 그 어떤 법도 있을 수 없다. 그러나 마음은 공적(空寂)하여 생사와 언어를 초월하지만 영지(靈知)가 있다. 태고보우는 공적과 영지를 체(體)와 용(用)의 관계로 보고, 마음의 용(用)이 종횡으로 자재하여 신통과 변화를 일으킬 수

있다고 말하는 것이다.

태고는 「현릉청심요」에서 다음과 같이 설하였다.

이 한 물건은 사람마다에 언제나 있어서 발을 들거나 발을 내려놓은 때와 경계에 부딪히고 인연을 만나는 곳에는 솔직하고 분명하며, 분명하고 솔직하여 사람마다에 밝고 물건마다에 나타나 일체의 활동이 고요하면서 밝게 나타나는 것입니다. 방편으로 그것을 '심(心)' 이라고도 하며 '도(道)' 라고도 하고, '만법지왕(萬法之王)' 이라고도 하며 또한 '불(佛)' 이라고도 합니다. 부처님은 말씀하시기를 "거닐거나, 앉거나, 눕거나 항상 그 가운데 있다"고 하였고, 요(堯)와 순(舜)도 또한 말씀하기를 "진실로 그 중용을 잡아 인위적으로 함이 없이도 천하가 크게 다그려진다"고 하였습니다. 요와 순이 어찌 성인이 아니겠으며, 부처와 조사가 어찌 다른 사람이겠습니까? 다만 이 마음을 밝게 얻었을 뿐입니다" 라고 하였다.

이처럼 진리의 체용(體用)으로서 마음은 만법과 만상(萬像)이 존재하는 모태(母胎)이기도 한다. 따라서 마음은 일체존재의 근원이기 때문에 모든 현상 속에 내재해 있으면서도 무수한 묘용을 안고 있는 것이다.

태고보우는 다른 법문에서 마음을 '일물(一物)'로 말하고, 「무문(無門)의 게송」에서 "일물은 색깔과 소리를 모두 포함하고 형상도 없고 또한 이름도 단절되어 있다. 이 일물으로부터 만유가 흥기하는 것이며 물체의 조화는 신령스럽고 영험스러운 것이다."라고 하였다. 「태고암가」의 제15게송에서도 태고는 "하나 속에 모두 있고, 많음 속에 하나이니, 하나도 아닌 속에 언제나 뚜렷하다" 라고 하였다.

이처럼 태고보우가 설한 태고는 불생불멸의 진리이며, 연기(緣起)의 도리이자, 공(空)의 도리며, 『화엄경』에서 말한 무진법계 원융의 도리이다. 태고는 의상(義湘)대사의 「법성게(法性偈)」를 인용하여 '하나 속에 모두가 있고, 많음 속에 하나가 있다〔一中一切多中一〕'라고 한 화엄과 선의 원융사상을 말한 것이다. 이처럼 만법이 하나로 돌아가는 근원적인 존재는 무형이면서, 만상을 존재케 하는 무형의 생명이자 우주법계 본성이다.

「태고암가」에서 "중중무진(重重無盡) 세계 이 속에 들어 있고, 뛰어난 근기가 하늘로 뻗쳐 있어, 삼세의 부처들이 도무지 몰랐으니 역대의 조사들도 나올 수 없도다"라고 하여 화엄의 법계연기설에 의한 것이다.

태고보우가 석옥 선사를 만나고 돌아갈 때 석옥 화상은 다음과 같이 물었다.

"어떤 것이 평상시의 수양이며, 어떤 것이 향상(向上)의 자취〔巴鼻〕인가?"
스님은 흔쾌히 더 나아가 물었다
"이 밖에 또 다른 도리가 있습니까?"
석옥 화상은 깜짝 놀라면서 말하였다
"노승도 그랬고 3세의 부처님과 조사들도 그러했소. 장로에게 혹 다른 도리가 있다면 왜 말하지 않소."
스님은 절하며 "옛부터 부자 간에도 전하지 않는 묘한 도리가 있기 때문에 그런 것입니다. 제자가 어찌 감히 화상의 큰 은혜를 저버리겠습니까" 하고는 머리를 조아리고 합장하였다.

위의 문답은 태고가 석옥청공으로부터 가사를 전해 받은 계기가 된 것으로 향상의 자취를 묻는 석옥의 말에 태고는 "이 밖에 또 다른 도리가 있습니까?"라고 답함으로써, 향상의 자취가 따로 존재하는 것이 아니라 존재하는 삶과 삼라만상 그대로가 곧 최고의 진리임을 설하고 있다. 이처럼 생사의 삶과 우주만상의 현실 가운데 무한히 존재하는 진리와 그 당체인 마음을 간화선을 통해 깨닫는 것이 태고보우 국사의 근본종지인 것이다.

4) 최상의 선법(禪法): 태고선(太古禪)·
간화선(看話禪)·조사선(祖師禪)

조사선(祖師禪)을 건립하는 선사(禪師)는 『금강경』 한 구절을 듣고 깨달아 황매를 찾아간 혜능(慧能) 대사이다. 5조 홍인(弘忍) 대사를 모시고 방앗간에서 일하며 게송으로 법을 얻고 광동(廣東)으로 피해가다 대유령(大庾嶺)을 거쳐 법성사에서 인종(印宗) 법사에게 계(戒)를 받아 행자가 되었다. 이 때 설법을 요청받고 선법종지(禪法宗旨)를 드러내 대범사(大梵寺)와 보림사(寶林寺)의 큰 법시(法施)를 받고 곧 선법의 종지(宗旨)를 건립하게 된다.

이 조사선에 대해서는 출가수행자라면 반드시 불조는 물론 달마로부터 조주·청공 스님에 이르기까지 모든 선(禪)조사들의 수행과정과 깨침의 소리를 깊이 연구하고 직접 수행해야할 과제중 과제이다.

특히 조사선의 불성론(佛性論), 즉 마음〔心〕과 성품〔性〕·불성(佛性)·본유지혜(本有智慧) 등과 돈오론(頓悟論)과 수행론, 조사선의 초월성, 주체성, 정통지위의 확립이 필요하며 여래선(如來禪)은 물론 조사선으로부터 분등선(分等禪)까지의 모든 수행법을 다 알아야 한다. 그렇지 않고서 어찌 참수행, 교화자가 될 수 있겠는가?

태고보우 선사는 장부의 대원을 세우고 이 근본 선법의 종지에 따라 최상 선법인 간화선의 무자(無字)하두를 맹렬히 수행정진하여 대오(大悟)견성

(見性)하였고, 나아가 간화선 수행법의 체계를 확립하였던 것이다. 지눌의 선법에도 간화선이 소개되고 있으나, 간화선 수행을 직접 지도한 기록이 없는 것으로 보아 사실상 한국불교사상 최상의 선법인 간화선을 크게 주장하고 그 수행법을 확립하여 유포한 것은 태고에서부터 시작되었다고 하겠다. 또한 여말 나옹(懶翁), 백운(白雲) 대선사께서도 크게 선풍을 진작한 것은 사실이다.

이와 같이 태고보우 국사는 700여 년 전 출가수행, 견성오도하여 도를 크게 깨달아 불조(佛祖)의 정맥(正脈)을 계승하고 본분종지(마음, 부처, 일물)을 밝히고 그 마음을 밝히기 위한 근본종지(향상종승 - 向上宗乘)를 세워 최상의 수행법인 일불승 대법과 일승원융법의 구현, 간화선(조사선)의 수행체계법 확립과 원융불교의 실천을 크게 주창하고, 실현하여 오늘날 한국불교의 중흥과 간화선 수행종풍을 진작시키는 중흥조사로서 전법초조(傳法初祖) 및 종조(宗祖)로서 추앙받고 있는 것이다.

제4장

•• 태고보우의 근본종지(根本宗旨)

불립문자(不立文字): 교외별전(敎外別傳)

직지인심(直指人心)

견성성불(見性成佛)

자각각타(自覺覺他)

1. 불립문자不立文字 : 교외별전敎外別傳

1) 조사(祖師)의 관문(關門)

태고보우 국사의 종지를 일물: 마음 · 불(佛) · 향상종승 · 일불승(一佛乘) · 원융불교로 요약한다면 이 가운데 향상종승은 최고의 진리, 혹은 진리에 도달하는 수단인 최상의 선법 간화선을 총체적으로 말하는 것이다. 태고보우의 향상종승의 법문에서 태고가 설한 '불립문자(不立文字)' 나 '교외별전(敎外別傳)' 은 향상종승과 간화선의 뗄 수 없는 관계를 말하는 것이다.

이처럼 '언설의 가르침 외에 따로이 전한다' 라고 한 것처럼 말로써 표현할 수 없는 부처와 조사들의 경계는 오로지 자각견성(自覺見性)의 경지에서 전할 수 있는 것으로 선문에서 불조(佛祖)의 깨달음의 경계를 '조사의 관문' 이라 표현하고 있다.

태고 선사가 석옥청공을 처음 만나 「태고암가」를 올렸을 때 석옥청공은 다음과 같이 시험하였다.

"그대는 다시 조사의 관문(關門)이 있는데 알겠소?"

"어떤 관문이 있습니까?"

"그대가 깨달은 바를 보니 공부가 바르고 지견(知見)이 분명하오. 그러나 그것을 모두 놓아버리시오. 그렇게 하지 않으면 그것이 이장(理障)이 되어 바른 지견을 방해할 것이오"

"이미 놓아버린 지 오래입니다."

"그렇다면 쉬시오."

위에서 석옥청공은 태고를 인정하고 다시 태고가 오도에 도달하기 위해 닦거나, 쌓아왔을 모든 알음알이와 불교수행의 수단을 버릴 것을 가르치고 있다. 지견은 불법에 대한 알음알이의 이해이며, 이장(理障)이란 알음알이로 인한 장애이다. 태고가 "놓아버린지 오래입니다"라고 답한 것은 태고도 그러한 장애를 이미 알고 버린 지 오래이며 이에 석옥의 가르침에 답한 것이다.

석옥 선사는 태고에게 「태고암가」의 발문을 써주며 다음과 같이 문답하였다.

"우두(牛頭)가 사조도신(四祖道信)을 만나기 전에는 무엇 때문에 온갖 새들이 꽃을 입에 물고 왔던가?"

"부귀하면 사람들이 다 우러러보기 때문입니다."

"사조를 만난 뒤에는 무엇 때문에 입에 꽃을 문 새들을 찾아볼 수 없었던가?"

"가난하면 아들도 멀어지기 때문입니다."

여기서 우두법융(牛頭法融, 594~657) 선사는 우두선(牛頭禪)의 종조

(宗祖)인 당시대의 선사로 처음에 『반야경』을 공부했으나, 나중에 도신 선사를 만나 깨달음을 얻었다. 우두가 처음 우두산에서 수행할 때 새들이 꽃을 물고 와 공양하는 신이(神異)가 있었으나 도신으로부터 불법을 전해 받은 후 더 이상 새들이 오지 않았다. 깨닫기 전의 우두는 천신과 새들이 공양함으로써 복을 줄 수 있는 종교적 경지에 이르렀지만 이것은 여전히 인과응보의 세계를 벗어나지 못하는 것이다. 우두는 깨달은 후 붓다와 중생이라는 차별과 인과의 세계를 벗어났다. 그래서 더 이상 새들은 우두로부터 얻을 것이 없었기 때문에 공양치 않는 것이다.

위의 우두법륭의 사례는 부처와 조사마저 넘어서야 하는 초불월조(超佛越祖)의 법문이다. 봉은사의 설법에서 태고는 "여기는 부처가 와도 때리고 조사가 와도 때린다"고 말하고 이어서 법좌를 가리키며 말하기를 "백천불조(百千佛祖)가 여기를 향하여 많은 냄새를 피워 사바에 가득하니 금일 산승이 사방의 대해수(大海水)를 기울여 세척하여 깨끗하게 하지 않을 수 없다. 대중은 부질없는 말 많이 한다고 이르지 말라"고 하였다 이처럼 태고가 앞서 말한 조사의 관문은 불조(佛祖)의 세계에 도달하였지만, 결국 그 마저도 초월해야 하는 향상종승의 일면을 말하는 것이다.

석옥은 마조(馬祖)가 대매법상(大梅法常) 선사에게 물은 인연을 들어 이렇게 말하였다.

"조그만 빛이라도 있으면 그것을 진실이라 생각하는 이는, 빛 속에 떨어져 살림을 꾸려 가는 이들이오. 그러므로 옛날 조사들은 이런 사람의 병을 보고 어찌할 수 없어 멀쩡한 데다 관문을 만들어 놓고 결박한 것이오. 그러나 진실로 투철한 사람에게는 그것은 다 쓸데없는 물건이오. 그런데 그대는 어떻게 혼자서 그처럼 분명하게 갈림길을 가려내었소?"

스님이 말하였다

"부처님과 조사님이 가르치신 방편이 구비해 있었기 때문입니다"

위에서 석옥이 말한 조그만 빛이란 곧 공덕의 인연을 기리는 불교의 종교적 측면을 말하는 것이며, 관문은 중생의 본성이 부처와 다르지 않음에도 불구하고, 근기가 부족해 바깥으로 문자와 알음알이에 헤매는 납자들을 위해 다시 선문의 체계를 세움으로써 문자와 언설을 넘어선 경지에 이르게 하려는 불조의 방편을 가리키는 것이다. 태고는 제자들을 제접하지만 향상의 종지와 방편을 바로 구분하고 있음을 말한 것으로 선문에 있어서 방편이란 바로 법문과 1,700공안이 이에 해당하는 것이다. 이처럼 불조들의 공안을 통해 다시 불조와 언설을 초탈한 세계를 추구하는 것이 곧 조사선의 목표인 것이다.

2) 교외별전(敎外別傳)

향상종승의 경지는 최상승의 법문으로서 언어나 문자를 초월해 있는 선의 궁극적 경지는 문자를 세우지 않고 따로이 법을 전한다는 '불립문자(不立文字) 교외별전(敎外別傳)'의 전승을 표방하고 있다. 태고는 언제나 언어와 문자, 논리를 통해 불법을 아무리 드러낸다 하더라도 사람의 인과와 알음알이의 차원을 벗어나지 못함을 강조했기 때문에 향상종승의 법문에 있어 불립문자 교외별전의 가르침은 매우 중요하다고 말할 수 있다. 「태고암가」의 4번째 노래는 알음알이의 경계로는 알 수 없는 진리를 말한 것이다.

「태고암가」 제4송

念未生時早是訛   한 생각 안 일어나도 이미 어긋난 것

更擬開口成狼籍	더구나 입을 열어 수다를 떨다니
經霜勁雨幾春秋	봄비 가을 서리 몇 해나 지냈는데
有甚閑事知今日	한가히 지내는 속에서 오늘을 알겠구나.

　또한 태고는 영녕사의 개당설법에서 "일대장교(一大藏敎)가 무슨 부질 없는 말이며 1천 7백 공안이 무슨 잠꼬대이며, 임제의 할과 덕산의 방망이 가 무슨 아이들 장난인가?"라고 한 것은 법문과 선문의 도리로 불법을 전할 수 없음을 보인 것이다.

　또한 태고는 오도송에서 "조주 늙은이가 앉아서 천성(千聖)의 길을 끊었 다. 취모검을 얼굴에 들이댔으나 온몸에 빈틈이 없다. 여우와 토끼가 자취를 감추더니 몸을 바꾸어 사자가 뛰쳐나온다"라고 한 것은 여우와 토끼같이 이 치를 헤아리는 알음알이의 경계를 넘어야 비로소 사자와 같이 불조의 세계 에 들어설 수 있음을 보인 것이다.

　이처럼 향상종승의 가르침은 「태고암가」에서 '8만 4천 문 다 부수니 저편 의 구름 밖 청산이 푸르르다'라고 읊은 것은 향상 종승의 종지가 곧 격외선 지(格外禪旨)의 도리를 밝힌 것이다.

　「태고암가」의 14번째 게송도 언설을 넘어 격외의 도리를 전하는 간화선 의 본질을 말한 것이다.

「태고암가」 제12송

此菴非但老僧居	이 암자는 나 혼자만이 사는 곳이 아니다.
塵沙佛祖同風格	티끌 같이 많은 부처와 조사님이 다 같이 살고 있네
決定説君莫疑心	확실한 이 말을 그대여 의심마라.
智亦難知識莫測	지혜로 알 수 있으니 지식으로 헤아리지 말라.

위에서 이 암자는 나 혼자만이 사는 곳이 아니다. 무한한 공간 속에서 무한한 시간에 살고 있는 수많은 부처와 조사님이 다 같이 여기에 이렇게 살고 잇는 것이다. 진실로 깨달은 자는 이렇게 알아야 한다. 중중무진 법계의 화장세계에 수많은 부처와 조사가 여기에 다 같이 있는 것이다. 풀 한 포기, 나무 한 그루, 솔 사이로 불어오는 바람이 모두 부처님이요, 조사의 발자국이 아닌가. 태고는 석옥청공의 심계를 받았지만, 훗날 임제의 선풍은 태고 선사에 의해 인간과 자연이 어우러지고 중생과 부처가 한자리에 노니는 태고의 독자적인 선풍을 이룩하였다. 그러나 태고에 이르기 위해서는 스승과 조사에 대한 철저한 믿음과 귀의가 필요하며, 알음알이에 의지해서는 안 된다. 철저한 수행 이후에 도달하는 의심 없는 경지에 도달해야 흔들림 없는 태고의 종지에 비슷하게 가까이 이를 수 있을 것이다.

2. 직지인심 直指人心

1) 심즉시불 (心卽是佛)

태고는 향상종승의 도리에 도달하기 위해 마음을 탐구하길 강조했고 마음의 부처를 찾을 것을 주장했다. 태고의 가르침에서 향상종승은 곧 본래자성을 찾는 것이고 그것은 곧 마음을 밝히는 것이다. 그러나 마음은 아무런 자취와 흔적이 없기 때문에 향상종승의 마음은 표현할 도리가 없는 것이다. 태고가 공민왕에게 설한 법문에는

이 일물은 사람마다 언제나 있어서 발을 들거나 발을 내려놓을 때, 경계에 부딪치고 인연을 만나는 곳에, 솔직하고 분명하며 분명하고 솔직하여, 일마다에 밝고 물건마다에 나타나 일체의 활동이 고요하면서 밝습니다. 방편으로 그것을 '마음'이라고 하며 '도(道)'라고도 하며 모든 법의 왕, 또는 '부처'라고도 합니다.

라고 하여 향상의 도리를 밝히기 위해 참구해야 하는 부처와 마음, 도가 다르지 않음을 말하고 있다.

선의 목표에 대해서도 태고는 "선의 목적은 마음을 찾는 것이며, 도를 깨닫는다거나 부처가 된다는 것도 곧 이 마음을 찾는 것이고 마음 밖에는 그 어떤 법도 있을 수 없으며 만일 이 마음 밖에 따로 어떤 법이 있다면 그것은 마귀의 말이요. 부처님의 말씀이 아니다"라고 하였다. 태고가 석옥 선사를 만났을 때도 선사는 "부처님과 조사들이 전한 것은 오직 한 마음이요, 딴 법이 없소"라고 하여 사자상승의 법이 마음을 깨닫는데 있음을 밝혔다.

이처럼 마음은 논리나 사량으로 파악할 수 없으며 표현할 길이 없지만, 그 스스로는 명확하게 드러나 우주만법의 모든 작용을 포용하고 있는 것으로 부처나 조사들의 가르침은 그 '마음'을 스스로 지키지 못하고 외연에 흔들리어 생사의 업고를 벗어나지 못하는 범부들에게 '자기의 마음이 곧 본래의 부처임'을 깨닫게 하려는 데 지나지 않는 것임을 다음과 같이 말하고 있다.

그러므로 예로부터 부처와 조사들이 문자를 주장하지 않고 언어를 내세우지 않았으며 오직 마음으로 마음을 전하였고 다시 별다른 법은 없었습니다. 만일 이 마음 밖에 따로 한 법이라도 있으면 이는 곧 마의 주장이요, 부처의 말씀은 아니라고 하겠습니다. 여기에서 '마음'이라 하는 것은 범부들이 허망하게 분별을 내는 마음이 아니라 바로 당인의 적연하여 움직이지 않는 마음입니다. 곧 이러한 자기의 마음을 스스로 지키지 못하면 모르는 결에 허망하게 움직여서 순간순간마다 경계의 바람에 동란 됨을 입어서 여섯 티끌 속에 빠지고 묻혀서 자주 일어나고 자주 멸하면서 허망하게도 끝없이 나고 죽는 업고를 짓는 것입니다. 그러므로 부처와 조사 성인들이 일찍이 세운 원력으로 세상에 출현하시어 큰 자비심으로 '사람의 마음이 본래 부처임'을 가르쳐 주어서 그들로 하여금 오직 자기 마음의 부처를 깨닫게 하여 주었을 뿐입니다.

이처럼 태고가 설한 마음의 실체는 일체의 분별을 초월한 것이며, 또한 모든 작용을 나타내고 있는 것이다. 이것은 마음의 경지를 깨달은 조사의 오도를 보여주는 것이다.

2) 일체유심조(一切唯心造)

태고보우는 공민왕에 대한 법문에서 사람의 본래마음은 명명역력(明明歷歷)하고 적연부동(寂然不動)하며 대영지(大靈知)를 가지고 있다고 하였다. 마음은 언어와 문자까지도 떠나고, 말로 표현할 수 없는 것이지만 태고는 마음에 대해 "하지만 허공을 삼키고 천지를 모두 덮었으며, 빛과 소리도 포함해 커다란 체와 용을 갖추었다"라고 하여 마음에 고요의 체(體)와 천지조화의 용(用)이 구족함을 말하였다. 이처럼 마음은 모든 지혜. 신통. 삼매와 변재를 나타내기도 하고 숨기기도 하면서 종횡으로 자재한 것이다.

태고는 「현릉청심요」에서 다음과 같이 설하였다.

그 본체로 말하자면 넓고 큰 것을 모두 감쌌으므로 바깥이 없고 미세한 것을 모두 거두었으므로 안이 없습니다. 그 작용으로 말하자면 부처세계의 티끌 수보다 많은 지혜와 신통삼매 말솜씨가 있고, 숨었다 나타났다 종 자재하며 큰 신통과 변화가 있어서 아무리 큰 성인이라도 그것을 완전히 알지는 못합니다.

여기에서의 체는 인간심성을 공간적으로 설명한 마음의 크기이며, 용은 인간심성을 기능적으로 설명한 미세한 마음작용이라고 할 수 있다. 곧 인간심성은 더 나갈 밖이 없을 만큼 무한히 커질 수도 있으며 더 들일 안이 없을 만큼 무한히 작아질 수도 있고, 심의식의 사량분별에 의해 미세한 마음이 종횡으로 자재하여 지혜로 나타날 수도 있으며 변재로 나타날 수도 있는 것이다.

태고의 선수행을 통한 깨달음은 마음을 깨닫는데 있으며, 이 마음은 고요한 공적(空寂)의 속성과 영지(靈知)의 양면으로 설명할 수 있다. 공적과 영지는 곧 체(體)와 용(用)을 설명할 수 있으며 마음은 공적(空寂)한 속성과 더불어 항상 깨어있고, 신령스러운 앎이 존재하고 있다는 사실에 대해 태고는 이것을 영지(靈知)라고 하였다.

태고는 「잡화삼매가」에서 "후세에 간경하는 대군자들, 보리대로에서 다시 길을 묻지 말라. 말라 말라! 하필 남방만을 찾으랴. 발 밑이 곧 보리장(菩提藏)이네"라고 한 것은 발 아래의 현실이 곧 깨달음의 마당임을 말한 것이다. 곧 생사라는 만상에 영지의 신통함이 존재하기에 현실의 만상(萬像)에 종횡으로 자재하는 큰 신통과 변화를 보이는 것이다. 이타적 불교의 측면에서 선의 깨달음이란 곧 마음을 크게 활용하는 것이기 때문에 선은 곧 살아있는 데서 참 본질이 있는 것이다.

마음의 불변하는 체의 세계가 고요한 공적 가운데 신령스러운 앎이 있는 경지라면 그 마음의 용의 세계는 여러 외적 조건에 따라 항시 변하는 수연(隨緣)의 동적인 세계이다. 공적한 마음이 세간과 중생의 고통에 부응해 여러 외적 조건에 따라 항상 변하는 수연의 도리에 대해 태고는 다음과 같이 설하였다.

요와 순도 또한 말씀하기를 "진실로 그 중용을 잡아 인위적으로 함이 없이도 천하가 크게 다 그려진다"고 하였습니다. 요와 순이 어찌 성인이 아니겠으며, 부처와 조사가 어찌 다른 사람이겠습니까? 다만 이 마음을 밝게 얻었을 뿐입니다.

위의 내용은 공민왕에게 마음을 깨침으로서 국가를 경영하는 도리를 밝힌다는 점에서 마음이 지닌 작용과 인연을 좇아 감응하는 대자대비의 세계를 보일 수 있는 것이다. 태고는 「잡화삼매가」의 다른 부분에서 "사바세계의 수수산산이 화장계(華藏界) 중의 부동존(不動尊)이다"라고 하여 현실세계가 진리의 부처님 몸임을 강조하였다. 이처럼 현상세계와 진리의 세계 사이의 구분이나 대립은 저절로 사라지게 되며, 중생세간의 현실도 곧 마음의 본체와 작용으로서 생사를 부처의 세계로 호환하는 근원인 것이다.

3. 견성성불見性成佛

1) 자각대오(自覺大悟)

달마 대사는 번잡한 교학과 논리를 물리치고 '마음을 바로 가리켜 성품을 보게 하여 성불에 이른다[直指人心 見性成佛]'라고 한 선지를 선양하여 선의 거대한 역사를 열었다. 간화선에서 추구하는 본분은 곧 마음을 밝히는데 있다.

태고는 간화선의 궁극적 목표는 곧 마음의 참구를 통한 깨달음이라고 하였으며 마음이 곧 부처이며 도이고, 만법의 왕이라는 사실을 강조하였다.

태고가 정의한 마음은 곧 삼라만상을 모두 거둔 것이며 궁극적 면목으로서 선의 목적은 곧 마음을 찾는 것이다. 때문에 마음 밖에는 그 어떤 법도 있을 수 없으며, 만일 이 마음 밖에 따로 어떤 법이 있다면 그것은 불교가 아닌 것이다. 간화선을 통해 변함없이 참구하는 성성력력(惺惺歷歷)은 곧 마음을 변함없이 지켜보는 것이다. 태고는「현릉청심요」에서 다음과 같이 설하였다.

이 일물은 항상 사람 사람에게 다 있습니다. 일상생활 속에서 분명분명 또렷또렷하다. 낱낱 것에서 밝고 물건마다에 나타나니 모든 일에 변함없이 밝게 나타남을 방편으로 '마음'이라 하고, '도'라 하고, '만법의 왕'이라 하고, '부처'라 합니다.

간화선의 수행은 논리적인 판단이 개입될 여지가 없는 조사들의 선문답을 참구하는 것이다. 간화선의 본질은 사량을 차단하는 것이며, 궁극적으로 본래자성을 참구하여 견성오도에 이르는 것이다. 때문에 간화선은 항상 화두에 전념한 채 깨어 있어야 하며〔惺惺歷歷〕, 논변이나 알음알이의 병통을 타파해야 하는 것이다〔不立文字〕.

태고는 화두를 가르치면서 "성성(惺惺)하고 적적(寂寂)한 영광(靈光)이 뚜렷이 나타난다. 절대로 알음알이를 헛되이 내지 말고 다만 화두를 들어서 12시중(時中)의 사위의내(四威儀內)에서 분명히 잊지 않는 상태로 간절히 참상(參詳)하라"라고 하였다. 이처럼 변함없이 마음을 일깨워 마음의 참성품을 조요하는 수행에 대해 태고는 한 법문에서 다음과 밝혔다.

이 일물은 사람마다에 언제나 있어서 발을 들거나 발을 내려놓은 때와 경계에 부딪히고 인연을 만나는 곳에는 솔직하고 분명하며, 분명하고 솔직하여 사람마다에 밝고 물건마다에 나타나 일체의 활동이 고요하면서 밝게 나타나는 것입니다.

태고보우는 또한 "이렇게 참상하여 하고 또 하면 좋은 시절에 이루게 된다. 이때에 조주(趙州)가 '무(無)'라고 말한 뜻이 어떤 것인가를 자세히 돌이켜보면, 마치 늙은 쥐가 소뿔에 들어간 것처럼 막다른 데에 이르렀음을 볼 것이다. 영리한 이는 이에 이르면 활연히 칠통(漆通)을 타파하고 조주를 붙잡아서 천하인(天下人)의 말을 의심하지 않으리라"라고 하여 화두의 참구 끝에 자신의 본 면목을 깨달음이 의심 없음을 알게 된다 하였다.

2) 본래면목(本來面目)

선수행의 목적은 본래면목을 밝히는 것이며, 이는 곧 근본마음을 밝히는 것이다. 마음은 곧 진여성(眞如性)이며, 불성(佛性)이고, 제일의제(第一義諦)이다. 마음을 깨달으면 곧 만법을 깨달으며, 만법을 깨달으면 근본자성을 깨닫는 것으로 선가에서는 이를 견성(見性)이라 하고 오도(悟道)라고 말하며 성불(成佛)이라고 한다. 태고보우가 만법귀일의 화두를 든 것도 일체의 근원인 마음을 관찰하여 견성하기 위한 것이며 이는 곧 본래 구족한 인간심성 즉 진여심을 깨닫게 하기 위한 것이다.

태고보우는 "여기서 마음이라 하는 것은 범부들이 허망하게 분별을 내는 마음이 아니라 바로 그 자신이 적연하여 움직이지 않는 마음이다"라고 하여 허망하게 분별을 내는 마음이 아니라 적연하여 움직이지 않는 마음을 본원적 인간 심성으로 보고 있다.

태고는 「태고암가」에서 다음과 같이 노래하였다.

「태고암가」 제14송

道不修禪不參   닦을 도도 닦지 않고 참선도 않는데,

水沈燒盡爐無煙   물 빚 어린 향로엔 향도 다 타 연기 없네

但伊騰騰恁麼過   그렇게 등등한 것 이렇게 지나갔나

何用區區求其然   어찌하여 구구하게 그런 것을 찾겠는가.

여기서 도(道)가 도가 아닌 데에 이르면 참된 도가 되는 것처럼 견성성불하기 위해서 참선을 하지만 선이 이루어지면 선을 닦는다는 것도 없게 된다. 도불수(道不修) 선불참(禪不參)의 세계는 도의 극치요, 선의 극치인 것이다. 이 내용을 보면 태고의 선은 이미 무르익어 참구(參究)의 서슬 퍼런 기세 등등함도 남아있지 않다. 도가 다 이뤄졌으니 도를 구하려고 하던 그 용맹스러움이나 등등하던 기풍도 찾을 길이 없게 되는 것이다. 즉 도가 이뤄진 부처에게서 어찌 다시 또 도를 닦을 것이 있겠으며, 더욱 더 참선을 할 필요가 없다. 태고에게는 삶 자체가 그대로 도요, 참선이기 때문이다. 먹고 잠자고 오줌 누고 똥 누는 모든 것이 그대로 참선이요, 도이기 때문이다. 태고는 여기서 소요자적(逍遙自適)하고 무위도인(無爲道人)의 면모를 보이고 있다.

태고보우는 38세 되던 해인 1338년 정월 7일 새벽 오경(五更)에 태고보우는 드디어 활연대오(豁然大悟) 하였다. 『태고록』에 전하는 그의 오도송(悟道頌)을 다시 인용하면 다음과 같다.

오도송(悟道頌)

趙州古佛老	조주(趙州) 고불(古佛)의 늙은이가
坐斷千聖路	앉아서 천성(千聖)의 길을 끊었다
吹毛觀面提	취모검(吹毛劍)을 얼굴에 들이댔으나
通身無斬窺	온몸에 빈틈이 없다
狐兎絶潛蹤	여우와 토끼가 자취를 감추더니
飜身師子露	몸을 바꾸어 사자가 뛰쳐나온다
打破牢關後	뇌관(牢關)을 타파한 후에
清風吹太古	청풍(清風)이 태고(太古)에 불고 있다.

4. 자각각타 自覺覺他

1) 원융무애(圓融無碍)

　태고보우의 어록 전편에 내재되어 있는 중심사상은 선사상이며, 그가 화두의 중심으로 삼았던 만법귀일과 무자 화두는 다름 아닌 일물에 대한 것이다. 태고보우가 만법귀일의 화두를 든 것은 일물을 관찰하여 성불을 이루기 위한 선수행의 과정이었다고 할 수 있다. 이에 일물은 초기의 선사상에서부터 일관되게 언급되고 있는 선의 기저(基底)인 곧 본원경지에 대한 것으로서 마음의 본래 자리를 깨닫게 해 주는 것이다.

　태고보우는 인간심성의 체계를 명명역력하고 적연부동함과 동시에 대영지를 가지고 있는 근원의 모습에 광대함과 미세함을 모두 포함한 체(體)와 그리고 지혜와 신통과 삼매와 변재를 종횡으로 자재하는 용(用)의 작용으로서 설명하고 있다. 이러한 체계는 일반 대중들에게 성불할 수 있는 가능성과 육진 속에 빠져 윤회의 업보를 면치 못할 수 있는 양면의 가능성이 있음을 설명한 것이다. 이것은 곧 태고보우가 일상생활 그 자체에 중요성을 두면서 삶의 모든 부분에 선의 요소가 깃들어 있음을 밝혀, 일상생활 속에서 공부해 나갈 수 있도록 한 것이다.

태고보우는 일상생활 속에서 일반 대중들이 수행해 나갈 수 있는 방법으로 생각이 일어날 때마다 화두를 들 것을 바란다. 왜냐하면 순간순간의 사량 분별이 일반 대중들을 육진 속에 빠지게 하기 때문이다. 이에 태고보우는 일반 대중들에게 사람의 본래 마음자리를 깨닫게 하기 위해 먼저 마치 쇠나 나무로 만든 불성처럼 온갖 착한 것이나 악한 것들을 사량하지 말고 몸과 마음까지도 일시에 모두 놓아 버리라고 한다. 또한 나고 멸하는 허망한 생각이 다 없어지고 다 없어졌다는 생각마저 없어져 고요한 가운데 마음자리가 적연하여 움직이지 않게 될 때 부모에게서 태어나기 전의 본래면목이 어떤 것인가를 자세히 살펴보라고 한다. 이때는 마치 닭이 알을 품고 있듯이 어린아이가 엄마 생각하는 것과 같이, 목마른 자가 물을 생각하는 것과 같이 화두를 잡념 없이 간절한 마음으로 유지할 것을 강조한다.

태고보우는 이러한 화두를 들 때에는 부처님들의 본래면목이 눈앞에 뚜렷하게 나타날 것을 믿고 큰 의심에 몸과 마음을 내맡기면서 용맹에 용맹을 더하여 깨달음을 이루라고 한다. 그리고 그는 행주좌와와 어묵동정에 단절 없이 하루종일 화두를 참구하여 성성하고 적적한 신령스러운 빛이 앞에 또렷이 나타난다 할지라도 절대로 쓸데없는 알음알이를 내지 말고 다만 화두만을 들어 온종일 모든 행위에서 절실히 참상할 것을 강조하고 있으며, 더 나아가 활연히 크게 깨달은 뒤에도 본색종사를 찾아 구경을 결택하라고 하고 있다.

2) 각행원만(覺行圓滿)

향상종승은 본원은 마음이며, 그것이 보이는 활용이 곧 대영지이다. 태고보우의 선사상의 특징은 선의 요체인 마음을 원융무애정신을 현실로 구현한 것이라 할 수 있다. 본원적 인간심성은 분명하고 또렷하며 거짓도 없고 사사로움도 없을 뿐더러 고요히 움직이지 않으면서 크게 신령스럽고, 생사나 분별, 이름이나 모양, 언설을 떠나 있으므로 분별과 분열과 대립을 떠나 있는 것이다.

『반야경』의 공의 이론도 무분별 무집착의 반야바라밀을 전면에 내세워 분열과 집착의 문제점을 해결코자 한 것이며, 『화엄경』의 철학적 이론도 사무애(事無碍)와 육상원융(六相圓融)을 핵심으로 하여 분열과 집착의 문제점을 해결코자 한 것이다. 또한 『법화경』에서 대소승의 대립을 지양하고 회삼귀일의 논리를 편 것도 넓은 의미에서 보면 대립을 극복하는 것에 있다.

태고보우의 행적은 여러 종파를 불교의 근본정신으로 회통시킨 것으로 출가 수도자이지만 부모님에 대한 효양을 지성껏 함으로서 세간과 출세간을 원융시킨 것이며, 국가에 대한 봉공을 위해 몸과 마음을 다 바침으로서 위로는 국왕의 마음을 순화하여 선정을 베풀게 하고 아래로는 백성을 보살폈다. 이것은 태고보우의 명명역력하고 적연부동하며 대영지를 가지고 있는 본원적 인간심성인 원융무애정신을 현실로 구현시킨 것이라고 할 수 있다.

태고가 평생을 통해 실천한 삶을 볼 때 태고보우의 원융무애정신에 의해 나타나는 자비심은 선과 교를 원융 시킨 것에 의해서나, 구산 원융오교홍통에 의해 여러 종파를 불교의 근본정신으로 회통시킨 것에 위해서도 잘 나타나고 있다. 또한 부모님에 대한 효양을 지성껏 함으로서 세간과 출세간을 원융 시킨 것에 의해서나, 국극가에 대한 봉공을 위해 몸과 마음을 다 바침으로서 위로는 국왕의 마음을 순화하여 선정을 베풀게 하고 아래로는 국민의 복리증장에 힘써 국민의 사상을 순일하게 한 것에 의해서도 잘 나타나고 있다. 나아가 태고보우의 원융무애정신에 의해 나타나는 자비심은 진실을 아

는 것도 중요하지만 진실을 즐기는 데까지 가서 그것을 행하는 것이 더욱 중
요하다는 것을 노래하고 있는 「산중자락가」에 의해서 더더욱 잘 나타나고
있다.

옛날의 성현들의 즐거움은 이러했으니
부질없이 헛된 명성만 남기고 쓸쓸하구나
이것을 알고 좋아하는 이도 만나기 어렵거늘
하물며 이것을 즐기고 행하는 일이겠는가?

이것은 진실을 아는 것도 중요하고, 그 진실을 알아서 좋아하는 것도 중요
하지만 진실을 즐기는 데까지 가서 그것을 행하는 것이 더욱 중요하다는 것
을 노래하고 있는 것이다. 즐기고 행하는 것, 이것이 법의 자수법락이며 타
수법락인 것이다. 곧 태고보우는 자수용에 그치는 것이 아니고 그것을 행하
는 타수용을 즐기고 있는 것이다.

태고보우의 산중은 산중과 세간의 불이관계이며, 자락은 자수용과 타수용
을 모두 갖추어 법을 즐기고 행한 것이다. 태고보우는 왕사, 국사로서 세사
와 국사를 즐겨 행했고 중생을 화도하여 스스로 법을 즐기면서 자수법락과
타수용법락을 행했으며, 원융부를 설치하여 원융불교를 실현시켰다.

이처럼 태고보우는 법을 아는 데 그치지 않고 법을 좋아할 줄 알았으며, 법
을 좋아하는 데 그치지 않고 법을 즐길 줄 알았고, 법을 자신만을 위해 즐기
는 데 사용하지 않고 뭇 중생과 함께 즐기면서 행할 줄 알았다. 이것이 태고
보우의 자타불이한 원융무애정신의 자비심 그대로의 삶인 것이다.

제5장

●● 태고보우 국사의 수행종풍

태고의 수행과 간화선
간화선 참구(參究)
원융선(圓融禪)
염불선(念佛禪)
화엄삼매(華嚴三昧)
대승선(大乘禪)
수행자의 자세
태고선의 평가

1. 태고의 수행과 간화선

출가한 사람은 무엇보다 참도[진도 - 眞道]를 배우는 것이 중요하다. 태고는 19세(충숙왕 6년, 1319)에 선문(禪門)에 출가하여 만법귀일(萬法歸一)·일귀하처(一歸何處)의 화두를 들고 참선을 닦던 그가 어떤 이유에서인지 26세(충숙왕 13년, 1326)에는 교종(敎宗)에 속하는 화엄선(華嚴選)과에 합격하여 경전의 심오한 뜻을 공부하는데 매진했다. 그러던 중 하루는 탄식하며,

이것 또한 고기 잡는 통발과 토끼 잡는 용도에 지나지 않는구나. 옛날의 대장부는 그 목표를 세운 바가 높았다. 어찌 미련하게 있겠는가? 난들 대장부가 아니랴?

하면서 모든 인연을 끊고 수선(修禪)에 힘쓰게 되는데 아마도 경전에 의존하는 교종의 한계를 살피고는 다시 참선의 길을 택하게 된 것 같다.

그가 30세(충숙왕 17년, 1330)에는 용문산의 상원암으로 들어가 관세

음보살에 예배하면서 십이대발원을 세웠다. 관세음보살 앞에서 세웠던 그의 십이대발원의 내용이 무엇이었는지 전해지지 않고 있지만 그가 앞으로 성취해야 할 참선을 통한 견성오도(見性悟道)를 위해 하나의 수련으로 사문이 이루고자 하는 대발원을 정하고 용맹정진(勇猛精進)했으리라고 짐작된다.

그 뒤 보우는 33세(충숙왕 2년, 1333)부터 본격적으로 참선에 몰두하였다. 성서(城西)에 있는 감로사(甘露寺)의 승당(僧堂)에 은거하면서 분발하여 정진하다가 그의 수행과정에 있어 첫 번째의 깨달음을 얻었다. 37세(충숙왕 6년, 1337) 가을에는 불각사에서 『원각경』을 보다가 '일체진멸(一切盡滅) 명위부동(名謂不動)'이라는 구절에서 두 번째의 깨달음을 얻었다.

동년 겨울 그는 채홍철의 권고로 채홍철의 암자인 전단원(栴檀園)에서 동결제에 들었다. 이때 보우는 조주의 '무(無)'자 화두를 들고 참선하던 중 이듬해 정월에 문득 세 번째의 깨침을 이루었다. 동년 3월이 되자 보우는 고향인 양근으로 돌아와 부모를 모시고 살면서 1천 7백 공안을 두루 참구했다. 그러는 가운데 마침내 그가 참선을 시작한 지 20년 동안이나 고심하던 모든 의심을 풀어 견성을 완성하게 되었다.

1) 성성역력(惺惺歷歷)의 태고선(太古禪)·간화선(看話禪)

태고는 「참선명(參禪銘)」을 비롯하여 『태고록(太古錄)』의 여러 곳에서 '화두참구(話頭參究)'의 중요성을 강조하고 있다. 그 중에서 두 항목의 법어인 '시무제거사(示無際居士) 장해원사(張海院使)'를 살펴보자.

◎ 무제거사 장해원사에게 보임

승(僧)이 조주(趙州)에게 묻되, "구자(狗子)에게도 불성이 있습니까" 하니 이에 조주는 "없다" 하였다.

여기서 말하는 무(無)는 유(有)와 무(無)로서의 '무(無)'가 아니며 참으로 없다는 '무(無)'도 아니다. 그러면 어떻게 해야 되겠는가. 여기에 이르러서는 온몸을 놓아서 일체 생각을 하지 말아야 한다. 생각을 하지 않는다는 생각까지도 하지 않아서 바로 한한(閑閑)하고 탕탕(蕩蕩)한 데 이르러야 한다. 이때에도 절대로 '어떻게 해야 하나' 하는 생각을 갖지 말아야 한다.

전념(前念)은 없어졌고, 후념(後念)은 일어나지 않았으며 당념(當念)은 공(空)할 적에 공(空)도 간직하지 않으며, 이렇게 간직하지 않음도 또한 잊고, 잊은 것도 내세우지 않아야 하고 내세우지 않은 것에서도 벗어나야 하며 벗어났다는 것까지 마음에 두지 말아야 한다.

이러한 때에 이르면 성성(惺惺)하고 적적(寂寂)한 영광(靈光)이 뚜렷이 나타난다. 절대로 알음알이를 헛되이 내지 말고 다만 화두를 들어서 12시중(時中)의 사위의내(四威儀內)에서 분명히 잊지 않는 상태로 간절히 참상(參詳)하라.

이렇게 참상하여 하고 또 하면 좋은 시절에 이루게 된다. 이때에 조주(趙州)가 '무(無)'라고 말한 뜻이 어떤 것인가를 자세히 돌이켜보면 마치 노서(老鼠)가 우각(牛角)에 들어간 것처럼 막다른 데에 이르렀음을 볼 것이다. 영리한 이는 이에 이르면 활연히 칠통(漆通)을 타파하고 조주를 붙잡아서 천하인(天下人)의 말을 의심하지 않으리라. 비록 이렇게 깨달았어도 무지인(無智人)에게는 말하지 말고 모름지기 본색종사(本色宗師)를 만나 보아야 한다.

示紹禪人(소선인에게 보임)

佛説戒定慧	부처님이 제·정·혜를 말씀하여
淨身口意界	신구의 삼업을 청정케 하셨다
身三口四意三業	신삼 구사 의삼의 삼업을
一一莫作持淨戒	하나하나 짓지말고 정계를 지켜야 하나니
念念提起趙州無	염염에 조주의 무자를 들어서
一切時中不昧無	일체 시중에서 잊지 말라
行住坐臥二便時	행주좌와 대소 이변시와
着衣喫飯常提無	옷 입고 밥 먹을 적에 늘 '무' 자를 들어라
如猫捕鼠鷄抱卵	고양이 쥐를 잡듯 닭이 알을 품듯
千萬不昧但擧無	늘 잊지 않고 다만 '무' 자를 들어라
如是話頭不間斷	이와 같이 화두가 간단이 없이
起疑參因甚道無	무엇 때문에 '무'라 했는가를 의심하여 참구하라
疑不破時心頭悶	의심이 안 풀려 마음이 답답할 적
正好單提這話頭	바로 잘 화두만을 들어라
話頭聯綿正念成	화두가 계속되어 정념이 이루어질 때
參復參詳看話頭	참구하고 또 참구하여 화두를 들어라
疑與話頭成一片	의심과 화두가 하나가 되게 하여
動靜語默常提無	동정어묵에 항상 '무' 자를 들어라
漸到寤寐一如時	점점 자나깨나 한결같은 때에 이르면
只要話頭心不離	다만 화두가 마음에서 떠나지 않게 하라
疑到情忘心絶處	의심하여 정도 잊고 마음이 끊어진데 이르면
金烏夜半徹天飛	금오가 밤중에 하늘을 날리라
於時莫生悲喜心	이때에 슬프고 기쁜 생각을 내지 말고

須參本色永決疑　　모름지기 본색종사를 찾아가 영원히 의심을 해결하라.

이처럼 태고는 간화를 권장하며 수행의 중심을 간화선(看話禪)에 두고 있다. 태고는 간화를 권장할 적에 시종일관 체계를 두어 설명하고 있으니 서신(書信)·게송(偈頌)·법어(法語) 등에서 화두를 참구할 것을 강조함에 있어 그 내용은 거의 동일한 요체를 갖추고 있다.

그것은 첫째, 태고가 참구(參究)하라고 하는 화두는 주로 조주(趙州)의 '구자무불성화(狗子無佛性話)'이며 두 번째, 화두를 참구할 적에는 '동정일여(動靜一如)', '어묵일여(語默一如)', '오매일여(寤寐一如)'로 내(內)에서 성성역력(惺惺歷歷) 성성적적(惺惺寂寂)으로 화두를 의심하고 또 의심하게 하는 것이다. 의심이란 참구(參究)를 뜻함이니 '의래의거(疑來疑去)'로서 무엇 때문에 조주가 개에게는 불성이 없다고 하였을까에 대하여 의심함을 말한다〔因甚道無〕. 셋째, 이렇게 간단함이 없이 의정(疑情)이 순일무잡(純一無雜)하게 계속되면 반드시 의정을 타파하고 활연대오(豁然大悟)하여 명명료료(明明了了)하리니 이 때를 무지인(無智人)에게 말하거나 희비심(喜悲心)을 내지 말고 본색(本色)의 종사(宗師)를 찾아가서 구경사를 결택(決擇)하라는 것이다. 태고는 이와 같이 간화(看話)를 수선(修禪)의 근본으로 선양하고 있다.

2) 간화선의 정찰(精察)·본분종사(本分宗師)의 가풍(家風)

간화선은 한국에 확고하게 정착시키고 그 수행법을 확립한 분은 고려 말 태고보우(1301~1381) 선사이다. 또한 고려 말에 활약한 나옹혜근(懶翁

惠勤, 1320~1376)과 백운경한(白雲景閑, 1299~1375) 대선사의 공덕도 크다.

태고보우 국사는 "본분종사의 가풍으로 부처를 초월하고 조사를 뛰어넘고, 초불월조(超佛越祖)·격외선지(格外禪旨)에 따라 대장경의 모든 가르침과 1천 7백 공안과 함께 임제의 할(喝)과 덕산의 방(棒)일지라도 본분상에서 볼 때 다 부질없는 것"이라고 설파했다.

3) 간화선 수행체계의 확립

국사는 간화선 수행을 하되 화두를 일념으로 참구하여 의심(의정)이 끊어지지 않도록 하고 화두를 타파한 뒤에는 반드시 본색종사(本色宗師)를 찾아가 깨달은 경지를 묻고 바른 깨달음인지 아닌지를 결택 받아야 한다고 하겠다.

이와 같이 간화선법은 태고보우 국사에 의해 그 그 수행체계가 확립되었다고 하겠다.

4) 간화선의 삼요(三要)

고봉원묘(高峰原妙, 1238~1295) 선사는 「선요」에서 화두 공부인은 '대신심(大信心)·대의심(大疑心)·대분심(大憤心)'의 세가지 요소를 갖춰야 한다고 강조했다.

「선요」의 말씀을 보자.

만약 진실로 참선하고자 한다면 반드시 세 가지 중요한 요소를 갖추어야 한다.

첫째, 크게 믿는 마음〔大信心〕이 있어야 한다. 이 일은 수미산을 의지한 것과 같이 흔들림이 없어야 함을 알아야 한다.

둘째, 크게 분한 생각〔大憤心〕이 있어야 한다. 마치 부모를 죽인 원수를 만났을 때 그 원수를 당장 한 칼에 두 동강을 내려는 것과 같다.

셋째, 커다란 의심〔大疑心〕이 있어야 된다. 마치 어두운 곳에서 한 가지 중요한 일을 하고 곧 드러내고자 하나 드러나지 않은 때와 같이 하는 것이다.

온종일 이 세 가지 요소를 갖출 수 있다면 반드시 하루가 다하기 전에 공을 이루는 것이 독 속에 있는 자라가 달아날까 두려워하지 않겠지만, 만일 이 가운데 하나라도 빠지면 마치 다리 부러진 솥이 마침내 못 쓰는 그릇이 되는 것과 같다.

이 삼요는 많은 선지식들의 법어에 나오는 내용이기도 하다. 우리나라의 태고 선사와 서산 선사를 비롯한 많은 선지식들도 이 점을 크게 강조했다. 이 참선 수행자가 갖춰야 할 세 가지 요소에 대하여 자세히 살펴보도록 하자.

대신심(大信心)이란

첫째, 참선자는 화두에 큰 믿음〔大信心〕을 가져야 한다. 이 믿음은 화두 공부를 하면 반드시 일대사를 깨칠 수 있다고 하는 견고한 믿음으로 결코 흔들리지 않고 공부해 나아가는 자세를 말한다. 나옹 선사는 말한다.

이 일대사를 반드시 깨치고자 한다면 모름지기 큰 믿음을 일으키고 견고한 뜻을 세워 이전에 배웠거나 이해한 부처와 법에 대한 견해를 한바탕 빗자루질로 바다 속에 쓸어 없애고 너 이상 들먹거리지 말라.

오로지 이 공부를 하여 생사해탈을 이룰 수 있다는 믿음이 그것이다. 천진

선사는 이렇게 말한다.

　참으로 생사를 벗어 나고자 한다면 무엇보다 먼저 큰 믿음을 일으키고 드넓은
서원을 세워야 한다. 만일 참구하고 있는 공안을 타파하지 못했다면 부모에게서
태어나기 이전의 면목을 밝게 깨달아 미세하게 작용하고 있는 생사심을 꺾어 없
앨 것이니 맹세코 처음부터 참구해 오던 화두를 버리지 말라.

큰 믿음이란 자신은 물론 일체 중생이 본래 성불해 있다는 믿음이다. 나와
부처님은 어떠한 차이도 없다. 비록 모습과 나타난 능력에 차이가 있다 하더
라도 본래 청정한 불성은 다르지 않다.
　나 자신은 부처님의 마음과 하등 다를 게 없다. 부처님 마음은 허공처럼 영
겁토록 변치 않고 절대로 손상되지 않는다. 줄거나 늘지도 않는다. 그것은
어떠한 강압과 유혹에도 흔들리거나 빼앗기거나 나뉘거나 때가 묻을 수 없
다. 비록 지혜가 없어 순간적으로 어리석음에 빠져 세상에서 낙인 찍히고 비
참한 경지까지 떨어졌다 할지라도 자기 본성은 일찍이 때가 묻지 않고 맑고
밝은 모습이다. 나 자신은 본래부터 원만 구족한 진리의 주인공인 것이다.
　이러한 자기 본성에 대한 확신에서 참선 수행자의 기본 자세는 갖춰질 수
있다. 자신은 진리의 주체이기 때문에 끝없는 지혜와 용기와 덕성이 충만해
있다. 뜻하는 바를 구현할 수 있는 지혜와 능력을 풍성하게 갖추고 있다. 어
떠한 고난에도 좌절하지 않고 어떠한 상황에도 희망을 불태우는 불굴의 용
기가 거기에서 나온다. 그리고 언제나 중생과 세계를 더불어 한 몸으로 생각
한다. 나와 세계는 원래부터 하나이기 때문이다.
　이와 같은 큰 믿음을 내어 그것이 수미산처럼 흔들림이 없어야 불굴의 정
진력을 일으킬 수 있다. 나아가 화두를 타파하여 확철대오 할 수 있다는 확

신을 가져야 한다. 과연 내가 화두를 타파하여 깨달을 수 있을까 하고 반신반의하게 되면 결코 이 출격장부의 길로 들어설 수 없다.

대분심(大憤心)이란

둘째는 큰 분심[大憤心]이다. 크게 분한 마음은 무엇인가? 화두는 부처님과 조사 스님들이 자신의 본래면목을 눈앞에 드러내보인 것이다. 과거의 조사들도 여기에서 자신의 본분을 회복하여 대자유인이 되었다.

그런데 지금 나는 어떻게 살고 있는가? 과거 조사들에 비해 무엇이 부족하길래 나 자신을 바로 보지 못하는가? 그러면서도 스스로 자만하고 어리석기가 끝이 없어 부끄러움도 모르고 앞뒤가 바뀐 현실에 매달리고 있으니 참으로 딱하고 슬픈 노릇이 아닌가? 영원한 생명이 나 자신에게 있어 조금도 덜하지 않고 변질되지 않으며, 생생하게 고동치고 있다. 그런데도 나는 이것을 보지 못하고 미혹하여 목전의 이익과 달콤한 경계에 탐착하여 헐떡거리며 살고 있지 않은가?

자신이 본래 부처이건만 스스로를 중생으로 여겨 중생노릇을 달게 받으며 하루하루 살아가고 있다. 무시 겁 동안 우리는 이렇게 살아 왔다. 그렇다면 어느 때에 나의 본래면목을 되찾을 수 있다는 말인가? 어찌 내 마음속의 찬란한 태양은 가리고 밖을 향해 어둠 속을 헤매고 있단 말인가?

지금까지 나는 이 몸뚱아리가 하자는 대로 해왔다. 혀끝에 길들여져 먹고 싶으면 먹고, 자고 싶으면 자고, 부질없는 욕심을 채우고자 갖고 싶으면 그 무엇이든 소유하려 했다. 또 나의 이익과 명예를 위해 나와 남을 가르고 시비분별을 일삼으며 상처를 주고 받아 왔다.

이렇게 우리는 본래면목을 잊고 착각에 빠져 욕심내고 어리석게 살아 온 것이다.

그러나 이제 다행히 선수행의 길에 접어들어 번뇌와 어리석음을 바로 보아 대자유인으로 살아 갈 일대사 인연을 만났다. 이 화두 공부야말로 나의 어두웠던 과거의 생과 현재의 무지를 끊는 취모검이다. 화두를 통하여 기나긴 고통의 늪에서 벗어나 쾌활한 해탈의 언덕에 이를 수 있는 지름길인 것이다.

참선 수행자는 화두를 참구함에 이렇게 자책감으로 치밀어 오르는 대분심이 울컥울컥 솟아나야 한다. 대분심을 일으켜 몸이 하자는 대로 하는 욕망의 굴레에서 벗어나 확철대오하고야 말겠다는 마음이 끊임없이 솟구쳐 올라야 한다. 이 분한 마음으로 부모를 죽인 원수를 만나 단칼에 두 동강내듯 화두를 타파해야 한다. 수행자는 이 같은 분심으로 억겁의 무명(無明)을 꿰뚫고 온갖 분별의 함정을 단번에 벗어난 대자유의 평원으로 뛰어나가게 되는 것이다.

대의심(大疑心)이란

셋째는 큰 의심〔大疑心〕이다. 큰 의심이란 화두를 철두철미하게 의심하는 것이다. 화두는 생각의 길이 끊어진 본래면목이기에 망념과 무명에 바탕한 중생의 분별심으로는 알 수가 없다. 화두는 어떤 방법으로도 가히 잡아볼 수 없고 형용할 수도 없다. 없는 것으로도 알 수 없고 있는 것으로도 알 수 없으며 잡을 수도 없고 놓을 수도 없는 것이니 수행자는 여기 이르러 전심전력을 기울여 정면 승부를 할 수밖에 없다. 화두 수행에서 의심한다 함은 바로 이런 때의 마음 상태를 두고 하는 말이다.

부처님과 모든 조사들께서는 법을 화두라는 형태로 우리 눈앞에 명백히 보여주었다. 이렇게 불조께서는 내게 있는 본래 물건을 눈앞에서 밝게 보여주고 있는데 나는 어찌하여 보지 못한다는 말인가? 분명히 내게 있는 이 도리를 명백히 화두로써 밝혀 주었거늘 어찌하여 이것을 모른단 말인가? 왜,

어째서 모르는가?

이렇게 하여 큰 의심이 솟아나면 온몸 온 생각이 하나의 화두 덩어리로 바뀌게 된다. 화두로 눕고 화두로 잠들게 되면 '필경 이것이 무슨 도리냐?' 하는 일념이 끊이지 않게 되어 맑고 고요하고 또렷한 의정이 눈앞에 드러난다. 이렇게 지어가는 힘을 얻게 되면 드디어 수행의 호시절이 도래하게 된 것이다. 의정 없는 화두 공부란 결코 있을 수 없다.

크게 의심해야 크게 깨닫는다. 간절하게 의심하는 것을 커다란 의심, 곧 대의(大疑)라고 한다. 그것은 의심하는 '나'가 사라진 자리에서 폭발하는 근원적 의심이다. 이 대의가 기연을 만나 마침내 그 대의가 타파될 때 수행자는 한바탕 크게 죽어 하늘과 땅이 새로워지는 것이다. 이른바 '대사일번 건곤신(大死一番乾坤新)'인 것이다. 사중득활(死中得活)이라는 말이 있다. 한 생각도 일어나지 않고 앞뒤가 꽉 막힌 상황에서 크게 죽어 다시 살아나야 한다는 것이다. 이렇게 다시 살아나야 크게 깨치는 것이다.

그렇다 하더라도 서봉(西峰)의 구덩이에 반드시 떨어져 있으니 또한 건지지 아니 할 수 없도다. 돌(咄).

이상 출리심 · 공안 · 의정 · 본색종사 · 불변수연의 다섯 가지 주제를 「참선명」을 중심으로 간단히 요지를 살펴본다.

2. 간화선 참구

1) 태고 선수행의 기본구조

(1) 출리심(出離心)

참선명(參禪銘)-1

日月似電光	세월은 번개빛 같으니
光陰良可惜	시간이 참으로 아깝다
生死在呼吸	살고 죽음 호흡 사이에 있어
難以保朝夕	아침 · 저녁을 보장하기 어렵다
行住坐臥間	거닐거나 섰거나 앉거나 눕거나
寸景莫虛擲	한 치의 세월도 헛되이 보내지 말고
勇猛加勇猛	용맹에 용맹 더하기를
如我本師釋	우리 큰스승 석가처럼 하라.

출리심은 염리심(厭離心)이라고도 불리우며 중생이 생사윤회를 싫어하여 해탈을 벗어나는 길을 모색하는 마음을 말한다. 석가모니불께서는 삼법인을 통해 현실의 고통에 대해 가르쳤다. 삼법인 가운데 일체개고(一切皆苦)는 중생의 삶을 고(苦)로 정의한 것이며 제행무상(諸行無常)은 고의 원인이 일체가 영원치 않다는 사실 때문이다.

인도불교의 수행에 있어서도 출리심은 삼계를 벗어나서 열반을 희구하는 마음으로 정의되며 만약 진정한 출리심이 없이 불교를 신앙하면 단지 인간이나 천상의 복을 누리지만 생사를 해탈하는 원인이 되지 못한다고 설하였다. 그러므로 출리심은 선뿐만 아니라 모든 불교수행의 가장 근본이 되는 것이다. 때문에 태고는 「참선명」에서 세월은 번개빛과 같으며 생사는 호흡 간에 있어 보장하기 어렵다고 하였으며, 이 가르침은 바로 무상(無常)으로 인해 한치 앞을 못보고 사는 중생의 고통과 함께 세월을 보내지 말고 부처님의 수행을 본받으라고 말씀하신 것이다.

(2) 공안(公案)

참선명-2

精進復精進	정진하고 또 정진하되
心地等惺寂	마음 바탕이 밝고 고요하게 하고
深信佛祖意	불조(佛祖)의 뜻을 깊이 믿어
須要辨端的	분명한 판단에 이르도록 하라
心卽天眞佛	마음이 곧 천진(天眞)의 부처이거니
何勞向外覓	왜 수고로이 밖을 향해 찾는가?
放下萬事看	온갖 일이 되는 대로 버려 놓으면

路窮如鐵壁   길이 막다른 철벽 같으리.

　불교의 수행의 궁극적인 목적은 인아(人我)와 제법의 본 성품을 살펴 그 무아성(無我性)을 깨달음으로써 번뇌를 버려 해탈에 이르는 것이다. 무명의 번뇌에 덮여있는 본성에 대해 그 참된 실체를 관하는 것은 근본불교 시대 이후 발전을 거듭하여 대승불교에 이르러 지관(止觀)의 수행으로 정리되었다. 지관의 수행을 요약하면 삼마타〔止〕의 수행은 마음의 작용을 멈추고, 대립을 초월한 무아성을 체득하는 것이고, 위빠사나〔觀〕의 수행은 정견(正見)에 의해 만법의 실상을 관찰하는 것이다.

　간화선에서 선객의 참구대상이 되는 공안은 부처와 조사들이 제자들에게 법을 전해 오도의 계기가 된 대화나 어록이다. 따라서 공안은 부처님의 면목과 조사들의 골수를 담고 있으며 이러한 화두의 의미는 선문의 수행자들이라면 오도의 실체를 알기 위해 반드시 이해하고 통과해야 할 관문이다.

　간화선의 참구목적도 불교수행의 근본에 입각해 산란한 마음을 붙들어 매고 진아(眞我)의 본래면목을 들여다보는 것에 있다. 『대승불교기신론』의 「지관문」에서는 "지(止)란 마음을 안정하여 대상의 모양이 나타나지 않는 것이다. '관(觀)'이란 여러 가지 현상의 인연에 따라 일어나는 모양을 분명히 파악하는 지혜이다"라고 하였다.

　때문에 태고보우는 "마음이 곧 천진(天眞)의 부처이거니 왜 수고로이 밖을 향해 찾는가?"라고 하였다. 따라서 간화선의 공안은 궁극적으로 이론이나 사량분별로 알 수 있는 것이 아니며, 진여불성을 보고 자기의 본래면목을 깨친 사람만이 알 수가 있는 것이다.

　태고보우는 공안(公案)에 대해 이처럼 말하고 있다.

공안(公案)은 이론이나 사량분별(思量分別)로 알 수 있는 것이 아니다. 오직 진여불성(眞如佛性)을 철저히 보고 나서 자기의 본래면목(本來面目)을 깨친 사람만이 알 수가 있는 것이다. 마음의 눈을 떠서 확철(確徹)히 깨쳐야만 알 수 있는 것이며, 그전에는 절대로 알 수 없는 것이다. 이론이나 사량분별로는 도저히 알 수 없는 이 공안은 나쁜 지견이나 알음알이를 끊는 무기이며, 생사의심을 깨뜨리는 칼이다. 번뇌망상의 어둠을 밝혀주는 지혜의 횃불이며, 보고 듣는 것에 얽매인 결박을 끊어주는 날카로운 칼날이며, 번뇌의 뿌리를 끊어버리는 날카로운 도끼이며, 성인과 범부를 가려내는 신령스러운 거울이며, 알음알이를 못 붙게 하는 한 덩이 불과 같은 공능(功能)을 갖고 있어서 공안을 참구하는 수행인에게 지혜의 안목을 열어주고 본래면목을 깨닫게 하여 생사윤회의 굴레를 벗어나게 하는 것이다.

중국의 당나라 이후 중국의 선종은 선정이나 지혜의 추구보다는 일상생활 가운데서 선을 실천하는 것이 더욱 중요하게 대두되었다. 점차 명상적인 좌선은 그 자취가 사라지고 생활의 생동 모두가 다 선으로 이어졌다. 이는 생활 그 자체적인 혁신적인 자유를 나타내는 것이며, 관념적으로 매너리즘에 빠진 자유가 아니라 '수처작주(隨處作主)' 하는 자유를 보인 것이다. 이러한 상황을 단적으로 나타낸 것이 선문답(禪問答)이다. 선문답은 무한한 개성적인 생활실천의 기록이며 인간의 무한한 가치발견이 있을 때까지 밀고 나가는 관문이다.

그러나 남송대에 정치적으로 국가통제가 강해짐에 따라 선원에서의 일상생활도 공식화되고 선문답 역시 지식화되어 갈 무렵 침체된 송대의 선을 일신 회복시킨 것이 무자(無字)공안의 대두이다.

오조법연(五祖法演, 1024~1104) 이후 무자 화두는 중국불교 선종사에 새로운 기틀을 형성시켰으며, 직지인심의 새로운 방법을 시도하는 중추적 역할을 하였다.

이처럼 중국불교 선종에서의 조주무자(趙州無字) 공안의 화두는 고려 말에서부터 한국불교에 이르기까지 파급되어 그 공기가 확산된 이래 가장 대표적인 선사가 태고보우였다.

보우는 사교입선적인 입장을 선명하게 취하면서 다른 한편으로 적극적으로 간화선만을 내세우고 있었다. 앞서 그의 수행 과정은 바로 '만법귀일'·'무자' 등 화두의 참구과정 그것이었음을 지적하였거니와, 그 뒤 다른 사람들에게 제시한 선의 수행방법도 한결같이 화두의 참구를 권하는 것이었다. 따라서 그의 어록의 내용 가운데 대부분을 점하는 것이 화두의 참구를 권하는 것이다. 즉「가음명(歌吟銘)」편의 참선명(參禪銘)을 비롯하여「상당(上堂)」편의 시중일칙(示衆一則),「법어(法語)」편의 현릉청심요(玄陵請心要), 답방산거사오제학수(答方山居士吳提學垂)·시무제거사장해원사(答無際居士張海院使)·시최진사(示崔進士)·시사제거사(示思齊居士)·시렴정당홍방(示廉政堂興邦)·시무능거사박상공성량(示無能居士朴相公成亮)·시당선인(示當禪人)·시진선인(示眞禪人)·답담당숙장로(答湛堂淑長老)·시문선인(示文禪人)·시소선인(示紹禪人)·시가선인(示可禪人)·시상선인(示祥禪人)·시안산군부인묘당(示安山郡夫人妙幢)·경시사(警侍司) 그리고「게송」편의 철우(鐵牛)·일문(一門) 등에 준 게송 등은 모두 화두를 권하는 것이었다.

태고보우는 선객들을 지도하면서 조주의 무자 화두를 즐겨 사용하였고 이외의 화두로는 자신이 참구했던 만법귀일(萬法歸一)을 비롯해 '부모미생전(父母未生前) 본래면목(本來面目)', 또는 '끽다거(喫茶去)' 등이 있었지만, 36세 이후 깨달을 때까지의 공부는 무자(無字) 공안이었으며, 그의 어록 전반에 걸친 심지법문(心地法門)의 본분은 이 화두를 챙길 것을 간곡히 당부하는 말로 일관하였다. 태고보우는 원에 들어가기 전 만법귀일의 경지를 깨달았고 원나라에 들어가 그러한 그의 깨달음은 더욱 깊고 완숙해졌다. 그러므로 태고보우가 원에 들어가서 오득한 경계요, 석옥청공을 만나 깨달은 그의 선세계라 할 수 있다. 태고보우 선사는 화두를 참구하는 의미를

덧없음이 빠르다는 것과 생사가 큰 일인 줄을 알고 특히 와서 묻되 "이것이 참으로 대장부의 할 일입니까" 하니 그러면 그렇게 덧없음과 생사를 아는 그것은 누구이며 특히 와서 묻는 그것은 누구입니까? 거사는 그것을 분명히 알아야 합니다. 고칙(古則)에 "얼굴은 매우 기묘하고 광명은 시방을 비춘다. 나는 일찍이 공양을 하였는데 지금 다시 친견하도다" 하였습니다. 그러나 이 네 글귀에 대해서 마음〔心意識〕으로 가만히 생각하지 마십시오. 마음을 가지고 가만히 생각하면 더욱 서먹해지고 더욱 멀어질 것입니다. 그러므로 활구(活句)를 참구하는 것만 못합니다.

라 하였다. 담연상적(湛然常寂)한 가운데서 투철하게 실상을 간할 수 있는 방법이 화두참구임을 밝혀놓은 것이다.

참구하기 위한 주의점으로써 태고보우는 절대 지혜를 내지 말고 24시간 화두에 몰두하되, 분명해야 하고, 참구를 간절히 하다가 한번 무자(無字)를 돌이켜보고 늙은 쥐가 쇠불에 들어가서는 나오지도 들어가지도 못하는 것처럼 되면 그 무가 '마치 한 알의 환단을 쇠에 대면 쇠가 금이 되는 것과 같아서 그것을 들기만 하면 삼세 부처님의 면목을 뒤집어 내기 때문에 예리한 자는 여기서 활연히 칠통을 부수고 조주를 넘어뜨리고 천하의 말을 의심하지 않게 된다는 것이다.

화두참구방법에 대하여 서산 대사는 다음과 같이 말했다.

　참구하는 공안에 대해서 간절한 마음으로 공부하기를 마치 닭이 알을 품듯이 하며, 고양이가 쥐를 잡듯 하여, 굶주린 사람이 밥 생각하듯 하며, 목마른 사람이 물 생각하듯 하며, 어린애가 엄마 생각하듯 하면 반드시 확철대오할 때가 올 것이다.

이렇게 화두를 참구하려면 간절하고 지극한 마음을 가져야 한다. 사막에서 갈증을 느껴 물 생각만 하듯, 외동아들을 전쟁터에 보낸 홀어미가 자나깨나 자식 생각하듯이 화두 하나만을 참구하는 절실한 마음이 있어야 한다. 그러한 절실한 마음은 자신의 온 생명을 걸 때 생긴다. 이렇게 간절하게 화두를 들다보면 어느 날 문득 진정한 의정이 일어나 화두가 역력히 현전하는 것이다. 이럴 때 마음은 이내 공해지고 번뇌망상 또한 절로 사라진다.
화두참구법에 대해 태고보우 선사는 이렇게 말한다.

　만일 믿을 수 없겠거든 그 큰 의심 밑에서, 마치 만 길 벼랑에서 떨어질 때처럼 몸과 마음을 모두 놓아버리고, 또 죽은 사람처럼 아무 헤아림도 생각도 없어야 한다. 이럴까 저럴까 하는 생각을 아주 버리고 또렷하게 '없다'라는 화두만 들되, 하루 스물 네 시간 행주좌와(行住坐臥) 하는 중에 다만 화두를 목숨으로 삼아야 한다. 언제나 어둡지 않게 때때로 단속하며 화두를 들어 눈앞에 잡아두되, 마치 닭이 알을 품었을 때 따스한 기운을 유지하듯 고양이가 쥐를 노릴 때 몸과 마음을 움직이지 않고 잠깐도 눈을 떼지 않듯 하여, 몸과 마음이 있는지 없는지를 느끼지 못해야 한다. 그리하여 마음 눈인 화두〔心眼話頭〕를 한 곳에 매어두고 다만 또렷하고 분명하며 분명하고 또렷하게 치밀히 참구해야 한다. 비유하면 어린애가 어머니를 생각하듯, 주린 사람이 밥을 생각하듯, 목마른 사람이 물을 생각하듯 하여, 그만두려 하여도 그만둘 수 없이 생각나고 또 생각날 것이니 이것이 어찌 애를 써서 되는 일이겠는가.

그러나 자연스럽게 화두가 현전하는 시기에도 조금만 방심하면 또다시 망념에 휩싸이니 이 공부야말로 철두철미한 자기와의 투쟁이다. 이 싸움에서 얼마나 열과 성을 다해 밀도있게 공부를 몰아붙이느냐가 수행의 관건이다.

참으로 목숨 바쳐 한 생각 한 생각을 단속해 나가야 한다는 데에 이 공부의 어려움이 있다. 자신이 본래 부처임을 철저히 믿고 앞뒤를 돌아보지 않고 과거 모든 선지식도 다 나와 같은 상태에서 출발했으니 나도 열심히만 하면 틀림 없이 확철대오하여 견성성불할 수 있다는 철저한 믿음으로 정진해 나가야 한다.

이번 생에 깨치지 못하면 다시 어느 생에 이 몸을 제도할 것인가?하는 절박한 마음으로 화두를 놓치지 않고 한결같이 밀고 나가는 마음자세가 중요하다. 밤이나 낮이나, 가나 오나, 앉으나 누우나 나아가 밥을 먹을 때나 화장실에 갈 때나 생각 생각이 끊이지 않고 맹렬히 정신을 차려 화두를 들어야 한다.

「완릉록(宛陵錄)」에서는 이렇게 말하고 있다.

다만 하루 스물 네시간을 이 무자(無字)만을 참구하라, 밤이나 낮이나, 가나 머무나, 앉으나, 누우나, 옷 입으나, 밥 먹으나, 나아가 뒷간에 갈 때도 생각 생각 끊이지 말고 맹렬히 정신차려 이 무자화두만 의심해 가라. 이리하여 날이 가고 해가 가서 이윽고 공부가 한 덩어리가 되면 홀연히 마음 빛이 밝아져 부처님과 조사들의 기틀을 깨닫게 될 것이다.

화두참구는 이렇듯 빈틈없이 밀밀하게 지어가는 것이 중요하다.

태고보우가 들은 화두의 종류로는 수행과정에서 참구하였던 만법귀일(萬法歸一)과 조주무자(趙州無字), 그리고 부모미생전(父母未生前) 본래면목(本來面目)을 비롯하여 조주의 끽다거(喫茶去) 등을 들 수 있는데, 이 가운데 그가 가장 좋아하고 자주 내세운 것이 무자였다. 그의 어록 가운데서 나타나는 화두의 거의 대부분이 무자인데 일문에게 준 게송에서,

遍界唯一門	세계에는 오직 한 문이 있는데
汝何不入來	그대는 어찌하여 들어오지 않는가
一溪貫之千古流	우주의 무(無)를 참구해 뚫으면
淘盡二邊影	비로소 자물쇠가 저절로 열리리라.

라고 하여 일문(一門)이라는 호에 부쳐 무자의 참구를 강조하는 게송을 짓고 있었다. 그리고 무능 거사 박상공성량과 무제거사 장해원사에게 각각 준 법어에서는 무자의 의미와 참구방법을 간명하게 밝히고 있다. 무제 거사에게 준 법어를 다시 한 설명하면 다음과 같다.

◉ 무제거사 장해원사(無際居士 張海院使)에게 주는 글

한 스님이 조주 스님에게 "개에도 불성이 있습니까?" 하고 물었을 때 조주 스님은 "없다" 하셨습니다.

그 없다란 말은 있고 없다는 없음도 아니며 참으로 없다는 없음도 아니니, 그렇다면 결국 무엇이라 해야겠습니까? 그 경지에 이르러서는 곧 온몸을 모두 놓아버리고 아무 것도 하지 않아야 하며, 하지 않는다는 그 생각도 하지 않으면 바로 고요하고 텅 빈 곳에 이를 것이니, 부디 헤아려 생각하지 마십시오.

앞 생각은 사라지고 뒷 생각은 일어나지 않으며, 지금 그 생각도 비고 비었다는 생각도 붙들지 않으며, 붙들지 않았다는 것도 잊고 잊었다는 생각도 두지 않아야 합니다. 그런 때에는 다만 또록또록하고 고요한 영광(靈光)이 앞에 우뚝 나타날 것입니다.

부디 망령되이 알음알이〔知解〕를 내지 말고 다만 화두를 들되, 스물 네 시간 무엇을 하든지 간에 분명하여 어둡지 않고 간절히 참구하십시오. 이렇게 참구하면서 계속해 나가다가 알맞은 때가 오거든 조주 스님께서 '없다' 고 하신 말씀이 무슨 뜻인가 하고 자세히 돌이켜보되 늙은 쥐가 쇠뿔에 들어가서는 나오지도 들어가지도 못하는 것처럼 되면, 근기가 날카로운 사람은 여기에 이르러 활연히 칠통(漆桶)을 쳐부수고는 조주 스님을 넘어뜨리고 천하 사람들의 말을 의심하지 않게 될 것입니다. 그러나 그렇게 깨쳤더라도 부디 지혜 없는 사람에게는 말하지 말고 모름지기 진짜 종사(宗師)를 찾아뵈어야 합니다.

한편 보우는 '무자' 화두를 참구하여 깨달음의 소득이 있게 되면 지혜 없는 사람 앞에서는 함부로 말하지 말고 반드시 본색종사를 만나보고 은밀히 결택할 것을 언제나 당부하고 있었는데 이 점은 불교전통의 계승이라는 면에서 주목할 만한 것이다. 보우가 말하는 본색종사는 법을 이어받을 만한 스승으로서 단순히 깨달음을 이룩한 선지식을 가리키는 것이 아니고, 임제종의 법통을 이은 조사를 말하는 것이었다. 즉 구체적으로 말하면 임제 의현의 법통으로 설암조흠의 적손으로 칭하여지던 석옥청공 같은 승려를 가리키는 것이었다. 보우는 그러한 종사를 찾아보아야 할 이유를 『태고록』의 「참선명」에서 다음과 같이 말하고 있었다.

(전략) 허망한 생각이 다 없어지고 없어진 그곳마저 지워 버리면, 몸과 마음

은 허공을 의지한 듯, 적연히 광명은 사무쳐 빛나리. 본래의 면목이 그 누구인가 화살이 모두 돌 속에 들 듯, 의심덩이를 산산이 부숴 버리면 한 물건이 하늘을 덮어 푸르리라. 무지한 사람에게 말하지 말고 또한 기쁜 생각도 내지 말며 모름지기 종사를 찾아뵙고는 다 털어 말하고 다시 법익을 청하소, 그래야 조사의 전통 잇게 되어 가풍이 편벽되지 않을 걸세. (후략)

태고보우는 화두를 들어 사람 앞에서는 함부로 말하지 말고, 반드시 본색종사(本色宗師)를 만나보도록 하고 있다.

보우가 주장하는 선의 실천방법은 처음부터 선문의 쇄락한 활구, 즉 화두만을 들어 철저히 참구할 것이며 만일 그것에서 소득이 있으면 본색종사를 찾아가 확인을 받으라는 것이었다. 그리고 화두를 참구하는 과정에서 어떠한 지해(知解)도 용납지 말 것을 강조하고 있었다. 그가 거의 모든 경우에 천편일률적(千篇一律的)으로 내세우고 있었던 '무자'와 같은 화두에는 지해나 사량분별(思量分別)이 용납될 여지가 없는 것이었다. 보우의 이 '무자' 화두의 참구가 바로 간화의 출신활로(出身活路)인 것이며 그의 선이 지향하는 유일한 길이자 최고의 경지라고 할 만한 것이다.

무제거사 장해원사에게 준 법어에서도 '무자' 화두에 대해서 거의 같은 설명을 하고 있으나, 다만 이곳에서는 지해를 내지 말 것을 좀더 분명하게 주장하고 있었다. 보우의 성성역력한 간화선의 특징을 좀더 분명히 나타내고 있다고 하겠다.

◎ 「태고암가(太古庵歌)」의 조사공안(祖師公案) 시어(詩語)

『태고화상어록(太古和尙語錄)』은 문체에 따른 편찬으로 「가음명(歌吟銘)」

의 장(章)과 게송(偈頌)의 장을 따라 분류하였다.「가음명」에는 4편의 가(歌)와 음(吟)이 1편, 명(銘)이 1편으로 모두 6편이 게송의 장에는 122편의 시(詩)가 수록되어 있는데 시에 표현된 내용이 선시(禪詩)로서의 색다른 일면을 보이고 있다.「태고암가」는 41세 때 삼각산(三角山) 중흥사(中興寺) 동편 소나무 언덕에 암자를 짓고 '태고암(太古庵)'이라고 현판을 붙이고 자연에 소요(逍遙)하면서 지은 시인데, 그 길이가 칠언율(七言律)로 쳐서 모두 10수나 되는 장시(長詩)이다. 태고가 원(元)나라에 가서 석옥(石屋)에게 이 노래를 바치니 석옥은 매우 장하게 여기면서 "노승은 그대와 함께 이「태고암가」의 고요함을 누리고 싶소마는 다음 날 갈 길이 막힐까 염려되오. 그러나 법(法)은 만나기 어려운 것이니 반 달만 머물면서 이야기하다가 돌아가시오" 하고 머물기를 청했다. 그리고 석옥은「태고암가」를 읽고는 "늙은 눈이 한층 밝아졌다. 그 노래를 읊어 보면 순박하고 두터우며, 그 글귀를 음미해 보면 한가하고 맑았다. 이는 참으로 공겁(空劫) 이전의 소식을 얻은 것으로 날카롭기만 하고 의미 없는 미사여구를 늘어놓는 요즘의 글에 비할 바가 아니며 '태고'라는 이름이 헛되지 않았다. 나는 오랫동안 화답하는 일을 끊고 지내왔는데 붓이 갑자기 날뛰어 모르는 결에 종이 끝에 쓰고 아울러 노래를 짓는다"라고 하면서 석옥은 다음 시를 짓는다.

先有此菴　　먼저 이 암자가 있은 뒤에
方有世界　　비로소 세계가 있었으니
世界壞時　　세계가 무너질 때에도
此菴不壞　　이 암자는 무너지지 않으리
菴中主人　　암자의 주인이야
無在不在　　있고 없고 관계없이
月照長空　　달은 먼 허공을 비추고

風生萬籟　　바람은 온갖 소리를 내네.

　'태고'라는 이름이 시작을 헤아릴 수 없는 아득한 옛적을 뜻하므로 무시
(無始) 이래(以來)의 진리에 따라 온 우주 삼라만상이 벌어진다는 것을 1,
2행에서 밝히고 또한 태고는 시간적으로 무한할 뿐만 아니라 공간적으로 한
정할 수 없으므로 세계가 무너지더라도 '태고'라는 암자는 무너지지 않는다
고 표현했다. 암자의 주인, 즉 태고보우의 심성(心性)은 암자라는 외형에
얽매이지 않으므로 자연과 하나로 되는 물아일여(物我一如)의 경지를 드러
내어 석옥이 「태고암가」를 찬양한 시인 것이다.
　이제 「태고암가」 몇 수를 살펴보고자 한다.

吾住此菴吾莫識　　내가 사는 이 암자 나도 몰라라
深深密密無壅塞　　깊고 은밀하나 옹색하지 않구나
函蓋乾坤沒向背　　천지를 모두 가두어도 앞뒤가 없고
不住東西與南北　　동서남북 어디에도 머물지 않네
朱樓玉殿未爲對　　구슬 누각 옥 전각도 비길 바 아니고
小室風規亦不式　　소실(소림사)의 가풍을 본받지도 않았는데
爍破八萬四千門　　팔만 사천의 관문을 쳐부수니
那邊雲外青山碧　　저쪽 구름 밖에 청산이 푸르네.

　「태고암가」 10수 중에서 첫째 수를 인용한 것이다. 「태고암가」는 중국 당
(唐)나라의 영가현각(永嘉現覺, 665∼713) 선사가 지은 「증도가(證道
歌)」를 본따서 지었다는 것을 밝히고 있다. 영가 선사의 「증도가」는 선종
(禪宗) 사상을 나타내는 중요한 위치에 있으며, 실제로 도(道) 닦는 사람들

에게 있어서는 만고(萬古)의 표준이 되는 것으로 알려져 있다. 삼각산 기슭에 고요하면서 지은 암자가 천지를 다 집어넣어도 넘치지 않고 동서남북 어디에도 걸림없다는 탕탕(蕩蕩)한 선사(禪師)의 기개를 살려, 왕이 머무는 궁궐도 부럽지 않고 달마 대사가 수행하던 소실(小室: 소림사)의 가풍도 본받을 것이 없다는 주체성은 의연히 지닌 채, 팔만 사천의 번뇌망상을 깨뜨리니 구름 밖의 청산이 나와 둘이 아닌, 오도(悟道)의 경지를 노래하였다.

위에 쓰인 시어들이 그 자체로 보아서는 평범한 듯이 보이지만, 선적(禪的)인 안목에서 보면 깊은 의미와 유래를 가진 시어가 상당히 등장하고 있다. 그러나 시어들을 골라서, 우리나라 선종에서 중요시하는 선어록(禪語錄)에 속하는 『선문염송(禪門拈頌)』, 『벽암록(碧巖錄)』, 『조주록(趙州錄)』 등을 중심으로 출전(出典)을 살펴본 바 다음과 같이 확인되었다.

① 심심(深深): 『벽암록』 제13칙, 『선문염송』 3 제530칙.
② 밀밀(密密): 『벽암록』 제13칙.
③ 함개(函蓋): 『선문염송』 5 제1142칙.
④ 동서남북(東西南北): 『조주록』 제40칙.
⑤ 향배(向背): 『벽암록』 제23칙.
⑥ 풍규(風規): 『벽암록』 제12칙.

위에 든 여섯 칙의 시어는 선종에서 전통적으로 계승되고 있는 조사공안(祖師公案, 話頭)들이다. 선수행자(禪修行者)들이 이 화두를 자나깨나 들고 정진하다가 공부가 무르익고 시절인연이 닿으면 자성(自性)을 깨닫는 매개체로 선문에서는 만고불변의 법칙이라는 뜻으로 '칙(則)'이라고 부른다. 그런데 이 공안, 즉 화두는 해석할 수도 사량분별(思量分別)할 수도 없는 것으로 깨달을 때까지 오로지 의심만 해가는 것이므로 고도의 초월성, 비범성, 상징성을 띠게 된다. 따라서 선시는 일반적인 논리를 파괴하고 부정의 논리, 직관(直觀)의 논리가 흔히 쓰이게 된다.

經霜經雨幾春秋	봄비 가을 서리 몇 해를 지녔던고
有甚閑事知今日	부질없는 일이었음을 오늘에야 알겠니
麤也飱 細也飱	거친 밥 좋은 밥
任儞人人取次喫	누구나 마음대로 먹도록 놔두네
雲門糊餅趙州茶	운문의 호떡 조주의 차라 해도
本來如此舊家風	본래부터 이러한 옛 가풍을
誰敢與君論奇特	누가 감히 그대에게 대단하다 말하리.

「태고암가」 10수 중에서 세 번째에 해당하는 시로서, 수련(首聯)에서는 수선(修禪) 과정을 거쳐 오도한 사람을 그렸고 함련(頷聯)에서는 중생계의 인연에 따른 차별상(差別相)을 읊었다. 경련(頸聯)에서는 운문의 호병(糊餅, 호떡)이나 조주의 차도 '무미식(無味食)'으로 상징된 선열(禪悅)에는 비할 바가 아님을, 미련(尾聯)에서는 이러한 본성의 여여부동(如如不動)한 소식을 별다른 그 무엇이 있는 듯이 '누구에게 말하겠는가'라고 노래하였다.

어떤 스님이 운문 스님께 물었다. "어떠한 것이 부처님과 조사를 초월한 말입니까?" 하니, 운문 스님이 "호떡" 하고 대답한 것이 '운문의 호떡〔糊餅〕' 화두인데, '왜 호떡이라고 했는가?'를 행주좌와(行住坐臥) 어묵동정(語默動靜)에 끊임없이 반복해서 의심하여 들어가는 것이 화두 드는 요령이다. 여기서는 털끝만큼의 사량분별도 용납되지 않는다.

조주 스님이 두 사람의 학승에게 물었다.

스님: 여기에 온 일이 있느냐?
학승: 온 일이 없습니다.
스님: 끽다거(喫茶去).
또 한 학승에게 물었다.
스님: 여기에 온 일이 있느냐?
학승: 있습니다.
스님: 끽다거.
옆에 있던 원주(院主)가 그 까닭을 묻자, 스님은 "원주!" 하고 크게 불렀다.
원주는 "예!" 하고 대답을 하였다.
스님: 끽다거.

이것이 그 유명한 조주 선사의 '끽다거' 화두이다. 이것 또한 논리적으로 요리조리 생각해서는 안 된다. 오로지 '끽다거'라고 한 까닭이 무엇인지 의심하고 의심해 가는 그러한 화두인 것이다.

위의 시에 쓰인 조사공안을 정리하면 다음과 같다.

춘추(春秋):『선문염송』2 제354칙.
운문호떡〔雲門糊餠〕:『벽암록』제77칙.
조주차(趙州茶):『조주록』제459칙.

일반적인 불교 용어는 제외해도 화두로 된 시어가 세 가지나 쓰였다. 이 시에서 '무미식(無味食)'과 '구가풍(舊家風)'이 핵심적인 시어이다. 여기

쓰인 '무(無)'는 '맛이' 있다', '없다', '새 것', '오래된 것'을 초월한 시어이다. 따라서 이것은 선사에게는 직관된 상징의 언어요, 절대적·초월적인 비유요, 상징인 것이다.

着隙青州破布衫   청주의 해진 베장삼 헐렁하게 입고
藤蘿影裏倚絶壁   등넝쿨 그늘 속에서 절벽에 기대 있네
眼前無法亦無人   눈앞에는 법도 없고 사람도 없는데
旦暮空對青山色   아침 저녁 부질없이 푸른 산을 마주하네
兀然無事歌此曲   우뚝 앉아 일없이 이 노래를 부르나니
西來音韻愈端的   서쪽에서 온 그 가락 더욱 분명하여라
偏界有誰同唱和   온 세계에 그 누가 이 노래에 화답하리
靈山少室謾相拍   영산과 소림에서는 부질없이 손뼉만 치네.

「태고암가」의 다섯 번째 시인데 첫 행이 조사공안으로 시작되었다. 승려의 누더기 옷을 입고 위험한 절벽에 기대어 있으면서도 법도 없고 사람도 없다고 표현한 것은 십우송(十牛頌)의 제8단계인 '인우구망(人牛具忘)'을 연상하게 한다. '법' 곧 모든 형상과 나와 남을 구별짓는 그러한 '아(我)'라는 상(相)도 벗어 버린 경지에서 자연과 태고는 하나가 되었다.

그리하여 당당하게 「태고암가」를 부르니 심심상인(深深相印)하고 이심전심(以心傳心)하는 선법(禪法)이 분명하며 이 노래에 화답할 자는 아무도 없기에, 영산회상과 소림사의 소식도 손뼉만 치는 것 같다는, 번뜩이는 선기(禪機)가 도사리고 있다. 여기에 나오는 조사공안 시어는 다음과 같다.

청주포삼(青州布衫):『조주록』제222칙,『벽암록』제45칙.

서래(西來): 『조주록』제302칙, 『벽암록』제20칙, 『선문염송』5 제1149칙.

영산(靈山): 『선문염송』1 제5칙.

소실(少室): 『선문염송』1 제99칙.

지금까지 살펴본 바와 같이 「태고암가」 10수에는 적게는 2개에서 많게는 6개씩이나 조사공안을 시어로 구사하여 노래를 지었다. 더구나 '태고'라는 자신의 호(號)를 모두 7회나 반복적으로 시어에 사용하여 자연스럽게 노래를 엮어 나간 작시(作詩) 솜씨가 돋보인다. 「태고암가」 전체에 쓰인 조사공안 시어를 표로 나타내면 다음과 같다.

작 품	시어(詩語: 公案)	선문염송	벽암록	조주록
(1)	심심(深深)	○	○	
	밀밀(密密)		○	
	함개(函蓋)	○		
	동서남북(東西南北)			○
	향배(向背)		○	
	풍규(風規)		○	
(2)	백운(白雲)	○	○	○
	유천(流泉)		○	
(3)	춘추(春秋)	○		
	운문호병(雲門糊餠)	○	○	
	조주다(趙州茶)			○
(4)	일호(一毫)	○		○
	삼세(三世)	○	○	○
	여래(如來)	○		
	역대조사(歷代祖師)		○	
(5)	청주포삼(靑州布衫)	○	○	
	서래(西來)	○	○	○
	영산(靈山)	○		
	소실(少室)	○		
(6)	몰현금(沒〈無〉絃琴)			
	군불견(君不見)	○	○	
(7)	지혜(智慧)			
	망망(茫茫)		○	
	대착(大錯)	○	○	
	망상(妄想)	○		
(8)	금시(今時)	○		
	금일(今日)			

작품	시어(詩語: 公案)	선문염송	벽암록	조주록
(8)	요료(了了)	○		
(9)	선(禪)	○	○	
	임마(恁麼)			
	구구(區區)	○		
	위음(威音)	○	○	
(10)	철우(鐵牛)			
	기량(伎倆)	○		
	하필(何必)	○		

* (　)안 숫자는 태고암가 순서, 'ㅇ'는 어록임.

　보다 많은 선어록을 통해서 조사한다면 공안의 개수가 몇 개 더 늘어날 가능성도 있다.

　위의 도표를 보면 3회 중복된 공안이 2개, 2회 중복된 공안이 5개, 모두 합하여 세 종류의 어록에서 44군데에 들어있는 공안을 35개나 사용하여「태고암가」를 완성하고 있음을 알 수 있다. 이러한 사실로 미루어 보아 선시에 쓰인 시어는 얼핏보면 평범한 듯이 보이나 자세히 살펴보면 깊은 유래와 의미심장한 상징을 가진 조사공안이 두루 사용되고 있음을 알게 되었다.

　이상에서 살펴본 바에 따르면「태고암가」의 특징으로는 첫째 선문의 전통적인 조사공안을 35개나 시어로 구사하여 시를 지었다는 점과 둘째 '태고'라는 자신의 호를 여러 번 시어로 써서 자연스럽게 노래를 지었다는 점이다. 아울러 선시의 일반적인 특징인 초월성, 비범성, 상징성을 띠면서도 자연과 더불어 유유자적한 삶을 누리는 한도인(閑道人)의 청정무구(淸淨無垢)한 정신세계를 그려내었음을 확인할 수 있었다.

(3) 의정(疑情)

참선명-3

妄念都滅盡	망녕된 생각 모두 없애라 하여
盡處還抹卻	없어진 그곳마저 지워 버리면
身心如托空	몸과 마음 허공에 기댄 듯
寂然光達赫	적연히 빛이 사무쳐 밝으리라
本來面目誰	본래의 면목이 그 무엇인지
재擧箭沒石	그 자리 들자마자 화살이 돌도 뚫다
疑團百雜碎	의심덩이를 산산히 부숴 버리면
一物蓋天碧	일물이 푸른 하늘을 덮으리라.

일체의 산란심이나 망념, 망상과 같은 생각을 멈추고 의식을 한 곳에 집중하는 것으로서 마음이 본래 적정의 성품을 관조하는 것이다. 여기에는 자신의 본 성품이 무엇인지를 참구하려는 강한 동기와 의지가 필요한데 이것이 간화선의 특징인 의정(疑情)이다. 의정은 다른 말로 의심(疑心), 의단(疑團) 등의 다른 용어로 불리우며 의정의 개념이 확립된 것은 대혜종고(大慧宗杲) 선사에 의해 명확해졌다. 6조 혜능은 『육조단경』에서 "대중 가운데 큰 의심을 가진 이가 있다면, 의심을 깨뜨려서 함께 불성을 보리라"라고 설하였다. 이것이 의정이며 간화선 수행의 핵심이다. 태고 선사는 "의심덩이를 산산히 부숴 버리면 일물이 푸른 하늘을 덮으리라"라고 하였는데 이것이 의정을 타파하여 본심을 깨닫는 소식에 이르는 것이다.

태고보우는 「영녕선사에서의 설법」을 다시 인용하면 다음과 같다.

그대들은 이 도리를 인정할 수 있겠는가? 만약 인정하고 믿을 수 없다면 그 큰 의심에 몸과 마음을 모두 내놓아라 마치 만 길의 벼랑에서 떨어질 때처럼 아무런 생각함이나 헤아림이 없이 또 죽은 사람처럼 이렇게나 저렇게 한다는 생각을 버리고 오직 다만 '무' 자 만을 들어 하루 종일 무엇을 하든 오직 화두만을 생명의 근원으로 삼아 언제나 잊지 말고 시시각각으로 점검하여야 한다.

화두를 들어 눈앞에 두되 마치 닭이 알을 품을 때 따뜻한 기운이 계속되게 하듯 고양이가 쥐를 잡을 때 몸과 마음을 움직이지 않고 잠시라도 눈을 떼지 않듯하여 몸과 마음이 있는지 없는지를 느끼지 못하고 마음과 화두를 한 곳에 매어 두어야한다.

다만 이렇게 또렷하고 분명하며 분명하고 또렷하게 참구하기를 마치 어린애가 어머니를 생각하듯 목마른 사람이 밥을 생각하듯 하여 그만 두려 해도 그만 둘 수 없이 생각하여야 할 것이니, 이것이 어찌 의도하여 되는 마음이겠는가?

만약 이와 같이 진실한 공부를 하면 곧 힘들지 않는 경지에 이르게 될 것이니 이곳이 바로 힘을 얻는 경지이다. 화두가 저절로 순일하게 익어 한 덩어리가 되면 몸과 마음이 홀연히 비어 움직이지 않고 마음의 작용도 없어질 것이다. 거기서는 바로 그 한사람뿐이니 그 한사람이 다른 생각을 일으키면 분명 그림자에 홀림을 당할 것이다. 천번 만번 털끝만큼이라도 다른 생각을 일으키지 말고 "저 본래 면목이 어떤 것인가"를 돌이켜 살펴보아야 한다.

또한 조주 선사가 '없다' 고 말씀하신 의도가 무엇인가를 살펴 여기에서 무명을 쳐부수면 물을 마시는 사람이 차고 더운 것을 아는 것과 같이 될 것이다.

그러나 만약 투철하게 깨닫지 못하면 다시 정신을 차려 화두가 끊어짐 없이 참구해야 한다. 의심이 있고 없음을 논하지 말고, 맛이 있고 없음을 가릴 것 없이 커다란 의심으로 화두만을 들어 분명하게 해야 한다. 어디를 가고 올 때에도 이렇게 해야 하며, 앉아 있을 때에도 죽을 먹거나 밥을 먹을 때에도, 사람들을 대하며 이야기할 때에도 이렇게 하는 등 일체의 모든 생활 속에서 이와 같이 하면 성취되지 않음이 없을 것이다.

「영원사의 상당설법」과 「시중(示衆)」에 나타난 태고보우의 의정에 대한 법문을 요약하면 다음과 같다.

첫째, 몸과 마음과 화두가 한 덩어리가 되어서 조금도 의지할 데가 없고 마음이 갈 데가 없게 해야 하며 만일 딴 생각을 낸다면 그림자의 홀림을 받게 된다는 것이다.

둘째, 화두를 드는 데 있어서는 행주좌와(行住坐臥) 즉 어느 때나 계속되어야 하며 나아가서는 대소변을 볼 때나 옷을 입거나 밥을 먹을 때에도 화두를 들어야 한다.

셋째, 화두를 들 때 의심을 깨치지 못했다 하더라도 계속해서 화두를 매하지 않으면 홀연히 마음이 더 갈 곳이 없어진다. 그러나 이때에 공(空)에 떨어진다고 염려할 것이 없다. 오히려 이것은 공부가 잘되는 것이니 절대로 어떻게 해야겠다는 생각을 말고 계속해서 화두를 들어야 한다.

넷째, 만일 의심을 깨닫지 못했다 하더라도 절대로 어떻게 해야겠다는 생각을 하지 말고 나아가서는 깨달아야겠다는 마음까지도 내지 말고 화두만을 간절히 참구하여야 한다 .

다섯째, 화두를 들 때 온몸을 놓아 버려서 아무것도 할 수 없으며 할 수 없다는 것도 하지 말고 바로 한가하고 텅 빈 곳에 이르러서 더 생각할 것이 없어, 이미 전념(前念)은 없어졌고 후념(後念)은 일어나지 않았으며, 당념(當念)도 곧 공하여 공했다는 생각도 갖지 않고, 갖지 않는다는 생각도 잊어버리며, 잊어버렸다는 생각조차도 세우지 않고, 세우지 않는다는 것에도 벗어나고 벗어났다는 생각까지도 갖지 않아야 한다.

여섯째, 간단없이 화두를 참구하여 어떠한 경우에도 화두를 놓치지 않는 경지에 이를 때에는 남에게 천착함을 구하지도 말고 부질없는 사람과 이야기하지 말며, 온종일 모든 행위에서 바보처럼 벙어리처럼 몸과 마음을 놓아 버리기를 마치 죽은 사람처럼 되더라도 화두를 잃어버리면 큰 잘못이니 의심을 깨기 전에는 절대로 화두를 잊지 않아야 한다.

이상의 여섯 가지 방법 외에도 더 세밀한 부분이 제시되고 있지만 크게 보면 이러한 것들이 태고의 간화참구 방법이라고 할 수 있다. 태고 선사는 참선수행을 게으르게 하게 되면 화두에 대한 의정이 사라지고 망상에 사로잡히고 만다. 그러니 꾸준히 방심하지 않고 일념으로 정진해 나가면 머지않아 화두 하나만이 오롯이 남아 있는 타성일편(打成一片)을 이룰 것이다.

태고 선사는 『태고어록(太古語錄)』에서 이렇게 말한다.

만일 이와 같이 진실로 공을 들이면 곧 공부가 힘들지 않는 곳에 이를 것이니 이곳이 힘을 얻는 곳이다. 화두가 저절로 무르익어 한 덩어리가 되면 몸과 마음이 홀연히 텅 비고 응결된 듯이 움직이지 않아 마음이 더 이상 갈 곳이 없게 될 것이다. 이것이 바로 본래의 그대이니 여기서 만약 다른 생각을 일으키면 반드시 헛된 것에 끌려가게 될 것이다.

태고보우 선사의 혼침과 도거의 극복방법에 대해 알아보자. 참선 수행을 하면서 혼침과 도거에 빠지는 나태한 마음과 망상 때문에 화두를 빈틈없이 집중하지 못하기 때문이다. 정신이 성성적적 하도록 하여 혼침과 도거를 이겨내야 하고 「현릉청심요(玄陵淸心要)」에서 "한 물건이 있으니 밝고 뚜렷하여 거짓 없고 사사로움 없이 고요히 움직이지 않으면서 대영지(大靈知)가 있습니다"라고 하였다. 곧 마음의 참모습은 성성적적(惺惺寂寂)하다는 것이다.

성성적적은 마음의 참모습이다. 성성이란 마음이 어둡지 않고 환히 깨어 있는 마음의 본래 작용이며, 적적이란 한결같이 고요한 마음의 본래 모습을 말한다. 성성과 적적이 하나로 어울려지면 마음이 막혀 부동의 상태에서 평각이 나타난다. 그러나 마음의 작용이 성성하지 못하고 어둡고 혼미하여 몽롱한 혼침 상태에 빠져 들면서 수마에 떨어진다. 또한 마음이 고요하지 못하고 산란심이 일어 들뜨기도 한다.

이에 대해 태고 선사는 이렇게 말한다.

생각이 일어나고 사라지는 것을 생사라 한다. 이 생사에 부딪혀 힘을 다해 화두를 들라. 화두가 순일하게 들리면 일어나고 사라짐이 없어질 것이니 일어나고 사라짐이 없어진 것을 고요라고 한다. 고요함 가운데 화두가 없으면 무기(無記)라고 하고, 고요함 가운데서도 화두가 살아 있는 것을 신령한 지혜라고 한다.

이 텅 빈 고요와 신령한 지혜가 허물어지거나 뒤섞이게 하지 말 것이니 이렇게 공부하면 멀지 않아 깨달을 것이다. 몸과 마음이 화두와 한 덩어리가 되면 기대고 의지할 것이 없어지고 마음이 갈 곳도 없어질 것이다.

공부가 익어 화두가 순일하게 하다가 보면 여러 가지 경계가 일어나고 신비한 현상이 일어나기도 한다. 화두를 들 때 드물게 나타나는 것으로 바람직한 상태가 아니다. 이러한 일에 마음을 빼앗기면 옳게 정진하는 것으로 볼 수 없다. 어록에서는 화두 삼매가 지속된다면 신기한 현상이 일어날 수 없다고 말한다. 그러한 현상이 보인다는 것 자체가 화두를 놓치고 경계에 끄달리고 있다는 대표적인 증상이다. 화두 공부 과정에서 화두를 놓친 의식의 텅 빈 틈에 드러나는 이상 현상인 것이다. 다시 말해서 화두가 순일하게 진행되다가 잠깐 한눈을 판 사이에 비몽사몽간에 일어나는 현상이다.

태고 선사는 치열하게 화두를 들다가 화두 이외의 다른 생각이 순간적으로 침범하면 그 공허한 의식 속에 일상에서 경험하지 못하는 '헛것'들에 미혹당한다고 했다. 그럴 때쯤 정신을 차려 자신이 들고 있는 화두를 다시 드는 법 밖에는 없다 하였다.

태고는『태고록』에서,

화두가 저절로 순순하게 익어 의심이 타성일편을 이루게 되면 몸과 마음이 홀연히 비고 응결된 듯이 움직이지 않아 마음이 더 이상 갈 곳이 없어질 것이다. 이 경지가 바로 화두를 드는 그 당사자의 본분이니 당사자가 만일 화두와 다른 생각을 일으키면 반드시 헛된 것에 미혹될 것이다.

공부를 지어 가는 과정에 여러 가지 경계가 일어나고 신통한 현상이 일어나기도 한다. 수행자는 어떤 경계가 일어나든 어떤 신통하고 묘한 현상을 체험하든 조금이라도 신경을 쓰거나 관심도 두지 말고 그럴수록 더 열심히 지극하게 화두만 밀고 나가야 한다. 경계나 현상에 집착을 하고 번뇌 망상을 붙이면 성성하던 화두가 사라지고 갖가지 마(魔)가 나타나게 된다.

대체로 공부를 방해하는 경계는 세 가지 통로로 나타난다. 그 하나는 눈에 보이는 것이요, 둘째는 귀에 들리는 것이요, 셋째는 마음에 알려오는 것이다. 참선인이 이런 경계를 만나거든 모두가 다 진실이 아님을 알아차려야 한다. 아무리 경계가 수승하고 미묘한 법문을 설해 오더라도 모두가 마의 경계인 것을 알아야 한다. 그리고 이러한 경계가 벌어지는 원인은 화두하는 마음에 틈이 생겨 일어나는 것이다. 곧 망념의 뿌리가 남아 있어 그런 줄 알고 마음을 크게 돌이켜 오직 공부에만 면밀하고 힘 있게 파고들어야 한다. 이런 때야말로 지혜와 용맹심을 시험해 볼 호시절인 것이다.

태고 선사는 화두 참구 중에 나타나는 신비한 경계에서 벗어나려면 그러한 상념이 일어나는 것에 두려워하지 말고 그러한 상념이 일어날 때마다 화두를 살피고 상념이 일어났음을 알아차리라고 하였다. 상념이 일어난 것을 곧 알아차리면 곧바로 없어진다고 하였다.

『태고어록』「답방산거사」에서

보내온 편지에서 "찰나 찰나 생각이 일어날 때마다 화두를 살피면 이 공은 더욱 오묘해질 것입니다"라고 하였는데, 옛 사람은 "생각이 일어날까 두려워 말고, 그것이 일어났다는 것을 늦게 알아차리지 않을까 염려하라"고 하였고, 또 "생각이 일어나면 곧장 알아차려라. 알아차리기만 하면 없어질 것이다"라고도 하였다.

태고 선사는 이렇게 생각이 일어나는 것도 경계했는데, 신비한 현상이 일어나는 것에 대해서는 두말 할 필요도 없다. 그러한 신비한 현상이 밖에서 일어나든 안에서 일어나든 그것은 화두를 놓친 데서 오는 현상이다. 그러니 신비한 현상을 비롯한 망상이 일어날 때마다 그것을 없애려면 다른 묘수가 있는 것이 아니라 화두를 또렷또렷하게 드는 것이 그 해결책이다.

화두를 참구할 때는 동정(일여)간에 그리고 깊은 꿈속에서도(몽정본여) 나아가 자나깨나 화두가 순일하게 들려야(오매일여) 비로소 깨치게 되는 것이다. 이러한 이치에 대하여 태고보우 선사는 다음과 같이 분명히 밝혀

놓았다.

만일 하루에 한 번도 끊어짐이 없는 줄 알았거든 더욱 정신을 바짝 차려서 때때로 점검하되 날마다 끊어짐이 없게 해야 한다. 만약 사흘 동안 법대로 끊어지는 틈이 없어, 움직이거나 가만히 앉아 있을 때에도 한결같고[動靜一如] 말하거나 침묵할 때도 한결같이 화두가 항상 앞에 나타나 있되, 급히 흐르는 여울 속의 달빛 같아서 부딪쳐도 흩어지지 않고 헤쳐도 없어지지 않으며 휘어져도 없어지지 않아 자나깨나 한결같으며[寤寐一如] 크게 깨칠 때가 가까이 온 것이다.

태고의 선풍은 어떠한 것인가. 이제 그의 행장(行狀)과 가송(歌頌) 등을 통해서 살펴보기로 한다.

태고 국사는 19세 때 선을 참구하기 시작하여 만법귀일(萬法歸一)의 화두를 잡아 33세에 의단(疑團)이 풀려 적멸무심의 세계를 맛보았다[一亦不得l處 踏破家中石 回看沒破跡 看者亦己寂]. 그 뒤에 공부가 더 깊어지면서 부동심이 이루어졌다. 부동심은 죽은 것 같기만 한 것이 아니라 고요한 속에 살아 움직이는 생명이 있어 이것과 하나가 된 자기의 본래 모습을 보았다[靜也千般現 動也一物無 無無是什麼 霜後菊花稠)].

그리고 나서 그 뒤 전단원에서 동안거(冬安居)하여 '무(無)'자 화두를 붙잡고 정진하여 화두의 의정이 극치에 이르러 화두와 내가 하나가 되어 의정망이 있을 뿐이니 마치 죽은 사람같이 되어 이것이 오래 지속되면서 다음해[戊寅] 정월 6월에 활연히 깨달았으니 비로소 의정이 뚫려 부서졌다. 이때의 오도송(悟道頌)에서,

趙州古佛老   조주의 옛 늙은이가

坐斷千聖路	앉아서 천성의 길을 뚫었도다
吹毛贖面提	취모리를 얼굴에 들이대어
通身無孔窮	온몸이 빠져나갈 구멍은 없었다
狐兔絶潛蹤	사자가 뛰쳐나오니
飜身師子露	여우와 토끼는 자취를 감췄네
打破牢關後	뇌관을 쳐부순 뒤엔
淸風吹太古	맑은 바람이 태고로부터 불어온다.

라고 읊었다.

'청풍이 태고로부터 불어온다'는 오도의 체험이 그대로 자기의 것으로 되었다. 그래서 자기의 법호도 태고라고 했으니 내가 곧 부처임을 확인한 것이다.

그해 3월에 고향으로 돌아가서 부모님을 모시면서도 1천 7백 공안을 모두 참구하다가 암두(巖頭) 화상과 무명승이 주고받은 이야기의 화두에서 막혀 버렸다. 그러나 치열한 참구 끝에 이 공안에 들어 있는 보다 높은 세계를 알게 되었다. 이것이 바로 태고의 선풍을 이룬 계기가 된 듯하다.

선풍은 선의 세계를 나타내는 모든 것이기 때문에 태고의 깨달음의 정도와 깊이는 그의 표현으로 나타날 것이니 깨달아서 안 지혜와 자비의 모습은 학인접득의 방법으로 나타난다.

암두와 무명승의 이야기는 『벽암록』 제66칙(則)에 다음과 같이 나와 있다.

암두가 물었다.

"황소가 지나간 뒤에 보검을 얻었는가〔黃巢過後還收得劍麽〕?"

무명승이 답했다.

"얻었습니다〔收得〕."

암두가 다시 물었다.

"그러면 그 칼로 목을 베어 보아라. 자!"

하고 암두가 다가가자〔巖頭 引頸近前云, 刃〕 그 승이 말했다.

"스님의 목은 이미 끊어졌습니다〔師頭落也〕."

그러자 암두가 "하하하" 하고 크게 웃었다〔呵呵大笑〕.

암두 화상이 웃은 뜻은 무엇인가? 여기에 태고는 걸렸던 것이다.

(4) 본색종사(本色宗師)

참선명-4

莫與無智說	지혜 없는 사람과 말하지도 말고
亦莫生悅擇	기쁘다는 생각을 내지 말라
須訪見宗師	반드시 종사를 찾아뵙고는
呈機復請益	기미를 드러내 다시 법문을 청하라
然後名繼祖	그런 뒤에야 조사의 이름 이어
家風不偏僻	가풍이 편벽(偏僻)되지 않으리라.

본색종사(本色宗師)는 눈 밝은 스승을 찾아가 자신의 깨달음이 올바른지를 검증하는 것이다. 불교의 수행은 자신의 심식에 일어나는 일들을 탐구하는 것이므로 많은 주관적 오류를 동반할 수 있다. 때문에 선불교의 전통에선 깨달은 다음 스승의 점검을 받는 것을 필수로 삼고 있다. 태고는 「방산거사에게 보낸 글」에서 "만약 본색종사의 결택을 거치지 않는다면 열 명의 수행

자가 모두 마(魔)가 될 것이다"라고 하여 본색종사를 거치지 않을 때 생기는 위험에 대해 경고하고 있다.

오도 후 눈 밝은 선지식을 찾아 결택하라는 가르침은 무제 거사나 사제 거사, 진선인, 의선인, 소선인 등 수많은 사람들에게 보인 글을 포함해 참선명 등 여러 곳에서 태고는 한결같이 지도하고 있는 내용이다. 이처럼 태고의 간화 수행은 대의단으로 화두를 참구하여 깨달음을 이루고 눈 밝은 본분종사를 찾아 결택을 받는 순서로 행해지고 있다.

선가에 있어서 '소식을 얻은 후 인가를 받는 것[悟後印可]'은 중요한 의미를 갖는다. 우선 어떤 수행자가 깨달음을 이루었다고 할 때, 그 깨달음에 대해서 객관적 검증을 거칠 수 없다. 이것은 다시 말해서 진실로 깨달음을 이룬 것인가 아니면 아직 미진한 것인가를 확인할 수 있는 방법이 없기 때문이다. 그러므로 마치 대승불교의 보살이 수기(授記)를 받음으로써 성불(成佛)에 대한 확신을 갖게 되는 것처럼 선가에는 인가(印可)를 필요로 했던 것이다. 이때 눈 밝은 종사의 인가는 그것이 곧 객관적 검증이 되기 때문이다.

보우 스님이 원나라에 가게 된 동기는 무극(無極)이라는 당승(唐僧)이 남조에는 임제정맥이 끊어지지 않아 석옥청공 등이 있으므로 가서 인가(印可)를 받는 것이 좋겠다는 말을 듣고 가게 된 것이다. 보우 스님이 원에 가게 된 동기는 이와 같거니와 그가 입원(入元)하게 된 목적은 무엇일까.

그에 대하여 『태고록』에서는 '천하에 법을 구할 뜻을 품고 연도(燕都)에 들어갔다[有求法於天下之志 透入燕都]'라고 하였을 뿐 더 구체적인 언급은 없다. 그런데 보우 스님은 시의선인(示宜禪人)에서,

다만 성성역역하여 움직이고 고요하고 말하고 침묵하는 온갖 행위에서 이 생각만 꾸준히 계속되도록 하여라. 이렇게 해서 힘을 얻으면 곧 좋은 때가 있으려

니, 지혜 없는 사람 앞에서는 절대로 말하지 말고 반드시 본색종사를 만나보고 은밀히 결탁하여라. 이것이 대장부로서 평생의 사업이다.

라고 하였다. 원래 수행인에게 있어서 천하에 구할 가장 중요한 일은 깨침 밖에 없거니와 보우 스님은 수행자가 화두(공안)를 참구하여 그 마지막 깨침에 이르러서는 다시 본색종사를 찾아 구경의 결택을 가르치면서 그것만이 대장부가 평생 동안 가야할 길임도 밝히고 있다.

그러므로 보우 스님의 선수행에 있어서의 화두참구 깨침 본색종사참문 구경결택은 그만의 독특한 수행방법론이라 하겠거니와 이러한 가르침은『태고록』에서 일관되게 주장되고 있다. 그리고 화두참구에 의하여 깨친 자가 본색종사를 찾지 않으면 안 될 이유에 대하여 보우 스님은 다음과 같이 밝히고 있다. 안산군 묘당부인에게 설법을 하시면서,

참선을 하려면 모름지기 조사의 관문을 뚫어야 하고 도를 배우려면 마음 길이 끊긴 데까지 가야 한다. 마음 길이 끊어질 때 전체가 나타나나니 물 마시는 사람만이 차고 더움을 스스로 안다. 그 경지에 이르거든 아무에게나 묻지 말고 본색종사를 찾아 다 털어 보아라.

고 하였다. 또 보우 스님은 수선의 요체를 참선명에서 밝히고 있는데 이곳에서도,

무지한 사람에게 말하지 말고 또한 기쁜 생각도 내지 말며, 모름지기 종사를 찾아뵙고는 다 털어 말하고 다시 이익을 청하라. 그래야 조사의 법을 이었다고 할 수 있고, 가풍이 편벽되지 않을 것이다. 피로가 오거든 발 뻗고 자고, 배 고프

거든 입에 맡겨 먹으라. 무슨 종이냐고 누가 묻거든 비가 내리듯 방망이와 호통을 내리라.

고 하였다. 이러한 보우 스님의 교설에 의하면 참선하는 자가 마지막으로 본색종사를 찾는 것은 ① 조사의 관문을 뚫는 일(조사의 법을 이어 받는 일)이며 ② 화두 참구의 깨침에서 마지막 의심을 해결하는 일이며 ③ 편벽되지 않는 가풍을 얻는 일이 되기 때문이다.

보우 스님은 그 계기야 어떠했든 간에, 이와 같은 본색종사를 찾아 입원했다고 보아도 좋을듯 싶다. 결과론이 될 수도 있을지 모르지만 보우 스님이 법을 인가 받았던 「석옥 화상께 올리는 글」에서 "제자 고려국 중흥 선사의 보우는 구배하고 본사 하무산 석옥 대화상 좌하에 삼가 올립니다" 라는 표현을 쓰고 있다. 여기서 본사는 바로 아래서 살펴본 본색종사라는 뜻으로 이해할 수 있을 것이다. 따라서 보우 스님이 입원한 목적은 바로 그 깨침의 마지막 의심을 해결해 줄 수 있는 본색종사(본사)를 만나기 위한 것이었다.

어떻든 보우 스님은 이상과 같은 계기와 목적을 가지고 원나라의 서울에 들어갔고 그곳 대관사에 머물면서 순종의 청으로『반야경』을 강의하고 남소(南巢)에 축원성선사(竺源盛禪師)를 찾았으나 이미 입적한 뒤였다. 그리하여 보우 스님은 하무산(霞霧山)의 석옥청공을 찾아 그에게서 임제선의 법통을 이어 받게 된다. 이때 양자 사이의 전법사실을 태고행장에서는 다음과 같이 전하고 있다.

장로여, 그대의 삼백육십 뼈마디와 팔만사천 털구멍이 오늘 모두 열렸소. 그리하여 노승이 70여 년 동안 공부한 것을 모두 그대가 빼앗아 가는구려 …… . "불법이 동방으로 가는 구나" 하고 다시 가사를 주어 신(信)을 표하고는 "이 가사는 오늘의 것이지만 법은 영축산에서 흘러나와 지금에 이른 것이오. 지금 그 것을 그대에게 전한 것이니 잘 보호하여 끊어지지 않도록 하시오"하고 또 주장 자를 주면서 "이것은 노승이 평생 가지던 것으로서 오늘 그대에게 주는 것이니 이것을 가지고 길잡이로 삼으시오" 보우 스님은 절하고 받았다.

나는 위에 인용한 내용 중에서 네 가지 사실을 주목해 본다. 첫째는 보우 스님이 석옥청공을 만나 깨침을 인정받은 것이요, 둘째는 가사를 받은 것이 며 셋째는 주장자를 받은 것이요, 넷째는 보우 스님이 절하고 그것을 받았다 는 점이다.

앞에서 살펴본 바와 같이 보우 스님의 선법체계는 화두참구 깨침 본색종 사참문 구경결택이었거니와 첫 번째의 사실은 그가 석옥청공을 만나 구경결 택의 순간이었다고 보여진다. 보우 스님은 석옥 화상과 반달 여를 함께 지내 면서 충분한 대화(마지막 의심을 털어 말하는)의 시간을 가졌으며, 귀국한 뒤 보우 스님은 석옥 화상을 본사〔本色宗師〕로 인정하고 있기 때문에 그렇 게 보여진다.

태고 선사는 왜 깨달은 뒤 본색종사를 찾아 인가받는 것을 강조하였을까? 그 까닭을 이렇게 말하고 있다.

참으로 이와 같은 경지에 도달하면 일시에 무명이 타파되고 활연대오할 것이 다. 깨달은 후에는 반드시 본색종장(本色宗匠)을 찾아 구경을 결택하라. 만약 종사를 찾아 결택하지 않으면 열에 열 모두가 마(魔)가 될 것이니 조심하기를 빌고 또 빈다.

만약 본색종사를 찾아가 그 깨달은 경지를 확인받는 결택의 과정을 거치지 않는다면 열이면 열이 다 마구니가 된다고 말한 것이다. 본색종사를 찾아가 인가받는 일은 이렇게 중요한 것이다.

(5) 수연중생(隨緣衆生)

참선명-5

困來展脚眠	피곤하거든 발 뻗고 자고
飢來信口喫	배고프면 입맛대로 먹으라
人吻是何宗	누가 무슨 종파냐고 물거든
棒喝如雨滴	비가 쏟아지듯 방(棒)과 할(喝)을 하라.

수연중생(隨緣衆生)은 중생세계를 좇아 인연 따라 사는 오도(悟道)의 삶을 말하는 것이다. 수연중생의 의미는 유유자적한 선객의 삶을 말하는 것이지만 부처나 조사들이 세간에 머무는 근본 목적은 중생을 구제하고 그 고통을 위무하는 것이다. 태고가 종파를 묻는 자들에게 방과 할을 쏟아내는 이유는 불교의 종파와 같은 종교적 껍데기에 묻힌 납자들을 가르친다는 의미가 있다. 따라서 인연따라 중생을 제도한다는 말은 불조(佛祖)들의 본분이 중생제도에 있음을 보이는 선가의 구경의 경지인 것이다.

2) 공안참구(公案參究)

(1) 무자화두(無字話頭)

태고보우는 선객들을 지도하면서 조주(趙州)의 무자화두(無字話頭)를 즐겨 사용하였다. 태고는 한 선객에게 "온 세계에서 문이 하나뿐이거니 그대는 어째서 들어오지 않는가? 조주의 무(無)도리를 참구해 뚫어야 비로소 자물쇠가 열린다 하겠네"라고 하여 '무자'의 참구가 최고의 깨달음을 얻기 위한 동기가 됨을 강조하였다.

무자 화두는 조주종심(趙州從諗)의 선문답에서 비롯된 것으로 『무문관』 제1칙에 등장할 만큼 그 의미는 크다.

● 구자무불성(狗子無佛性)

조주종심 선사께 한 선승이 물었다.

"개에게도 불성(佛性)이 있습니까? 없습니까?"

조주 선사께서 답했다.

"없다."

태고는 전단원에서 조주의 무자(無字) 공안을 수행, 타파하고서야 칠통(漆桶)을 깨뜨리고 의심의 뭉치〔의단 - 疑團〕를 타파하였다. 이 일물이 만법의 귀일처임을 깨달은 것이다. 1338년 정월 7일 그의 나이 38세에 일물의 실체를 직접 보고나서〔見性〕조주종심의 무자 화두의 신효(神效)를 체득하였다.

당시 채홍철에게 자신의 오도를 당시 채홍철에게 자신의 오도를 여러 가지로 문답하였는데, 채홍철이 "어떠한 데서 조주를 보았습니까?"라고 물었을 때 태고는 "물의 앞이요, 물의 뒤이니라〔波前水後〕"라고 말하고 다음의 다시 게송을 읊었다.

古澗寒泉水　　오랜 골짜기의 찬 샘물을
一口飮卽吐　　한 입에 머금어 토해내니
却流波波上　　흐르는 물결 파도 위에
趙州眉目露　　조주의 면목이 드러났네.

라고 하였다.
또한 자신의 선지시중이 조주일색으로 지해되고 있으니 곧

조주의 옛 부처가
앉아서 천성의 걷는 길을 끊었도다
터럭 끝을 불려 부처 얼굴을 찾아 뵈오려 하나,
온몸엔 무공규로다
외롭던 토끼는 종족을 감추더니
몸을 바꾸어 사자로 나타나서
굳은 장벽의 관문을 타파한 후에
청풍은 태고에 불도다.

라고 하였다.
　이후 태고보우는 조주의 무자 공안에 대한 증득과 확철대오한 체지제증을
중심으로 삼았다. 자조의 무자 화두를 전하는 내용을 보면

조주가 무를 말한 뜻을 잘 참구하소
참구하기를 몇 백 번 하다보면 단단히 나타나리다
의심이 풀리고 뜻도 잊었던 데서 나타나느니

조주의 참얼굴은 어떠한고
만일 딴 생각을 하다가는 면전이 촉도난이라네.

그만큼 태고보우는 조주의 무자화두에 철저했음을 볼 수 있다.

무자화두(無字話頭)와 구자무불성(狗子無佛性)은 원래 본면목을 밝히는 같은 목적을 지녔지만 구자무불성의 화두는 화두이지만 위에서 태고보우가 '조주(趙州)의 면목(面目)'을 말한 것은 조주 선사의 '무자'는 '개에게는 불성이 없다'라는 공안에서 계기가 되었다.

태고보우는 「시중」의 설법에서 법좌에 올라 조주 스님의 화두를 거량하길, "여기서 무(無)라는 말은 마치 한 알의 환단을 쇠에 대면 쇠가 금이 되는 것과 같아서, 이 '무자 화두'를 참구하기만 하면 3세 부처님의 면목으로 뒤집어 나온다. 그대들은 그 말을 믿을 수 있겠는가"라고 하였다. 이처럼 무자 화두는 중요하지만 무자 화두의 참구는 생각으로 의미를 헤아리는 것이 아니다.

태고가 「무제거사 장해원사(無際居士 張海院使)에게 보내는 글」에는 무자화두의 의정에 무르익은 경지에 대해 다음과 같이 말하였다.

여기에 이르러서는 온몸을 놓아 버려서 아무것도 하지 않아야 하며, 하지 않는다는 생각도 하지 않으면 바로 고요하고 텅 빈 곳에 이를 것이니, 부디 헤아려 생각하지 마십시오. 앞의 생각은 벌써 사라졌고 뒤의 생각은 일어나지 않으며, 생각 그 자체도 비고 비었다는 생각도 가지지 않으며, 가지지 않았다는 것도 잊고, 잊었다는 것도 내세우지 않으며, 내세우시 않는다는 것도 벗어나고 벗어났다는 생각도 두지 않아야 하나니, 이러한 때에 이르면 다만 또렷하고 고요한 신령스러운 빛이 앞에 우뚝 나타날 것입니다.

위의 내용에 따르면 무자 화두는 생각이나 논리적인 헤아림의 영역이 아니라 의정이 집중됨으로써 사량(思量)의 경지를 넘어 본래자성이 여실하게 드러나는 것이 그 목적인 것이다. 때문에 태고는 지해(知解)를 내지 말고 얻은 바가 있다면 본색종사를 찾아가 확인을 받으라고 말하는 것이다. 이것이 간화선의 본질이며, 간화선이 지향하는 깨침의 도리인 것이다.

위의 화두에 대해 무문(無門) 선사가 다음과 같이 평창(評唱)을 달았다.

참선(參禪)은 모름지기 조사관(祖師關)을 통달하는 데 뜻이 있고 오묘한 깨달음은 궁극에 마음 길이 끊어져야만 한다. 조사관을 꿰뚫지 못하고 마음 길을 끊지 못하면 이는 모두 짚으로 만든 허수아비와 같다. 말해 보라. 어떤 것이 조사관인가?

다만 이 '무(無)' 자 하나가 종문(宗門)의 한 관문(一關)이다. 이를 가리켜 선종무문관(禪宗無門關)이라 한다. 터득한 이는 친히 조주 선사를 볼뿐만 아니라 역대 조사와 손잡고 같이 행하고, 눈썹을 맞대고 같은 눈으로 보고 같은 귀로 들으리니 이 어찌 경쾌하지 않으랴. 관문을 꿰뚫고자 하는 이 있는가, 없는가?

삼백육십 골절(骨節)과 팔만 사천의 털구멍 등 전신에 의단(疑端)을 일으켜 밤낮으로 이 '무(無)'자를 들어 참구하되 허무한 알음알이를 짓지 말 것이며 있다, 없다는 알음알이도 짓지 말고 불타는 쇳덩이를 삼킨 것 같이 토하고 토해도 나오지 않게 하여 종전의 모든 다른 생각이 없이 오래오래 두고 익으면 자연히 안팎이 하나가 된다. 이때는 마치 벙어리가 꿈을 꾸는 것처럼 혼자만 알다가 문득 깨달아 분명하면 하늘이 놀라고 땅이 흔들리는 듯하여 관우장군이 청룡도를 빼앗아 손에 쥔 것과 같으니 부처를 만나면 부처를 죽이고 조사를 만나면 조사를 죽여 생사에 자유자재하며 육도사생(六道四生) 가운데 재미있게 노는 그대로가 삼매가 된다.

위에서 『무문관』은 무문 거사에 의해 저술된 대표적인 선문집으로 조주의 무자 화두는 조사선의 전통을 대표하는 공안이다. 무자 화두의 참구에는 일체의 생각이 개입될 수 없으며 살불살조(殺佛殺祖)의 주인공이 되는 것이다.

또한 구자무불성의 화두에서 아까 질문하던 그 스님은 이어서 아래와 같이 질문을 이었다.

그 스님이 다시 물었다.

"위로는 모든 부처님과 아래로는 개미와 벌레까지도 모두 불성이 있다고 했는데 어찌하여 개는 없다고 하십니까?"

조주 선사는 다시 답하였다.

"개는 업식(業識)성이 있기 때문이니라."

어느 날 다른 스님이 조주 선사에게 질문하였다

"개는 불성이 있습니까? 없습니까?"

조주 선사는 답하였다.

"개는 불성이 있다"

그 스님이 다시 물었다.

"이미 불성이 있을 진데 어찌하여 저 가죽부대에 들어가 있습니까?"

조주 선사는 답하였다

"그가 알고도 짐짓 범하는 까닭이니라."

이와 같이 조주 선사는 두 스님이 동일하게 개에게 불성이 있는지 없는지 물었는데 동일한 질문에 대하여 한 스님에게는 없다고 하였고 한 스님에게는 있다고 대답하였다. 먼저 없다고 대답한 한 스님에게는 그 이유에 대해 업식(業識)이 있기 때문이라고 밝혔다. 이 말은 불성이 있지만 번뇌 망상을 야기하여 불성을 가리고 장애하는 업식이 있는 한 불성이 없는 것이나 다름이 없는 것이라고 한 말이다.

보우의 간화선의 특징을 좀 더 분명히 이해하기 위하여 태고가 무능 거사에게 준 법어를 인용해 보이면 아래와 같다.

어느 중이 조주 선사에게 묻기를 "개에게도 불성이 있습니까? 없습니까?" 조주가 대답하기를 "무"라 하였습니다. 이 '무'는 유니 무니 하는 무가 아니며, 또는 참으로 없다는 무도 아닙니다. 그렇다면 필경에는 어떠한 도리이겠습니까? 자세히 참구해 가십시오. 그래도 아직 의심나는 뜻을 깨닫지 못했을 때에는 오직 하나 '무'만 들어서 다니거나 머물거나 앉거나 눕거나 하는 때에 조금도 매하지 마십시오. 매(昧)하지 아니하고 참구해서 아무것도 알 수 없는 경지에까지 이르게 되면 홀연히 마음이 더 갈 것이 없을 적에 공에 떨어진다고 염려하지 마십시오. 거기는 참으로 좋은 곳이니, 절대로 어떻게 해야 할 것인가 하는 걱정을 하지 마십시오. 그리하여 만일 조주 선사의 관문을 뚫고 지나가면 마치 물을 마시는 사람이 차고 더운 것을 스스로 아는 것 같아서 천하 사람들의 혓바닥을 의심치 않게 될 것이니, 그 때에는 부디 지혜 없는 사람 앞에선 말하지 말고, 마땅히 본색종사를 찾아보도록 하십시오.

조선시대 서산 대사도 "이 한 마디는 종문의 한 관문이며 못된 지견을 꺾는 무기이기도 하며 모든 부처님의 얼굴이기도 하며 모든 조사 스님들의 골수이기도 하다. 이 관문을 뚫은 뒤에 부처님이나 조사 스님이 될 수 있다'라고 하였다.

　태고보우가 무자 화두에 대해 남긴 문장이 많으나 「시소선인(示紹禪人)」과 「시중(示衆)」은 가장 무자 화두의 요긴한 법문이기에 다음과 같이 전문을 소개한다.

示紹禪人(소선인에게 보임)

佛説戒定慧	부처님이 계 · 정 · 혜를 말씀하여
淨身口意界	신구의 삼업을 청정케 하셨다
身三口四意三業	신삼 구사 의삼의 삼업을
一一莫作持淨戒	하나하나 짓지 말고 정제를 지켜야 하나니
念念提起趙州無	염염에 조주의 무자를 들어서
一切時中不昧無	일체 시중에서 잊지 말라
行住坐臥二便時	행주좌와 대소 이변시와
着衣喫飯常提無	옷 입고 밥 먹을 적 늘 '무' 자를 들어라
如猫捕鼠鷄抱卵	고양이 쥐를 잡듯 닭이 알을 품듯
千萬不昧但擧無	늘 잊지 않고 다만 '무' 자를 들어라
如是話頭不間斷	이와 같이 화두가 간단이 없이
起疑参因甚道無	무엇 때문에 '무' 라 했는가를 의심하여 참구하라
疑不破時心頭悶	의심이 안 풀려 마음이 답답할 적
正好單提這話頭	바로 잘 화두만을 들어라
話頭聯綿正念成	화두가 계속되어 정념이 이루어질 때
参復参詳看話頭	참구하고 또 참구하여 화두를 들어라
疑與話頭成一片	의심과 화두가 하나가 되게 하여

動靜語默常提無	동정어묵에 항상 '무' 자를 들어라
漸到寤寐一如時	점점 자나깨나 한결같은 때에 이르면
只要話頭心不離	다만 화두가 마음에서 떠나지 않게 하라
疑到情忘心絶處	의심하여 정도 잊고 마음이 끊어진데 이르면
金烏夜半徹天飛	금오가 밤중에 하늘을 날리라
於時莫生悲喜心	이때에 슬프고 기쁜 생각을 내지 말고
須參本色永決疑	모름지기 본색종사를 찾아가 영원히
	의심을 해결하라.

● 시중(示衆)

법좌에 올라 조주 스님의 화두를 거량하셨다.

"한 스님이 조주 스님에게 '개에도 불성이 있습니까?' 하고 물었을 때, 조주 스님은 '없다〔無〕'고 대답하셨는데, 그 '없다〔無〕'는 말〔無字〕은 마치 한 알의 환단(還丹 : 신선의 묘약)을 쇠에 대면 쇠가 금이 되는 것과 같아서 그것을 들기만 하면 3세 부처님의 면목을 뒤집어낸다. 그대들은 그 말을 믿을 수 있겠는가.

만일 믿을 수 없겠거든 그 큰 의심 밑에서 마치 만 길 벼랑에서 떨어질 때처럼 몸과 마음을 모두 놓아버리고 또 죽은 사람처럼 아무 헤아림도 생각도 없어야 한다. '이럴까 저럴까' 하는 생각을 아주 버리고 또렷하게 '없다' 라는 화두만 들되, 하루 스물 네 시간 행주좌와(行住坐臥)하는 중에 다만 화두를 목숨으로 삼아야 한다. 언제나 어둡지 않게 때때로 단속하며 화두를 들어 눈앞에 잡아두되, 마치 닭이 알을 품었을 때 따스한 기운을 유지하듯 고양이가 쥐를 노릴 때 몸과 마음을 움직이지 않고 잠깐도 눈을 떼지 않듯 하여 몸과 마음이 있는지 없는지를 느끼지 못해야 한다.

그리하여 마음 눈인 화두〔心眼話頭〕를 한 곳에 매어두고 다만 또렷하고 분명하며 분명하고 또렷하게 치밀히 참구해야 한다. 비유하면 어린애가 어머니를 생각하듯 주린 사람이 밥을 생각하듯 목마른 사람이 물을 생각하듯 하여 그만두려 하여도 그만둘 수 없이 생각나고 또 생각날 것이니 이것이 어찌 애를 써서 되는 일이겠는가.

만일 이런 진실한 공부를 쌓으면 곧 힘이 덜리는 곳에 이르게 되니 그곳이 바로 힘을 얻는 곳이기도 하다. 화두가 저절로 성숙하여 한 덩이가 되어 몸과 마음이 단박 비어 움직이지 않고 마음 가는 곳이 없어질 것이다. 거기서는 다만 그 한 사람뿐인데 그 한 사람이 다른 생각을 일으키면 결단코 그림자에 홀릴 것이다. 부디 털끝만큼도 다른 생각을 일으키지 말고 '그 본래면목은 어떤 것인가' 또 '조주 스님이 없다고 말한 뜻은 무엇인가'를 잘 돌아보아 이 말끝에 무명을 쳐부수면 물을 마시는 사람이 차고 따뜻함을 저절로 아는 것과 같이 될 것이다. 그래도 깨치지 못하거든 다시 마음을 붙여 반드시 화두를 끊어지지 않게 하되 의심이 있는지 없는지 재미가 있는지 없는지를 생각하지 말고 바로 큰 의심으로 화두를 들어 또렷하게 잊지 않고 항상 맞서야 한다. 다닐 때에도 그렇게만 하고 앉았을 때에도 그렇게만 하며 죽을 먹거나 밥을 먹을 때에도 그렇게만 하고 남과 이야기할 때에도 그렇게만 하여, 어묵동정(語默動靜)에 다 그렇게만 하면 성취하지 못할 것이 없으리라.

(2) 만법귀일(萬法歸一)

태고보우는 무자 화두 외에 만법귀일의 화두를 즐겨 지도하였다. 태고 이후에도 이 두 화두는 한국의 선수행 사상에 중요한 자리를 차지해 왔으며,

오늘날의 선사들도 이 두 화두를 통해서 마음을 정화하고 구경의 경지에 도달하려고 수행을 하고 있다.

만법귀일(萬法歸一)의 화두 역시 조주 스님의 문답에 기인한 것이다.

◉ 만법귀일 일귀하처(萬法歸一 一歸何處)

조주에게 어떤 스님이 물었다.

"만법은 하나로 돌아가지만 그 하나는 어디로 돌아갑니까?"

조주가 답했다.

"내가 청주(靑州)에서 베 장삼을 지었는데 그 무게가 일곱 근이었다."

태고는 19세 때 만법귀일의 화두를 통해 '마음과 물질은 하나의 진리로 돌아가는데 그 하나는 어느 곳으로 돌아가는가' 라는 의문을 제기하고 그 곳이 '일물'임을 깨달았다고 한다. '일물'이 만법의 근원이라는 것을 깨달았음을 의미하는 것이다. 또한 세월이 흘러 38세에 무자 화두를 참구하여 크게 깨달았다는 것도 다름 아닌 '일물'은 '있는 것도 아니고 없는 것도 아니며 완전히 없는 것도 아니다' 라는 것을 깨달았음을 의미하는 것이다.

태고가 수행한 화두 가운데 '만법귀일'의 화두는 태고의 법 스승인 석옥청공도 출가하여 행했던 수행법이다. 원래 이 화두는 간화선의 입장에서 헤아림의 경계를 넘어야 하지만 만법귀일의 화두는 그 명제가 지닌 통일성 때문에 일승(一乘)사상이라든가, 일심(一心), 법신(法身)사상 등 여러 가지 주제에 의해 풀이되었다.

글자 그대로 "만법은 하나로 돌아간다"라는 뜻이다. 만법이란 정신과 물질을 포함한 현상계에 존재하는 모든 법을 뜻한다. 이러한 현상계의 만법은 때가 되면 인연(관계, 조건, 환경)에 의해 집합하였다가 흩어지는 인연법으로 존재하며, 그 존재하는 어떤 것도 영원하지 않고 무상한 것이다. 그 만법은 모습이 있는 것과 모습이 없는 것으로 나눌 수 있다. 이 유(有)·무(無)의 존재는 하나가 다수로 나누어진다. 이들은 서로 나누어져 있는 것이 아니라 중도(中道)이며 불이(不二)이다.

초기의 선사상에서부터 일관되게 언급되고 있는 '일물'은 선의 기저, 곧 궁극적 경지에 대한 것으로서 '마음의 본래 자리'를 표현한 것이다. 그러므로 '일물'은 모든 형태의 다양한 실재와 종교적 신앙의 궁극적 바탕으로 모든 실재와 진리를 두루 수용할 수 있는 것이다.

태고는 만법을 총괄하는 근본을 '일물'이라고 보면서도, '일물'을 실체화 하거나 절대시하고 있지 않고 그 '일물'에 갖추어져 있는 작용을 끝까지 의심하고 경계하고 있다. 이처럼 태고가 '일물'에 갖추어져 있는 작용을 끝까지 경계하는 까닭은 일반 대중들이 사로잡혀 있는 고정관념의 사량분별로부터 해방시키고자 하는 것이며, 일상생활 속에서 계속 공부해 나가야 할 필요성을 밝혀 본원적 인간심성의 '일물'을 체득하게 하기 바래서이다.

(3) 부모미생전 본래면목(父母未生前 本來面目)

달마 대사가 '직지인심 견성성불', 즉 '마음을 바로 가리켜 성품을 보아 성불케 한다〔直指人心 見性成佛〕'라는 구절에서 보이듯 수행의 목적은 자신의 마음을 가리켜 본래면목(本來面目)을 밝히는 일이다.

태고는 석가모니불의 수행에 대해 "찬양하려 해도 덕이 없고 깎아내리려 해도 허물이 없다"라고 하였다. 이것은 수행자의 본래면목이 선악(善惡)과 생멸(生滅)의 차별이 없는 무상(無相)의 존재임을 가리키는 것이다.

'부모미생전 본래면목(父母未生前 本來面目)', 즉 '부모로부터 태어나기 이전 자신의 본래면목이 무엇인가?'를 묻는 화두도 태고보우가 즐겨 지도했던 화두이다.

◉ 부모미생전 본래면목(父母未生前 本來面目)

태원 부상좌가 고산 스님에게 물었다.
"부모에게서 나기 전에 콧구멍[鼻孔]이 어디 있습니까?"
고산이 답하였다.
"이제 태어난 뒤엔 어디 있습니까?"
부상좌는 그것을 인정하지 않고 도리어 말했다.
"그대가 내게 물으시오. 내가 대답하리다."
이에 고산이 말했다.
"부모에게서 나기 전엔 콧구멍이 어디에 있었소?"
부상좌는 그저 부채질만 할 뿐이었다.

위의 화두에서 콧구멍이란 곧 중생의 본면목 또는 본성, 자성을 말하는 것이다. 무릇 콧구멍 없이 생명을 살 수 없는 것이기 때문에 생사의 주체가 되는 긴박한 물음이 콧구멍에 비유되어 있는 것이다.

태고는 「현릉청심요」에서 다음과 같이 말하였다.

전하께서도 자기 부처를 관찰하셔야 합니다. 정치하시는 여가에 불단의 금부처, 나무부처처럼 바로 앉아 모든 선악을 조금도 생각하지 마시고 몸과 마음 법을 모두 버리신다면, 났다 사라졌다 하는 망념(妄念)이 다 없어지고, 없어졌다는 그 생각마저 없어질 것입니다. 어느덧 마음이 고요하여 움직이지 않아 의지할 곳이 없어지고 몸과 마음이 갑자기 텅 비어 허공을 의지한 것 같이 될 것입니다. 거기서는 밝고 또렷하며 또렷하고 밝은 그것이 앞에 나타날 것이니, 바로 그때 '부모가 낳아주기 전의 본래면목'을 자세히 살펴보셔야 합니다. 그렇게 하자마자 곧 깨치면 마치 물을 마시는 사람이 차고 따뜻함을 저절로 아는 것과 같아질 것입니다. 그것은 남에게 보일 수도 없고 남에게 말할 수도 없는 것으로서 다만 그 신령한 빛이 하늘, 땅을 덮을 것입니다.

태고보우의 가르침에 보이는 것처럼 본래면목은 마음과 마음, 망념 마저 모두 버릴 때 또렷하게 나타나는 것으로 생각이 멈추고 선악의 분별이 다할 때 드러나는 것이다.

그러나 본면목은 명료하면서 쓸모없는 무용지물이 아니다. 태고는 이어서 "위에서 말한 경계가 저절로 나타날 때에는, 생사도 의심되지 않고 불조의 말씀도 의심되지 않아 불조와 만나게 될 것입니다. 이것이 곧 불조가 부자간에 서로 전한 묘한 이치이니, 부디 명심하시어 소홀히 여기지 마소서. 정사(政事)에 나아가 백성들을 새롭게 할 때에도 그렇게 하시고 또 이 도(道)로써 온갖 근기를 두루 깨우치고 모든 백성들에게 권하여, 태평하여 함이 없는 이치를 함께 즐기시면 모든 부처와 용과 하늘들이 어찌 기쁘게 이 나라를 돕지 않겠습니까?"라고 하였다. 즉 본래면목에는 체(體)와 용(用)이 갖추어져 있어 태고는 왕에게 선정을 베풀 것을 권하고 있는 것이다.

(4) 영지(靈知)

태고보우가 즐겨 쓴 영지(靈知)란 말은 본래면목 가운데 특히 마음이 가

진 묘용(妙用)을 가리킨 말이다. 태고보우는 방산 거사 오제학수에게 답한 글에서는

생각이 일어나고 생각이 사라지는 것을 생사라 하는데 생사하는 그 순간 반드시 힘을 다해 화두를 드십시오. 화두가 순일해지면 일어나고 멸함이 없어지는데 일어나고 멸함이 없어진 그곳을 '고요함'이라 합니다. 이 고요함 속에서 화두를 들지 않으면 그것을 무기(無記)라 하며, 고요함 속에서도 화두를 잊지 않으면 그것을 영지(靈知)라고 합니다.

라고 하였다. 즉 마음이 적멸의 단계에 이르렀지만 마음이 지각이 없는 초목과 같은 존재가 아니라 깨어있고 살아있어 화두를 의식하기 때문에 신령한 지각의 존재라고 말하는 것이다. 그래서 태고는 "화두의 공부가 진행되어 고요함의 경지에 이르렀더라도 나아가 신통한 지혜가 드러나야 한다"라고 하여 공안의 참구가 무기(無記)에 빠지는 것을 경계하였다. 무기는 선악을 구분하는 기준에서 볼 때 선(善)도 아니고, 악(惡)도 아니지만, 작용이나 판단이 정지한 것으로 수행할 때 마음이 흐리멍텅 가라앉는 혼침(惛沈)과 반대로 마음이 들떠 안정을 못하는 도거(掉擧)와 더불어 참선의 병통이 되는 것이다.

태고는 「현릉청심요」에서도 "그것은 밝고 또렷하여 거짓도 없고 사사로움도 없으며, 고요하여 움직이지 않으나 큰 영지(靈知)가 있습니다. 본래 생사도 없고 분별도 없으며 이름이나 모양도 없고 또한 말할 수도 없는 것입니다. 허공을 모두 삼키고 천지를 두루 덮었으며 소리와 빛깔을 모두 덮었고 큰 본체와 작용을 갖추었습니다. 그 본체로 말하자면 넓고 큰 것을 모두 감싸고도 바깥이 없고 미세한 것을 모두 거두고도 안이 없습니다. 그 작용으로

말하자면 부처세계의 티끌 수보다 많은 지혜와 신통 · 삼매 · 말솜씨가 있고, 숨었다 나타났다 종횡 자재하며, 큰 신통과 변화가 있어서 아무리 큰 성인이라도 그것을 완전히 알지는 못합니다"라고 하여 그 체(體)는 면목이 없지만, 무궁한 작용(作用)을 보여주는 영지에 대해 설하였다.

깨달은 이는 허공과 같이 어떤 사문도 그를 구속하지 못한다. 깨달은 이는 모든 일체 자유롭다. 어떤 경계에도 구속받지 않는다. 어떠한 일에도 그 마음이 흔들리지 않는다. 깨달은 이는 그 마음이 성성적적한 가운데 만사를 지혜롭게 처리하게 된다.

다음에는 선의 존재론적 근거, 즉 선문에서 말하는 인간의 마음에 대한 보우의 견해를 살펴보기로 하겠다.

3) 구경결택(究竟決擇)

태고의 간화선 수행에 있어서 또 하나의 중요한 문제는 깨달은 다음의 문제이다. 선수행은 아무리 자신에게 확실한 깨달음일지라도 주관적 경험이기 때문에 자칫 잘못된 마장에 빠지기 쉽다. 선가에 있어서 '소식을 얻은 후 인가를 받는 것(悟後印可)'은 중요한 의미를 갖는다. 우선 어떤 수행자가 깨달음을 이루었다고 할 때 그 깨달음에 대해서 객관적 검증을 거칠 수 없다. 이것은 다시 말해서 진실로 깨달음을 이룬 것인가 아니면 아직 미진한 것인가를 확인할 수 있는 방법이 없기 때문이다. 때문에 태고보우는 깨달음의 소식이 있을지라도 반드시 본색종장(本色宗匠)을 찾아가 결택(決擇)을 하도록 가르쳤다. 또한 태고보우는 반드시 본색종사를 만나야지 절대로 무지인(無智人)에게는 말해서 안 된다고 하였다.

태고보우는 방산거사에게 보인 글에서 "내 말대로 참구하여 참으로 이와 같은 경지에 도달하면 일시에 무명이 타파되고 활연대오할 것입니다. 깨달은 후에는 반드시 본색종장을 찾아 구경을 결택하십시오. 만약 종사를 찾아 결택하지 않으면 열에 열 모두가 마가 될 것이니 조심하기를 빌고 빕니다"라고 하였고 「구름처럼 떠나는 혜선화를 보냄」이란 시에서도 "빨리 밝은 스승을 만나 방향을 결택하여라. 무명의 어두움을 깨치고 천하 사람의 혀를 끊은 뒤에 라야 비로소 마음이 편할 수 있다"라고 하였다.

이처럼 오도 후 눈 밝은 선지식을 찾아 결택하라는 가르침은 무제거사나 사제거사, 진선인, 의선인, 소선인 등 수많은 사람들에게 보인 글을 포함해 「참선명」 등 여러 곳에서 태고는 한결같이 지도하고 있는 내용이다.

4) 보임(保任)

깨달음을 얻은 다음에는 깨달음에 미진한 부분을 다듬는 보임(保任)의 수행이 필요하다.

대오각성한 이후에도 계속 공안을 참구하는 것을 선문(禪門)에서는 '보임(保任)'이라 한다. 즉 견성대오를 잊지 않고 더욱 다듬어 미세한 번뇌와 알음알이를 다 끊어내는 수행의 완성인 것이다. 보임에는 선객의 근기에 따라 간경(看經)을 하거나 만행(萬行)을 하거나 공안을 다시 참구하는 등 여러 가지 방편이 있다.

태고보우도 스스로 깨우침을 보임하는 수행을 철저히 하였다. 38세 3월에 고향인 양근초당(楊根草堂)에서 부모를 모시고 천 칠백 공안을 두루 참구(參究)하였던 것이다.

태고보우는 보임의 방편으로 선가(禪家)의 1천 7백 공안을 들다가 '암두가 비밀히 계합한 곳〔巖頭密啓處〕'이라는 화두에 막혀 나아가지 못하였다가, 그 뜻을 깨치고 냉소를 머금고 "암두 스님이 활을 잘 쏘기는 하였지만 이슬에 옷 젖는 줄은 깨닫지 못하는구나"라고 하였고, 또한 "말후구(末後句)를 아는 이가 천하에 몇 사람이나 있는가"라고 하였다. 이처럼 모든 공안을 타파하여 대오(大悟)를 이룬 것이 스님의 나이 38세 때였다.

보임에 대해 태고보우가 지도한 내용은 채중암이 보임에 대해 물으면서 "설산(雪山)에서 소 먹이는 일〔牧牛事〕는 무엇입니까?"라고 물었을 때, '습득(拾得)은 하하하 웃고 한산(寒山)은 큰 입 벌리네'라는 것이 답송이었다.

목우사(牧牛事) - 소먹이는 일에 대한 답시

肥膩葉葉軟	두껍고 살찐 잎은 연하여
一嚼辨甘苦	한번 물면 달고 쓴맛을 안다
盛夏雪猶凝	더운 여름에 눈이 오히려 뭉쳐 있고
寒冬春不老	추운 겨울에도 봄은 늙지 않았네
要傾則便傾	기울고 싶으면 문득 기울고
要倒則便倒	쓰러지고 싶을 땐 문득 쓰러지나니
拾得笑呵呵	습득(拾得)은 가가(呵呵)라고 웃으며
寒山張大口	한산(寒山)은 큰 입을 벌리도다.

채중암이 '소 먹이는 일'을 물은 것은 조주가 깨달음을 얻은 후의 일, 즉 보임의 수행을 묻자 스승인 남전보원이 "아랫마을의 소가 되어야 하느니라"라고 답한 데서 비롯된 것이다. 조주 선사가 스승에게 가르침을 이끌어준 데 대해 감사를 드리자 남전보원은 "지난 밤 삼경에 달빛이 창문을 환하게 비추더라"라고 답하여 고행을 겪고 화두를 지켜 나갈 것을 가르치고 있다.

태고보우는 오도한 후의 일상사에 대해 연잎을 맛보듯이 자신이 옳고 그른 경계를 스스로 알며 또한 "더운 여름에 눈이 오히려 뭉쳐 있고 추운 겨울에도 봄은 늦지 않았네"라고 하여 바깥경계에 끄달리지 않고 오도의 경지가 변치 않듯 수행할 것을 지도하였다.

3. 원융선圓融禪

태고의 중심수행은 간화선이며 간화선을 통해 자신의 오도를 얻었고, 제자들을 지도할 때에도 그가 강조하고 있는 것은 간화선이었다. 태고는 선승이면서도 화엄 등의 교학을 비롯해 정토, 염불 등의 수행에 대해서도 밝았다. 태고는 교학을 버리고 선을 지향하는 사교입선(捨敎入禪)의 입장이 아니라 교학과 화엄사상, 정토사상 등을 선의 영역에서 수용하고 활용하는 원융성(圓融性)을 보이고 있다.

태고보우의 수행과정을 볼 때 19세 때 만법귀일의 화두를 참구하면서도 26세 때 교종의 승과(僧科)인 화엄선(華嚴選)에 합격한 사실은 일찍이 선과 교학을 함께 섭렵했다는 사실을 알 수 있다. 또한 30세 때 용문산 상원암의 관음보살께 예배하고 12대원을 서원한 뒤로는 날카로운 지혜를 갖게 되었다는 사실은 선에만 고루하지 않았던 그의 수행력을 보여주는 것이다. 태고는 불각사에서는 『원각경』을 읽다가 "일체가 모두 멸(滅)하는데 이르면 이것을 부동(不動)이라 이름하며 소지(所知)의 경계를 벗어난다"라고 한 대목에서 다시 깨달음이 있었다. 태고보우는 게송에서 일체의 근원을 헤아려 소지(所知)의 경계와 번뇌망상이 사라진 경계를 서리에 의해 잡초들이 사라진 것에 비유하고 변치 않는 절대세계의 실상이 드러남을 활짝 핀 국화로 묘사하였다. 게송에서 '무(無)'를 반복해 읊음으로서 무자화두(無字話頭)의 공안을 깊이 참구하였다.

태고보우는 선을 강조하였지만, 교학을 소홀치 않았기 때문에 선의 수행을 더욱 상승시키고 훗날 원융사상의 터전도 닦을 수 있었다.

태고보우는 「의선인에게 보낸 글」에서는 "세존께서 아난다에게 말씀하시기를 네 아무리 삼세의 모든 부처가 말씀하신 12부의 경전을 기억한다 하더라도 그것은 하루 동안 무루학(無漏學)을 닦은 것만 못하였다. 이것은 4실어 중에서 진실한 말씀이다"라고 하였는데 무루(無漏)란 곧 번뇌가 없는 경지를 말하는 것으로 경전의 기억과 번뇌를 없애기 위한 수행의 경계가 서로 다름을 밝힌 것인데, 한편으로 태고는 언어와 문자는 중하의 근기를 위한 방편으로 파악하지만, 이것은 간화선의 상근기에 도달하기 위해 경전의 공부가 기초적으로 충실히 다져져야 한다는 설하였다.

이와 같이 태고보우는 선과 교학, 정토 등에 대해 선교일치(禪敎一致)의 원융적 태도를 취하거나, 정토나 미타염불의 수행을 간화선의 연장에서 해석함으로써 이후 그의 독자적인 원융불교사상과 수행체계의 토대를 마련하였다.

4. 염불선念佛禪

태고는 간화선을 불교의 다른 교학과 수행의 영역에서 자유로이 넘나들며 이를 활용하였는데, 태고는 염불과 선에서도 염불의 궁극적 목표를 선과 동일시한 해석이 보이고 있다. 원래 염불은 불교신자가 아미타불의 명호를 외우며 극락왕생을 비는 신행이었으나, 중국의 정토사상에는 염불을 자성국토와 관심(觀心)의 수행으로 재해석하였다.

염불수행의 근거가 되는 정토사상(淨土思想)은 대승불교시대에 『무량수경(無量壽經)』, 『아미타경(阿彌陀經)』과 같이 아미타불의 극락정토에 설한 경전이 출현함으로 인해 구체화되었다.

『무량수경』에 의하면, 아미타불은 과거에 법장(法藏)이라는 보살이었는데, 무상정각(無上正覺)을 얻어 중생을 제도하려는 48가지 원(願)을 세우고 오랫동안 수행을 거듭하여 마침내 아미타불이 되었다고 설해지고 있다. 아미타불은 현재 극락세계에 머물면서 중생을 제도하고 있으며, 아미타불을 깊이 신앙하면 임종시에 아미타부처님과 좌우의 보살들이 망자를 극락으로 인도한다는 내영(來迎)의 교설로 인해 지역과 시대, 선교를 가리지 않고 대승불교권에서 널리 신앙되고 있다.

정토사상에는 크게 자력적인 정토사상과 타력적인 정토사상의 두 가지 흐름이 있어서 마음이 곧 정토임을 주장하는 '유심정토(唯心淨土)'와 중생의 자성이 아미타불과 다르지 않다는 '자성미타(自性彌陀)' 등의 주장이 송 시대 법안종의 영명연수(永明延壽, 904~975)에 의해 제기되었다.

선가의 전통에서 볼 때 원래 초기 염불선은 규봉종밀의 해석에 의하면 신선술에 입각한 하열한 근기를 위한 것이었으나, 5조홍인(五祖弘忍)도 염불종(念佛宗)을 인정하였고 육조혜능(六祖慧能)도 방편으로서 타력(他力)의 염불을 밝히고 이를 자력(自力)의 염불로 향상시킬 것을 설하였다. 후대에는 이를 간화적 염불(공안염불)로 상승시켜 송나라 때에는 소위 염불선자(念佛禪子)들도 활동하였고, 천태종과 법안종, 운문종 등의 선사들이 정토사상에 관심을 기울이며, 선종과 정토사상의 융합을 모색하였다.

정토와 선이 만날 수 있는 근거는 정토에서 말하는 유심정토(唯心淨土)와 선의 직지인심(直指人心)의 도리가 만날 수 있기 때문이다.

경전 상에 나타난 유심정토의 개념은 『유마경』에서 그 연원을 볼 수 있다. 『유마경』의 「불국품(佛國品)」에는 "만약 보살이 정토를 얻으려거든 그 마음을 맑게 하라. 그 마음이 맑게 됨에 따라 불국토도 맑게 된다"라고 한 것은 '마음을 맑게 하면 바로 그곳이 깨끗한 불국토'라는 의미로 해석할 수 있는 '심정토정설(心淨土淨說)'의 근간을 볼 수 있다.

영명연수는 『만선동귀집(萬善同歸集)』에서 "만행(萬行)이 함께 일어나고자 하면 반드시 사리(事理)에 의지해야만 한다. 사리가 걸림이 없으면 도(道)가 그 속에 있다"고 하였고 "한 마음 안에 만행이 갖추어져 있다[一心具萬行]"라고 하였다.

태고보우도 정토의 수행을 왕생극락의 방편에 머물지 않고 견성성불의 선

수행으로 해석하여 염불수행의 새로운 경지를 열었다.

선과 염불수행의 관계에 대해 태고는 "본래 생사가 없는 인간의 본성이 곧 아미타불이며 따라서 정토에 나기 위한 염불은 칭명이 아니라 염불하는 자신을 반관(反觀)하여 자세히 참구하면 문득 자성미타가 현전하리라"라고 하여 자성이 곧 아미타불이며, 염불을 명호를 외는 것이 아닌 본래자성을 관조하는데 출세간의 참된 목적이 있다고 설하였다.

태고는 낙암 거사에게 참된 염불의 의미를 밝히는 뜻에서 아미타불의 내용번역인 무량수불(無量壽佛)에 대해 "아미타불은 인도말이니 번역하면 '한량없는 수명의 부처'라는 말이요, 부처도 역시 인도말이니 번역하면 '깨달음'이라는 말입니다. 이는 모든 사람 개개인들의 근본성품으로 크고 신령스러운 깨달음의 세계이며 본래부터 생사가 없고 고금에 걸쳐 영명정묘(永明精妙)한 것이자 안락하고 자재한 것이니 이 어찌 '한량없는 수명의 부처'가 아니겠습니까, 그러므로 마음을 밝힌 이를 '부처'라 하고, 이 마음을 설명한 것을 '가르침'이라고 합니다"라고 하여 무한한 존재로서의 정토불을 범부의 참된 본성으로 해석하였다.

또한 태고보우는 "사람마다 본성에 있는 큰 영각은 본래 생사가 없고, 예나 지금이나 신령하고 밝으며 깨끗하고 묘하며 안락하고 자재하니 이것이 어찌 무량수불이 아니겠습니까"라고 하였고 또한 "방편이 비록 많은 듯 하나 중요한 것을 말하자면 오직 마음이 정토이고 자기의 성품이 아미타불이라는 것이니 '마음이 청정하면 불토가 청정하고 본 성품이 나타나면 부처님의 몸이 나타난다는 것'은 바로 이것을 말하는 것입니다"라고 한 대목은 유심정토(唯心淨土)의 실상을 관심수행(觀心修行)인 선의 영역에서 밝히고 있다. 이처럼 태고는 십만 억 국토를 지난 서방의 극락세계에 아미타불이 계신 것이 아니라 범부가 곧 부처로서 생사가 없으며 안락하고 자재한 본성이 아미타불이라고 본 것이다.

이처럼 태고는 선사이면서도 정토사상을 선의 입장에서 수용하여 간화선의 견지에서 구체적인 수행을 새롭게 해석하고 염불선(念佛禪)으로서 정토신앙의 영역을 새롭게 넓혔다.

태고의 염불관을 보면 태고는 낙암(樂庵) 거사에게 수시(垂示)한 「염불약요(念佛略要)」에 다음과 같이 염불법을 설명하였다. 이는 선종적 염불관임을 일견(一見) 알 수 있다.

만약 상공께서 진실로 염불하시려면 다만 바로 나의 본성이 아미타임을 염하여 온 종일 모든 행위에서 '아미타불'의 명호를 마음과 눈앞에 두어서 마음과 눈앞의 부처의 명호가 한 덩어리가 되어 마음이 한결같이 이어지고 생각 생각이 어둡지 않도록 하되, 때때로 '생각하는 이것이 누구인가' 하고 깊이 돌이켜 보도록 하십시오. 오래오래 하여서 성공하면 홀연히 어느 때에 마음 생각이 끊어져 아미타불의 참 몸이 뚜렷이 앞에 나타날 것입니다. 이때를 당하여 비로소 옛부터 '움직이지 않는 것이 부처' 라고 한 말씀을 보게 될 것입니다.

염불선의 목적은 자성을 관하는 것으로 태고는 염불을 할 때에 자신의 본성품이 아미타불이라는 것을 생각하는 것이며, 타력적 입장에서 왕생서방만을 기원하는 것이 아니다. 태고의 염불은 아미타불이라는 명호를 염하되 마음과 하나가 되어 이를 통해 자신의 본성, 그 진면목을 체득하기 위한 것이다.

태고보우는 "아미타불의 깨끗하고 미묘한 법신은 일체 중생들의 마음에 두루 있습니다. 그러므로 '마음과 부처와 중생, 이 셋은 차별이 없다' 하였고 또한 '마음이 곧 부처요 부처가 곧 마음이다. 마음 밖에 부처가 없고 부처 밖에 마음이 없다'고 하였습니다"라고 한 것은 아미타불과 법신을 동일한 개념으로 파악하고, 그런 점에서 심(心), 불(佛), 중생은 차별이 없다고 말한 것이다.

따라서 실제 염불선을 실천하기 위해 자신의 마음과 무량수불을 동일한 개념으로 파악하고, 무심의 경지에 들어 체득되는 깨달음의 세계가 정토이며, 그때 드러나는 본래면목이 바로 불신(佛身)이라 설하고 있는 것이다.

석옥과 동시대 인물로서 유심정토를 제창한 명본중봉(明本中峯, 1263~1323) 스님은 화두를 염불심과 동일하게 인식하여 오(吳)거사에게 보내는 편지에서 "부모로부터 태어나기 전에는 어느 것이 나의 본래면목인가하는 화두를 염불하는 마음 가운데 두고, 생각 생각을 버리지 않으며, 부지런히 힘써 떨어지지 않는다. 이리하면 공부가 순밀해지고 식견이 더욱 정명(淨明)해지며 도력이 더욱 견밀해진다"라고 하여 선과 정토, 정토와 선을 하나로 융합시키고 있다. 영명연수는 "만일 자력이 충분하게 구비되어 있으면 인연에 의지하지 않지만 자력이 아직 충분하지 않으면 타세에 의지해야만 한다"라고 하여 자력수행으로서 염불선의 실천사례를 보여주는 것이다.

태고보우의 염불은 아미타불의 명호(名號)를 부르거나 생각하는 것이 아니라 아미타불을 염(念)하는 그 자신이 누구인가를 관하는 것이니 이는 선가의 '시심마(是甚摩)'와 같은 것이다. 태고는 염불시에 '생각하는 이것이 누구인가'라고 돌이켜 보라고 했다. 밖으로 불의 명호를 부르고 간절히 염하면 눈앞에 부처가 나타난다. 이 때에 눈앞에 나타난 부처에 집착하면 자성미타를 잃게 되어 진실한 염불이 되지 못하므로 자기 자신에게로 돌아오게 하기 위한 간곡한 가르침인 것이다. 이렇게 함으로써 부처를 생각하는 이것이 바로 나임을 알게 되면 밖으로 본 부처와 안에 있는 부처가 다르지 않다는 것을 알게 되고 바로 이것이 정토에 왕생한 것이 되기 때문이다.

염불선의 수행에 있어 간화선의 화두와 같이 '행주좌와(行住坐臥) 어묵
동정(語默動靜)'에 의정이 끊어지지 않게 참구하라는 가르침을 아래와 같
이 볼 수 있다.

진실한 염불은 다만 바른 자성미타를 생각하여 십이시(十二時)의 사위의
(四威儀) 내에서 아미타불의 명자(名字)를 마음과 눈앞에 두어 심안(心眼)과
불명(佛名)이 하나가 되어 마음 마음에 잊지 않고 생각 생각에 잊지 않는 것이
다. 때때로 밀밀히 생각하는 것은 무엇인가를 돌이켜 보라. 오래 오래하여 공이
이루어지면 홀연히 심념이 단절하여 아미타불의 참모습이 뚜렷이 나타나리라.
이때를 당해서야 바야흐로 '예로부터 움직이지 않는 것을 부처라 함'을 믿게
되리라.

이처럼 태고의 염불관(念佛觀)은 전통적 정토교의 염불과는 달리 염불하
는 자신을 반관(返觀)하여 세밀하게 참구하는 것을 가르치고 있으며 이는
염불선을 공안참구(公案參究)에서 해석한 새로운 지평을 연 것이다. 태
고보우의 백충 거사에게 주는 글은 염불선 실천의 이해를 돕는 요지를 모아
놓은 것이기에 소개한다.

◉ 백충(白忠) 거사에게 주는 글

부처님 말씀에 "십만억 불토를 지나가서 세계가 있으니 이름을 '극락(極樂)'
이라 하고 그 국토에 불(佛)이 있으니 호를 '아미타(阿彌陀)'라 하는데 지금도
설법을 하고 계신다"라니, 부처님의 이 말씀 속에는 매우 은밀한 뜻이 있다. 충

신 거사(忠信居士)는 아는가. 아미타불의 이름을 마음속에 두어 언제나 잊지 않고, 생각 생각에 간단(間斷)함이 없게 하라. 간절히 간절히 참구하고 생각하고, 간절히 간절히 참구하여 생각해서 생각이 다하고 뜻이 다하면 생각하는 것은 무엇인가를 돌이켜보라.

또 이렇게 돌이켜보는 것은 무엇인가를 관찰하라. 이와 같이 밀밀히 참상(參詳)하고 밀밀이 참상하여 이 마음이 홀연히 단절(斷絶)하면 곧 자성미타(自性彌陀)가 뚜렷이 나타나리니 힘쓰고 힘써야 할 것이다.

태고의 이러한 법어들은 자성미타(自性彌陀)의 염불선을 말하고 있는 점에서 자세히 보아야 할 것이다. 염불선이란 참구에 불명(佛名)을 수용하는 일이다. '심안(心眼)과 불명(佛名)이 하나가 되게 하여 마음마음에 이어지게 하고 생각생각에 잊지 말라'고 한 것이 바로 그것이며, '아미타불의 명호를 마땅히 마음에 두어 항상 잊지 말고 생각생각에 간단함이 없이 하라'고 함이 그것이다. 그리고 태고는 「낙암(樂庵)에게 준 게송」에서도 "산중의 초막에는 천중록이 꿈처럼 부질없는 것, 염불하여 공을 이루면 마땅히 극락국에 왕생한다"고 하였다. 이는 간화선의 수선방식에 아미타불의 명호를 수용하는 것이며 왕생(往生)과 오도(悟道)는 다를 바가 없다고 하는 견지에서 염불을 수행으로 권한 것이다. 태고의 이러한 수선(修禪)의 지도는 일단 주목해야 할 내용이며 여러 차원에서 태고의 염불선 선풍의 연원을 고찰해야 할 필요성이 있을 것으로 여겨진다.

5. 화엄삼매華嚴三昧

태고보우는 간화선의 종지에 충실하면서 제자들을 제접했지만 그가 남긴 문집을 볼 때 여러 곳에서 화엄의 도리를 선과 결합시켜 제자를 지도한 내용을 볼 수 있다. 태고는 스스로 화엄선(華嚴禪)을 표방한 적은 없지만 화엄의 도리를 통해 선지를 향상시킨다는 점에서 화엄선이라는 말도 전혀 근거가 없는 말은 아니다.

태고는 『화엄경』을 인용해 "대방광불화엄경이여, 누구의 말씀인데 소리가 없는가, 본사 고오타마 노지식께서 증득하신 경계를 거듭거듭 밝히셨구나"로 시작되는 「잡화삼매가(雜華三昧歌)」는 화엄의 도리와 선의 향상의 도리가 서로 다르지 않음을 밝힌 것이다. 또한 일부 내용을 인용해 본다.

삼매! 삼매가 밝으면 비로자나(毘盧遮那)법체가 원성을 나타내네
좋구나 좋구나 삼매가 많음이여! 좋고 좋은 삼매!
삼매! 삼매가 이루어지면 화장세계가 갑자기 나타나니
화장세계는 거듭거듭 끝이 없도다

일찍이 듣고 보았지만 이제야 믿겠노라

거닐고 노닐고 밟아 보니 사바세계의 수수산산(水水山山)이

화장계(華藏界) 중의 부동존(不動尊)이다.

위의 내용에서 『화엄경』은 석가모니 붓다가 정각을 얻은 후 보리도량에서 해인삼매(海印三昧)에 들은 경지를 문수보살과 보현보살이 듣고 전한 것을 말한다. 보현보살이 듣고 전한 비로자나장신삼매는 곧 법신불이 법계에 만연하면서 우주생명에 감추어져 드러난 것을 말하는 것이다. 이것은 태고가 마음을 밝힌 대목에서 본체는 드러나지 않지만 그 작용이 삼라만상에 깃들어 나타난 설한 것과 다르지 않다.

태고는 「달마」라는 게송에서 허공을 쳐 부추고 엄연하게 홀로 깨어나 비로자나불의 정수리에 눌러 앉으니 눈앞에는 법도 없고 부처도 없다. 부처도 없고 법도 없음이여, 하늘은 높고 땅은 평평하다. 마음도 아니요, 물건도 아님이여 물은 녹색이요, 산은 청색이다'라고 한 것에서 법신은 마음이나 다른 물건으로 표현될 수 없지만 물이나 산의 산수(山水)에 일목요연하게 드러나 있기 때문에 태고는 마음과 비로자나불의 법체를 동일시한 사실을 알 수 있다. 비로자나의 법체는 곧 만상과 일상생활에 감추어진 법성 본연의 체(體)이며 이것은 생사와 일상생활의 현실에 감추어져 있기 때문에 이처럼 비로자나 법신이 '몸을 감추고 있다'고 말한 것이다. 여기서 수행이 무르익었다는 사실은 곧 비로자나의 법체가 원성(圓成)했다는 말이 된다.

「잡화삼매가」에는 "안타깝고 측은한 말세의 사람들, 글 줄 찾고 글자 세기 피곤만 하구나"라고 한 것은 불립문자의 격외선지와 화엄의 도리가 다르지 않음을 밝힌 것이다. 이처럼 화엄선에 나타난 선사상은 조사선의 방식과 다르지만 성성한 면목을 밝혀 원성의 경지에 이를 수 있다는 점에서 태고는 화

엄을 선의 입장에서 이해했다고 볼 수 있다.

또한 태고는 정토관을 간화선의 수행으로 해석했을 뿐만 아니라 『화엄경』
의 교학도 간화선의 영역에서 해석한 탁월한 활용을 보여주고 있다.
태고보우는 「잡화삼매가」에서 다음과 같이 노래하였다.

소향(燒香) 산화(散華)가 성성(惺惺)한 영리이고
예불 송경(誦經)이 성성한 영리일세
이렇게 성성한 것을 모아 관을 하면
점차 삼매의 도리를 성취하리
삼매 삼매가 밝으면
비로자나의 법체(法體)가 원성(圓成)을 나타나네
좋을시고, 좋을시고 삼매가 많음이여!
좋구도 좋구나 삼매여!
삼매 삼매가 이루어지면
화장세계(華藏世界)가 문득 나타나네.

위에서 예불 · 송경을 비롯해 향을 피우거나 꽃을 뿌리는 등의 내용은 선
가나 제가자의 일상수행이라고 말할 수 있다. 여기서 성성(惺惺)이란 태고
가 강조한 성성력력(惺惺歷歷)의 간화수행의 도리와 통하는 것으로 관(觀)
은 본래면목의 도리를 끊임없이 관하는 참구의 다른 모습이다.
선수행을 말할 때 자주 인용되는 말이 '행주좌와 어묵동정(行住坐臥 語
默動靜)' 이라는 말이다. 말 그대로 가거나 서거나 않거나 누울 때나 말하거
나 침묵하거나 움직이거나 멈출 때로 유정이 가질 수 있는 모든 현상을 말한

다. 특히 화두를 참구하되 매순간 잊지 않음을 강조할 때 인용된다. 행주좌와는 '4위의(四威儀)'라고 말하며 어묵동정은 중국 영가현각(永嘉玄覺, 665~713)의 「증도가(證道歌)」에서 '가는 것도 선이요 앉는 것도 선이니 말하거나 침묵하거나 움직이거나 멈출 대에도 체(體)는 안정되어야 한다〔行亦禪 坐亦禪 語默動靜體安然〕'라고 한데서 비롯된 말이다.

비로자나불은 부처의 몸을 삼신(三身)을 구성하는 법신(法身)과 보신(報身)과 화신(化身)의 하나이다. 법신은 진리의 몸으로 생사를 벗어나 열반을 실현한 적멸의 몸이다.

『대승기신론』에는 "깨달음의 의미는 마음의 본체가 번뇌 망을 여읜 것이며 망념을 여읜 모양은 허공계와 같아서 두루하지 않는 곳이 없기에 법계의 한 모양〔一相〕이니, 즉 이것이 여래 평등 법신이다"라고 한 것은 법신에 대해 마음의 본래자성, 그리고 그 묘용을 견주어 나타낸 말이다. 『마조어록』에도 "번뇌에 얽혀있을 때(衆生心)는 여래장이며 번뇌 망념을 벗어나〔佛心〕면 청정법신이라고 한다. 법신은 한계가 없고 법신의 본체는 증감(增減)도 없지만, 크게 되고 작게도 되며 사각형도 되고 둥근 원형도 되며 사물에 응하여 형체를 자유롭게 나타낼 수 있는 것이 물속에 비친 달과 같고, 일체의 모든 곳에 도도하게 운용하지만 어느 곳에도 뿌리를 내리지 않는다"라고 하였다.

화장세계는 『화엄경』의 「화장세계품(華藏世界品)」에 나오는 말이다. 화장세계는 법신불이 우주적 존재로서 수많은 덕과 묘용을 드러낼 것을 아름답게 표현한 말이다. 경전에는 보현보살이 대중에게 "불자들이여! 이 화장장엄세계해(華藏莊嚴世界海)는 비로자나부처님께서 지난 옛적 세계해의 티끌 수 겁 동안 보살행을 닦을 때에 낱낱 겁마다 세계해의 티끌 수 부처님을 친근하였고 낱낱 부처님 계신 데서 세계해의 티끌 수 큰 서원을 닦아서 깨끗

하게 장엄한 것이니라" 라고 설하고 화장화엄세계해의 수미산의 모습을 장
엄하게 그리고 있다. 같은 경전에는 부처님의 덕에 대해

부처님의 몸은 온갖 세계에 두루하시며
수없는 보살들도 또한 충만하니
여래의 자재하심이 짝할 이 없으시매
일체 모든 중생들을 널리 교화하도다.

라고 하였는데 태고보우도 일찍이 『화엄경』에서 부처님의 장엄함에 심취
했을 것으로 생각된다. 이「잡화삼매가」는 태고선풍의 특징을 이해하는데
매우 중요한 문헌으로 사료된다. 『화엄경』과 부처님의 덕을 그린 잡화삼매
가의 전문을 인용하면 다음과 같다.

잡화삼매가(雜華三昧歌)

大方廣佛華嚴經	대방광불화엄경이여!
是誰言語無音聲	누구의 말씀인데 음성이 없는가
本師瞿曇老知識	본사 고오타마 노지식께서
所證境界重重明	증득한 경계를 거듭거듭 천명하셨도다
汪洋乎 沖瀜乎	넓고 웅장하여라!
落落圓音如雷霆	낙락한 원음이 번개와 같네
菩提場中開演日	보리장중에 개연하던 날
海印定中無說說.	해인정 중에서 말씀 없이 말씀하셨네

聞之傳之者是誰	듣고 전한 분은 누구인가
文殊普賢大人舌	문수보현 대인의 설경이네
文殊普賢二大士	문수 보현 두 대사는
從何道路聞此訣	어떤 길을 쫓아가서 이 말씀을 들었는가?
深深人此三昧海	깊고깊은 이 삼매해에 들었으니
毗盧遮那藏身三昧	비로자나 장신삼매(藏身三昧)여라!
文殊普賢何甚愚	문수 보현은 어찌 심히 어리석은가
外揚家醜漏人知	겉은 보기 좋으나 집안 흉한 것이 세인들 아는 것
哀哀乎慽慽乎 末世人	안타깝고 측은한 말세의 사람들
尋行數墨徒勞神	글줄 찾고 글자세기 피곤만 하구나
聞之無限定中說	무한한 정중(定中)의 설을 들으면서도
背之不聞如何因.	등져서 듣지 못함은 무슨 까닭인가

此中消息何富貴	이 가운데 말씀이 어찌 그리 풍부하고 귀하여서
千花百草爭含春	천화백초가 다투어 봄을 머금었네
後來看經大君子	후세에 간경하는 대군자들
菩提大路莫問津	보리대로에서 다시 길을 묻지 말라
休休乎何必巡南方	쉬어라, 쉬어라 하필 남방선만을 찾으랴
脚下卽是菩提場	발 밑이 곧 보리장(菩提藏)이네
君看老胡默然處	그대는 보라, 부처님의 묵연처를
不以言語能承當	언어로는 알 수가 없네

深而深黑而黑	깊고 깊고 검고 검어
妙用恒沙也無極	묘용은 항사로도 셀 수 없네

嗟乎古今權小人	슬프다! 고금의 권소인은
單單直指信不得	분명히 바로 가리킴을 믿지 못하니
徒聞未證無智者	듣기만 하고 증득치 못하는 무지한 이들
是卽名爲如聾似啞	이름하여 귀머거리, 벙어리라 하네
見也見不皮	보아도 보지 못하고
聞也聞不皮	들어도 듣지 못하는
如是等機爲之集之出	이러한 이들을 위해 결집해내셨네
蒙山知識三昧業	몽산지식 삼매업으로
燒香散花惺惺靈利	소향산화가 성성한 영리이고
禮佛誦經惺惺靈利	예불송경이 성성한 영리이네
因此惺惺會作觀	이 성성함을 인해 모아서 관(觀)하면
卽漸成就三昧理	곧 점점 삼매리를 성취하네
三昧三昧明	삼매! 삼매가 밝으면
遮那法體現圓成	비로자나 법체가 원성을 나타내네
好也好也三昧多	좋구나 좋구나 삼매가 많음이여
好好也三昧	좋고 좋은 삼매
三昧三昧成	삼매! 삼매가 이루어지면
頓現華藏世界海	화장세계가 갑자기 나타나니
華藏世界重重無盡	화장세계는 거듭거듭 끝이 없도다
我曾聞見今乃信	일찍이 듣고 보았지만 이제야 믿겠노라

行也遊也踏也看	거닐고 노닐고 밟아 보니
娑婆世界水修山山	사바세계의 수수산산이
華藏界中不動尊	화장계 중의 부동존이다

上無父兮下無孫	위로는 부모 없고 아래로는 자손 없어
陀陀乎爍爍乎	홀로 높음이여! 홀로 밝음이여!
三七斤呑吐	삼 칠근을 삼키고 토하나
三身無口痕	삼신에는 입에 흔적이 없이
喫盡甘辛百草頭	감신의 백초를 다 먹네
常在岸上在中流	항상 언덕 위 있으면서 물 가운데에 있으니
中流一葉丹子大	물 위에 일엽주가 큼이여!
萬邦人物載無碍	만방의 인물을 실어도 걸림이 없네

寒山拾得大寬隨	한산과 습득은 대원 수라
造次弗離長相隨	잠시도 안 떨어지고 길이 서로 따르네
極親還疎鬪海裏	친하다 도로 멀어져 바다에서 싸우다가
打破丹子散眞珠	배를 부수어 진주를 흩었네
魚龍蝦蟹得此寶	어룡과 하해가 이 보물을 얻어
深深海底皆藏收	깊고 깊은 바다 밑에 다 간직했네
惑行惑臥惑衣食	거닐고 눕고 옷 입고 밥 먹는 이들
承此寶德不知羞	이 보배를 얻고도 부끄러운 줄 모르네

阿耶阿耶 如是如是	아야 아야 그러하고 그러하다
還恐今人作意求	지금 사람들 억지로 구할까 염려되네

此花不逐溪流出　　이 꽃이 물을 따라 흐르지 않았으면

爭識秦人桃源遊　　진인이 도원에서 노닌 줄 어찌 알았으랴

愁人莫向愁人說　　근심있는 사람은 근심있는 사람에게 가서 말하지 말라

說向愁人愁復愁　　근심있는 사람에게 가서 말하면

　　　　　　　　　　근심은 다시 근심을 더하네

我今親提無盡筆　　내 이제 친히 무진의 붓을 들어

供養十方無盡佛　　시방의 무진불께 공양하오이다.

6. 대승선大乘禪

1) 원력선(願力禪) : 자각각타(自覺覺他)

불교가 중국에 들어온 이후 달마 대사는 인도불교의 전통을 중국의 풍토에 맞게 성장하도록 선불교의 새 지평을 열었다. 달마 대사에서 비롯된 선은 인도의 대승불교에 근간을 둔 것이기 때문에 달마 대사는 '상구보리 하화중생'의 대승불교의 보살행을 평생 실천하여 수많은 납자들이 견성오도할 수 있는 길을 열었다.

태고보우는 자신이 대승경전인 『화엄경』과 『원각경』, 정토계 경전 등을 섭렵하고 젊은 시절 용문산에 들어가 12대 발원을 했는데, 조선조의 문인인 권근의 「원증국사사리탑명」에는 태고가 용문산에 들어가 12대원을 발원을 한 사실과 이후 조선후기에 관세음보살이 서기 방광한 곳으로 유명하다고 하여 태고의 원력이 관세음보살의 영험에 기초해 면면히 계승되었음을 알 수 있다.

태고의 보살에 대한 원력과 수행은 대승불교의 수행자의 실천덕목인 원바라밀(願波羅蜜)과도 깊은 관계가 있으며 태고가 권했던 염불선(念佛禪)조차도 『무량수경』에서 아미타불의 전신인 법장(法藏)보살이 중생을 구제하기 위해 세웠던 48대원에 기초한 것이다. 태고의 중생구호의 원력은 법을 전했던 석옥청공에 대한 사모의 정에서도 나타난다.

> 옛적에 부처와 부처가 만났을 때
> 서로 손님과 주인이 되어 서로 만났으며
> 스승은 주인이 되고 저는 반려(伴侶)가 되며
> 스승이 반려가 되면 저는 주인이 되어
> 미래가 다하도록 불사(佛事)를 하였고
> 중생들을 모두 제도한 후에
> 함께 위없는 대열반에서 놀았으며
> 한결같이 오늘도 하무산에서 놀고 있습니다.

이와 같이 태고는 스승인 석옥과 서로 주객을 바꾸어 가면서 미래세를 다하도록 불사와 중생을 교화하고 제도하여 왔다고 말하여 그의 평생의 삶이 중생구호의 원력에 기초하여 하였음을 밝히고 있다.

태고는 오도(悟道) 후 제자를 제접하는 일을 게을리하지 않았으며 불법을 수호하는 호법교화의 원력을 세워 흩어진 5교9산에 새로운 통합의 틀을 마련했다. 또한 국가에 있어 나라와 불법에 위태로운 징조가 보이면 왕에게 상서(上書)하여 치도(治道)를 논하기도 하였다. 한 때 태고는 신돈을 논하여 "나라가 잘 다스려지면 참된 승려가 뜻을 펴게 되고 나라가 위태로우면 삿된 승려가 때를 만나게 된다. 주상(主上)은 살펴서 멀리함이 종사(宗社)에 심히 좋을 것이다"라고 직언하였다가 신돈의 미움을 사 속리산(俗離山)에 금고된 사실도 있었다.

태고는 자신에게 어떤 고통이 오더라도 국왕이 현혹되고 불(佛)·승(僧)이 잘못된 길을 갈 적에는 늘 상소하여 호법염원의 의지를 평생을 실천했던 것이다.

2) 호법교화(護法教化)의 원력선(願力禪)

태고의 호법원력(護法願力)은 어느 행적에서보다도 구산선문(九山禪門)을 통합하고자 한 의지에서 찾을 수 있다. 태고는 광명사(光明寺)에 설치된 원융부에서 교정(教政)의 임무를 수행함에 있어 공민왕에게 다음과 같이 상언(上言)하기를 "지금의 구산선류(九山禪流)들은 각각 그 문호를 등에 업고, 나는 우수하고 다른 이는 하열하다 하여 싸움이 심하였으며 근자에는 더욱 더하였다. 도문(道門)으로 공격과 방어를 일삼아 울타리를 만들었다. 이로 인하여 화정(和正)이 상패(傷敗)하게 되었다. 아! 선은 일문(一門)인데 사람들이 스스로 여러 문을 만들었으니 본사(本師)의 평등한 무아(無我)의 도(道)와 열조(烈祖)의 격외청양(格外淸揚)의 풍(風)과 선왕의 호법안방(護法安邦)의 의(意)가 어찌 있겠는가. 이는 시대의 폐단이다. 이때에 만약 구산(九山)을 통합하여 일문(一門)을 만들면 구산은 아인(我人)의 산이 되지 않고 산도 유명하고 도(道)도 있어 함께 일불(一佛)의 마음에서 나온 것이 물과 젖이 화합하듯 하나로 평등할 것이다"라고 하였다.

이는 태고의 교정지침(教政指針)으로써 대단히 중요한 내용이며 태고의 호법의지를 단적으로 엿보게 하는 방책이다. 여기에 내포된 의미는 구산선문의 잘못된 폐습을 근본적으로 혁신하여 시류의 폐단을 막고 불법의 중흥을 길이 도모하고자 하는 태고의 호법의지의 충정임을 느낄 수 있다.

태고는 불법에 위태로운 징조가 보이면 왕에게 상서(上書)하여 치도(治道)를 논하기도 하였다. 신돈에 관한 일이 바로 그것이다. 태고는 글로써 신돈을 논하여 "나라가 잘 다스려지면 참된 승려가 뜻을 펴게 되고, 나라가 위태로우면 삿된 승려가 때를 만나게 된다. 주상(主上)은 살펴서 멀리함이 종사(宗社)에 심히 좋을 것이다"라고 하였다. 이글은 국정과 불법을 함께 보호하는 직언이라 여겨진다. 태고는 이 상서롤 인하여 속리산(俗離山)에 금고되었다.

그러나 태고는 어떠한 원망도 없었다고 한다. 이는 본인에게 어떤 고통이 오더라도 국왕이 현혹되고 불(佛) · 승(僧)이 잘못된 길을 갈 적에는 바로 일깨우는 것이 태고의 호법염원의 실행이었다고 하겠다.

그러면 태고의 교화행적(敎化行績)은 어떠한가에 대해서 간략히 살펴보아야 하겠다. 태고는 원(元)에 가서 외유구법(外遊求法) 할 때에도 대도(大盜) 영녕선사(永寧禪寺)의 주지로 개당설법한 것을 비롯하여 교화행이 끊이지 않았다. 원에서 돌아와 30여 년을 소설산(小雪山)에 근본 주석처를 두고 있으면서도 궁중설법을 위시해서 여러 사원에 주지로 부임하여 입원설법(入元說法) 하는 등 불일중흥(佛日重興)과 조도광양(祖道光揚)을 위해서 많은 설법을 하였다.

그리고 수행의 법도를 바로 수립하려는 데 뜻을 두어 수행지침의 청규의례(淸規儀禮)에 관계되는 서책(書冊)을 간행하기도 하였다. 태고는 승도의 일용위의(日用威儀)를 엄정히 하여 조풍(祖風)을 중흥하고 오교를 홍양(興陽)하고자 『백장대지선사선원청규(百丈大智禪師禪苑淸規)』를 간행하면서 친히 발문(跋文)을 지었고, 『치문경훈(緇門經訓)』의 간행에도 서문(序文)을 썼다.

온 대지인은 누가 불성(佛性)이 없으며 누가 신심(信心)이 없겠는가. 그러나 성교(聖敎)를 만나지 못하면 무상보리(無上菩提)의 마음을 일으키지 못하여 길이 고해에 빠져 출몰(出沒)하여 헛되이 나고 헛되이 죽으니 참으로 애석한 일이다.

그러므로 불조성현(佛祖聖賢)이 불청우(不請友)가 되어서 무연자(無緣慈)를 베풀어 종종의 방편을 선설하여 교화하고 조복하여 그들로 하여금 청정한 신심을 내서 무상의 불과보리(佛果菩提)를 이루게 하시니, 불과보리가 어찌 다른 것이겠는가. 바로 사람사람의 본각심(本覺心)이다. 대경(大經)에 이르기를, '여래의 대열반을 알고자 하면 모름지기 근본자성을 알아야 한다' 고 사람들이 이 말을 깊이 믿어 홀연히 반조해서 돌아보면 자심중(自心中)에 무량묘의(無量妙義)와 백천삼매(百千三昧)가 본래 스스로 구족하여 조금도 달라지지 않았음을 알 것이니 이것이 청정한 신심이다. 삼세성현이 세상에 출현하여 말이 없는 가운데에서 말을 하심은 바로 이것을 말씀하신 것이다

태고가 남유(南遊)하여 구법할 때에 다행이 이『경훈(警訓)』을 보게 되었다. 본토에 돌아올 때 가지고 와서 널리 선양해 유포하여 나라도 이롭고 사람도 이롭게 하고자 한 지가 여러 해가 되었다. 지금 승사(勝士)인 명회(明會)와 도암(道庵)이 대서원을 일으켜 단연(檀緣)을 광화(廣化)해서 판목에 새겨 인시(印施)하여 국인(國人)으로 하여금 보고 들음에 다 승인(勝因)을 맺어 필경에 함께 정각을 이루게 하니 이것은 이 '경훈' 의 대의(大義)가 될 것이다.

무오년(1378) 정월 초사흘에 삼한국존(三韓國尊) 소설산(小雪山) 이웅존자(利雄尊者)는 근서(謹序)하노라.

이처럼 태고는 중국에서 돌아올 때 이『치문경훈』을 가지고 와서 성불도생(成佛度生)에 이바지하고자 하였다. 그러다가 마침내 간행하게 된 것이

다. 태고가 중국에서 귀국한 것은 무자년(1348)인 48세 때의 일인데『치문경훈』을 간행한 것은 무오년 78세 때였으니 30년만의 일이었다.『치문경훈』은 이러한 인연으로 간행하여 유통된 후로는 조선시대에 중각(重刻)·복간(復刊)이 계속되어 오늘에 이르기까지 강원(講院)의 사미과(沙彌科)교재로 통용되고 있다. 이같은 인연을 상고해보면 여말(麗末) 이후 한국 불교계에서의『치문경훈』의 유통은 태고의 원력에 의한 법연(法緣)이 지중함을 알 수 있다.

태고는 개인적으로 제접(提接)하여 교화한 인연도 적지 않았다.『태고록』에는 '고정(古鼎; 龍泉溫長老)·절암(節庵; 霞霧侍者)·철우(鐵牛)·혜암(慧庵: 松廣聰長老)·월담(月潭)·구봉(九峯)·고저(古樗 英長老)' 등을 비롯한 많은 이에게 게송으로 법어를 시설(示說)해주고 있다. 국내의 납자(衲子)·거사들 뿐 아니라 외국의 선자(禪子)에게도 금란(金蘭)과 선봉(禪棒)을 주며 "여우는 죽이고, 사자는 기르라"고 격려한 일이 있다. 이미 생애에서 살핀 것처럼 태고에게 많은 문도가 있었음은 태고의 행화가풍(行化家風)에서 그 연유를 찾을 수 있겠다.

이와 같이 태고는 호법의 원력과 의지가 견고하였으며, 산중에 주석처를 두고 있으면서도 인연 따라 다른 사원의 주지로 부임하여 수시설법(隨時說法)을 계속하였다. 그리고 개인적으로 제접하여 인도한 일도 많이 있었다. 이는 모두가 태고의 원력에 의한 선풍의 영향으로 보아야 할 것이다.

3) 동사선(同事禪): 각행원만(覺行圓滿)

태고보우의 대승적 염원과 실천행은 세간의 모든 중생들이 서로 이웃하여 공존하는 연기론(緣起論)에 기초한 것으로 이는 국가를 비롯해 백성과 부모, 자연 등의 만유에 은혜를 생각하고 공덕을 회향하려는 노력인 것이다. 태고는 「시중」의 법어에서 "그대들은 사은(四恩)이 깊음을 아는가"라고 하였고 「상당법어」에는 스승 석옥에게 증명하여 준 은혜를 갚는다고 하여 그에게 보은(報恩)의 선사상(禪思想)이 많은 부분을 차지하고 있음을 알 수 있다.

『태고록』에는 태고가 가지산 보림사(寶林寺)에 주지로 취임하면서 남긴 설법이 다음과 같이 전해지는데 그 처음에는 다음과 같이 설법하였다.

산문(山門)에 이르러 설시(說示)하기를,

"석가노자(釋迦老子)가 이르기를 '나는 이 법문을 국왕과 대신에게 유촉한다' 하신 것은 진실한 말씀이다. 오늘 이 태고 노승이 대중 스님 일행과 함께 처음 희양산(曦陽山)에서 내려와 가지산 문 앞에 이르기까지 그 중간의 거리는 천여 리이다. 여행길에 오른 지 14일 동안을 걸음걸이 남행(南行)할 적에 날마다 시간마다 도로에서 어려움이 없이 도착하여 원통보문(圓通普門)이 활짝 열렸음은 오로지 국왕과 대신이 보호하고 도와주시는 은혜를 입음이다" 하였다.

그리고는 대중을 부른 다음에 말하기를, "오기는 왔으나 어떻게 걸음을 옮겨야 위로 이러한 은혜를 갚을 것인가?" 하고는 주장자를 한 번 내리고 나서 "계성(溪聲)이 가장 친절하고 산색(山色)도 또한 가깝구나" 하였다.

위의 내용에서 태고는 석가모니불의 위촉을 받아 자신이 법문을 하는 것이며 또한 보림사에 도달하여 당일이 있기까지 국왕의 은혜가 있음을 보이고 있다. 또한 "오기는 왔으나 어떻게 길음을 옮겨야 위로 이러한 은혜를 갚을 것인가" 라고 하여 선에 기초한 그의 깨달음이 중생세간을 구하기 위한 서원과 은혜의 간절함으로 이어지고 있음을 볼 수 있다.

이처럼 태고보우는 선지(禪旨)를 말하면서도 국왕 대신의 은혜를 소홀히 하지 않고 있다. 그리고 시중(示中)의 법어에서도 "그대들은 이 사은(四恩)이 심후(深厚)함을 아는가" 하였고 상당법어(上堂法語)를 할 적에도 "석옥 대화상에게 공양하여 증명하여준 은혜를 갚는다"고 하였다.

이는 태고에게 있어서 '보은(報恩)의 선사상(禪思想)'이라 할 수 있다. 보은에 대해서는 불전(佛典)에서 많이 언급하고 있다.

대승불교의 보은사상은 여러 곳에서 출처가 있지만『대승본생심지관경(大乘本生心地觀經)』에는 세·출세(世出世)의 4은(恩)을 밝히고 있는데, 이는 ① 부모은(父母恩), ② 중생은(衆生恩), ③ 국왕은(國王恩), ④ 삼보은(三寶恩)의 네 가지가 있으며 다른 출처의 4은은 ① 부모은(父母恩), ② 삼보은(三寶恩), ③국왕은(國王恩), ④ 시주은(施主恩)의 네 가지와 붕우은(朋友恩)이 있다.

태고는 불전(佛殿)에서 말하길 "조주 고불(古佛)은 '나는 부처불(佛)자를 좋아하지 않는다'라고 하였다. 그러나 나는 그렇지 않아 좋아하지 않는다는 그것조차 좋아하지 않는다. 옛날에는 내가 바로 너이더니 오늘에는 네가 바로 나구나"라고 하여 국왕과 백성, 부처와 범부의 위아래와 차별이 없는 동사(同事)의 면목을 보이고 있다.

태고의 보은에 대해서는 현재까지도 의식문(儀式文)에 명기하여 의식작법(儀式作法)으로 의례화하고 있다.

5종의 대은을 명심하여 잊지말자
각자의 처소에서 편안함은 국왕의 은혜
낳아서 길러 주신 수고로움은 부모의 은혜
정법이 유통하게 된 것은 사장의 은혜

4사의 공양을 받음은 단월의 은혜

탁마하여 성장하게 됨은 붕우의 은혜이다.

이상의 불전에서 언급한 내용들을 살펴보면 첫째는 은혜를 알아서 은혜를 갚아야 한다는 '지은보은(知恩報恩)'의 교설이며, 둘째는 항목의 순서와 숫자는 일정하지 않으나 은혜는 크게 구분하여 4은으로 설명하고 있음을 알수 있다.

4은은 ① 부모은(父母恩), ② 사장은(師長恩: 三寶恩), 붕우은(朋友恩), ③ 국왕은(國王恩), ④ 시주은(施主恩) 이다.

그렇다면 은혜를 알아서 은혜를 갚는 일은 어떻게 하는 것인가? 이에 대해서는 『대방편불보은경(大方便佛報恩經)』권2에 '은혜를 아는 것은 무상보리심(無上菩提心)을 일으키는 것이고, 은혜를 갚는 것은 일체 중생을 교화하여 무상보리심을 일으키게 하는 것이다'라고 한 교설이 있다.

이는 불교의 근본원리에 의거해 보은을 설명한 것이니 발심수행(發心修行)과 중생교화(衆生敎化)를 모두 보은행(報恩行)으로 본 것이다. 이 교설에 의하여 보은을 이해하면 수행과 교화로써 불교의 이념을 구현할 때 부모은, 시주은을 비롯한 일체의 은혜에 보답함이 된다.

이같은 교설은 가장 원론적인 가르침으로 이해될 수 있다. 그러나 출가사문(出家沙門)이라면 누구나 당연히 실행해야 하는 수행과 교화 등의 보편화된 행위로 개개인의 보은행을 흡족히 설명하기는 어렵다. 출가사문의 공통적인 보은행과 시연(時緣), 지연(地緣), 중생연(衆生緣)에 따른 개별 방편의 보은행이 있을 수 있겠다. 그렇다면 태고에게 있어서 어떠한 개별 인연의 보은행이 있었는가?

태고는 수도와 교화에 있어서 매우 범상치 않은 면이 있었음은 이미 생애

부분에서 고찰한 바와 같다. 그런 중에서도 태고의 생애법연(生涯法緣)에는 일반의 사례와는 조금 다른 면이 있다.

그것은 ① 태고 38세 되던 해에 오도하고 양근(楊根)의 초당(草堂)으로 돌아와서 1년간 어버이를 모셨다. ② 태고는 공민왕에게 왕도(王都)를 개성에서 지금의 서울인 한양(漢陽)으로 옮길 것을 진언(進言)하였다. "일찍이 왕기(王氣)를 관찰하니 개성에는 왕기가 남아있지 않아 처음 전성(全盛)하던 때로 회복하기는 어렵다. 왕도는 남쪽 한양으로 옮기고 정책을 잘 실행하면 자연히 왕화(王化)가 육합(六合)에 가득하고 은혜가 만령(萬靈)에게 입혀질 것이다"란 것이 그것이다. ③ 태고는 58세 때 공민왕에게 글을 올려서 홍건적의 난을 미리 알려 성곽을 수축하게 하였고 이듬해에는 미지산(彌智山)에 들어가 초당을 지으면서 다른 사람들에게 "피난 준비를 하라" 하였는데 공민왕 10년에 적도(賊徒)에게 도성을 함락당했으니 현기(懸記)는 사실이 되었다. ④ 태고는 평소에 사암을 세우는 일을 좋아하여 사람들에게 이로움을 준 곳이 10여 소이며, 지리에도 밝았고 대중을 깨우쳐줌은 천성적으로 자연스럽게 하였다. ⑤ 태고의 생존시에 자신이 주석하는 지방인 미원장(迷原莊)이 '현(縣)'으로 승격되었으며, 부향(夫鄕)인 홍주(洪州)가 '목(牧)'으로, 모향(母鄕)인 익화현(益和縣)이 '양근군(楊根郡)'으로 승격되었다.

이와 같이 태고의 행적에는 친가에 돌아와 시친(侍親)한 일과 함께 구체적인 복국우세(福國祐世)의 사례들이 많이 보인다. 적란을 미리 알려 성곽을 쌓게 하고 사람들에게 피난처를 준비하도록 권장했으며 자신과 인연이 있는 지역이 모두 행정체계의 격이 높아졌으며 한양으로의 천도를 진언한 것 등은 특기할 만한 사항이라 하겠다. 이러한 일들은 부정적으로 보면 초연한 본분도인(本分道人)의 풍도에 어울리지 않는 속진에 가까운 일이라 여

길 수도 있을 것이다. 그러나 수행과 교화의 인연은 그 방편이 무궁하니 일률적으로 논할 수는 없는 것이다.

한편 신돈의 전횡이 점점 심해지자 보우는 국왕에게 글을 올려

국가가 잘 다스려질 때는 진승(眞僧)이 그 뜻을 펴고, 국가가 위태해지면 사승(邪僧)이 그 때를 만나게 되오니, 원컨대 왕께서는 이를 살펴서 멀리하시면 종사(宗師)에 매우 다행이겠습니다.

또한 보우는 한양으로 천도할 것을 주청하였다. 그 내용을 살펴보면, 승 태고가 참설(讖說)로써 왕에게 아뢰기를, "한양에 도읍하면 36국(國)이 조공한다" 하니 왕이 그 말에 미혹되어 크게 한양에 궁궐을 수축하므로 윤택(尹澤)이 또 아뢰길 "석묘청(釋妙淸)이 인묘(仁廟)를 미혹하여 거의 나라를 전복함에 이르렀으니 그 감계(鑑戒)가 멀지 않고 하물며 지금 사방(四方)에 근심이 있으니 군사를 훈련하고 사졸을 양성하여도 오히려 넉넉지 못할까 두려워하는데 공사를 일으키고 많은 사람을 괴롭힘은 근본을 상하게 할까 두려워 하나이다"고 하였다.

라고 하여 보우가 왕에게 한양을 도읍으로 하면 36국이 조공한다는 도참설로써 한양천도를 주청(奏請)하므로 공민왕이 이 말에 미혹되어 한양에 궁궐을 수축하게 되는 사실과 윤택이 인조 때 서경천도를 주장했던 묘청(妙淸)의 예를 들어 왕이 경계해야 됨을 간언(諫言)한 사실을 알 수 있다.

보우가 주청한 한양 천도는 그의 법어집에서도 언급하여 "일찍이 왕기(王氣)를 살펴보건데 개경에 계속 도읍한다면 태조 때와 같은 전성기를 맞이하기 어렵고 만약에 남쪽의 한양으로 천도한다면 온 백성이 은택을 입을 것이

다"라고 한 사실로 보아 보우의 한양 천도 건은 확실함에 틀림없다.

그러나 보우가 한양 천도를 주청한 연도가 몇 년인지 알 수 없는데 아마도 그것은 기씨 일파를 제거한 다음 달인 공민왕 5년 6월이었던 것 같다. 그것은 공민왕 5년 6월에 왕이 판서운관사(判書雲觀事) 진영서(陣永緖)에게 남경(南京)의 지리를 살피도록 명령한 사실로 짐작할 수 있다. 이 이전의 사실에서는 남경의 지리를 상(相) 보도록 한 예가 없으므로 보우의 천도론 연대는 공민왕 5년 6월의 일이었던 것이 확실하다.

결국 공민왕은 보우의 천도요청을 받아들여 한양에 궁궐을 수축하도록 여러 차례 독려하였다. 궁궐 수축 및 천도결심에 대한 사실들을 연대순으로 살펴보면 다음과 같다.

백성들이 가족을 거느리고 출성(出城)함을 금하였다. 땅을 남경(南京)에 상(相) 봄으로써 인심이 동요하여 지고 이고 남행(南行)하는 자가 시장에 가는 것 같으므로 이를 금(禁)한 것이다.

남경의 궁궐을 수즙(修葺)하였다.

왕이 봉은사(奉恩寺)에 행차하여 태조의 진전(眞殿)에 알현하고 한양에 천도하기를 점치는데 왕이 봉통을 더듬어 정자(靜字)를 얻었다. 계묘(癸卯)에 다시 이제현에게 명하여 점치니 동자(動字)를 얻었는지라 왕이 기뻐하여 이르기를 "경(卿)이 인사(禋祀)하여 길복(吉卜)을 얻었으니 실(實)로 나의 마음에 맞노라"고 하였다.

남경의 궁궐을 경영하므로 양광도(楊廣道)에 금년의 둔전(屯田)을 면제하였다.

이제현에게 명하여 한양에 집자리를 상(相)보아 궁궐을 건축하게 하였다.

천도하기를 태묘(太廟)에 점치니 불길하였다. 때에 한양 성궐을 수리하니 사람들이 많이 동사(凍死)하였다.

이러한 사실로 미루어 보아 당시 한양 궁궐의 수축은 민심과 관계없이 3년 7개월이라는 장구한 세월을 요(要)하는 대역사(大役事)였으나 공민왕 8년부터 홍건적의 침략으로 무산되고 말았다.

결국 공민왕 9년 이후로는 한양 천도가 다시 거론되지 않고 있어 결국 천도는 실현되지 못하였다.

이외 태고보우는 출가의 본분에도 견성 후 양근의 초당으로 돌아와서 1년간 어버이를 모셨으며 공민왕에게 한양천도를 진언할 때에 "왕도를 남쪽 한양으로 옮기고 정책을 잘 실행하면 자연히 왕화(王化)가 육합(六合)에 가득하고 은혜가 만령(萬靈)에게 입혀질 것이다"라고 하여 국가와 백성이 화합하고 어우러져 번영하길 항상 염원하였다.

이처럼 부모를 모시고 나랏일을 보살펴 전란을 방비한 일은 그의 오도의 풍도가 대승적 이타행에 기초한 것임을 보여주는 것이다.

『대방편불보은경(大方便佛報恩經)』에는 "은혜를 아는 것은 무상보리심(無上菩提心)을 일으키는 것이고, 은혜를 갚는 것은 일체 중생을 교화하여 무상보리심을 일으키게 하는 것이다"라고 하였다. 이를 보더라도 태고의 선은 곧 대승불교의 토대에서 서원과 4은의 보답에 기초해 평생의 삶을 보냈기 때문에 그의 선을 대승선이라고 부를 수 있는 것이다.

7. 수행자의 자세

1) 출가자의 기본자세

태고는 선사상에 입각해 간화선, 염불선, 화엄선 등을 다양하게 지도하였다. 그러나 견성성불(見性成佛)을 위한 수행자의 자세에 대해서는 한결같이 위의(威儀)를 잊지 않고 정진할 것을 늘 강조하였다.

먼저 태고는 출가수행자가 가져야 할 기본정신에 대해 다음과 같이 설하였다.

출가하여 도를 닦는 이는 명예를 구하지 않고 이익을 추구하지 않으며, 주지되기를 바라지도 않고 의식을 도모하지도 않으며, 남의 공경이나 찬탄을 구하지 않아야 한다. 오직 절도를 지키며 나쁜 옷을 입고 나쁜 음식을 먹으며 바위틈에 몸을 감추고 출세하기를 꾀하지 않아야 한다. 이것이 바로 출가하여 도를 배우는 자들의 할 일이다.

태고는 명예와 재산, 의식을 떠난 출가자의 기본적 자세를 말할 뿐 만 아니라 몸을 바위 속에 숨기고 출세하길 바라지 않는 자신의 소박한 삶과 바램도 피력하고 있다.

태고는 이런 정신자세와 함께 분발심을 내어 용맹 정진할 것을 설하고 있다. 상선인에게 보인 글에서 그는 다음과 같이 밝히고 있다.

그대가 처음 나를 의지하여 머리를 깎았을 때 두 어버이는 슬퍼하며 눈물을 흘렸지. 부모님의 은혜는 산보다 무거운데 너를 보내 출가케 했을 때 심정이 오죽했으랴. 그대가 이런 부모님의 은혜를 안다면 부지런히 정진하길 화급하게 하라.

그대가 명리를 구하고 도행(道行)을 멀리 한다면 이는 곧 무간지옥의 흑업(黑業)을 짓는 것이라. 인생이란 덧없으니 어느 누가 오래 살겠는가. 가엾게도 뜬 목숨이 호흡간에 달렸구나. 그러므로 우리의 세존 석가모니 부처님께선 왕위를 버리시고 유성 출가하시어 설산(雪山)에 들어가 6년 고행하실 적에 눈썹 위에 거미줄 어깨에는 새집이 있었고 갈대풀이 무릎을 뚫어도 그대로 두었으니 털 끝만한 명리에도 흔들림이 없으셨다. 그대 이제 스승 따라 이런 행동 배우면 양친과 구족이 천상에 태어나나 스승의 교훈 어기고 무발속인(無髮俗人)이 되면 자신을 얽어매고 스승과 양친 모두 무간지옥 함께 갈 것이다.

이처럼 부모님의 심정을 생각하고 덧없는 인생과 목숨이 호흡간에 달렸음을 살피며 명리를 구하고 도행을 멀리하는 것이 무간지옥으로 가는 길이라는 것. 그리고 올바로 수행하면 두 부모님과 구족이 생천(生天)할 것이나 그렇지 못하면 수행자 자신은 물론 스승과 부모님까지 모두 지옥에 갈 것이니 빨리 생각하고 부지런히 정진하라고 부탁한 내용은 여러 곳에서 강조되고 있으며 같은 내용은 당선인에게 보인 글에서도 보이고 있다.

● 당선인(當禪人)에게 주는 글

옛날 출가한 사람들은 이 일을 한 번 들으면 매우 희귀하다 생각하고 큰 용맹심을 내어 바로 들어가 맹세코 물러나지 않았다. 그러므로 지혜의 수명이 끊어지지 않고 마음의 등불이 다함이 없어 불조의 문하에 사람이 없지 않았다. 그런데 요즘 출가한 사람들은 열이면 열, 모두 스스로 모자란다는 장애를 가졌고 또 많이들 게으르다. 이 일에 대해서는 성인의 경지라고 높이 제쳐두고 스스로 못났다는 생각을 달게 여긴다. 또 몸은 아침 이슬과 같고 목숨은 지는 해처럼 빠른 줄을 믿지 않고 총총히 허덕거리면서 그것을 스스로 좋아하니 그것이 다 3도(三途)의 업인(業因)이 되는 것으로서 7정(七情)을 마음대로 부려 3업(三業)을 짓는 것이다. 그러므로 망령된 업을 짓기는 쉽지마는 죽어서 칼 산, 칼 숲, 지옥과 끓는 쇳물, 끓는 구리물 지옥에서 여섯 가지 과보를 받을 때에는 그 고통은 가장 심한 것이다.

그대는 이미 출가했으니 일을 두루 갖추어 딱 알맞은 오늘보다 좋은 때는 없다. 용맹스런 마음을 내고 해결하겠다는 뜻을 세워 모든 생각[情念]을 버리고 한칼에 두 동강을 내야 한다. 이렇게 일을 참구하여 한 생각에 깨치면 생사가 끊어져 다시는 천하 사람들의 말을 의심하지 않게 된다. 그러면 불조(佛祖)도 그대를 어찌할 수 없을 것이니, 어찌 끝까지 일이 없는 안락한 사람이 아니겠는가?

위에서 '이 일'이란 화두 참구를 말하는 것이다. 그러나 인용구절에서 볼 수 있듯이 인간의 육신이란 아침이슬과 같고 목숨이 저녁 햇빛처럼 짧은 것이니 삼악도에 떨어질 업인들을 좋아하지 말고 용맹심을 발하고 결연한 의지를 세워 공부하라고 하고 있다.

태고는 「참선명」에서도 "세월은 번갯불과 같은 것 광음을 진실로 애석해하라. 생과 사는 호흡 사이에 있어 아침저녁을 보존하기 어렵다네. 다니고 머물고 앉고 눕고 하는 사이, 촌음이라도 아끼고 허송치 말라"라고 하여 행주좌와의 모든 생활에서 용맹에 용맹심을 내고 정진에 정진을 거듭 부탁하였다.

2) 선수행의 마음가짐: 태고 선사의 공부점검법(法)

태고보우는 대중을 가르치는 글에서 참선인이 일상생활 속에서 점검해야 할 사항을 밝히고 있는데, 그 23가지 중에 모두 여덟 곳에서 매일 화두를 점검하여 정진할 것을 설하고 있기도 하다. 물론 참선자가 취해야 할 태도는 철저한 간화참구에 있다. 이 간화 참구를 위해서는 다음과 같은 마음가짐과 행동규범을 가질 것을 당부하였다.

1) 사은의 깊고 두터움을 아는가
2) 사대로 된 더러운 몸이 쇠해 감을 아는가
3) 목숨이 호흡 사이에 달린 줄을 아는가
4) 불조(佛祖)가 세상에 나오심을 아는가
5) 이 세상에서 향상종승(向上宗乘)을 들어본 적이 있는가
6) 이 최상종승을 듣고 희귀하다고 생각하는가
7) 승당에서 잡담하지 않고 어록을 보는가
8) 승당을 떠나지 않고 법도를 지키는가

9) 행주좌와 어느 때나 화두를 점검하되 하루 종일 끊김이 없는가

10) 죽을 먹거나 밥을 먹을 때에도 점검하는가

11) 남과 이야기할 때도 잊지 않는가

12) 엎어지고 자빠지는 경황 중에도 화두를 들고 있는가

13) 승당에 앉았을 때에 조금이라도 귓속말을 하지 않는가

14) 때때로 사람들과 어울려 한가한 잡담으로 남의 시비를 선동하지는 않는가

15) 남의 허물을 보거나 남의 잘못을 말하지는 않는가

16) 언제나 노력하여 나아가고 있는가

17) 견문각지 때에도 어둡지 않고 환히 밝아 한 덩이가 되는가

18) 좋은 때에도 자기를 돌이켜 보는가

19) 자기 면목이 어떻게 하여야 조주 스님을 붙잡는가

20) 조주 스님이 '무' 라고 말한 뜻이 무엇인가

21) 이 생에서 부처님의 혜명을 이을 수 있는가

22) 상중하의 지위를 불문하고 서로 공경하는가

23) 일어서거나 앉거나 편히 있을 때에도 지옥의 고통을 생각하는가

이 23가지는 참선자가 일상생활에서 점검해야 할 도리이며, 참선을 바르게 하려면 이러한 것들이 지켜져야 한다고 밝혔다. 23종의 참선자의 도리는 출가에서부터 선가의 일상생활과 선법을 만나서 간화에 전력하기까지의 순서에 의한 설명이다.

그런데 태고가 왜 23종의 도리를 설파했는가 묻는다면 당시의 수행자들은 스스로가 업장이 많고 하열하다는 생각으로 자포자기 하는 경향을 갖고 있었으며, 이러한 일은 성인들이나 하는 일로만 생각하고 확신을 갖고 있지

않다고 보우는 생각한 것 같다. 따라서 용맹한 마음으로 크게 결단하여 이 일을 참구하도록 권하였다.

3) 경책(警責)

태고보우는 제자들에게 생사(生死)의 찰나가 호흡간에 있으며 세월이 기다려주지 않음을 강조하고 수행에 게을리 하지 말 것을 설파하였다.

◉ 게으른 수행을 경책함

　계묘년(1363) 가을에 우연히 월남정사(月南精舍)에서 놀다가 이 게송을 지어 당두(堂頭) 고저찬영(古樗粲英) 장로에게 주어 그 일상생활을 경책하였다.

偶然相會淸時節	우연히 만난 이 청명한 계절
共臥靑山碧溪月	푸른 산, 맑은 시내의 달에 함께 눕다
難得良辰可虛過	만나기 어려운 이 좋은 때를 헛되이 보낼 수야
碧琅玕裏水嗚咽	낭랑한 대숲에는 물소리만 목 메인다
碧琅玕嗚咽水	푸른 대나무 숲 오열하는 물소리
縱有千金難買取	천금이 있다한들 사 가질 수 있나
請君虛心聽我言	그대는 마음 비우고 내 말 들어라
春風秋月豈待公之斑鬢駐	봄바람 가을달이 어찌 그대의 흰 머리 위해 기다려주겠나.

8. 태고선의 평가

　태고의 선수행 방법은 전적으로 간화선 수행을 표방하고 있다. 간화선이 태고 이전에 없었던 것은 아니지만 이처럼 강력하게 간화선이 주창된 것은 태고에서부터 시작된다고 보아야 할 것이다.

　보조지눌의 정혜쌍수(定慧雙修)와 비교할 때 보조는 선을 위주로 교를 포섭하려는 것으로 교와 선을 동등하게 보는 원융쌍수(圓融雙修)는 아니다. 지눌은 하택신회(荷澤神會)와 규봉종밀(圭峰宗密)을 긍정하고 이통현(李通玄)의 화엄사상을 도입하여 이러한 기초 위에서 전통적인 불립문자(不立文字) 교외별전(敎外別傳)의 격외선(格外禪)을 펼치고 있기 때문에 근본적으로 태고보우와 지눌은 간화선을 이었다는 점에서는 공통점이 있다. 그러나 지눌은 간화선의 철학적인 기초를 마련하기 위해 노력을 기울였지만 태고에서 볼 수 있는 것처럼 간화의 중요성이 강조되지는 않았다. 지눌의 경우『간화결의론(看話決疑論)』이 지눌의 생존 당시에는 세상에 알려지지 않았으며 지눌이 입적 후에 발간 유포된 것이다. 또 정혜결사(定慧結社)에서도 정혜를 닦자고만 했지, 화두를 들자고는 하지 않았다. 따라서 간화선의 본격적인 유포는 태고에서부터 시작되었다고 해도 좋을 것이다.

태고의 간화 수행의 다른 특징은 '무자(無字)'를 비롯한 몇 화두만을 참구 대상으로 하고 있다는 점이다. 태고 이전의 진각혜심(眞覺慧諶)은 수많은 화두를 모아 『선문염송(禪門拈頌)』 30권을 저술하였다. 태고 역시 이에 대해 잘 알고 있었을 것임에도 불구하고 그의 어록에는 단 몇 개만이 보인다. 주된 것은 '무자(無字)'와 '부모미생전(父母未生前) 본래면목(本來面目)'인데, 태고가 무자 화두를 타파해 최종적으로 깨달음을 얻었기 때문인지는 모르겠으나, 무자가 여러 화두 중에서 가장 효과적이라는 생각은 분명하다. 무자 화두는 5조 법연을 비롯해 대혜나 보조 등 여러 조사들이 한결같이 강조하고 있는 대표적 화두이다.

또한 태고보우는 교학적 측면에서 태고는 경전에 몰이해했거나 경설을 부정하진 않았지만, 교(敎)와 선(禪)이 같다거나, 교 외에 선이 별개의 것이라고 보는 종전의 입장을 완전히 무시하여 돈점(頓漸)과 교선(敎禪)의 관계를 명확히 했다. 태고는 경교(經敎)의 설은 선의 전단계 또는 중하의 근기를 위한 것으로 이해하였으며 따라서 수행자는 그 언설의 한계를 넘어서야 할 것을 강조했다.

태고보우는 정토교의 염불수행을 간화선의 입장으로 한 단계 높여 염불을 공안으로 이끌어 소위 공안염불(公案念佛)을 탄생시켰다. 또한 현실 세계 깊숙이 참여하고 관여하면서도 출가인의 본분을 잃지 않고 적당한 간격을 두고 이 사회를 계도하였으며 그가 위치한 왕사, 국사의 직위에서 불교계의 쇄신에 전력을 다해 그의 원용한 오도의 경지를 세간·출세간의 격차를 넘어 활용하였다.

이처럼 태고의 생애와 사상은 고려 말 부패한 교단에 큰 빛으로 작용했고, 그에게는 수많은 제자들이 있어 스승의 사상을 계승·유지시켰다. 따라서 태고보우를 한국불교사, 특히 선사상의 입장에서 보면 간화선법을 본격적으로 수용하고 정착시킨 대표적 인물이며 이후 간화선은 한국불교의 주된 수행법으로 확고하게 자리를 잡으며 한국 선사상의 주류를 이루면서 계승되고 있는 것이다.

제6장

태고보우 국사의 원융종풍

한국불교와 원융불교의 위상
불교사 속의 원융불교
한국불교와 원융불교전통
태고보우의 원융불교
선시(禪詩)에 담긴 선사상

태고보우 국사의 사상 중에서 특히 주목해야 할 사상은 원융사상(圓融思想)이다. 이 문제가 먼저 고찰되면 이에 따라서 한국교의 종조문제도 스스로 해결될 수 있을 것이라 생각된다.

  오늘날 수많은 종단으로 나뉘어져 있는 한국 불교의 모습은 서로 가는 길이 다른 듯 하지만 모두가 신라로부터 물려받은 통불교(通佛敎)적인 혈맥을 떠나지 않고 있다고 보아진다. 우리의 불교사도 이러한 한국교의 법통을 오늘날까지 이어오면서 발전되고 있다고 하겠다. 이러한 한국 불교의 법맥이 태고보우 국사에게는 어떻게 받아들여졌으며 또한 그의 행적이 이것을 구체적으로 보여주고 있는가를 살펴보고자 한다.

1. 한국 불교와 원융 불교의 위상

태고보우 국사의 원융사상(圓融思想)은 한국 불교 역사의 특수성을 함축한 용어이다. 중국의 불교를 각 종파가 일어난 분파불교라고 할 때, 한국불교는 여러 불교 사상을 통합하였다. 때문에 한국불교를 회통불교(會通佛敎)라고도 한다. 최남선(崔南善)은 『조선불교』에서 인도의 불교는 서론적 불교이고 중국의 불교는 각론적 불교, 우리나라의 불교는 결론적 불교라고 표현했는데 여기서 결론적 불교란 바로 원효(元曉)의 통불교사상, 또는 화쟁사상(和諍思想)을 가리키는 것이다.

태고보우의 원융사상은 원효의 화쟁(和諍)사상을 계승한 것으로 교(敎)와 선(禪), 생사(生死)와 열반(涅槃), 세간(世間)과 출세간(出世間) 등의 모든 현상적 대립을 극복한 통불교(通佛敎)적인 사상이다.

태고보우는 원융사상을 교리를 통한 논쟁보다 임제선 특유의 간결하고 실천적인 입장에서 고려 말의 분열된 사회와 불교교단을 정화하고, 화합하려 노력하였다. 원융사상은 화쟁사상에서 비롯된 한국 불교의 정맥(正脈)을 유일하게 현실세계에서 보여준 분이다. 한국 불교는 많은 종단으로 나뉘어져 있지만, 근본적으로 신라시대부터 이어진 화쟁(和諍)과 통불교(通佛敎)의 전통에서 벗어나지 않고 있다.

태고보우 자신은 원융사상과 관련하여 교리체계 위에 자신의 사상을 밝힌 저서나 문헌은 전하지 않는다. 그러나 태고보우는 수행에 몰두하던 젊은 시절 화엄선의 합격과 함께 7년간 간화선과 간경을 병행한 수행을 볼 때 경전에 대한 교학적 이해가 없지 않았다. 따라서 태고보우는 그의 사상을 이론적으로 펼치기보다는 어지러운 고려사회에서 임제선의 실천적이고, 현실적인 가풍이 당시의 시대에 맞는 것이라 판단했기 때문으로 생각된다.

고려의 불교계나 사회에 절대적인 영향을 끼친 태고보우의 사상은 여러 가지로 표현될 수 있지만 태고의 전 생애를 통해 드러나는 삶의 모습에서 드러나는 것으로 불교와 사회, 세간과 출세간을 함께 포괄하는 것이었다. 태고는 출가 승려로서는 드물게 일시 고향으로 돌아가 부모를 모시고 지냈던 것은 원융의 삶을 보여주는 사례이다. 또한 자신의 시대상황을 외면하지 않고 현실에 참여했던 모습도 세·출세간을 일여(一如)의 세계로 삼은 불교와 사회의 원융적 포용사상이었다고 말하기에 충분한 것이다.

원융사상의 구체적인 노력은 교단의 통일과 개혁으로서 구산선문의 통합과 오교양종을 개혁한 것이었으며 태고의 통일과 개혁의지를 실질적으로 뒷받침하기 위해 공민왕이 설치한 관부의 명칭이 원융부였던 것도 우연한 일이 아니다.

태고는 출가한 승려의 몸으로 부모를 모시고 왕사의 길에 나서며 세속의 현실에 참여하는 등 겉으로 보여지는 보우의 삶은 세속에 연연하는 것으로 곡해될 여지도 없지 않다. 그러나 그는 세간의 일에 관여하면서도 결코 세속에 얽매인 적은 없었다. 그것은 왕사를 사임하면서 읊은 게송이나 자연 속에 묻혀 소탈한 삶을 보여주었던 태고의 모습에서 확인된다. 태고는 출세간인이면서도 세간을 버리지 않았고 세간에 출입하면서도 출세간에 철저했던 선승이며, 그의 삶 전체가 원융사상의 구현을 보여 주고 것으로 평가될 수 있다.

2. 불교사 속의 원융불교

1) 종파불교의 성립과 전개

불교는 화합과 평화를 귀하게 여기는 자비의 종교다. 불교는 불교를 위해서 다른 종교와 대립하거나 투쟁한 역사를 갖고 있지 않다. 인도불교사에 있어서 숭가왕조를 비롯한 많은 타종교의 공격에도 힘으로 대항하지 않았고 중국불교에 있어서도 소위 삼무일종(三武一宗)의 폐불이 있었지만 이에 조직적인 대항운동을 벌이진 않았다.

세간의 일에 있어서는 살육과 전쟁을 반대하지만, 불교는 사상적으로 끊임없는 대립과 갈등의 역사로 점철되고 있다. 그때마다 대립과 갈등을 불식시키기 위한 방안이 주창되고 대두되었으니, 이것이 곧 원융불교사상(圓融佛敎思想)이다. 원융은 시대나 배경에 따라 중도(中道)라거나 일승(一乘)이라거나 원통(圓通)이라거나 일여(一如) 등등의 용어를 빌어서 대립을 극복코자 했다.

불교사에서 원융불교사상이 왜 필요했던가 하는 점을 이해하기 위해서는 얼마나 심각한 원융하지 못함이 있었던가를 인식할 필요가 있어야 한다.

불교에 있어서 최초의 분열과 대립은 불멸 100년경에서부터 비롯된다. 소위 인도불교사에서 일컬어지고 있는 근본분열은 보수적인 장로들을 중심으로 한 상좌부와 진보적인 소장들을 중심으로 한 대중부의 대립이다. 이들은 같은 불제자들임에도 불구하고 계율의 해석문제를 둘러싸고 첨예한 대립으로 양극화되고 이어 3, 4백년을 내려오면서 18부의 지말분열을 일으켰다.

부파불교의 문제점을 제기하고 그것을 극복하기 위해서 나타난 대승불교는 기존의 부파불교를 소승이라고 비난하면서 스스로는 대승임을 표방하였다. 이에 의한 대·소승의 양극화된 분열은 심각한 대립으로 이어졌으며 이러한 대·소승의 대립은 생명을 건 치열한 공방이 계속되었다. 심지어는 대승은 소승을 졸렬한 불교집단이라고 멸시했고 소승은 대승을 향해 불교가 아니라고 반박했다. 이러한 사상적 대립은 물리적 행동도 사양하지 않았다.

대승불교 집단은 부파불교를 소승, 또는 성문승이라고 낮추어 부르고 대승에 미치지 못하는 낮은 단계의 교학과 수행으로 규정했다. 따라서 대승경전의 곳곳에서 소승의 소의경전은 불교의 참 뜻을 담지 않은 불요의경(不了義經)이며, 대승의 가르침만이 깊은 불법을 알리는 요의경(了義經)이라 하였다.

중국불교의 경우, 그 특징은 종파불교라고 할 수 있다. 그러나 이 종파 간의 대립도 또한 심각하여, 종파마다 그들 나름대로의 사서를 만들어 자신들이 불법(佛法)의 정맥임을 주장했는가하면, 소위 교판(教判)을 통해서 자파의 소의경이 완벽한 경전임을 주장하였다.

선종의 경우 경전의 가르침과는 관계없이 경전의 가르침을 뛰어넘은 소위 교외별전(教外別傳), 이심전심(以心傳心)의 도리가 곧 최상승(最上乘)의 도리임을 주장하였다. 특히 대승은 성문의 가르침은 술 찌꺼기 같은 것으로 비하했는데, 선종은 교종의 가르침을 깨묵과 같다거나 달을 가리키는 손가락 정도로 낮추었다. 또한 선종도 서로 종지를 달리하여 5가7종의 분파가 생기자 서로가 우열을 다투는 대립을 가져왔다. 이 같은 선문의 대립은 종지에 바탕을 둔 것이 아니라 또 다른 현실적 이권과 야합하여 치열한 갈등을 빚었다.

한국불교의 경우도 종파불교의 대립양상으로부터 예외일 수 없었다. 원효의 십문화쟁(十門和諍)의 주장은 한국불교의 대립양상이 일찍부터 나타났던 것을 보여준다. 신라 말 선법의 전래와 함께 화엄과의 대립은 상대를 마설이라고까지 몰아쳤다. 고려의 의천(義天)도 선교의 대립을 비판했으며, 지눌(知訥) 역시 선교가 둘이 아니라는 주장을 한 것으로 보아 선교의 치열한 대립구도가 있었음을 직감할 수 있다. 더구나 오교구산의 노골적 파벌은 고려 후기불교의 심각한 문제였다. 이처럼 지극히 평화로운 듯 보이는 불교사의 내면은 치열한 대립과 갈등이 끊이지 않았기 때문에, 이러한 이유로 원융사상이 여러 가지 형태로 끊임없이 제창되었고 이 때문에 원융불교사상이 가지는 불교사적 의미를 비중 높게 보지 않을 수 없는 것이다.

2) 대립의 극복: 원융불교의 구현

불교사에서의 분열과 대립을 반드시 잘못된 것으로만 볼 수는 없다. 분파는 그 나름대로 긍정적 측면이 없지 않기 때문이다. 그러나 대립이 도를 넘어 투쟁의 양상을 띠게 되면 그것은 큰 저해요인으로 작용된다. 따라서 이같은 극단적 대립을 차단하기 위해서는 조화의 이론이 대두되지 않을 수 없으며 조화는 통일이나 획일이 아니라 상대를 인정하면서도 특성을 잃지 않는 것으로 원만융화(圓滿融和)해야 할 것이다.

2천 5백여 년의 불교사는 대립과 조화의 역사라고 보아도 크게 잘못되지 않다. 유무의 양극단을 떠난 중도의 이론을 제시한 것이나, 『법화경』에서 대소승의 대립을 지향하고 회삼귀일(會三歸一)의 논리를 편 것도 넓은 의미에서 보면 대립을 극복한 것에 있다. 회삼귀일이란 성문승과 벽지불승과 보살승, 이 셋이 모두 일불승(一佛乘)으로 돌아간다는 것으로 대승들이 소승이라고 멸시하던 대상을 한 차원 높은 단계에서 융화한 것이다.

그러나 일승에 의한 융화의 논리에는 대승소열이라는 근본적 전제를 파기한 것이 아니다. 어디까지나 대승의 입장에서 소승을 낮은 단계로 보는 견해를 유지하면서 일승이라고 주장한 것이다.

『반야경』의 공의 이론도 무분별, 무집착의 반야바라밀을 전면에 내세워 분열과 집착의 문제점을 해결코자 했다. 『화엄경』의 철학적 이론에도 사무애설(四無碍說)과 육상원융설(六相圓融說)이 핵심이다. 사사가 무애하고 육상이 원융하므로 존재하는 모든 것은 대립의 관계가 아니라 상호의존적 관계임을 강조한 것으로 이 모두가 대립을 극복하자는 조화의 이론이다.

이 같이 부처님의 근본적인 교설과 관계없이 현실적 불교사 속에는 끊임없는 대립과 갈등이 계속되었다. 경우에 따라서는 불교의 본질을 떠난 이권을 위한 파벌의 조짐으로까지 나타났으니 대립의 극복을 위한 원융불교의 구현이야말로 불교사의 중요한 과제가 아닐 수 없다.

3. 한국불교와 원융불교 전통

1) 신라불교와 화쟁사상(和諍思想)

신라 말에 새로운 선법의 전래는 불교계에 커다란 변화를 가져왔다. 특히 의상(義湘, 625~702)에 의해 창립된 화엄종(華嚴宗)은 신라 말기에 이르기까지 불교의 주류적 위치를 지켜온 종파였다.

그러나 선법의 전래는 화엄종에 대해 심한 충격을 주었다. '불립문자(不立文字) 교외별전(敎外別傳)'을 강조하는 선의 전래는 비단 화엄종뿐만 아니라 모든 교학에 대해서 큰 도전이 아닐 수 없다. 그러나 당시 중심 교학이 화엄종이었으므로 화엄종과의 충돌을 피할 수 없는 상황일 수밖에 없다. 보조체징(普照體澄, 804~880)의 탑비문에는

우습구나, 말법 시에 경전의 이해를 제대로 하지 못하고 참뜻을 아는 자가 드물며, 서로가 편견만을 집착하니 마치 물을 헤치고 달을 구하여 노끈으로 바람을 얽으려는 것과 같으니 지극한 이치를 어찌 알 수 있겠는가.

라고 당시의 불교계의 분열을 신랄하게 공격하였다. 또한 비문에는

> 또 중생이 곧 노사나불(盧舍那佛)이며 노사나불이 곧 중생이다. 중생은 사
> 나(舍那)의 법계 안에서 종횡으로 업을 짓고 사나는 중생 속에서 고요히 머무
> 르고 있음을 알지 못하니 이 어찌 미혹함이 아니겠는가. 이 미혹을 알면 미혹이
> 아니다. 이 미혹을 아는 자는 오직 우리의 선사 체징이시다.

라고 하였다. 여기서 사나(舍那), 곧 노사나불은 화엄의 주불이다. 그렇
다면 이는 화엄의 교학자들이 화엄의 참 이치를 알지 못하고 편견만을 고집
하고 있음을 직접적으로 비판한 것이다. 이 같은 충격은 화엄계의 많은 사람
들이 화엄학을 버리고 선종으로 들어가는 결과를 가져왔다.

그 예로 성주사(聖住寺) 「낭혜(朗慧)화상탑비문」에 의하면 무염(無染,
801~888)도 부석사 석징(釋澄)에게서 화엄을 배웠으며 입당 후에 지상
사(至相寺)에서 화엄사(華嚴師)를 만났으나 결국 책을 버리고 불광사(佛
光寺)의 여만(如滿)에게 도를 묻고 마곡보철(麻穀寶徹)에게 선법을 전해
받았다고 하였다. 선종으로 개종한 화엄종사들은 무염의 사법제자인 여엄
(麗嚴), 희양산파(曦陽山派)의 개조인 도헌(道憲), 사자산파(師子山派)
의 개조 도윤(道允)과 그의 사법제자인 절중(折中), 동리산파(桐裏山派)
의 개조 혜철(慧哲)과 그의 사법제자인 도선(道詵), 실상산파(實相山派)
의 제2조 수철(秀澈), 그리고 사굴산파(闍堀山派)의 제2조 개청(開清)과
행적(行寂) 등을 들 수 있다.

그러나 선법은 곧 교학의 거센 반발을 부딪쳤다. 도의(道義)는 서당지장
(西堂智藏)의 심인을 받고 돌아와 선풍을 선양하다가 마어(魔語)라는 비
난을 받았는가하면 허탄(虛誕)하다는 지적과 함께 은거하지 않을 수 없는

상황을 맞기도 했으니, 이는 선법의 전래와 함께 교(教)와 선이 대립한 역사적 사실을 보여주는 것이었다. 그러나 선의 정착과 함께 교와 선의 병립이라는 형태로 화엄과 선은 양립의 공존체재를 유지하여 왔다.

한편 원효에 있어서 화쟁이론은 그의 불교사상의 근간을 이루고 있으며 원효의 모든 저술에는 화쟁의 논리가 빠지지 않고 거론되었다. 이러한 연유로 후대에 와서 화쟁(和諍) 국사라는 시호가 추봉되기까지 했을 것이다.

원효의 화쟁이론은 주로 불교사상에 있어서 서로 대립되는 관점을 융합하려는데 역점을 두었다. 이런 의미에서 원효 스스로도 어느 한 종파나 한 사상에 국집하지 않고 화엄, 법화, 열반, 정토, 여래장 등의 다양한 경전을 연구했으며 그 모든 가르침을 통합의 차원에서 이해했다.

원효는 『법화경종요(法華經宗要)』에서 "대소승의 삼승(三乘)이 마침내 일승(一乘)의 성불(成佛)로 돌아갈 뿐만 아니라, 모든 범부나 외도(外道)까지도 결국 하나인 성불의 길로 돌아온다"라고 하였고, 불교의 5천 경론(經論)이 다 부처가 되는 하나의 길을 가르친 것이라고 해서 통불교의 이론적 기초를 세웠다. 또한 『십문화쟁론(十問和諍論)』에서 불교 교리에서 서로 모순되고 논쟁의 여지가 있는 10가지 핵심문제를 뽑은 뒤 이들 논쟁도 겉으로만 모순될 뿐 속으로는 하나로 통한다고 설득하였다. 『십문화쟁론』은 각기 다른 주장의 다양한 불교사상을 융화하여 하나의 큰 틀 속에서 이해하려는 대표적 논서이다.

원효의 화쟁사상은 고려시대에 들어와 의천(義天)과 지눌(知訥)에 의해 전개되었으니 의천은 교(教)에 입각하여 선(禪)을 통합하였고, 지눌은 선에 입각해 교를 이해하려고 했다. 두 스님의 주장은 천태종과 조계종으로 이어졌으며, 태고보우에 이르러 원융사상에 입각한 현실적 통합노력에 의해 결국 조선조의 휴정(休靜)에 이르러 선종의 입장에서 교종을 통합하여 단일

종파를 이루었다.

그렇다면 원효가 주장한 융화의 원리는 무엇인가. 그는 불설의 내용을 이해함에 있어서는 항상 일심에 근거를 두고 그 일심으로 돌아갈 것을 강조하였으며 서로 다른 교설의 형식이나 표현의 이해에는 일승으로 귀결시켜 상쟁의 근거를 없애려 했다. 현재로서는 『십문화쟁론』의 전편이 남아있지 않아 원효가 가리키는 십문이 어떤 것인가는 확실하지 않다. 그러나 그 십문이 어떤 것인가를 추측하여 재구성하였다. 따라서 그 재구성의 십문은 학자들 간에 약간의 차이점을 보인다.

이종익 교수는

① 삼승일승화쟁문(三乘一乘和諍門)
② 공유이집화쟁문(空有異執和諍門)
③ 불성유무화쟁문(佛性有無和諍門
④ 아법이집화쟁문(我法異執和諍門)
⑤ 삼성이의화쟁문(三性異義和諍門)
⑥ 오성성불의화쟁문(五性成佛義和諍門)
⑦ 이장이의화쟁문(二障異義和諍門)
⑧ 열반이의화쟁문(涅槃異義和諍門)
⑨ 불신이의화쟁문(佛身異義和諍門)
⑩ 불성이의화쟁문(佛性異義和諍門)

이라고 했으나, 김운학 교수는

① 공유이집화쟁문(空有異執和諍門)

② 무성유성화쟁론(無性有性和諍論)

③ 인법이집화쟁문(人法二執和諍門)

④ 진속이집화쟁문(眞俗二執和諍門)

⑤ 보화이신화쟁문(報化二身和諍門)

⑥ 삼성이의화쟁문(三性二義和諍門)

⑦ 삼승일승화쟁문(三乘一乘和諍門)

⑧ 법화이신화쟁문(法化二身和諍門)

⑨ 불성이의화쟁문(佛性二義和諍門)

⑩ 이장(二障)이의(二義)화쟁문(和諍門)

으로 재구성하면서도 그 확실성을 주장하지는 않았다.

위와 같은 십문화쟁의 십문이 반드시 일치하지는 않지만 그 대개의 뜻은 파악할 수 있다. 원효가 상쟁을 화쟁으로 이끌려는 주된 과제는 삼승(三乘)과 일승(一乘), 공(空)과 유(有), 성(性)과 상(相), 진(眞)과 속(俗), 아공(我空)과 법공(法空) 등의 문제와 더불어 열반, 불성, 불신(佛身) 등의 서로 달리하는 주장에 초점이 맞춰져있음을 짐작하기에 충분하다. 『십문화쟁론』뿐만 아니라 그의 저술 어디에서나 회통사상은 논해지고 있다.

예를 들면 그의 대표적 저술이라고 할 수 있는 『금강삼매경론』의 서두에서

대저 한 마음[一心]의 근원은 유무를 떠나 홀로 청정하며 삼공(三空)의 바다는 진속을 융합하여 고요하다. 고요하므로 둘을 융합하였으나 하나가 아니요, 홀로 청정하므로 변(邊)을 여의었으나 중간도 아니다. 중간이 아니나 변을 여의었으므로 있지 않는 법이라도 곧 무(無)에 머물지 않으며 없지 않는 상이라도 곧 유에 머물지 않는 것이다. 하나가 아니나 둘을 융합하였으니 진(眞)아닌 사

(事)가 아직 속이 된 것이 아니며 속 아닌 도리가 아직 진이 된 것도 아니다.

둘을 융합하였으나 하나가 아니니 진속의 성품이 서지 않는 바 없고, 염정(染淨)의 상이 갖추지 않음이 없다. 변(邊)을 여의었으나 중간이 아니므로 유무의 법이 이뤄지지 않은 바 없고, 시비의 뜻이 미치지 않는 바 없다.

그러므로 파(破)함이 없되 파하지 않음이 없으며 입(立)함이 없으되 입하지 않음이 없다. 가히 이치도 아닌 지극한 이치이며 당연한 것도 아닌 너무나 당연한 것이다.

라고 하였으니, 이는 세우고〔立〕 파하는〔破〕 논리를 통해서 하나임을 체계화한 것이다. 또한

여러 가지 이견이 있어 논쟁이 생겼을 때 유견(有見)을 주장한다면 그것은 공견(空見)과 같은 것이요, 또 공견을 주장한다면 그것은 유집(有執)과 다른 것이 된다. 이렇게 되면 같다〔同〕와 다르다〔異〕는 논쟁만 더할 것이다.

그렇다고 이 두 가지를 다 같다고 한다면 그 내면에서 상쟁해야 하고 만약 이 두 가지가 다르다고 한다면 또 쟁론이 있게 된다.

이렇기 때문에 같은 것도 아니요〔非同〕 다른 것도 아니다〔非異〕라고 설하는 것이다. 비동이란 말 그대로 모든 것을 불허하는 것이요, 비이란 그 뜻을 따라 허(許)하지 않음이 없는 것이다.

비이(非異)이기 때문에 그 정(情)에 어그러지지 않고 비동(非同)이기 때문에 도리에 어긋나지 않는다. 이리하여 정에 있어서나 이(理)에 있어서나 서로 어긋남이 없게 되는 것이다.

라고 화쟁의 구체적 방법을 허(許)와 불허(不許)의 논법으로 설명하였

다. 또『열반경종요』에서는,

　　모든 경전의 서로 다른 일만 가지가 일미로 돌아가니 불의(佛意)의 지공(至
公)을 열어 백가(百家)의 이쟁(異諍)을 화회(和會)한다.

라고 서로 다른 경전의 여러 교설을 부처님의 본지에 입각해서 이쟁을 화
쟁으로 이끌겠다고 했으며『법화종요』에서는,

　　시방삼세의 모든 부처님께서 처음 성도에서부터 열반에 이르기까지 설하신
모든 가르침은 일체지로 이끌지 않는 것이 없다. 이렇기 때문에 이 모든 것은 일
승교(一乘敎)이다.
　　「방편품」에서 말하기를 모든 부처님들 또한 무량무수한 방편과 갖가지 인연
과 비유와 표현으로 중생을 위해서 여러 가지 법을 연설하였지만 이법은 모두가
일불승이다. 일언과 일구가 다 불승이며, 일상(一相)과 일미(一味)가 깊고 깊
기 때문에 일승교라 한다.

고 했으니, 이같은 일심(一心), 일미(一味), 일불(一佛), 일승(一乘)의 불교
사상은 원효가 화쟁과 회통에 일관하고 있음을 대변해준다. 그러나 원효 대사의
화쟁사상과 통불교사상은 불교교리를 중심으로 원융회통(圓融會通)을 밝히려
는 것으로 불교교단의 갈등이나 제도적 차원의 문제에 입각한 것과 다르다.

2) 순지(順之)의 일원사상(一圓思想)

순지(順之) 선사는 성은 박씨(朴氏)이며 패강(浿江) 출신으로 서운사

(瑞雲寺) 화상이라고도 불리우며, 시호는 요오(了悟) 선사, 탑호는 진원(眞原)이다. 선사는 20세 무렵에 오관산(五冠山) 오관사에서 승려가 되었고 속리산에서 구족계(具足戒)를 받았다. 859년(헌안왕 3년)에 당나라로 가서 강서에 있는 원주앙산(袁州仰山)의 혜적(慧寂)에게 배우고 그의 법통을 이어 받았다. 헌강왕 초년에 돌아와 오관산 용엄사(龍嚴寺)에 기거하면서 선종을 전파하는데 힘썼다. 선사는 자주 헌강왕과 경문왕, 진성여왕 등의 부름을 받아 경주를 방문하였으며 그곳에서 65세에 입적하였다. 『조당집』에는 순지의 저작인 『현법상표(現法相表)』 1편과 『삼편성불편(三遍成佛篇)』이 전해지는데 2편 모두 글의 구성과 내용의 전개가 뛰어나다고 평가받는다.

순지 선사는 선사상 체계를 일원화하는데 관심을 보여 부분적으로 교선융합을 이루었는데 이것은 순지 선사가 즐겨 활용하던 일원상(一圓相)에 기인한 것이다. 원래 일원상(一圓相)은 '일물(一物)'이라고 하는 말에서 비롯된 것으로 이 일물의 존재론적 측면을 유일물(有一物)이라고 말하고 비존재론적으로는 무일물(無一物)이라고 말한다.

순지는 일원상의 체계로써 우(牛), 인(人), 불(佛)의 삼면(三面)을 나누었는데 이것은 『화엄경』에 있는 심(心), 불(佛), 중생(衆生), 삼무차별(三無差別)이라고 하는 이념을 적용시킨 것이다. 일원상은 원대(元代)에 이르러 목우도(牧牛圖)의 선회(禪繪)의 기원이 되었다.

순지의 일물사상은 상대적 현실세계의 부처와 중생의 차별도 모두 일원상 속에 포함되어 있다는 이원론이자, 일원론적인 세계관에 기초하는 것이다.

『기신론(起信論)』에서 보리와 번뇌가 상즉(相卽)한다고 하는 논리는 선에서는 이원성(二元性)을 초탈하는 견성(見性) 외에 논리적인 해결방법이 존재하지 않는다. 그러나 순지는 이에 대한 해답의 방법으로 일원상 속에 소

〔牛〕를 나타내 중생의 번뇌가 불(佛)의 보리로 변화하는 방법을 제시하여 이원론적 이론을 극복한 모습을 보여주고 있다. 그의 저서인 『단집』 권20에는 일원상의 본질을 '상수불이 미오불동(相雖不異 迷悟不同)'이라는 말로 이원적 요소를 일원상에 융합시켜 미오(迷悟)의 차별을 극복하고 있다.

3) 의천(義天)의 주교종선(主教從禪)

광종대에는 균여(均如)의 화엄학에 의한 교선일치(教禪一致)사상이나 법안종(法眼宗)에 의한 선교일치(禪教一致) 사상이 모색되었으며, 이는 각각 교에 의한 교선일치와 선에 의한 선교일치의 시도였다고 보고 있다. 그러나 실제는 화엄학을 필두로 한 오교와 구선선문을 근거로 한 선법이 활발하게 행해짐으로써 병립의 입장을 취하고 있다.

그러나 의천(義天)에 의해 천태종의 개립으로 다시 교선의 충돌과 일치론이 대두되기에 이르렀다. 의천은 천태교학을 최상의 진승(眞乘)으로 여기고 일찍부터 천태종 개립의 의사를 가지고 있었으며 그 후 의종(宜宗) 2년(1085)에 송으로 건너가 화엄학과 겸하여 자변(慈辯) 대사의 강하에서 천태교학을 품승하고, 천태산에 올라가 지자 대사의 탑 앞에서 고향에 돌아가면 천태교학을 홍양할 것을 발원하기도 하였다.

14개월 만에 귀국한 의천은 국청사(國清寺)의 제1세 주지가 되어 천태교판을 강설하기 시작하였다(1097). 이로써 해동(海東) 천태종은 개립을 보게 되고, 숙종 4년(1099) 제1회 천태종승선(天台宗僧選)에 이어 동 6년에 국가의 천태종내선(天台宗大選)이 설해짐으로써 천태종은 국가가 공인하는 한 종으로 성립되었다.

천태종은 개립 이후 고려 불교계에 큰 세력을 떨치게 되었으며, 구산문의 고행석류(高行釋流)를 뽑아 천태교관을 홍양하였고, 이로 인해 총림의 납자로서 천태종에 들어오는 자가 10에 6, 7이었다고 하였으니 그 홍성함과 함께 선계의 타격은 대단히 심했으리라고 생각된다. 이처럼 구산의 석류에게 천태교관을 홍양하고, 또 총림이 납자가 천태종으로 귀종함은 천태종과 선종 사이에 일종의 대립의 의미를 갖는다.

그러나 천태종은 『법화경』을 소의경전으로 하는 교종에 속한다고 보지만 그 관법인 지관(止觀)은 선종과 거의 흡사하며, 법계(法階) 또한 선종의 법계와 완전히 일치한다. 즉 교종의 법계가 대선(大善)으로부터 대덕(大德) → 대사(大師) → 중대사(重大師) → 삼중대사(三重大師) → 수좌(首座) → 승통(僧統)으로 승진토록 되어 있고 선종의 법계는 삼중대사까지는 같지만, 삼중대사부터 선사(禪師) → 대선사(大禪師)로 올라간다.

천태종은 이 선종의 법계를 그대로 따르고 있다. 따라서 천태종은 소의경전에 의하면 교종이라 할 수 있으나 관법(灌法)이나, 법계(法階)의 측면에서 보면 선종과 비슷하거나 일치하고 있으며, 또 당시 선종계의 승려들이 대거 천태종에 속하고 있으므로 실제로는 선종에 가깝다고 할 수 있다. 그러나 교와 선을 하나로 화합시키고자 하는 천태종의 교관(敎觀)겸수의 사상은 교(敎)중심적 입장을 취하고 있다.

이처럼 대각 국사의 회삼귀일(會三歸一)은 불교의 최고사상인 화엄(華嚴)과 천태(天台)의 일불승(一佛乘)을 지양하고 지관(止觀)의 쌍수(雙修)로 선종을 포섭하려는 의도에서 비롯되었지만 근본적으로 고려불교의 개혁을 위한 통일론에 입각한 것이다. 즉 대각 국사의 운동은 교종인 화엄과 천태를 선종에 포섭하려는 입장에 있었기 때문에 교(敎)와 선(禪)의 대등한 원융은 아니며, 또한 불교교단의 내부적 운동으로 국가적 기구로 조직화되지 못한 한계도 가지고 있었다.

4) 보조지눌(普照知訥)의 삼종문(三種門)

보조지눌(普照知訥)은 고려 의종 12년(1158)에 황해도 시흥군에서 태어났으며, 어려서(8세) 입산하여 25세에 승려 고시(僧選)에 합격했다. 지눌은 창평 청원사에서 『육조단경』을 읽다가 깨달음이 있었으며, 3년 뒤 경북 예천 보문사에서 대장경을 읽다가 이통현의 『화엄론(華嚴論)』에 깊은 감명을 받았다. 당시 혼란한 고려사회에 대해 불교계가 선(禪)과 교(敎)의 대립으로 사회적 사명을 다하지 못하고 있음을 개탄한 지눌은 팔공산 거조암에서 정혜결사(定慧結社)를 조직하고「권수정혜결사문」을 발표한 후, 엄격한 수행에 들어갔다. 전남의 순천 송광사로 정혜사를 옮기고 그곳으로 가는 도중 지리산 상무주암(上無住庵)에서 3년 동안 참선 정진에 끝에 『대혜어록(大慧語錄)』을 보다가 크게 깨달은 바가 있었다.

이후 선종 3년(1200) 정혜사를 송광사로 옮겨 여기서 11년 동안 참선 정진과 아울러 수행자들을 가르치다가 희종 6년(1210) 3월 27일 법복을 갈아입고 제자들의 물음에 답을 한 후 조용히 앉은 채 나이 53세로 입적했다. 조정에서는 그에게 불일보조(佛日普照) 국사라는 시호를 내렸다.

보조지눌의 정혜결사운동은 고려 후기의 선을 크게 부흥시켰으며 그의 사상은 당시 서로 대립해 있던 선과 교를 융화시키려 한 것이며, 고려 불교는 물론 오늘날에 이르기까지 큰 영향을 주고 있다.

지눌의 선사상 체계는 성적등지(性寂等地), 원돈신해(圓頓信解), 간화경절(看話徑截)의 삼문으로 요약되며 이러한 사상적 체계 형성에는 규봉(圭峯)의 『법집별행록(法集別行錄)』과 이통현(李通玄)의 『화엄론(華嚴論)』과 『육조법보단경(六祖法寶壇經)』이 그 근저가 되고 있다. 따라서 지눌은 선교일여(禪敎一如)와 돈오점수(頓悟漸修), 습정균혜(習定均慧)

등의 사상적 토대에서 결사운동을 전개한 것이 된다.

삼종문(三種門)은 혜능과 이통현, 대혜의 사상을 보조의 사상체계 속에 용해하는 것으로 미(迷)했 을 때가 각기 다른 것이요, 또한 안목에서 보면 서로 하나로 통합할 수 있는 일융(一融)의 원리를 설명하고 있다.

먼저 성적등지문(惺寂等持門)은 정혜쌍수사상의 구체적인 실천방안으로 정(定)과 혜(慧)를 적적(寂寂)과 성성(惺惺)으로 표현한 영가(永嘉) 대사의 언구를 빌린 것이다. 「정혜결사문」에 의하면 적적으로 연노(緣盧)를 다스리고 성성으로 혼침(昏沈)을 다스려서 성성과 적적이 아울러야만 바른 선이라고 보았다. 따라서 성적(惺寂)이란 물론 자성본래에 이르는 마음 상태를 말한다.

다시 자성문정혜(自性門定慧)는 본래 마음속에 무난무치함을 찾아 나가는 길을 말하며 수상문정혜(隨相門定慧)란 자성이 본래 성적한 이치를 어기고 경계를 따라 움직이는 범부에게 산란할 때는 정(定)으로, 혼침이 올 때는 혜(慧)로 대치하는 것이다. 오(悟)와 수(隨)는 각기 돈증(頓證)하는 경절선(徑截禪)과 점득하는 소승선(小乘禪)을 가리키는 말로 보조는 그의 생애를 두고 이를 병행수행하는 등지(等持)의 회통(會通)에 역점을 두었다.

원돈신해문(圓頓信解門)은 이통현의 『화엄신론』에 착안한 것으로 교학의 사상에도 선과 동등한 신해의 실천문이 있음을 설파한 것이다. 당시 화엄론은 주로 연기론에 입각한 청량(淸凉)의 계통이지만 보조는 성기론(性起論)에 입각해 『화엄경』 「범행품」의 '초발심시 편성정각(初發心時 便成正覺)'이란 명제를 활용하였다. 즉 연기론에서 무수겁의 수행이 소요되지만, 원교(圓敎)의 입장에는 시간적 수량을 논할 수 없다고 말한 것이다. 결론적으로 보조는 오직 선적인 화엄사상에 철저한 것이 원돈신해문의 요지인 것을 알 수 있다.

경절문(徑截門)에 있어 경절(徑截)이란 말 그대로 '지름길로 끊는다'는 것이다. 이는『벽암록』에서 '습학을 일러 문(聞)이라 하고 절학(絶學)을 일러 이웃한다고 한다. 그러나 이 과정을 다 넘어서야 진과(眞過)라 한다' 한 데서 기인한 것으로 습학(소승)과 절학(대승)을 지나고 경절의 세계에 이르러야 진과에 들 수 있음을 차용한 것이다.

지눌의 뒤를 이은 수선사 제2세 진각혜심(眞覺慧諶)은 지눌의『간화경절문(看話徑截門)』을 계승하여 간화선을 크게 진작시켜『선문염송』30권과『구자무불성화간병론』1편 등을 남기고 있고 또 혜심의 제자인 각운은 다시 이 염송집에서 요어(要語)를 뽑아 설화를 부친『선문염송설화』30권을 저술하고 있었다.

이상 보조 선사의 삼종문이 설해진 이유는 첫째 삼종문은 중생을 삼종의 근기로 나누어 삼종근기에 알맞는 길을 찾기 위해 이루어진 것이며, 두 번째는 선교회통(禪敎會通)하기 위해 삼종문을 이룩했다고 볼 수 있는데 선(禪)과 교(敎)를 통해 서로 맞게 병행해야만 원만한 수선법이 될 수 있다는 생각이다. 세 번째는 서산(西山)이 사교입선(捨敎入禪)이라고 말했듯이 선을 행하는 사람이 초입에는 선교를 아울러 행하다가 교를 버리고 선에 이르러야 진정한 선수행이라고 본 것이다. 따라서 근기가 수승한 사람은 선으로 시작하여 선으로 마치며 아직 마치지 못하면 부득이 교에서 선으로 마치는 길이 있다고 보면서 일반적으로는 교에서 시작하여 선으로 마치는 것이니 곧 사교입선이 그 뜻이다.

4. 태고보우의 원융불교

1) 선(禪)과 교(敎)의 원융

태고보우는 선(禪)과 교(敎)에 대해 불교의 근본정신에서 볼 때 선(禪)이 뿌리요, 교(敎)는 나무라고 보아 부종수교(扶宗樹敎)라는 말을 썼다. 선교(禪敎)에 관한 태고보우의 사상은 그가 교학에 대해 해박한 이해에 바탕을 둔 것이다. 젊은 수행시절 태고보우는 『법화경』, 『반야경』, 『원각경』, 『화엄경』을 두루 섭렵하였고 화엄선(華嚴選)의 승과(僧科)에도 합격하였다. 태고보우가 교학을 버리고 선에 몰두한 것은 교학의 목적과 한계에 대한 이해에 의해 비롯된 것이다.

그러나 태고에게 있어서 교학은 선을 증득하는 방편으로 보지만 버릴 대상으로 보는 것은 아니다. 놓아야 할 것으로 보는 것이기 때문에 버리는 것과 놓는 것은 다르다. 버리다 보면 계속 버려도 버렸다는 인식을 만들게 된다. 그러므로 태고는 선과 교는 겸수나 대립이 아닌 선(禪)을 하기 위한 방편으로 인식하고 있다고 보여진다.

이것은 선과 교의 관계에 대한 명확한 이해가 부족한 데서 오지 않을까 추측된다. 교학을 인식하지 못하고 선만에 매달리다 보면 공부에 단계를 인식하지 못하게 되어 독단에 빠지기 쉽다.

태고의 「상당록(上堂錄)」의 법문에는 교와 선을 넘어서 근본자리에 이르는 것을 향상종승(向上宗乘)이라 하였다. 향상종승에 도달한 경지는 다른 법문에서 "팔만 사천 바라밀의 이름도 쓸데없고, 팔만 사천 티끌의 이름도 쓸데없다. 일대장교(一大藏敎)는 무슨 부질없는 말이며, 1천 7백 공안은 무슨 헛소리인가?"라고 하였다. 또한 태고는 "불불조조(佛佛祖祖)가 문자를 내세우지 않고 언어를 내세우지 않고 다만 마음으로 마음을 전했을 뿐 다시 별다른 법이 없다. 만약 이 마음 밖에 따로 한 법이라도 있다면 이것은 마설(魔說)이며 원래 불어(佛語)가 아니다"라고 한 것은 교학을 부정한 것이 아니라 바른 깨달음을 위해 선교(禪敎)를 어떻게 분별해야 하는 가를 보여주는 것이다.

결론적으로 태고에게 있어서의 교관은 모두를 깨달음으로 인도하는 방편으로 중요한 의미가 부여되어 있다. 화엄론 등 각 교장(敎藏)에서 시설된 깨달음의 단계는 잘못된 오도(悟道)를 멈추게 하기 위한 것이다. 앞의 선사상에서 보았듯이 그래서 태고는 본색종장에게 검증받기를 가르치고 있는 것이다. 태고에게 있어 경교의 가르침은 선과의 대립관계에서가 아니며 그렇다고 일여(一如)라는 입장도 아니다. 교는 중하근기를 위한 방편이며 미묘한 심지를 터득하기 위한 하나의 전 단계인 것으로 파악하고 있다. 이것은 의선인(宜禪人)에게 설한 법문에서 볼 수 있다.

모든 부처와 조사들이 주고, 받아서 서로 전하는 묘한 진리는 문자나 언어에 있는 것이 아니다. 그러나 부처나 조사들이 큰 자비로 근기를 대하여 할 수 없이 문자나 언어를 썼다. 오직 이 문자나 언어는 중근기(中根機)나 하근기(下根機)를 위해서 방편(方便)으로 써서, 마음자리를 가르쳐 주신 것이다. 그러므로 무릇 공부하는 사람이 그 방편을 빌어 실다운 법으로 삼아서 버리지 아니하면 어찌 큰 잘못이 아니겠는가. 마치 빈궁한 자식이 부모를 떠나서 돌아다닐 때에 여정에 기탁한 곳을 자기 집으로 망녕되이 여기면 이는 제 집을 잃을 뿐만 아니라 어찌 본집에 이르는 날이 있겠는가. 슬프고 애석한 것은 가리키는 손가락에 집착하여 달이라 여기는 것이다.

여기서 태고보우에게 볼 수 있는 선과 교에 대한 근본적인 태도는 교(敎)를 부정하고 선(禪)을 긍정하는 사교입선(捨敎入禪)이 아니라 본래자성을 깨닫기 위한 수행으로서 선과 교가 둘이 아님을 보인 것이다. 즉 '손가락을 떠나서는 달을 볼 수 없다'는 비유는 교선(敎禪)이 대립이 아니며, 각기 방편과 본심의 깨달음이라는 다른 역할과 한편 불성을 깨닫기 위한 동일한 근본목적을 가졌다고 보는 것이 태고의 선교원융(禪敎圓融)의 입장인 것이다.

2) 정토(淨土)와 선(禪)의 원융

태고보우는 5교(五敎), 3승(三乘), 12분교(十二分敎) 모두가 깨달음의 방편이며 모든 일대장교가 오직 하나로 귀결된다는 일승이론을 주장함으로써 대·소승을 융화하였다. 원융사상의 원리에서 볼 때 결국 정토와 선도 사상적으로 융합될 소지가 있지만 태고보우는 선의 입장에서 정토를 수용함으로써 염불수행을 간화선 수행의 차원으로 끌어올려 선 수행과 염불 수행을 대립관계로 보지 않고 융화시킨 것이다.

한국불교의 경우 선과 정토수행의 원융은 신라의 의상(義湘) 대사에 까지 거슬러 올라가는데 의상은 아미타불을 화엄사상과 같은 일승(一乘)으로 이해한 동시에 열반에 들지 않고 생멸상(生滅相)이 없는 현재불로 파악했다. 이것은 온 우주를 포섭하는 것으로 화엄이라는 사상적 배경 위에 극락정토의 현실화, 신라의 정토(淨土)화를 꿈꿨던 것이다. 소백산 자락의 사찰들이 아미타불을 비로자나불과 함께 봉안하고 있는 것은 의상대사의 화엄 원융사상에 영향을 받았기 때문이다.

고려 중기의 고승인 보조지눌(普照知訥)은 염불을 선에 비하여 "다만 부처님 명호나 일컬으며 부처님의 존상만 생각하여 왕생을 바라는 자에게 견주면 우열을 저절로 알 수 있다"고 하고 정혜쌍수(定慧雙修)의 선을 우위에 두어 "정토에 나기를 구하는 자는 고요한 성품 가운데 닦는 정혜의 공이 있으므로 미리 저 부처님의 안으로 증득한 경계에 계합한 것이다"라고 하였다. 이것은 선을 통해서 정혜를 닦으면 곧 밝고 고요한 본성으로 돌아가서 부처님의 깨달음의 세계에 계합하게 되니, 이것이 이 정토에 왕생한 것이라고 한 것이다.

따라서 보조에게 있어서는 정혜쌍수가 으뜸이요, 염불문은 중하기(中下機)가 깨달음으로 들어가는 문이다. 즉 경절문(徑截門)은 상기(上機)의 문이요, 원돈문(圓頓門)은 원근의 문이요, 정토문(淨土門)은 중하기의 문이니, 말엽천근(末葉淺根)의 중생이 들어가는 문이라고 보았다.

그러나 태고는 재가자들에게 염불 수행을 자주 권하였다. 염불수행은 중생에 근기에 맞는 방편의 수행이지만 태고보우는 염불을 간화수행으로 승화시켜 제자들을 지도하였다.

태고보우는 아미타불이 번역하여 무량수불(無量壽佛)이라 이름한다고 전제하고 유심정토(唯心淨土)설에 입각해 '즉 모든 사람은 그 본성이 대영각(大靈覺)하여 본래생사(本來生死)가 없다' 라고 한 것은 태고 특유의 견해이다. 태고보우의 염불수행은 전통적 정토교의 염불인 칭명염불(稱名念佛)과는 달리 공안참구에 가까운 것으로 왕생이란 의미는 찾아볼 수 없다. 이러한 염불관은 「시백충거사」에서 더 뚜렷하게 나타나고 있다.

"아미타불의 이름을 마음속에 두어 언제나 잊지 않고, 생각생각에 틈이 없게 간절히 참구하고 간절히 참구하십시오. 그리하여 생각과 뜻이 다하거든 '생각하는 이것이 누구인가'를 돌이켜 관찰하고, '또 이렇게 돌이켜보는 이것은 누구인가' 하고 관찰하십시오. 이렇게 자세히 참구하고 또 자세히 참구하여, 이 마음이 갑자기 끊어지면 자성미타가 앞에 우뚝 나타나리니 힘쓰고 힘쓰십시오."

따라서 태고의 염불은 아미타불의 명호를 부르거나 생각하는 것이 아니라 아미타불을 염하는 그 자신이 누구인가를 관하는 것이니, 이는 선가의 '이 뭣꼬'와 같은 공안으로 취급되었다. 그러므로 그의 염불은 염불이 아니라 공안염불이라고 해야 할 것이며, 이는 선의 입장에서 정토를 수용한 선적인 미타염불관(彌陀念佛觀)이라고 해야 할 것이며, 염불수행을 공안화한 것으로 그의 정토관은 간화선의 연장선상에서 이해되어진다.

이러한 태고보우의 사상은 한마디로 말한다면 융통이라고 할밖에 없다. 태고가 염불은 선과 다르지 않으면서 서로 다르다[不異不一]. 상즉상입한 화장세계의 구현이다. 태고는 염불을 단지 선적 공안의 일종으로 보지 않고 하근기가 쉽게 하는 문이 아니라 원융무애한 법의 묘용을 보이는 선교방편으로 본 것이다.

행장이나 법어 속에서 보이는 태고의 사상은 실로 화엄의 교학과 『원각경』의 교리가 서로 떠나지 않는다. 보우는 선사이면서 화엄의 원융의 도리와 선과 염불이 주종의 관계가 아닌 것 같으면서도 다른 것으로 원융되었고 선과 염불이 다르면서도 평등하게 원융되었음을 보여주고 있는 것이다.

태고의 '낙암거사(樂庵居士)'에게 설시(說示)한 「염불약요(念佛略了)」는 염불선으로서 정토수행의 요지를 담아놓은 것이기에 소개한다.

◉ 낙암거사(樂庵居士)에게 염불의 요점에 대해 주는 글

오직 마음이 정토이고 우리의 성품이 그대로 나타난 것이 곧 부처님의 몸으로 나타난 것이니, 이것이 바로 아미타불이다. 청정하고 묘한 법신은 일체 중생의 마음속에 두루 있다. 그러므로 마음과 부처와 중생은 이 셋이 차별이 없다고 하였고, 또한 마음이 곧 부처요, 부처가 곧 마음이니 마음 밖에 부처는 없고 부처 밖에 마음이 없다고도 말했다. 만약 상공계서 진실로 염불하시려면 다만 바로 나의 본성이 아미타임을 염하여 온 종일 모든 행위에서 '아미타불'의 명호를 마음과 눈앞에 두어서 마음과 눈앞의 부처의 명호가 한 덩어리가 되어 마음이 한결같이 이어지고 생각생각이 매하지 않도록 하되 때때로 '생각하는 이것이 누구인가' 하고 깊이 돌이켜 보도록 하시오. 오래오래 하여서 성공하면 홀연히 어느 때에 마음 생각이 끊어져 아미타불의 참 몸이 뚜렷이 앞에 나타나리라. 이때를 당하여 비로소 옛부터 '움직이지 않는 것이 부처'라고 한 말을 믿게 될 것이다.

3) 화엄과 선의 원융

태고의 노래는 사바세계 일체가 곧 화엄의 화장세계이며 부동존인 법신불이다. 태고보우의 평생의 행화는 진속을 초탈한 진정한 오도의 경지에서 비롯된 일이다. 여기서 진은 출세간법이고 속은 생사의 현실인 세간법이다. 일찍이 석가모니 부처님께서는 진정한 출세간을 쫓아 세간을 버리는 것이 아니라 세간과 출세간을 구분하지 않고 유무(有無)에 걸림 없는 중도(中道)의 길을 설하셨고, 『대지도론』에서 용수보살은 보살의 깊은 깨달음은 '생사가 곧 열반' 임을 깨닫는 것이라 하겠다.

『열반경』에서도 열반의 몸으로서 법신의 중생구호의 위신력에 대해 설하고, 열반의 몸으로 육신과 생사의 현실에도 자재할 수 있다고 해석한 것은 유식사상에서 전개된 것으로 세친(世親)은 『섭대승론석』에서 "방편에 뛰어남을 갖추어 생사를 버리지 않지만 염오되지 않으며 이것이 방편에 선교(善巧)한 바라밀이다" 라고 하였다.

이러한 진속불이(眞俗不二)의 견지는 일찍이 한국불교의 정신적 정통성이라 보아도 무방하다

『삼국유사』에는 의상(義湘, 625~702)의 제자 진정(眞定)이 모친의 부음을 듣고 가부입정(跏趺入定)하여 7일 만에 출정(出定) 했는데 의상은 그를 위해 90일 간에 걸쳐 화엄대전을 강설했다. 이 법연(法緣)으로 진정의 모친은 생천(生天)하였다. 진정은 이렇게 모친을 천도(薦度)하는 보은행을 닦은 것이다. 또한 『삼국유사』에서는 현신성도(現身成道)한 2성(二聖)의 전기를 전하고 있는데, 2성이 동일하게 정진했으나 중생을 수순(隨順)하지 않은 박박(朴朴)은 성도는 했지만 부족한 성도이고, 수순중생(隨順衆生)하는 것이 보살행의 하나로 믿고 자비행을 겸한 부득(夫得)은 원만한 성도를 한 것으로 기술하고 있다

태고는 「잡화삼매가」에서 다음과 같이 노래하고 있다.

我曾聞見今乃信　　내 일찍이 듣고 보았지만 이제야 믿겠노라
行也遊也踏也看　　거닐고 노닐고 밟아 보니
娑婆世界水修山山　　사바세계의 수수산산이

華藏界中不動尊   화장계 중의 부동존이다.

이처럼 맥으로 태고보우는 진정 임제선의 법통을 이었지만 종통은 한국불교의 맥을 현실에 되살린 것이다. 태고보우는 원융부를 설치하여 한국불교의 정통성을 고려 말의 현실사회에서 실현하였다. 이러한 일환으로 원융부를 설치한데 대해 정태혁 교수는 "원융부에서는 태고가 장관이 되어 각 종문은 자율적으로 운용되고 각 종문의 종지는 그대로 보존하되 원융부에서 통섭하게 되니 그야말로 산명도존(山名道存)의 원칙 아래 본래 원융된 한국불교가 다시 제 모습을 찾게 되었다. 이것은 태고 화상의 도력이 아니었으면 감히 이루어 내지 못할 일대거사라고 아니할 수 없다" 라고 하였다.

또한 태고보우는 공민왕에게 구산의 통합을 설득하는 과정에서 다음과 같이 설하였다.

이때에 당하여 구산을 통합하여 한 문으로 하면 구산의 나니 너니 하는 대립을 하지 않고 산의 명칭에도 도가 있어서 한 부처님의 비유에서 나온 것이 됩니다. 마치 물과 젖이 서로 화합하듯하여 하나로 평등해질 것입니다. …… 그리고 오교도 각기 그 법을 널리 펴게 되면 받들어서 만세에 복이 되어 국왕의 상서로움도 늘고 부처님의 덕이 더욱 밝아지리니 이 어찌 좋은 일 아니겠습니까?

태고보우는 구산선문의 통합에 대해 산천도 도가 있고〔山名道存〕, 부처님의 도리에 입각해 명호가 생기는 것이라 하였다. 물과 젖이 하나가 된다는 말은 곧 출세간의 도리와 세간의 천문, 지리와 국사(國事)가 모두 일체화되어 생사에 불덕을 실현하는 것이 곧 태고의 진속에 대한 원융사상의 본지라 할 수 있다.

4) 진속불이(眞俗不二)의 원융

태고보우는 소설암에서 농사를 지으며 소박한 선수행자의 모습으로 살았지만 그가 남긴 불교계 및 고려사회의 업적은 적지 않다. 그가 출세간의 삶과 진속(塵俗)의 세간적 삶을 동시에 넘나든 배경에는 그를 권승(權僧)으로 보는 시각도 있지만 근본적으로 그의 깨달음에서 비롯된 것이라 보아야 할 것이다.

흔히 출가자는 세속의 모든 인연을 끊고 부모의 정, 처자의 정 등을 모두 끊는 것을 귀한 일이라고 생각했다. 이것은 부모의 정이나 처자의 정에 끌려서 불변의 세계를 저버리는 것이 되지 않기 위해서다. 그러나 태고는 「시중」이라는 글에서 "그대들은 네 가지 은혜가 깊고 두터운 줄을 아는가, 사대로 이루어진 더러운 몸이 생각 생각 사이에 썩어 가는 줄을 아는가" 하고, 부모의 은혜, 중생의 은혜, 국왕의 은혜, 삼보의 은혜(『심지관경(心地觀經)』「보은품(報恩品)」)등을 항상 생각하여 이에 보답하라고 했다. 부모의 은혜와 중생의 은혜와 국왕의 은혜는 세속의 은혜요, 삼보의 은혜는 진제인 출세간의 은혜에 속하는 것이다.

부정적으로 보면 세속에 초연한 본분도인(本分道人)의 풍도에 어울리지 않는 속진에 가까운 일이라 여길 수도 있지만, 참된 깨달음은 진속(眞俗)마저 초월하는 것이다. 여기서 진(眞)이라고 하는 것은 출세간(出世間)의 세계라고도 말하고 속(俗)은 세간(世間)이라고도 말한다.

속이란 변한다는 뜻이 있고, 진이란 불변의 뜻이 있어서 속이 세간이며 진이 출세간이라고 할 경우에 세간사만은 변하는 것이므로 생사가 다르고 출세간의 법은 불변하는 것이므로 생사가 없다고 말해진다. 그러므로 불교에서는 변하는 세속을 버리고 불변하는 진의 세계로 가기를 바란다. 그리하여 출가하는 것은 영원불변의 진리를 증득하기 위해서 변하는 덧없는 일에 집착하지 않는 것이다.

용수보살(龍樹菩薩)도 "세속의 진리에 의하지 않으면 진제의 진리를 얻을 수 없고 진제를 얻지 못하면 열반을 얻지 못한다(「관자재품」)"고 하고 있다. 이에 대하여 청목(靑目)이 설명하기를, "진제는 모두가 언설에 의하여 있게 되고 언설은 그대로 세속제이다. 그러므로 세속의 진리에 의하지 않으면 진제를 말할 수 없고, 진제를 얻지 못하면 어찌 열반을 얻지 못하면 어찌 열반을 얻으리오. 그러므로 모든 법은 두 가지 진리가 있다"고 했다.

곧 세속제에 언설이 있게 된 것이라고 한 것이다. 이에 대하여 월칭논사는 "여기에 있어서 열반을 증득하는 방편이 반드시 있게 된다. 왜냐하면 열반은 속에 의해서 비로소 가까이 갈 수 있기 때문이다. 물을 요구하는 사람에 있어서의 그릇과 같다. 그러므로 이와 같이 무릇 세속과 승의(勝義)를 가지는 이제의 안립(安立)을 떠나서는 공성(空性)을 설할 수 없다"고 했다.

여기에 있어서 진과 속이 떠날 수 없는 관계에 있다는 것이 설해지고, 이둘이 그대로 살려지는 것이 중도요, 공성 그대로가 된다는 것이다.

이렇게 볼 때 본래 진과 속은 둘이 아니다. 중론에서도 용수가 말했듯이 근본진리는 속을 떠나서 따로 있는 것이 아니고, 가변하는 덧없는 속도 영구불멸의 진을 떠나서 있는 것이 아니다. 그러므로 진과 속은 둘이 아님으로 중도는 진과 속을 모두 살리는 것이다.

따라서 진실로 공부가 이루어진 사람이라면 어느 한쪽을 버리고 어느 한쪽으로 가도 안 되니, 이것과 저것을 모두 살리는 것이다. 이것이 지혜요, 자비방편이라고 설하고 있는 것이다. 그러므로 태고보우 국사가 공부를 성취한 뒤에 속가로 돌아와서 부모를 찾아 오랫동안 효향을 다했다고 하는 것은 당연한 일이었다.

실제의 삶에 있어 태고보우는 38세 되던 해에 무자화두(無字話頭)로 오도(悟道)한 후 양근(楊根)의 초당(草堂)으로 돌아와서 1년간 어버이를 모시고 보임(保任)하였으며, 원융부를 설치하여 쇄락한 불교계의 정화와 통합에 노력하였다. 또한 공민왕에게 간청하여 왕도(王都)를 개성에서 지금의 서울인 한양(漢陽)으로 옮길 것을 진언(進言)하였다. 한편 58세 때에는 공민왕에게 글을 올려서 홍건적의 난을 미리 알려 성곽을 수축하게 하였고, 이듬해에는 미지산(彌智山)에 들어가 초당을 지어 사람들에게 "피난 준비를 하라"고 하였다. 이외 태고보우는 도처에 사암을 건립하고 대중을 가르치는 노력에 평생을 다하였다.

5) 원융부의 설치와 구산오교의 회통

태고는 자기가 깨달은 법에 따라서 법 그대로 살았음을 알 수 있는 또 하나의 사실은 왕사로서 16년, 국사로서 12년을 국가에 봉사하면서 국왕으로 하여금 불법에 따라서 인정을 베풀도록 하고 백성을 교화하여 복을 닦도록 하였고, 다시 종문에 있어서는 당시 선종에서 아홉 문별이 난립하여 교가 바로 서지 못하여 이를 바로 잡기 위해서 당시의 많은 폐단을 들어 세수(世數)의 변화를 꾀하여 불교계를 쇄신한 것이었다.

그는 당시의 퇴폐한 불교계와 세간의 혼미를 바로 보고 올바른 길로 하게 할 수 있는 길이 불법의 도리에 있음을 간파하였던 것이다. 그리하여 당시에 있던 구산의 선문을 하나로 통합하고 오교를 회통하는 불사를 감행했던 것이다.

그의 문인 유창(維昌)이 쓴 「행장(行狀)」에 보면,

공민왕이 물어 말씀하기를 "나라를 잘 다스리려면 어떻게 하여야 하겠습니까?" 하니, 스님께서 답하기를, "임금님의 인자한 마음이 만백성을 교화하는 근본이요 나라를 다스리는 근원이 됩니다. 청하옵건대 한번 돌이켜 살펴보시고, 시대의 폐단과 운수의 변화를 관찰하셔야 합니다."

라고 했다고 한다.
오직 위국충정으로 국운을 걱정하는 모습이 역력하다. 그리고 다시

그러나 지금은 구산에서 참선하는 무리들이 각기 문벌을 업고 서로 자기를 잘났다고 하고 남을 못났다고 하여 싸움이 극심하더니 근자에는 더욱 도문으로 자기들의 울타리를 만들어 화합을 해치고 그릇되게 합니다. 아! 참선은 본래 한 문인데 사람들이 스스로 여러 문을 만들어 갈등을 일삼으니 이 어찌 본사이신 부처님의 평등무아한 도리라 하겠으며, 여러 조사들의 격외 청양(淸敭)한 기풍이라 하겠으며 선왕께서 불법을 보호하여 나라를 편안히 하고자 하신 뜻이라 하겠습니까. 이것이 이 시대의 큰 폐단입니다.

라고 당시 교계의 난립상을 지적하고 있다. 그리하여 이를 시정하기 위하여 원융부를 설치할 것을 권청하였다. 그에 대하여,

이때에 당하여 구산을 통합하여 한 문으로 하면 구산의 나니 너니 하는 대립을 하지 않고 산의 명칭에도 도가 있어서 한 부처님의 비유에서 나온 것이 됩니다. 마치 물과 젖이 서로 화합듯하여 하나로 평등해질 것입니다. …… 그리고 오교도 각기 그 법을 널리 펴게 되면 받들어서 만세에 복이 되어 국왕의 상서로움도 늘고, 부처님의 덕이 더욱 밝아지리니 이 어찌 좋은 일 아니겠습니까.

라고 했다.

구산오교를 원융하게 하나로 통합하는 것은 부처님의 한마음으로 돌아가게 하는 것이라고 했다. 부처님의 한 마음에는 이것과 저것이 각각 대립되고 있으나, 그것을 한결같이 한 마음 속에 평등히 섭수하시므로 이와 같이 구산오교를 한 불심으로 평등하게 하고 자 한 것이 원융부의 일이었음을 알 수 있다. 여기에서는 구산이 각각 다툼이 없이 각자의 구실을 다하게 되고 오교가 각각 자기 나름대로 법을 펼 수 있게 하는 것이라고 했다.

하나 속에는 아홉이 있고 다섯이 있으되, 다섯이나 아홉으로 나누어지지 않고 아홉과 다섯이 나누어지지 않으면서도 나누어져서 각각 법을 펴고 있는 것이다. 마치 물과 젖이 나누어지지 않으면서 나누어져 있는 것이며 물과 젖으로 나누어져 있으면서도 하나로 화합되어 있는 것이니 이것이 부처님의 마음이요 평등하게 있는 것이니 이것이 부처님의 마음이요 평등심이다. 여기에 태고의 원융정책의 묘가 있다고 하겠다.

이것은 우리나라의 불교가 통불교로서 각 종파로 나누어지면 서로 서로 다투지 않고 화합하여 일미(一味) 평등(平等)을 보이는 것과 같다고 하겠다.

이리하여 왕께서 칙명으로 광명사에 원융부를 설치하여 요속을 두니 장관(長官)은 정삼품(正三品)이었다.

원융부에서는 태고가 장관이 되어 각 종문은 자율적으로 운용되고 각 종문의 종지는 그대로 보존하되 원융부에서 통섭하게 되니 그야말로 산명도존(山名道存)의 원칙 아래 본래 원융된 한국 불교가 다시 제 모습을 찾게 되었다. 이것은 태고 화상의 도력이 아니었으면 감히 이루어 내지 못할 일대거사라고 아니할 수 없다.

5. 선시禪詩에 담긴 선사상

1) 시승(詩僧) 태고보우

　태고보우가 평생을 통해 가르친 향상종승의 도리는 교학 뿐만 아니라 알음알이의 터럭마저 붙을 수 없는 것인데 태고를 시승으로 부르는 것조차도 누가 되는 일이다.

　『태고집』의 서에서 목은(牧隱)은 "스님은 석옥(石屋, 1272~1352) 스님의 법제자로 임제의 18대 손이다. 연경에서 처음 법을 여니 그 명성은 천자를 움직였고, 선조(先朝, 공민왕)의 스승이 되니 그 덕은 나라 사람들에게 입혀졌다. 30여 년 동안 조용히 사람들을 가르쳐 인도한 일은 진정 붓으로 다 표현할 수 없는 것이다. 그리고 도(道)란 하늘과 땅을 덮고 형상과 이름을 넘어선 것인데, 거기에 무슨 문자나 언어가 있겠는가? 지금 아무리 이 책을 출판한다 하지마는 다 고인(古人)의 말 찌꺼기인 것이다"라고 하였다.

　그러나 향상의 도리는 세간과 출세간의 분별마저 초월해 크게 뛰어 넘으니 중생을 가르치기 위한 활인검은 시를 통해 전하고 문장에 오히려 의지하는 것이다. 태고가 남긴 시를 볼 수 있는 『태고록』의 상권은 산중에 사는 자기의 선학적인 경지를 읊은 것이고, 하권은 후자는 거의가 사문(沙門)과 혹은 속인의 호를 읊어준 것이다. 여기에는 기시(寄時), 답시(答時), 송시(送時) 등도 약간 포함되어 있다. 작품 중 운문(韻文)은 가음명(歌吟銘)이란 명목과 게송(偈頌)이란 명목 아래 수록되어 있다.

2) 태고보우의 시 세계

저자는 시에 대해 알지 못하지만 감히 태고 스님의 사상을 알리는데 소홀히 할 수 없어서 『태고보우 국사의 인물론』에 수록했던 시 가운데 정태혁 교수와 지준모 시인의 평과 해석의 일부를 소개하고자 한다.

(1) 소 먹이며 쉬는 늙은이〔息牧叟〕

去年牧牛坡上坐	지난 해 소 먹이며 언덕 위에 앉았을 적
溪邊芳草雨霏霏	시냇가 향긋한 풀숲에 부슬부슬 비 내렸지
今年放牛坡上臥	올해는 소를 놓고 언덕 위에 누웠으니
綠楊陰下署氣微	푸른 버들 그늘 아래 더위는 거의 없네
牛老不知東西牧	소도 늙어 어디서 풀 뜯는지 알지 못하매
放下蠅頭	세상 일 던져두고
閑唱無生歌一曲	한가로이 무생가(無生歌)한 곡 부르네
回首遠山夕陽紅	되돌아보니 먼 산에 저녁 햇빛 붉고,
春盡山中	봄이 지난 산중
處處落花風	곳곳에 바람 일어 꽃잎 날리네.

시에서 지난해 소를 먹이며 언덕 위에 앉아 지켜보던 일은 세사(世事)에 구속된 자기를 뜻하고 올해는 소를 방목한 채 언덕 위에 누운 것은 이미 하나의 해탈(解脫)을 보인 것이다. 본체는 현상과 달라 있어지는 것도 없어지는 것도 아님을 깨달을 때, 먼 산의 저녁 노을이며 저무는 날의 바람에 날리는 꽃잎도 이미 철없는 감상(感傷)의 대상이 아니고 오직 달관(達觀)의 미소 속에 여과(濾過)되는 바로 그 빛[夕陽紅]과 바람[落花風]인 것이다. 여기서 우주법계를 연기에 의해 통일된 법계이자 하나의 생명체 전체로서 파악하는 진의를 전하고 있다.

(2) 무얼 말하리[何說]

一切諸法絶名相	모든 것 다스리는 법은 이름도 모양도 없어
溪聲山色最親切	개울물 소리, 산의 빛깔이 가장 잘 알려주네
是什麼	이것이 무엇인고?
只可自怡吾何說	다만 제 스스로 즐길 일이지, 내 무얼 말하리.

선가에서 "각(覺)이란 자증적(自證的)인 것이지, 완벽한 표현이 가능하다거나 완성된 지식의 집적(集積)은 아니다. 고(故)로 '불립문자(不立文字: 文字로 定義를 하지 말라)' 라고도 하고 '막존지해(莫存知解: 세간의 지식으로 해석하지 말라)' 라고도 한다. 이 시에서는 자연과 물아일체가 된 태고의 유유자적한 경지를 읽을 수 있다.

(3) 공도(空道)

| 是空非空共 | 공은 비공에 즉(卽)한 공이요 |
| 此道非道道 | 도는 비도에 즉한 도니라 |

寂滅滅盡處　　적멸도 없어져 다한 곳에
圓明常了了　　다함 없는 연기가 늘 뚜렷하니라.

이 같은 상대적 차별이 없어진 세계라는 관념조차도 끊어진 곳에 새롭고 오염(汚染) 없는 중중한 무진연기의 창조가 분명히 전개된다는 뜻이다. 이렇게 되면 곧 삶과 죽음의 변신 너머에 있는 영겁(永劫)의 생명을 멋지게 누릴 수가 있을 것이다라고 하였다.

공(空)과 비공(非空), 도(道)와 비도(非道)의 상대적인 개념은『반야심경』의 '색즉시공 공즉시색(色卽是空 空卽是色)'의 구절과 같이 즉(卽)의 의미를 두고 무수한 해석이 이루어졌다. 이 시에는 선사이면서도 경전과 논서(論書)에도 해박했던 교선일치(教禪一致)의 원융사상의 단면을 보여주는 시라고 하겠다.

(4) 요암(了菴)

境了人空鳥亦稀　　속세가 아닌 곳에 사람 없고, 새도 드무네
落花寂寂委青苔　　지는 꽃잎 호젓이 이끼에 내려앉네
老僧無事對松月　　노승은 다툴 일 없어 솔 저편 달을 보며
却愛白雲時往來　　이따금 오가는 흰 구름에 미소를 짓네.

산 속 깊은 암자의 세속을 초탈한 심정을 그린 시이다. '지는 꽃잎 호젓이 이끼에 내려앉네'라고 한 번역에서 적막과 청초한 아름다움을 그린 드문 시이다. 소나무와 달만을 볼뿐이니 세간사의 번잡한 일을 모두 잊었다. 여기에는 마음이 외부의 경계를 초탈한 깊은 의미를 담고 있으니 그것이 마음의 애증을 물리친 것이다〔却愛〕. 백운(白雲)은 초탈한 마음에 비추는 삶과 자연

의 일상사일 것이다.

（5）무내(無奈)

心境俱忘是何物	갈대꽃을 덮은 눈, 서로 분간 어려워라
蘆花雪色一非一	세상도 나도 잊으니 무어라 하랴
那邊途路妙難窮	이리 가는 길은 경개(景概)도 무궁하매
踏盡千江無影月	천 가람 그림자 없는 달빛을 다 한번 밟아 보리.

자타를 구별하는 차별관(差別觀)을 없애면 갈대꽃의 흰빛과 눈의 흰빛은 일단 높은 곳에 한 빛이라 할 수 있다. 또 일단 더 높은 곳에서 한 빛일 수 있는 세계와 한 빛이 아닐 수 있는 세계가 공존하면서 장애가 없는 '사사무애(事事無碍)'의 법계가 전개될 것이다. 그림자 없는 달빛은 선가에서 유명한 '콧구멍 없는 무쇠소'라든가, '구멍이 없는 피리'와 같이 생사(生死)의 길을 넘은 적멸(寂滅)의 당체를 말하는 것이다. 그것이 무수한 강물에 비추었으니 구슬이 서로를 조요하듯 '중중무진(重重無盡)'의 연화장의 깨달음을 묘사한 시라 하겠다.

（6）육조(六祖)

無端聽經	무심히 경을 설하시는 것을 듣고
換却眼睛	눈이 떠졌네
尊重法故	옛 법을 존중하여
不憚路程	먼 길 아니 꺼렸네
謁彼黃梅將欲老	늙으신 황매 스님 뵈었을 적에
桃紅李白柳靑靑	복사꽃 오얏꽃 붉게 희게 피었고 버들은 푸르렀지

可憐負石踏碓日	가엾어라, 돌을 업고 방아 찧던 날
豈有毫釐可勞疾	어찌 조금이라도 피로함이 있었을까?
米熟久矣	쌀이 익은 지 오래일 때
半夜入室	한밤중 스님 따라 방에 들었네
親傳法衣	스님께서 법의를 친히 전하시고
命若懸絲	위험을 면하도록 빨리 떠나라 하셨네
因茲暗渡西江月	남몰래 달빛 타고 서강을 건널 적에
誰識當時愛別離	두 사람의 이별의 슬픔 누가 알리오.

6조 혜능 대사(慧能大師)가 5조 홍인 대사(弘忍大師)의 법을 이어받을 당시의 고사(古事)를 시로 읊은 것으로 여기에 다시 실었다. 이 시는 태고보우의 선시(禪時) 전체에 흐르는 간결한 선풍(禪風)을 보여주는 것 외에도 자연과 어우러진 정서와 인간에게 드리워진 깊은 감정을 적절하게 억제하며 묘사하는 격조 높은 시풍을 보여주고 있다.

지준모 시인은 "태고보우 국사의 시는 기교를 끊은 데도 수려하고 도미(道味)가 넘쳐서 스스로 쇄락(灑落)하다. 승려의 작품은 어디까지나 불성에의 계도에 있어야 하는 것이 본래적 사명이라 하겠다. 이런 점에서 태고 선사의 시는 문학으로도 평가의 대상이 될 뿐만 아니라 촌보(寸步)도 게송 등의 명목에 이탈(離脫)함이 없는 것이다"라고 하였다.

시인도 지적했듯이 선가에서 글을 남기는 것을 부정적으로 생각한 '일향(一向)의 단견(斷見)' 들은 여러 논쟁에서 볼 수 있다. 그러나 태고보우의 깊은 깨달음은 진속(眞俗)을 둘로 보지 않는 원융의 도리에 의해 그의 오롯한 경지가 만인에게 감화되고, 후세에 이르기까지 향상의 한 소식을 전하는 소식일지도 모른다.

3) 「태고암가」의 시 사상

태고보우 국사와 「태고암가」는 태고보우의 여러 가송(歌頌)이나 법어 중에서도 가장 중심이 되는 것으로 석옥청공은 「태고암가」를 보고 태고를 인정하여 「태고암가」의 발문까지도 친히 써 주었다.

동국대학교 명예교수인 정태혁 교수는 「태고암가(太古庵歌)」의 평석을 달아 해박한 지식으로 「태고암가」의 본의를 밝혔다 교수는 "그래서 태고 국사가 당시 중국의 임제종(臨濟宗)의 본색종사(本色宗師)인 석옥(石屋) 화상에게 이 노래를 제시하여 심계를 얻은 것으로 유명하다. 그런데 아직 이에 대한 평석이 나오지 않았으니 이는 어찌된 일인가? 이 노래의 맛은 태고만이 알 수 있으니 차고 더운 맛은 직접 맛본 자가 아니면 그 맛을 평하고 해석할 수 없고, 이 노래의 음향은 오직 솔바람 소리만의 화답뿐이기도 하다. 그러나 마음이 열린 자면 누구나 그 맛을 맛볼 수 있고 그 소리를 들어 화답할 수 있는 것이기도 하다. 그러므로 나는 감히 이에 대한 평석(評釋)을 꾀하여 국사의 뜻을 밝혀내고 국사의 노래를 세상에 전하고자 하는 것이니, 이것이 부질없는 짓일까"라고 하여 평석을 단 감회를 말하였다. 여기서는 주요한 내용만 간추려 소개한다.

1.

吾住此庵吾莫識	내가 사는 이 암자가 어떤지 나도 몰라
深深密密無壅寒	깊숙하고 은밀하나 옹색함이 없구나
函盖乾坤沒向背	하늘과 땅을 뒤덮어서 앞뒤를 모르겠고
不住東西與南北	동서남북 어디에도 머무름이 없도다.

태고에게서는 좁다, 넓다, 답답하다, 시원하다는 대립관념이 이미 사라지고, 우주와 하나가 되어 있으므로 태고의 마음의 문은 활짝 열려 있었다. 아니 문이 열린 것이 아니라 문도 없고 훤칠히 넓은 천지가 그대로 머물러 있는 방이요, 뜰 안이었다. "동서와 남북에 머무르지 않는다"고 한 것이 이것이다. "시간과 공간을 초월한 세계가 진실한 제일의제의 근본진리이므로 여기에 머물면서도 이때에 머물지 않기 때문에 태고는 태고암에 그렇게 머물고 있었던 것이다"라고 하였다. 이처럼 현실의 암자를 출세간의 경지와 자신의 삶과 함께 절묘하게 배대한 시승으로서 그의 탁월한 능력을 함께 볼 수 있다.

2.

珠樓玉殿未爲對　　구슬 누각 백옥전이 어찌 이에 견줄 것인가
少室風規亦不式　　소실의 옛 풍규도 본받지 않았건만
爍破八萬四千門　　팔만 사천 온갖 문을 모조리 쳐부수니
那邊雲外靑山碧　　구름 밖 푸른 청산 그곳이 어디인가.

이것은 태고가 마음속에 가지고 있는 것이다. 진리를 깨닫고 자기를 밝게 안 태고에게는 더 고귀한 것이 없다. 우주와 하나가 되고 자기의 참모습을 밝혀 알았으니, 천하에 부러울 것이 없어 천상 천하에 오직 귀한 것은 나뿐이 아닌가. 여기서 소림의 풍규와 팔만사천법문은 선교(禪敎)를 아우른 교종의 교리와 선의 가풍을 모두 일컫는 것이다. 이를 태고는 구름이라 표현하였는데 청산은 오히려 구름너머에 존재한다. 세간의 모든 지식과 잡사에 끄달리지 않고 이를 초탈한 오롯한 세계는 오로지 자신만이 알 수 있다.

태고는 세간의 지식과 교학, 종풍을 거부한 것이 아니다. 이를 섭수하고 극복하여 오도를 이룸으로써 격식을 넘어선 깨달음에 도달한 것이다. 흰 구

름과 청산은 배반할 수 없는 일체이다. 여기에 태고의 원융적 깨달음이 존재하는 것이다.

3.

山上白雲白又白	산 위에 흰 구름이 희고도 희구나
山中流泉滴又滴	산 속에 흐르는 물이 쉬지 않고 흐르네
誰人解看白雲容	흰 구름 저 모습을 뉘라서 알 것인가
晴雨有時如電擊	개었다 비가 왔다 번개 치듯 변하는데
誰人解聽此泉聲	흐르는 이 물소리 뉘라서 들어 알까
千回萬轉流不息	천 구비 만 구비 쉬지 않고 흘러가네.

한 조각 구름이면서 그것이 우주의 생명으로 받아들여진 사람에겐 살아 있는 구름으로 느껴질 것이며 또한 그 구름은 구름 그것이 아니고 나의 진실과 다름 없는 신비한 부처님의 모습으로 보일 수도 있다. 하늘에 번개치고 흐르는 물이 굽이치는 것은 우리 인간의 마음의 모습이기도 하다. 그러나 또한 번개 치는 저 하늘 뒤에는 밝게 갠 하늘이 있고 굽이쳐 흐르는 저 먼 곳에는 바다가 있다. 밝게 갠 하늘은 우리의 본마음이요, 흐르는 물이 가고야마는 저 바다는 열반의 세계다. 무상하고 무진한 현실을 법성의 진여로 관조하는 모습이 표현되어 있다.

4.

念未生時早是訛	한 생각 안 일어나도 이미 어긋난 것
更擬開口成狼籍	더구나 입을 열어 수다를 떨다니
經霜勁雨幾春秋	봄비 가을 서리 몇 해나 지냈는데

有甚閑事知今日　　한가히 지내는 속에서 오늘을 알겠구나.

　진리는 시간을 초월한다. 생사란 시간이다. 시간을 초월해서 생사 속에서
생사를 초월한다. 이런 도리를 알면 오늘 이 시간 속에서 영원한 과거를 보
고 영겁의 미래를 볼 수 있다. 그러므로 생사 속에서 생사를 떠난 것을 알아
야 도에 머문 것이다. 따라서 한 생각이 아직 일어나지 않았어도 이미 이것
은 도에 어긋난 것이다. 그러니 어찌 입을 열어 수다를 떨어서 이러쿵저러
쿵 헤아리고, 어지럽게 분별사려를 하겠는가. 이것은 도에 어긋난 것이 된
다. 무분별 속에서 분별하고 사량(思量)하지 않음 속에서 사량하는 것이어
야 한다. 따라서 깨달았다느니, 안 깨달았다느니 이러쿵저러쿵 하는 것은
아직 도에 이르지 못한 것이다. 그러나 우주의 삶의 무수한 변화에도 불구
하고 진리는 한 생각 속에 있다. 때문에 '평상심이 그대로 도(平常心是
道)'인 것이다.

5.

麤麤也飡細也飡　　거칠어도 음식이요, 깔끔해도 음식이니,
任儞人人取次喫　　그대들 사람 따라 잡는 대로 먹어 두소
雲門湖餠趙州茶　　운문의 호떡이나 조주의 차맛인들,
何似庵中無味食　　우리 암자 맛없는 밥에 따를 수 있겠는가.

　선에 있어서도 이와 같다. 선에도 선풍(禪風)이 있다. 인도의 선, 중국의
선, 한국의 선이 서로 다르게 표현되는 것이다. 인도의 선은 고요함 속에 그
윽한 움직임이 있다고 한다면 중국의 선풍은 요란함 속에 심오함을 가지고
있다. 한국의 선은 고요하고도 그윽함을 간직하면서 때에 따라서 모든 것을

나타내고 있는 것이라고 할 수 있다. 또한 '무미의 맛', '맛없는 맛' 이것이 한국 선의 맛이다. 표현 없는 표현, 어디에도 치우치지 않는 맛이다. 이 맛은 깊고 오묘하여 무한한 함축미가 있는 맛이다. 이 맛은 싫증이 나지 않고 누구도 거부하지 않는다. 음식도 이런 음식이 한국의 음식이 아닌가?

다양한 중국과 한국의 다양한 선가의 종풍이 있지만 한국의 선은 나름대로의 독자성이 존재한다는 말이다.

6.

本來如此舊家風	본래부터 이러하여 옛 가풍 그대로인데
誰敢與君論奇特	누구라서 새삼스레 기특하다 자랑하랴
一毫端上太古庵	한 가닥 털끝 위에 태고암이 서 있으나
寬非寬兮窄非窄	넓은 듯 넓지 않고 좁은 듯 좁지 않다.

선은 본래의 모습 그대로를 보일 뿐이다. 본래면목을 보이는 것이 선이다. 부모미생전(父母未生前)의 면목(面目) 그대로를 보이는 것이 선이다. 스승과 제자가 주고받는 말이나 주먹을 휘두르거나 몽둥이로 때리거나 할을 하거나 묵언부답하는 등 모든 전기전용(全機全用)은 모두가 본래의 면목을 보일 뿐이다. 이것이 선의 가풍이다. 그러므로 사자상승(師資相承)의 전법이 전혀 기특할 것 없다. 석가에게서 태고에게로 법이 전해진 것은 당연한 일이다.

위에서 '한 가닥 털끝 위에 태고암이 서 있다'라고 한 것은 현실세계에서 일어날 수 없는 일이다. 초탈한 깨달음과 법을 전하는 것은 모든 격을 넘어선 곳에 참된 이치가 담겨 있다는 말이 된다.

7.

重重刹土箇中藏	중중무진 세계 이 속에 들어 있고
過量機路衝天直	뛰어난 근기가 하늘로 뻗쳐 있어
三世如來都不會	삼세의 부처들이 도무지 몰랐으니
歷代祖師出不得	역대의 조사들도 나올 수 없도다.

'중중무진'이란 법계연기의 세계를 가리키는 말이다. 마치 연꽃 속에 우주의 신령스런 생명이 저장되어 있는 것과 같다고 하여 연화장 세계라고 한다. 법계연기의 총체적인 보고인 것이다. 이 같이 태고암에 온 우주를 담고 있는 도리를 태고는 노래한 것이다.

"삼세의 여래가 도무지 알지 못하고, 역대의 조사들도 얻지 못한다"고 한 것은 뛰어난 근기가 하늘에 뻗친 사람은 알지 못하는 속에서 알고 얻지 못하는 속에서 얻는 것이다. 그러므로 선은 천지를 꿰뚫는 번득이는 선기로써 중중무진한 법성을 나의 것으로 하는 것이다. 이 세계는 부처도 죽이고 조사도 죽인 세계다. 부처도 알지 못하고 조사도 얻지 못하는 것이기 때문이다. 석옥청공도 이 대목에서 해동에 있다는 것을 짐작하였을지도 모른다.

8.

愚愚訥訥主人公	어리석고 더듬한 이 주인공은
倒行逆施無軌則	남다른 것이 법칙 없이 멋대로다
着卻靑州破布衫	떨어진 청주 베옷 걸쳐입고
藤蘿影裏倚絶壁	우거진 칡덩쿨 속 절벽 위에 기대섰네.

진(眞)도 속(俗)도, 절대도 상대도 모두 떠나서 어디에 걸리지 않고 살아

있는 세계가 보이며 진과 속, 절대와 상대를 '있는 그대로' 살리고 있는 것이다. 여기에 태고의 멋진 세계가 있지 않는가?

태고보우는 오도를 이루어 석옥청공에게서 법을 인가받은 후 왕사와 국사로서 고려와 백성을 지도한 위대한 업적을 남겼다. 그러나 외면적인 태고의 활동과 달리 선사의 내면은 베옷의 소박함과 칡덩쿨에 어우러진 자연과 흙을 평생 잊지 않았다. 세속의 영화를 초탈하여 마음에 큰 광명을 안은 채 어리석은 범부의 모습을 보인 것은 현실세계와 해탈이 다르지 않은 화광동진(和光同塵)의 삶을 몸소 보인 것이다. 이 노래는 불교의 이상이요, 선의 이상이며, 우리 인류의 이상을 단적으로 잘 보인 노래이다.

9.

眼前鵶法亦無人	눈앞에 법이 없고 사람도 없어
旦暮空對青山色	아침 저녁 공허하게 창산을 바라본다
兀然無事歌此曲	일없이 우뚝 서서 이 가락 노래하니
西來音韻愈端的	서천에서 온 노랫소리 참으로 근사하네.

석가모니 부처님께서는 일찍 연기법을 설하시고 이에 근거해 인무아(人無我)와 법무아(法無我)를 설하셨다. 근본진리는 주객(主客)의 실체를 부정하는 데서 시작한다. 근본진리는 너도 없고, 나도 없다. 너라고 할 실체적인 것이 아무 것도 없고, 나라고 할 실체적인 것도 없다. 모든 것은 이것과 저것의 관계 속에 있기 때문이다. 또한 "아침 저녁으로 공허하게 청산의 빛을 맞이한다"고 읊은 것에 대해, '공허하게'는 법에도 걸림이 없고 모든 대상에도 걸림이 없는 공 그대로의 마음이다. 이렇게 공 그대로의 마음으로 청산을 대하면 청산 그대로가 절대가치의 존재다. 이것이 '청산의 빛'이다.

'빛'은 절대가치가 빛으로 받아들여졌을 때에 영원한 생명을 가진다. '천상 천하 유아독존'의 도리에 유유자적하는 선사의 호탕한 기개와 석가모니불의 법을 이은 법락(法樂)의 충만함이 느껴지는 대목이다.

10.

徧界有誰同唱和	온 세계 뉘라서 같이 한번 불러보리
靈山少室謾相拍	영취산과 소실 또한 박자가 서로 맞네
誰將太古沒絃琴	태고 적에 줄 없는 이 거문고를 뉘라서 가져다가
應此今時無孔笛	구멍 없는 이 피리에 맞추어 화창할까?

태고보우는 오도를 이룬 후 자신의 도를 함께 논할 선사를 찾았다. 본시의 줄 없는 거문고와 구멍 없는 피리는 선가에 즐겨하는 격외(格外)의 도리를 비유하는 말이지만 「태고암가」를 지을 당시부터 심금을 나눌 지기와 선지식을 만날 수 있길 이미 바라고 있었던 것으로 보인다. 훗날 태고가 석옥을 만났을 때 그들은 깊은 마음을 주고 받았지만 범부는 향상의 종지를 헤아릴 수 없다. 잡을 수 없고, 들을 수 없고, 생각할 수도 없는 이 거문고를 누가 가져다가 울릴 수 있으랴. 가져갈 수도 없고, 울릴 수도 없는 거문고이나 누구나 가지고 있는 것이요, 울릴 수 있는 거문고다. 이 가락은 천지와 더불어 영겁을 울려 나와서 항상 누구나 들을 수 있으나, 깨닫지 않은 자는 듣지 못한다. 시간을 초월한 소리요, 공간을 초월한 거문고에서 울리는 임제의 가풍이 그렇듯 청천벽력의 소리인 것이다.

11.

君不見太古庵中太古事	그대는 태고암에 태고의 일을 못 보는가

只這如今明歷歷　　이것이 이제까지 분명하고 또렷해서
百千三昧在其中　　백 천 가지 삼매가 그 속에 들어 있고
利物應緣常寂寂　　인연 따라 이로우나 고요함 그대로일세.

　태고는 일체 삼라만상이 존재하는 근원을 가리키지만 태고의 일은 과거가 아니라 영겁을 초월한 것으로 삼라만상 속에서 분명하게 존재한다. 시간과 공간을 초월하여 공겁 이전부터 천지와 더불어 있는 이 부처의 세계, 부처의 일을 보지 못하는가. 부처님은 태고로부터 이렇게 있어 왔다. 이렇게 일하고 있는 것을 보지 못하는가. 저 부처님은 곧 지금의 나이다. 나는 중생을 이롭게 하면서 항상 고요한 삼매 속에서 살고 있다.

　부처님의 하는 일이 삼매 속에서 이루어지듯 태고암의 소식은 삼매 속에서 인연에 따라서 중생을 이롭게 하는 것이며, 이것이 곧 한결 같은 본분사이다. 태고의 일을 알아 태고 그대로의 삶을 살면서 도에 자적하니 태고는 태고암에 머물면서 유유히 흐르는 샘물과 같이 춘하추동의 움직임에 마음을 두어 그것과 벗삼아 공겁 이전의 삶을 보여주고 있는 것이다.

12.

此菴非但老僧居　　이 암자는 나 혼자만이 사는 곳이 아니다
塵沙佛祖同風格　　티끌 같이 많은 부처와 조사님이 다 같이 살고 있네
決定說君莫疑心　　확실한 이 말을 그대여 의심마라
智亦難知識莫測　　지혜로 알 수 있으니 지식으로 헤아리지 말라.

　이 암자는 나 혼자만이 사는 곳이 아니다. 무한한 공간 속에서 무한한 시간에 살고 있는 수많은 부처와 조사님이 다 같이 여기에 이렇게 살고 잇는 것이

다. 진실로 깨달은 자는 이렇게 알아야 한다. 중중무진 법계의 화장세계에 수많은 부처와 조사가 여기에 다 같이 있는 것이다. 풀한 포기, 나무 한 그루, 솔 사이로 불어오는 바람이 모두 부처님이요, 조사의 발자국이 아닌가. 태고는 석옥청공의 심계를 받았지만 훗날 임제의 선풍은 태고선사에 의해 인간과 자연이 어우러지고 중생과 부처가 한자리에 노니는 태고의 독자적인 선풍을 이룩하였다. 그러나 태고에 이르기 위해서는 스승과 조사에 대한 철저한 믿음과 귀의가 필요하며, 알음알이에 의지해서는 안 된다. 철저한 수행 이후에 도달하는 의심 없는 경지에 도달해야 흔들림 없는 태고의 종지에 비슷하게 가까이 이를 수 있을 것이다.

13.

回光返照尚茫茫	회광반조해도 오히려 아득하고
直下承當猶滯跡	바로 이것이라 해도 오히려 걸렸으니
進問如何還大錯	묻고 물어도 도리에 어긋날 뿐
如如不動如頑石	여여히 부동하여 완석과 같구나.

이 소식은 언어 문자로도 할 수 없고 그렇다고 하여 자기의 심성 속에서 성찰하여 알 수도 없다. 그것은 언어 문자로 표현할 수 없고 헤아릴 수 없는 것이기 때문이다. 그렇다고 하여 바로 '이것이다' 하고 들어서 가르칠 수도 없다. 그의 모습은 상(相)이 없기 때문이다. 언어도단이니 묻고 물어도 대답할 수 없다. 만일 대답한다면 그것은 도에서 어긋나게 된다.

여기서 '여여하다' 라는 것은 법 그대로 있는 그대로 절대가치를 가지고 있는 것을 말한다. 이것을 부처라고 해도 좋고 부동이라고 해도 좋다. '여여하다', '부동하다' 는 것은 진리의 전기전용(全機全用)이다. 또한 이것을 비유하면 바윗돌에 비유할 수 있으니, 인연에 따라서 움직이되 공의 도리, 본래의 면목을 떠나지 않고 있기 때문에 예부터 부동불(不動佛)이라고도 하였다.

14.

放下着莫忘想卽	모든 것 놓아버려 망상을 없앴으니,
是如來大圓覺	바로 이것이 부처님의 대원각이로다
歷怯何曾出門戶	오랜 빛날 어느 때에 이 문 밖을 뛰쳐나와
暫時落泊今時路	잠시나마 이제사 이 길에 머물렀네.

선에는 방하착(放下着)이란 말이 있다. 모두 놓아 버렸다는 뜻이다. 이것은 무용(無用)의 부정적 의미만을 말하는 것이 아니다. 인연에 따라서 마음을 일으킬 수도 있으며 이런 마음으로 자유자재하게 중생을 제도할 수 있으니 이가 곧 여래(如來)인 것이다. 본래의 나는 지금의 각자 그것이요, 본래의 나는 본래 원만 구족한 각체 그것이다. 부모미생전의 나는 지금의 나인 것이다. 그러나 그동안 망상의 어두운 감옥 안에서 나오지 못하다가 어느 날 문득 문을 활짝 열고 뛰쳐나와 보니 이 세계는 본래의 나의 고향이요, 이 길은 예로부터 있던 나의 길임을 알게 되었다. 이렇게 나의 길, 나의 모습을 되찾게 되었으니 이젠 이 길에서 언제까지나 떠나지 않고 머물러야 한다. 이것이 나의 삶의 전체인 것이다. 오도의 찰나에 이루어지는 소리 없는 자유의 외침이며, 휴식인 것이다.

15.

此菴本非太古名	이 암자는 본래부터 태고가 아니어서

乃因今日云太古　　오늘이 있기에 태고라고 이름했네
一中一切多中一　　하나 속에 모두 있고, 많음 속에 하나이니
一不得中常了了　　하나도 아닌 속에 언제나 뚜렷하다.

　태고의 행장에는 태고가 석옥 화상을 만났을 때 질문하길, "공겁 이전에도 태고가 있었소, 없었소"라고 묻자, 태고는 "공이 태고의 가운데서 생겼습니다"라고 하였다. 이때 석옥은 미소를 지어 태고 선사를 인정하고 "부처님의 법이 동방으로 갔구나"라고 말한 것이 가사부법(袈裟付法)의 인연이다. '태고'는 암자의 이름이 되었지만, 태고의 선풍을 요약한 절 이름 이상의 의미가 있다.
　현재가 태고로부터 있기 때문이며 '현재'라는 시간은 시간을 초월한 시간이기 때문이다. 진리는 시간을 초월해서 있고 공간을 초월해서 일체 속에 있기 때문이다. 태고는 불생불멸의 진리이며, 연기의 도리요, 공의 도리며 화엄경에서 말한 무진법계의 원융의 도리다. 태고는 의상의 법성게를 인용하여 화엄과 선의 원융사상을 피력하였다. 교선(教禪)을 넘나드는 활달한 태고 고유의 선풍을 볼 수 있는 시이다.

16.

能其方亦其圓隨　　모날 때는 모가 나고 둥글 때는 둥글어서
流轉處悉幽玄　　　흐름 따라 바뀌면서 곳곳마다 그윽하다
君若問我山中境　　그대가 이 산중의 경계를 물을건가,
松風簫瑟月滿川　　솔바람 소슬하고 달빛이 물에 찼네.

　모가 나는 것은 이지(理智)에 따르는 것이요, 둥글다는 것은 정에 따른 것

이다. 너무 이지적이면 모가 나서 잘 어울릴 수 없고, 감정에 치우치면 휩쓸려 떠나간다. 그러므로 이지에 치우치지 말고 감정에 맡기지도 말라, 이지로써 사리를 판단할 때는 예리한 칼로 베듯 하나 감정을 누르고 포용하는 아량을 보여야 한다. 이렇게 할 수 있는 사람을 각행원만(覺行圓滿)하다고 한다. 밖에서 솔바람이 소슬히 불면 그에 장단을 맞춰서 마음의 피리를 불고 달이 훤하게 떠서 밝은 빛이 물에 가득하면 나는 거기에 배를 띄워 콧노래 부르면서 노를 저을 것이다. 도를 이룬 사람의 중생구제의 인연에 대해 모난 것도 있고 둥근 것도 있으면서 모나지 않고 둥글지도 않은 오묘세계가 바로 유현(幽玄)인 것이다.

17.

道不修禪不參	닦을 도도 닦지 않고 참선도 않는데,
水沈燒盡爐無煙	물 빛 어린 향로엔 향도 다 타 연기 없네
但伊騰騰恁麼過	그렇게 등등한 것 이렇게 지나갔나
何用區區求其然	어찌하여 구구하게 그런 것을 찾겠는가.

도가 도가 아닌 데에 이르면 참된 도가 된다. 이와 같이 참선도 그렇다. 견성성불하기 위해서 참선하나, 선이 이루어지면 선을 닦는다는 것도 없게 된다. 도불수(道不修) 선불참(禪不參)의 세계는 도의 극치요, 선의 극치인 것이다. 이 내용을 보면 태고의 선은 이미 무르익어 참구(參究)의 서슬 퍼런 기세등등함도 남아있지 않다. 도가 다 이뤄졌으니 도를 구하려고 하던 그 용맹스러움이나 등등하던 기풍도 찾을 길이 없게 되는 것이다. 즉 도가 이뤄진 부처에게서 어찌 다시 또 도를 닦을 것이 있겠으며, 더욱 더 참선을 할 필요가 없다. 태고에게는 삶 자체가 그대로 도요, 참선이기 때문이다. 먹

고 잠자고 오줌 누고 똥 누는 모든 것이 그대로 참선이요, 도이기 때문이다. 태고는 여기서 소요자적(逍遙自適)하고 무위도인(無爲道人)의 면모를 보이고 있다.

18.

徹骨淸兮徹骨貧	뼈 속까지 사무치게 말쑥하고 가난해도
活計自有威音前	위음왕불 그전부터 스스로 살고 있네
閑來湖唱太古歌	한가로워 호탕하게 태고가를 부르며
倒騎鐵牛遊人天	무쇠소를 잡아타고 천인들과 놀고 있네.

인간은 살기 위해서 욕심도 내고 노여워하기도 한다. 또한 재산을 가지려고 하는 것도 살기 위한 것이라고 할 수 있다. 그러나 인간은 물질적인 것 이외에 정신적인 자량이 더욱 소중하다. 그러기에 예로부터 도인은 청빈함을 기린다. 물질을 극복하기 위하여 고행도 하나, 이것은 정신의 풍부함을 갖기 위한 것이다. 정신은 물질을 능가한다. 그러기에 불교에서는 정신적인 마음가짐을 중요시한다. 일체유심조(一切唯心造)라고 하는 것도 이런 뜻이다. 「태고가」는 위음왕불과 같이 살고 있는 도인의 노래다. 이 노래는 공의 도리 속에서 세상일에 얽매임이 없이 한가하고 초연하여 생사를 떠나고 세정을 떠나서 인간과 천의 세계에서 자재하게 노니는 호탕한 노래가 될 것이다. 물질적 풍요보다 근본 진리에 계합해 육도와 삼계에 노니는 대자유의 모습을 노래한 것이다.

19.

| 兒童觸目盡伎倆 | 아이들이 보기에는 큰 재주 같지만 |

曳轉不得徒勞眼皮穿	끌고 몰기가 잘 안되어 눈꺼풀만 피로하다
庵中醜拙只如許	이 암자 이렇게 추하고 못났으니
可知何必更重宣	아는 것을 어찌하여 새삼 다시 말씀하리
舞罷三臺歸去後	서너 바탕 춤을 추다 모두들 돌아간 뒤에
靑山依舊對林泉	푸른 산은 예와 같고 샘물은 그대로일세.

'아이들을 끌고 몬다'라고 한 것은 선객들을 인도하여 가르치는 것이다. 그러나 초학인이나 둔근의 제자는 지도하기 힘들어 애만 쓰게 된다. 이것을 '얻지 못해서 애만 쓰고 눈꺼풀만 피로하다'고 말한 것이다. 그러나 모두가 부처인데 누가 누구를 가르칠 것인가? 근본자리에서 보면 중생, 부처가 어디 있는가? 따라서 '서너 바탕 춤을 추었다'고 말한 것이다. 시공과 인연사는 거래가 있지만 향상의 종지에 거래가 어디 있겠는가? 그래서 "모두 돌아간 뒤에 청산이 빛 그대로 임천을 대한다"고 읊은 것이다.

제7장

•• 현대사회의 갈등과 원융사상의 실천

태고사상과 인간 심성(心性)의 구현
세계평화의 문제와 태고사상
지구촌 시대의 경제문제와 태고사상
환경위기와 태고사상(太古思想)
사회적 불평등 문제와 태고사상
종교 간의 갈등과 태고사상
한국불교의 문제와 원융불교의 조명
태고사상과 남북한 통일 문제

1. 태고사상과 인간 심성心性의 구현

1) 일물사상(一物思想)과 인간심성

태고보우가 수행과정 동안 참구한 만법귀일(萬法歸一)과 무자화두(無字話頭)는 태고 이후 한국의 선수행사상에 중요한 자리를 차지해 왔으며, 오늘날 일반 선사들의 수행에 있어서도 빼놓을 수 없는 간화선의 화두 가운데 하나로 자리 잡고 있다.

태고보우가 '마음과 물질은 하나의 진리로 돌아가는데 그 하나는 어느 곳으로 돌아가는가?' 라는 의문을 제기하여 그 곳이 일물(一物)임을 깨달았다는 것은 일물이 만법의 근원이라는 것을 깨달았음을 의미한 것이며, 38세에 무자화두를 참구하여 활연대오하였다는 것은 다름 아닌 '일물이 있는 것도 아니고 없는 것도 아니며 완전히 없는 것도 아니다' 라는 것을 깨달았음을 의미한 것이다.

태고보우가 만법이 하나로 돌아가는 곳의 일물에는 용이 갖추어져 있다는 것을 알고 있었기 때문이라고 할 수 있다. 곧 일물에 갖추어져 있는 용(用)

은 지혜와 신통과 삼매와 변재를 드러내기도 하고 숨기기도 하며 종횡으로 자재하는 큰 신통변화의 작용을 가지고 있기 때문이다. 태고보우는 만법을 총괄하는 근본을 일물이라고 보면서도, 일물을 실체화하거나 절대시하고 있지 않을 뿐만 아니라 일물에 갖추어져 있는 용을 끝까지 의심하여 경계하고 있다. 태고보우의 이러한 설명체계는 일상생활 그 자체에 중요성을 두면서 삶의 모든 부분에 선의 요소가 깃들어 있음을 밝히고 있는 것이다.

태고보우가 일물을 중도관(中道觀)으로 설하면서 일물에 갖추어져 있는 용을 끝까지 경계하는 까닭은 일반 대중들을 고정된 심의식(心意識)의 사량분별로부터 해방시키고자 함이며, 일상생활 속에서 계속 공부해 나가야 할 필요성을 밝혀 본원적 인간심성의 일물을 체득하게 하기 위해서이다.

태고사상에서 인간심성을 논하고자 한다면 먼저 근원적인 측면에서, 마음이라고도 하고 도라고도 하며 만법의 왕이라고도 하고 부처라고도 칭하는 일물사상의 체계로써 인간심성을 파악하여야 한다. 또한 실천적인 측면에서, 일물의 깨달음을 현실에서 구현시키고자 평생을 몸 바쳐 실천하였던 원융사상으로서 원융무애정신과 자비심을 살펴보아야 한다. 그리고 마지막으로 일심이며 진여법성의 일원상(一圓相)이고 청정한 진여심이며 불심인 일물의 본원적 인간심성을 자기화하는 것까지 고찰해보아야 한다. 왜냐하면 태고보우가 일물을 실체화할 수 없는 것이라는 것을 알면서도 일반 대중들에게 일물을 설하고 있는 까닭은 일반대중들에게 본원적 인간심성을 자기화할 수 있도록 하기 위함이기 때문이다.

이처럼 일물은 초기의 선사상에서부터 일관되게 언급되고 있는 선의 기저(基底)이자, 본원경지에 대한 것으로서 마음의 원래 자리를 표현한 것이다. 태고보우는 공민왕의 요청에 의해 심요(心要)를 말해 주고 있는 부분에서 마음이나 도(道), 부처라고도 칭하는 이른바 일물에 대하여 "여기에 한 물건이 있는데 너무나도 분명하고 또렷하며 거짓도 없고 사사로움도 없고, 고요히 움직이지 않으면서 크게 신령스러움이 있다. 본래부터 생사가 없고 분별도 없으며 이름이나 모양도 없고 언설도 없다"라고 하였다.

곧 태고보우는 본원적 인간심성의 일물을 명명역력(明明歷歷)하고 적연부동(寂然不動)하며 대영지를 가지고 있는 것으로 설명하고 있음과 동시에 언어와 문자까지도 떠난 것으로 설명하고 있는 것이다. 아울러 태고보우는 일물이자, 본원적 인간심성에 체와 용이 갖추어져 있다고 하였다.

또한 마음과 물질은 불가분의 관계를 맺고 있으며 어느 한 쪽만을 인정하고 한 쪽을 인정하지 않는다면 진리가 아니다. 마음은 물질에 의지하여 존재하고, 물질은 마음에 의지하여 존재한다. 그리고 마음에 불성이 있다는 것은 물질에도 불성이 있음을 의미한다. 그러므로 만법과 일물을 중도관으로 관하는 만법귀일의 화두는 마음과 사물에 대한 일물, 즉 불성을 깨닫고자 함이다.

태고보우는 "삼라만상은 한 법에 의하여 조성된 것이다. 보여지는 물질은 모두 마음을 보는 것이며 마음은 스스로 마음이라 하지 아니하고 물질을 인연하여 마음이라고 한다. 물질은 스스로 물질이라 하지 아니하고 마음을 인연하여 물질이라고 한다. 그러므로 물질을 보면 곧 마음을 본다"라고 하였다. 즉 하나하나의 물질은 불성과 함께 존재하며 물질 자체도 진여이다. 태고보우는 이러한 불성을 깨달았기 때문에 모든 물체를 진여로 관찰하며 선정의 경계로 생활화한 것이다.

또한 태고보우는 "일물을 관하면 곧 사람과 사람들의 면목이 본래 원만하게 성취되는 것인데 그 얼굴에 다시 기름과 분가루로 화장할 필요가 있겠는가?"라고 하였는데, 이것은 일물의 진면목을 관하면 인간의 본래면목인 인간심성을 드러낼 수 있음을 설명한 것이다. 곧 본원적인 인간심성은 진여성이며, 진여성은 불성이고, 불성은 제일의제이다. 그러므로 일물을 깨달으면 만법을 깨달으며, 만법을 깨달으면 일물을 깨닫는 것으로서 이를 견성이라 하고 오도라 하며 성불이라고 한다. 태고보우가 만법귀일의 화두를 든 것도 일물을 관찰하여 견성하기 위함이며 성불을 위한 것이다. 이에 일물사상은 본원의 인간심성, 즉 진여심을 깨닫게 하기 위함이라고 할 수 있다.

태고보우는 "마음이라 하는 것은 범부들이 허망하게 분별을 내는 마음이 아니라 바로 그 자신이 적연하여 움직이지 않는 마음이다"라고 하여, 허망하게 분별을 내는 마음이 아니라 적연하여 움직이지 않는 마음을 본원적 인간심성으로 보고 있다. 이것은 허망하게 분별을 내는 마음인 허망의식이 아니라 분별을 내지 않는 대원경지와 평등성지 그리고 묘관찰지와 성소작지를 의미한다고 할 수 있다.

태고보우가 생각이 일어날 때마다 화두를 들어 참구하라고 한 것은 심의식의 허망한 분별을 제거하여 본래적인 성품을 드러내게 하기 위해서이기 때문이다. 곧 태고보우가 생각이 일어날 때마다 화두를 들어 본래 마음자리를 깨닫게 하고자 하는 것은 심의식을 끊어 사량분별을 일으키지 않게 하고자 함이다.

이것은 결국 무루(無漏)의 지(智)를 증득하게 하여 대원경지를 발휘하게 하고자 하는 것이므로 아뢰야식을 질적으로 전환시키는 것이며, 이승과 범부를 위하여 정토와 예토(穢土), 그리고 불신과 중생의 근기에 맞게 몸을 나타내어 유정을 이롭게 하는 성소작지를 발휘하게 하고자 하는 것이므로 전오식(前五識)을 질적으로 전환시키는 것이다. 이를 위해 태고보우는 적연(寂然)하여 움직이지 않는 마음을 밝게 얻게 하기 위해 사량하지 말고 몸과 마음까지도 모두 놓아 버릴 것을 강조한다.

또한 태고보우는 사량분별을 제거하기 위하여 몸과 마음까지도 모두 놓아

버릴 것을 강조한다. 그리고 그는 마음자리가 적연하여 움직이지 않아 밝고 또렷또렷한 것이 앞에 나타날 때 부모에게서 전의 본래면목이 어떤 것인가를 자세히 살필 것을 강조한다.

태고보우는 마음자리를 움직이지 않게 하고 행주좌와(行住坐臥)에 있어 온종일 마음이 매하지 말게 하여 '부모미생전(父母未生前) 본래면목(本來面目)'을 깨닫게 함으로서 본래마음자리를 깨닫게 하고 있다. 왜냐하면 본원적 인간심성의 일물은 행주좌와 어묵동정 시에 인연을 만나는 곳마다 진실되고 명확하게 드러나기 때문이다.

본원적 인간심성은 항상 사람들의 본분 위에 있어서 언제나 어느 곳에서나 무엇을 하든지 간에 밝게 나타나므로 마음이라고도 불리고 도라고도 불리며, 만법의 왕이라고도 불리고 부처라고도 불린다. 태고보우는 이러한 경계가 저절로 나타났을 때에 곧 나고 죽음을 의심하지 않을 것이며 부처와 조사의 말씀을 의심하지 아니하여서 곧 부처와 조사를 만나 보게 될 것이라고 하였다. 그러나 태고보우가 이 일물, 즉 본원적 인간심성을 설한 까닭은 본원적 인간심성을 체득하게 하기 위한 것이지, 본원적 인간심성을 실체화하거나 절대시하기 위한 것이 아니다. 도리로 헤아린다면 종승(宗乘)을 없애는 것이 되고, 세상의 시각으로 분별한다면 선성의 가르침을 져버려 불법의 근본에서 멀어진다. 그러므로 인간이 가진 사고법으로는 결코 올바른 접근이 이루어질 수 없으므로 이렇게도 저렇게도 어찌할 수 없다고 하고 있다.

이것은 태고보우가 조주의 무에 대하여 있는 것도 아니고 없는 것도 아니며 참으로 없는 것도 아닌 것이다라고 해설하면서 "이러한 무자(無字)는 있는 것도 아니고 없는 것도 아닌 섯을 말한다. 그리고 또한 참으로 아무것도 없는 무도 아니다"라고 하여 조주(趙州)의 무(無)를 중도(中道)의 무(無)로서 설명하고 있다. 즉 무는 완전히 없다는 무가 아니며 완전히 없다고 생각하는 잘못을 경계하기 위한 것이라고 할 수 있다. 그러므로 불성이 없다고 하는 무의 뜻을 일방적으로 없다는 뜻에 집착한다면 진여 또는 불성조차도 없다는 뜻이 되고 만다. 이에 태고보우는 편견과 완무의 집착을 배제하기 위하여 조주의 무자를 참으로 없다는 무가 아니라고 한 것이다. 조주의 무자가 참으로 없다는 무가 아니라고 한다면 그 무는 진리가 있다는 무라고 관찰하고 참구해야 한다. 태고보우는 "무(無)는 삼세의 모든 부처님의 본래면목이며, 부모가 출생하기 전의 본래면목이다"라고 하였다. 즉 무(無)는 모습이 없을 뿐 아무것도 없다는 뜻이 아니다. 그러므로 무는 진여에 해당하며 동시에 삼라만상과 함께 하는 공인 것이다. 곧 중도의 무도 중도의 공과 진여를 뜻하며, 만법의 근원인 일물을 뜻하고 부처님의 본래면목을 뜻한다. 조주 선사가 불성이 없다고 한 것과 태고보우가 일물을 마음과 부처와 중생이라고 한 것은 방편설에 불과하다. 이와 같은 것은 불성이라는 일물을 실체화하거나 절대화하고 있지 않다는 것을 의미한다고 할 수 있다.

이상에서와 같이 본원적 인간심성인 일물은 실체화되거나 절대화되어질 수 없는 것이나 그렇다고 완전히 없다는 것은 아니다. 그러므로 일물의 진면목인 진여성은 불성인 본원적인 인간심성으로 드러나고, 본원적 인간심성은 명명역력하고 적연부동함과 동시에 대영지를 가지고 있어 항상 사람들의 본분상에서 온갖 하는 일마다 적연하고 밝게 나타나고 있는 것이다.

또한 태고보우는 인간의 심성을 본원적 인간심성에 체(體)와 용(用)이 갖추어진 체계로써 설명하고 있다. 즉 적연부동함과 동시에 영지를 가진 본원적인 모습에 광대함과 미세함을 모두 포함한 체와 모든 지혜·신통·삼매와 변재를 나타내기도 하고 숨기기도 하면서 종횡으로 자재하는 용으로서 체계화시키고 있다. 여기서 체는 인간심성을 공간적으로 설명한 마음의 크기이며, 용은 인간심성을 기능적으로 설명한 미세한 마음작용이라고 할 수 있다.

곧 인간심성은 더 나갈 밖이 없을 만큼 무한히 커질 수도 있으며 더 들일 안이 없을 만큼 무한히 작아질 수도 있고, 심의식의 사량분별에 의해 미세한 마음이 종횡으로 자재하여 지혜로 나타날 수도 있으며 변재로 나타날 수도 있다는 것이다.

그러나 이러한 설명체계는 일반 대중들이 자기의 본래 마음을 지키지 못하면 경계의 바람에 동란되어 육진 속에 빠질 수 있다는 것을 설명한 것이기도 하다. 곧 이러한 자기의 마음을 스스로 지키지 못하면 모르는 결에 허망하게 움직여서 순간순간마다 경계의 바람에 동란됨을 입으며, 육진 속에 빠지고 묻혀서 자주 일어나고 멸하며, 허망하게 끝없이 나고 죽는 업의 고통을 지어 윤회의 업보를 면치 못한다는 것이다. 그러므로 태고보우는 일반 대중들에게 심의식을 가지고 사량분별을 일으키지 말 것을 설하고 있다.

태고보우는 "절대로 심의식을 가지고 기틀에 머물러서 머뭇거리며 생각하여서는 아니 된다. 만일 머뭇거리며 생각하면 더욱 서먹해지고 멀어질 것이다"라고 하였다. 즉 본래 마음은 모든 분별이 아주 끊어져 있으나, 생각이 온갖 경계를 반연하여 허망하게 분별을 내는 마음을 일으켜 윤회의 업보를 면치 못하게 한다는 것이다.

또한 태고보우는 생각이 일어날 때마다 화두를 들어 모르는 결에 경계의 바람에 동란되지 않게 함으로서 육진 속에 빠지지 않도록 설하고 있다. 태고보우는 인간심성에는 용이 있어 지극히 미묘함으로 언어를 가지고 알 수 없고 사상을 가지고도 얻을 수 없으므로 절대로 어떻게 해야겠다는 생각을 말고 다만 온갖 행위에서 화두만을 계속 들기를 부탁한다. 심지어 그는 성성하고 적적한 신령스러운 빛이 앞에 또렷이 나타난다 할지라도 절대로 쓸데없는 알음알이를 내지 말고 다만 화두만을 들어 온종일 모든 행위에서 절실히 참상할 것을 강조한다. 왜냐하면 일반 대중들이 아무리 깨달았다 할지라도 자신도 모르는 사이에 자신의 심의식에 의해 허망한 분별을 낼 수 있기 때문이다. 곧 일반 대중들의 심의식에는 자신도 모르는 사이에 자기의 견해를 최상이라고 생각한다거나, 깨달음을 얻지 못했는데도 얻었다고 잘못 생각하는 교만한 마음 등이 있기 때문이다.

태고보우가 활연히 크게 깨달은 뒤에도 본색종사를 찾아 구경을 결택하라는 것은 지혜와 신통과 삼매와 변재를 드러내기도 하고 숨기기도 하여 종횡으로 자재하는 용의 작용을 끝까지 경계하는 것이라 할 수 있으며, 삶의 모든 부분에 선의 요소가 깃들어 있음을 밝혀 일반 대중들이 공부해 나갈 수 있도록 하는 데 중점을 두었다.

2) 원융사상과 인간심성

원융불교사상은 한국불교사에서 만의 문제가 아니라 인도불교에서부터 중국불교에 이르는 일관된 불교의 문제이다. 초기 대승불교의 법화사상에서 주창되는 일승사상이나 중국불교에서 주장되었던 선과 정토가 둘이 아니라는 선정일여(禪定一如), 천태와 정토가 서로 다르지 않다는 태정일여(台淨一如)나 신라의 원효에 의해서 제창되었던 화쟁사상(和諍思想), 고려 의천(義天)의 교관겸수(教觀兼修)나 지눌의 선교일여(禪教一如) 등이 모두 원융의 필요성에서 출발한 것으로 이해할 수 있다. 원융사상이 한국불교뿐만 아니라, 일관된 불교의 문제로 대두될 수밖에 없었던 것은 5교(五教), 3승(三乘), 12분교(十二分教) 모두가 방편이며 깨달음의 향상종승만이 진실이라는 불교적 관심 때문이다.

오직 제1의의 향상종승의 일승에 목표를 두었던 태고보우는 역대 어떤 융화사상보다 전체적이며 종합적인 시각에 의해서 원융불교사상을 제창하였으며, 정책적으로도 공민왕의 왕사로서 16년 동안 그리고 공민왕, 우왕 두 왕조의 국사로서 12년 동안 원융사상의 현실구현을 시도하였다. 이는 언어적 설명이나 문자에 의한 표현으로 불가능한 마음이나 도(道), 부처라고도 칭하는 선의 기저인 본원경지에 대한 마음의 원래 자리를 일반 대중들에게 보여 준 자비심의 실천이었다고 할 수 있다.

태고보우의 수행과 행적을 돌이켜볼 때 수행의 면에서 선과 교를 원융시킨 것이며, 종종의 면에서 여러 종파를 불교의 근본정신으로 회통시킨 것이다. 또한 출가 수도자의 면에서 부모님에 대한 효양을 지성껏 함으로서 세간과 출세간을 원융시킨 것이며, 국가에 대한 봉공을 위해 몸과 마음을 다 바침으로서 위로는 국왕의 마음을 순화하여 선정을 베풀게 하고 아래로는 국민의 복리증장에 힘써 국민의 사상을 순일하게 한 것이다. 이것은 태고보우의 명명역력(明明歷歷)하고 적연부동(寂然不動)하며 대영지를 가지고 있는 본원적 인간심성인 원융무애정신을 현실로 구현시킨 것이라고 할 수 있다.

본원적 인간심성은 분명하고 또렷하며 거짓도 없고 사사로움도 없을 뿐더러 고요히 움직이지 않으면서 크게 신령스럽고, 생사나 분별, 이름이나 모양, 언설을 떠나 있으므로 분별과 분열과 대립을 떠나 있다. 『반야경』의 공의 이론도 무분별 무집착의 반야바라밀을 전면에 내세워 분열과 집착의 문제점을 해결코자 한 것이며, 『화엄경』의 철학적 이론도 사무애설(四無碍說)과 육상원융설(六相圓融說)을 핵심으로 하여 분열과 집착의 문제점을 해결코자 한 것이다. 또한 『법화경』에서 대소승의 대립을 지양하고 회삼귀일의 논리를 편 것도 넓은 의미에서 보면 대립을 극복하는 것에 있다.

태고보우는 분열과 대립을 극복하고 오직 향상종승의 목표를 향해 나아가기 위하여, 최상의 종승은 결코 언어나 문자로서 작용되지 않는 것임을 어록

곳곳에서 설파하면서도 교(敎)의 필요성을 설하고 있다.

태고보우는 교란 중하기를 위한 방편이며, 나아가서는 미묘한 심지를 터득하기 위한 하나의 전 단계라는 것을 의미한 것이다. 그러므로 태고보우는 문자의 방편을 버리는 사교입선(捨敎入禪)의 입장을 취하고 있다고 할 수 있다. 곧 태고보우는 분별이나 대립이 아니라 분별과 집착을 떠났으며 사사로움도 없는 무분별의 본원적 인간심성에서 선과 교의 특성을 그대로 인정하면서 선교원융을 실현시킨 것이다.

또한 태고보우는 선의 입장에서 정토를 수용함으로써 염불수행을 간화선수행의 차원으로 끌어올려 칭명염불이 아니라, 염불하는 자신을 반관(反觀)하여 참상(參詳)할 것을 가르쳤다. 이것은 간화선의 연장선상에서 정토를 수용 발전시킴으로써 선수행과 염불 수행을 대립관계로 보지 않고 융화시킨 것이다. 아울러 태고보우는 오교, 삼승, 십이분교 모두가 깨달음의 방편이며, 선과 정토는 물론 일대장교가 오직 하나로 귀결된다는 일승이론을 주장함으로써 대소승을 융화하였고, 구산선문의 폐단을 지적하여 원융사상을 실천하였다.

이처럼 태고보우는 본원적 인간심성인 원융무애정신에 의해 분열과 대립을 전체적이며 종합적으로 융화시켰다. 이것은 일반 대중들에게 사사가 무애하고, 육상이 원융하므로 현실 속에 존재하는 모든 것은 분열과 대립의 관계가 아니라 상호의존적 관계임을 보여 준 것이기도 하다.

한편 태고보우의 원융무애정신에 의해 나타나는 자비심은 선(禪)과 교(敎)를 원융시킨 것에 의해서나, 구산 원융 오교흥통에 위해 여러 종파를 불교의 근본정신으로 회통시킨 것에 위해서도 잘 나타나고 있다. 또한 부모님에 대한 효양을 지성껏 함으로서 세간과 출세간을 원융시킨 것에 의해서나, 국가에 대한 봉공을 위해 몸과 마음을 다 바침으로서 위로는 국왕의 마음을 순화하여 선정을 베풀게 하고 아래로는 국민의 복리증장에 힘써 국민의 사상을 순일하게 한 것에 의해서도 잘 나타나고 있다. 나아가 태고보우의 원융무애정신에 의해 나타나는 자비심은 진실을 아는 것도 중요하지만 진실을 즐기는 데까지 가서 그것을 행하는 것이 더욱 중요하다는 것을 「산중자락가(山中自樂歌)」에서 노래하고 있다.

옛날의 성현들의 즐거움은 이러했으니
부질없이 헛된 명성만 남기고 쓸쓸하구나
이것을 알고 좋아하는 이도 만나기 어렵거늘
하물며 이것을 즐기고 행하는 일이겠는가?

이것은 진실을 아는 것도 중요하고, 그 진실을 알아서 좋아하는 것도 중요하지만 진실을 즐기는 데까지 가서 그것을 행하는 것이 더욱 중요하다는 것을 노래하고 있는 것이다. 즐기고 행하는 것, 이것이 법의 자수법락(自受法樂)이며 타수법락(他受法樂)인 것이다. 곧 태고보우는 자수용(自受用)에 그치는 것이 아니고, 그것을 행하는 타수용(他受用)을 즐기고 있는 것이다.

태고보우의 산중은 산중과 세간의 불이관계이며, 자락은 자수용과 타수용을 모두 갖추어 법을 즐기고 행한 것이다. 태고보우는 왕사, 국사로서 세사와 국사를 즐겨 행했고, 중생을 화도하여 스스로 법을 즐기면서 자수법락과 타수용법락을 행했으며, 원융부를 설치하여 원융불교를 실현시켰다.

이처럼 태고보우는 법을 아는 데 그치지 않고 법을 좋아할 줄 알았으며, 법을 좋아하는데 그치지 않고 법을 즐길 줄 알았고, 법을 자신만을 위해 즐기는 데 사용하지 않고 뭇 중생과 함께 즐기면서 행할 줄 알았다. 이것이 태고보우의 자타불이한 원융무애 정신의 자비심 그대로의 삶인 것이다.

3) 본원적 인간심성의 자기화

태고보우는 오직 제1의의 향상종승의 일승에 목표를 두고 원융무애정신과 자비심으로써 본원적 인간심성을 드러내 비추었다. 이것은 인간에게는 근원의 모습을 드러내게 할 수 있는 깨침의 가능성과 자신의 마음을 지켜내지 못하면 어느 순간 경계의 바람에 휩쓸리어 육진 속에 파묻히고 생사의 업을 지어 윤회의 업보에서 벗어날 수 없음을 설명해 주고 있는 체계라고 할 수 있다. 이러한 설명체계는 삶의 모든 부분에 선의 요소가 깃들어 있음을 밝히는 것이며, 일반 대중들에게 공부해 나가야 할 필요성과 본원적 인간심성의 자기화의 가능성을 시사한 것이다.

이에 본원적 인간심성의 자기화의 필요성과 가능성 그리고 자기화를 위한 수행법을 살펴보면 태고보우는 비록 모든 사람이 불성을 지니고 있다 할지라도 성인의 가르침을 만나지 못하면 고해(苦海)에 들어갈 것을 염려하고 있다. 즉 태고보우는 비록 모든 사람들이 불성을 지니고 있다 할지라도 자신의 근본자성을 알지 못하면 마음이 동란되어 삼악도에 떨어져 업인을 낳음으로써 지옥에서 커다란 과보를 받을 것을 걱정하고 있다.

태고보우는 일반 대중들이 살아야 할 시간이나 깨달아야 할 시간이 별로 없으므로 용맹에 용맹을 배가하여 마음자리를 깨달을 것을 강조하고 있다. 곧 태고보우는 세월은 번갯불처럼 빠른 것이므로 행주좌와의 모든 생활에서 용맹에 용맹심을 내어 정진에 정진을 거듭할 것을 강조하고 있다. 그리고 자기화를 위한 수행방법으로서 용맹심과 결연한 의지의 필요성을 언제나 강조하였다.

태고보우는 "부처님과 조사 여러 성인들이 청하지 않는 벗이 되고 인연이 없는 자비를 행사하시어 가지가지 방편을 말씀하여 교화하고 조복시켜서 그들로 하여금 천전한 신심을 내어 제일 큰 불과 보리를 성취케 해 주셨다. 불(佛)과 보리가 어찌 다른 일이겠는가. 바로 당인의 본각심인 것이다"라고 하여 보다 더 중요한 것은 본각심임을 역설하고 있다. 이처럼 태고보우의 중심사상은 선사상이며, 그가 화두의 중심으로 삼았던 만법귀일과 무자 화두는 다름 아닌 일물에 대한 것이다.

태고보우가 만법귀일의 화두를 든 것은 일물을 관찰하여 성불을 이루기 위한 선수행의 과정이었다고 할 수 있다. 이에 일물은 초기의 선사상에서부터 일관되게 언급되고 있는 선의 기저, 곧 본원경지에 대한 것으로서 마음의 본래 자리를 깨닫게 해 주는 것이다. 그러므로 본고에서는 일물사상의 체계로써 인간심성을 먼저 파악해 보고 난 후, 오직 깨달음에 목표를 두고 원융사상을 현실에 구현시킨 태고보우의 원융무애정신과 자비심을 살펴보았다.

태고보우는 인간심성의 체계를 명명력력하고 적연부동함과 동시에 대영지를 가지고 있는 근원의 모습에 광대함과 미세함을 모두 포함한 채 그리고 지혜와 신통과 삼매와 변재를 종횡으로 자재하는 용의 작용으로서 설명하고 있다. 이러한 체계는 일반 대중들에게 성불할 수 있는 가능성과 육진 속에 빠져 윤회의 업보를 면치 못할 수 있는 양면의 가능성이 있음을 설명한 것이다. 이것은 곧 태고보우가 일상생활 그 자체에 중요성을 두면서 삶의 모든 부분에 선의 요소가 깃들어 있음을 밝혀, 일상생활 속에서 공부해 나갈 수 있도록 한 것이다.

태고보우는 일상생활 속에서 일반 대중들이 수행해 나갈 수 있는 방법으로 생각이 일어날 때마다 화두를 들 것을 바란다. 왜냐하면 순간순간의 사량분별이 일반 대중들을 육진 속에 빠지게 하기 때문이다.

이에 태고보우는 일반 대중들에게 사람의 본래 마음자리를 깨닫게 하기 위해 먼저 마치 쇠나 나무로 만든 불성처럼 온갖 착한 것이나 악한 것들을 사량하지 말고 몸과 마음까지도 일시에 모두 놓아 버리라고 한다. 또한 나고 멸하는 허망한 생각이 다 없어지고 다 없어졌다는 생각마저 없어져 고요한 가운데 마음자리가 적연하여 움직이지 않게 될 때 부모에게서 태어나기 전의 본래면목이 어떤 것인가를 자세히 살펴보라고 한다. 이때는 마치 닭이 알을 품고 있듯이, 어린아이가 엄마 생각하는 것과 같이, 목마른 자가 물을 생각하는 것과 같이 화두를 잡념 없이 간절한 마음으로 유지할 것을 강조한다.

태고보우는 이러한 화두를 들 때에는 부처님들의 본래면목이 눈앞에 뚜렷하게 나타날 것을 믿고, 큰 의심에 몸과 마음을 내맡기면서 용맹에 용맹을 더하여 깨달음을 이루라고 한다. 그리고 그는 행주좌와 어묵동정에 단절 없이 하루 종일 화두를 참구하여 성성하고 적적한 신령스러운 빛이 앞에 또렷이 나타난다 할지라도 절대로 쓸데없는 알음알이를 내지 말고 다만 화두만을 들어 온종일 모든 행위에서 절실히 참상할 것을 강조하고 있으며, 더 나아가 활연히 크게 깨달은 뒤에도 본색종사를 찾아 구경을 결택하라고 하고 있다.

이와 같은 것은 깨달음을 얻지 못했는데도 깨달음을 얻었다고 생각하는 교만한 마음이나 자기의 견해를 최상으로 생각하는 마음까지도 경계하게 함으로서 일반 대중들을 윤회의 업보에 다시 빠지지 않게 하기 위한 것이다. 이상에서와 같은 태고보우의 가르침은 일반 대중들에게 본래의 마음자리를 깨닫게 하고자 하는 것이며, 본원적 인간심성을 철저하게 자기화해 나갈 수 있도록 하고자 하는 데에서 설해진 것이다.

이처럼 태고보우는 간화선의 입장에서 철저하게 오직 제1의의 향상종승의 일승에 목표를 두고 있다. 그러나 그는 경교(經敎)에 무지했거나 이를 외면하지도 않았다. 곧 태고보우는 근기가 약한 일반대중들을 위하여 선과 교의 특성을 그대로 인정하여 하나의 방편으로 삼고 있으며, 선의 입장에서 정토를 수용하여 염불수행을 간화선 수행의 차원으로 끌어올림으로서 간화선의 연장선상에서 정토를 수용하게도 하였다. 이것은 태고보우의 자타불이한 원융무애정신의 자비심 그대로의 삶인 것이다.

2. 세계평화의 문제와 태고사상

1) 불교의 관점에서 본 전쟁과 평화

전쟁은 인류가 존재해 온 순간부터 늘 함께 하였고, 석가모니 붓다의 재세시에도 전쟁과 파괴, 억압은 끊이지 않았다. 붓다는 생전에 자신의 조국인 가비라국이 멸망하는 것을 지켜보아야 했다.

『증일아함경』에 따르면 불제자가운데 신통제일의 목련존자는 붓다에게 자신의 신통력으로 침략자인 비유리왕과 그의 군대를 다른 세계에 던져 버리겠노라고 하였다. 그러나 붓다는 "네가 숙연(宿緣)마저 다른 세계로 던질수 있겠느냐?"라고 묻자, 목련이 "실로 그 숙연은 타방세계에 던질 수 없습니다"라 하여, 가비라국의 멸망을 지켜보았다고 전해진다. 붓다의 조국의 멸망은 자업자득의 결과로서 인과응보이기에 다른 사람의 힘이나 심지어 부처님, 목련존자의 힘으로도 그치게 할 수 없는 것이다.

붓다가 평생을 가르친 설법은 업(業)으로부터의 해탈이지만 타인의 업을 대신 소멸시켜 주는 것은 불가능하다고 말하였다. 불교에는 업장소멸(業障

消滅)을 위한 진언과 염불행 등의 의식이 있지만, 이것조차도 업장을 전환하는 것에 지나지 않으며 자업자득이라는 원칙하에 스스로의 업은 스스로가 수용할 뿐인 것이다. 전쟁의 원인에 의해 전쟁이라는 결과가 발생하게 되고, 그것은 다시 원인이 되어 끝없는 보복이라는 순환 고리를 만들어 낸다. 인과가 끊이지 않는 보복의 악순환에서 모두가 패자가 되는 구조이다. 이러한 구조적 악순환의 문제는 결국 연기로 풀어야만 할 것이다. 연기는 이미 발생하였거나 발생하려는 전쟁에 대해 그 전쟁에 처한 사람들의 마음을 평화로 바뀌도록, 전쟁의 과와 그러한 고의 결과가 끊임없이 고를 산출할 뿐임을 인식시킴으로써 끊임없는 전쟁의 윤회를 그치도록 자각시키는 가르침이다. 분노는 품지 말고 적대감은 잊게 하며, 자비를 가지고 적에게 승리할 것을 가르치는 것이다.

한편 『대방등대집경』에는 불교의 전쟁관의 다른 예를 보여주고 있다.

> 만약에 국왕이 되어서 불법의 멸망을 보고서도 이를 옹호하지 않으면 그에게는 마땅히 세 가지의 불상사가 일어난다. 첫째는 곡귀(穀貴)요, 둘째는 병혁(兵革)이며, 셋째는 역병(疫病)이다. 모든 선신은 왕을 버리고 돕지 않을 것이며, 그 왕의 명령에는 인민이 추종하지 않을 것이고, 항상 이웃나라의 침범을 받을 것이며, 큰 불이 갑자기 일어나고 악한 비바람이 많고, 홍수가 일어나 인민을 떠다니게 할 것이며, 안팎의 신하들이 모두 모반하리라. 그 왕은 오래지 않아 중병에 걸릴 것이니라.

이렇듯 불교경전에는 불법이 몰락하는 죄악의 경우를 예상한다면, 정법의 수호를 위한 전쟁은 불가피한 것으로 설해지고 있다. 불교의 입장에서는 전쟁을 하지 말라는 것이 아니라 모든 대상에 대하여 적극적으로 자비를 베풀라는 것이며, 대상에 따라서 자비는 분노의 모습으로도 표현되는 것이다. 생명 살상과 전쟁은 탐욕과 무지, 불신과 무자비에서 기인하며, 그 탐욕과 무지를 제거하는 효과적인 수단으로써 분노를 쓴다면 그것은 자비의 다른 표현인 것이다.

2) 태고의 원융사상과 세계평화

(1) 원융사상의 전쟁과 평화관

원융사상은 우리나라의 불교계에서 면면히 이어져 온 전통적인사상이다. 불교제경론에 대한 각 종파 나름의 해석이 있었던 중국 종파불교의 가르침이 한반도에 전래된 뒤에 삼국통일기를 전후하여 서로 만나게 되었고, 관점의 차이에 따른 불일치가 있었으며 이를 하나로 모이게 하는 흐름이 다시 일어난 것이다.

태고보우는 고려사회의 말기적 혼탁 속에서 국사로서 임금을 돕고 국가를 위하는 차원에서 고려불교를 제도적으로 정착시키고 체계적으로 지도하고, 구산선문의 심한 대립을 지양시키기 위하여 그 대응책으로 구산원융 오교홍통을 주장하고 그를 실천하는 국가적 기구로 원융부를 설치하여 여러 종파의 포괄을 도모하였다. 즉 원융무애와 중도통합사상에 의한 회통사상이 태고원융사상의 핵심이다.

태고보우 국사 이전의 우리 불교는 소위 오교구산이라 하는 여러 종파로 갈려서 제각기 종조와 종지와 종도와 종세가 따로 있었다. 하지만 태고가 원융부를 설치한 이후에는 그의 수행관과 원융사상에 의하여 종파불교가 지양되는 동시에 그의 문하에 선교제종의 사람들이 모두 모여들었다고 한다.

「행장」의 글 가운데 '선이란 원래 한 문이건만 사람들이 많은 문을 통일할 하나의 문'이란 태고가 중국에서 법을 인가해준 석옥 화상의 임제선임은 두 말할 나위가 없다. 문인 유창이 쓴 그의「행장」에는,

만약 통합하여 하나의 문을 만든다면 구산을 인아(人我)의 산으로 만들지 않아야 그 산문도 명예롭고 도도 바로 서며 한 부처님의 가르침이 불과 젖이 섞이 듯 평등하게 될 것이다.

라고 한 것처럼 종파아적(宗派我的)인 대립심을 버리고 한 부처님의 가르침으로 평등하게 섞이게 하여 일문을 이룩하고자 하였던 것이다.

태고의 원융정책은 불교의 무수한 종파가 종파 이전에 그 근원이 하나로써 뿌리가 같다는 점을 확인시켜 준 것이다. 구산을 통합한다는 사상은 통일신라 원효 이래 회통불교의 전통을 계승한 것으로 총화를 기하고자 함에 가치를 부여할 수 있을 것이다. 태고의 원융사상에는 구산선문만이 아니라, 교와 선 또는 정토와 선의 원융이 거론되고 있다. 태고의「잡화삼매가」를 통하여 그 원융사상의 성격을 살필 수 있다.

물살 가운데 커다란 배 한 척 있는데
모든 나라 사람과 물건을 다 실어도 장애 없나니.

위의 시구는 태고의「잡화삼매가」가운데 일구로서 여기에서 우리는 모든 사상을 하나로 엮는 원융의 메아리를 들을 수 있다. 걸리고 편벽됨이 없이 가득하고 만족하며, 완전히 일체가 되어서 서로 융합하므로 방해됨이 없는 것을 물살 가운데 커다란 배 한 척으로 표현하고 있다.

혹자는 원융이라고 하는 것이 다양한 문 가운데 일문(一門)만을 세우고 다른 문을 모두 폐하는 것으로 여길 수도 있으나, 여기에서의 커다란 배 한 척은 모든 것을 잡다하게 집적한 것만이 아니라 그 가운데에 큰 것은 큰 것대로, 작은 것은 작은 것대로 질서가 있으며 조화를 이루고 있는 것을 장애 없음으로 의미하고 있다.

태고의 원융사상은 그의 즉공(卽空)이라는 게송에서도 뚜렷이 볼 수 있다.

허(虛)이면서 신령하고 공(空)이면서 묘하니
지각없는 밝은 깨달음 도리어 환하도다
비록 모든 법에 상대를 끊었으나
상황에 따라 한량없는 삼매 바다를 나타낸다.

게송의 말미에 '상황에 따라 한량없는 삼매 바다를 나타낸다'고 하는 태고의 다른 어록에서도 발견할 수 있는 것으로 일체가 원융하되 각각의 개성을 지니고 있음을 나타내고 있다. 태고의 원융이란 자타일체의 동체사상이다. 이것이 현실에 투영될 때에 대상에 따라서 각각 여러 가지 방편으로 나툴 뿐인 것이다

그 예로 태고는 「시낙암거사염불약요(示樂庵居士念佛略要)」에서 '일대장교가 사람들의 각성을 가리키기 위한 방편이며, 이러한 방편은 여러 가지이지만 요점은 곧 마음이 바로 정토라는 것과 자기 성품이 아미타불이라는 것으로서, 마음이 깨끗하면 불토가 깨끗하고 본성이 나타나면 불신이 나타난다'고 하였으니, 이는 마음이 곧 아미타이며 타방불로서 아미타는 일종의 방편이라는 것이다. 이와 같은 태고의 방편행은 시대에 맞추어 한량없이 전개되었다.

태고보우는 원융사상을 통해 고려조정과 백성들을 위무하고 교화하였다. 『태고집』「행장」을 보면, 공민왕 5년에 왕사책봉이 있은 뒤에 왕도를 묻는 왕이 어떻게 하여 나라를 다스릴 것인가라는 질문에 대한 답에서 '임금의 인자한 마음이 온 백성에게 덕화를 입히는 모든 교화의 근본이요, 정치를 잘하는 원리이다' 라고 밝혔다.

태고는 왕을 교화하는 위군(爲君)을 모두 교화에 두었으며, 그 근본은 인자지심(仁慈之心)이라는 것이다. 인자지심에서 인이란 유교의 측은지심(惻隱之心)으로 발고(拔苦)의 비(悲)를 대체한 것으로 볼 수 있다. 즉 어질고 사랑하는 마음으로 백성들을 다스릴 것을 강조한 것이다.

또한 공민왕이 보우를 궁중으로 불러 그에게 자문을 구하는데 보우는 왕의 청을 받고,

임금 되는 도리는 교화를 닦아 밝히는 데 있는 것이지 반드시 부처를 믿는데 있는 것이 아닙니다. 만일 국가를 잘 다스리지 못한다면 비록 부처님을 지극히 받들어도 무슨 공덕이 있겠습니까. 꼭 하시겠다면 다만 태조께서 설치하신 사지를 개수할 뿐이지, 새로 절을 창건하지는 마소서.

라고 진언하였다. 즉 왕은 불법을 숭상하는 것보다 더 중요한 것이 국민의 복리를 증진시키는 데 있음을 알려주고 있다. 개인의 복락이나 출세, 그리고 불교의 발전에만 국한한 것이 아니라 나라 전체를 볼 줄 알며 위할 줄 아는 태도를 분명히 하였던 것이다. 그의 어록을 보면,

국가에 일이 있을 때에는 반드시 불법의 힘에 의지하여 그 거짓된 것을 진압해야 한다. 그러므로 먼저 불법의 일을 바로 잡아서 도가 높은 이를 포상하고,

가람을 주관하게 해서 대중을 거느리고 부지런히 수행함으로써 국가가 복되고 이익 되도록 한 것이 선왕들이 행한 법도로써 왕정의 시초이다.

라고 하여 불교와 국가의 밀접한 관계하에서 바른 정치에 대하여 논하고 있음을 볼 수 있다. 불교가 출세간의 종교이기는 하나 국가 없는 종교는 있을 수 없으며, 또 불교의 존재 이유가 중생의 고를 제거하는 일이므로 정치와 무관할 수 없기에 태고 불법에 의한 덕치를 주장하였던 것이다. 마치 전륜성왕이 덕치에 의한 이상적 평화를 추구하는 것처럼 법도에 맞는 왕정을 펴나가도록 조언함은 태고의 '원융적 방편행' 이라 생각된다. 여기에서도 세간과 출세간에 원융하여 그 당시 대중들로 하여금 무명에서 지혜의 길로 들어가는 바른 길을 직접 깨우쳐 주었던 원융회통(圓融會通)화합무애(和合無碍)한 태고보우의 원융사상을 볼 수 있다.

(2) 원융사상과 세계평화의 구현

태고는 30세 되던 해 봄에 용문산(龍門山) 상원암(上院庵)에 들어가 관음보살 앞에서 십이대원을 발원하였다. 지극한 정성은 허파를 걸러 나왔고 눈물이 줄줄 흘렀으며, 그 뒤로는 칼같이 날카로운 지혜를 갖게 되었다고 한다.

십이대원이 어떤 것인지는 구체적인 언급이 없으나 눈물이 줄줄 흘렀으며, 날카로운 지혜를 갖게 되었다는 것으로 추정할 때 참회와 업장소멸이라는 자기완성을 위한 수행이 중생을 널리 구제하는 이타의 지혜로 귀결되었을 것으로 보인다. 그것은 유창이 찬한「행장」의 원제(原題) 가운데 '비지원융(悲智圓融)' 과 '대원보제(大願普濟)' 라는 표현으로써도 충분히 짐작이 된다. 태고의 인자지심(仁慈之心)이나 십이대원 모두가 비를 그 바탕으로 삼고 있으면서 지로 전개되어 나간 것이다. 그러한 비가 발현됨에는 신을 전제로 한다. 태고는 「중간치문경훈서(重刊緇門警訓序)」에서

누구나 이 말을 깊이 믿고 한번 돌이켜보면 제 마음 가운데 한량없는 묘한 이치와 백 천 가지 삼매가 본래부터 갖추어져 있어, 털끝만큼도 어긋나지 않음을 알 수 있을 것이니, 이것이 곧 바른 신심이다.

라고 하여 일체중생이 모두 불성을 지니고 있다는 신심을 바탕으로 하여, 중생에 대한 무연의 자비가 갖가지 방편으로 펼쳐져서 불과인 보리를 이루게 함을 보이고 있다. 즉 신심은 곧 청정을 생하며, 신심이 있음으로 해서 능히 보시를 행할 수 있으며, 신심에 의지하였을 때에 불선법(不善法)을 버리고 선법을 취하며, 궁극에 바라밀행을 성취하여 지에 이르게 되는 것이다.
    또한 태고보우는

이 땅에 사는 사람 중에 누가 불성이 없으며, 누가 신심이 없겠는가. 그러나 성인의 가르침을 만나지 못하면 위 없는 보리심을 내지 못하고, 언제나 괴로움의 바다에 빠져 떴다 잠겼다 하면서 헛되이 살다가 헛되이 죽으리니, 진실로 가여운 일이라 하겠다. 그러므로 불조 성현께서 벗을 자청하여 무연의 자비를 행하셨다. 갖가지 방편을 설하여 교화하고 항복받아, 그들로 하여금 깨끗한 신심을 내어 위 없는 불과인 보리를 이루게 하신 것이다.

라고 하였다. 따라서 일체중생이 모두 본래부터 부처임을 믿는 절대자각의 신심에서 확실한 원행(願行)이 나올 수 있다. 그 원행은 보시를 비롯한

바라밀행을 이끌며, 바라밀행은 인이 되어 과인 지혜를 이끌고, 지혜는 다시 비로 말미암아 인이 되어 과인 보시 등의 바라밀행을 이끈다.

보시에 의해 탐진치가 제거됨에 따라 지혜가 생겨나고, 중생 모두가 불성을 지니고 있다는 신심과 다시 지혜를 널리 베푸는 비심에 의해 정토가 이룩되어 간다.

여기에서 신심과 비심과 보시와 지혜가 서로 인이 되고 과가 되어 무한한 중생교화행이 전개된다는 순환의 구조를 발견할 수 있다. 이와 같은 순환의 구조에 의해 끊임없이 중생계에 원융한 진리의 향기가 넘치게 되는 것을 알 수 있다.

결국 원융의 사상이란 타인도 나와 동등하게 자기발전과 평화를 추구하는 동등한 인격임을 인정하는 것에서부터 출발하여 그 고통에 동감하는 사고방식에 입각하고 있다. 이러한 원융의 바탕 하에 대비의 구현을 구체적 실천으로 전개할 때에 국가뿐만 아니라 전 세계가 하나라는 사고방식을 가질 수 있으며, 모든 국가와 국민이 하나의 공동체에 속한 구성원이라는 사실을 자각하게 된다.

이것이야말로 상호의존과 공생에 대하여 망각한 상태에서 발발하는 전쟁 등 평화를 해치는 각종 행위에 대한 억제력을 키울 수 있는 조화의 원리가 될 수 있는 것이다. 일체의 존재는 모두가 인연으로 성립된 연기적 존재로 연기하는 그 자체로서 모든 존재는 공생이며, 공생해야 하기 때문이다. 이것은 다음과 같은 태고의 게송에서도 찾아볼 수 있다.

화장세계(華藏世界)바다가 단박 나타나니
화장세계 겹겹이 다함이 없네
나는 일찍이 듣고 보았으나 이제야 믿나니

다니며 놀며 밟아 보리라.

세계는 원래 화장세계로서 우주의 모든 존재는 하나도 나누어져 있지 않다. 마치 제석천 궁전 지붕의 영락구슬로 된 그물과 같이 구슬 하나가 반사하면 모든 그물의 구슬이 중중무진(重重無盡)으로 거듭거듭 다함 없이 반사가 되듯이, 모든 존재는 처음도 끝도 없이 첩첩(疊疊)으로 인연 지어져 있는 것이다. 따라서 전 세계의 사회나 국가조차도 마치 직물처럼 사방으로 연결되는 상호의존적 존재이다. 상호의존은 그 자체 원융이라는 것이다. 원융에 의한 조화된 힘의 윤리가 개체의 이기적인 힘의 논리를 초월하여 공동체를 유지해야 한다.

그러나 인류는 무지와 탐욕에 의해 이해득실이 넘치며 고통에 물들어 있는 세계, 즉 말 그대로 불평등의 세계를 이루어 왔다. 이것은 개체와 전체는 서로가 상관없는 독립된 세계로 보는 관념에 따른 것이다. 불교에 의하면 이 세계는 연기하는 세계로 평등의 세계이다. 불교의 가르침에는 생명의 파괴가 있을 수 없으며, 각 개체 간에 공존하는 세계이고 모든 존재는 서로 돕는 상보적인 관계에 처해 있다.

태고사상의 종교적 실천은 바로 이러한 사실을 모르고 무지와 탐욕에 의해 인류의 평화를 파괴하는 공업을 전환시켜 평화를 구현하는 일을 도우며 인간의 존엄성을 자각케 하는 데 있다. 그리하여 전쟁을 유발하는 모든 상대편이나 적국일지라도 모두가 공동으로 연기계(緣起界)를 짊어지고 있으며, 원융을 이룩해야 한다는 사고방식에 설 때 비로소 전쟁의 종식을 기대할 수 있을 것이다.

따라서 전쟁에 대해 단적 대립관계에 있는 견해들을 대화를 통해 하나의 평화논리로 융합하면서도 각자의 존재를 인정하는 원융의 방법을 제시해야 한다. 구체적이며 정치적인 대화의 방편이 필요하겠지만, 대립이 가지고 있는 근원을 통찰하여 그것들을 원융에 의해서 해결해 나갈 때에 근원적인 대립을 없앨 수 있다고 본다.

오늘날 우리가 직면한 평화에 대한 위기는 그 파장이 지구 전체에 미친다는 점에서 인류사상 유례가 없다. 21세기를 보내면서 순간순간 세계를 위협하는 무수한 '전쟁의 문화'로부터 평화를 어떻게 이루어나갈 것인지 방안을 추구하는 것은 그 자체로 뜻 깊은 일이라 할 것이다. 세계의 많은 사람들이 평화를 갈망하지만 그것은 물리적인 방법이 아닌 우리의 마음에서 해답을 이끌어가야 할 것이다.

이러한 때에 불교사상, 그 가운데 태고의 원융사상이 인류에 주는 메시지는 모든 존재의 상호의존성이라는 진리의 자각이며, 이러한 자각을 통할 때 우리가 현재 당면한 심각한 위기를 해결할 수 있다는 것이다. 모든 것이 연기적인 존재임을 아는 것은 지금까지 전쟁을 일으켜왔던 이기적이고 배타적인 가치관이 전환되는 것을 의미한다. 만일 이 전환이 실현된다면 세계는 총체적 변화를 일으킬 것이 분명하다. 왜냐하면 전 세계의 사회나 국가는 사방으로 연결되는 상호의존적 존재이기 때문이다.

상호의존은 그 자체가 원융이라는 것이다. 원융에 의한 조화된 힘의 윤리가 개체의 이기적인 힘의 논리를 초월하여 공동체를 유지할 때 인류는 지금까지와는 판이하게 다른 변화를 겪을 것이다. 원융이란 이 시대에 맞는 합리적, 보편적, 타당한 사유에 위한 평화를 위한 처방으로서 이에 의할 때 끊임없는 대화를 통한 화해와 상호용납을 실현할 수 있을 것이다. 상대방의 가치를 인정함은 곧 나의 가치를 인정함이요, 서로 간의 존중 속에 전쟁이라는 불협화음은 사라지는 것이다.

3. 지구촌 시대의 경제문제와 태고사상

1) 경제 문제에 대한 불교의 기본 입장

산업화의 물결이 우리나라에 본격적으로 밀려들어온 것은 6.25 전쟁 이후 약 50년 전으로, 그것은 우리사회에 참으로 엄청난 변화를 가져왔다. 마침 전후의 절대빈곤 속에서 허덕이던 우리에게 산업화는 더 없는 희망이자 지상의 과제였는지도 모른다. 국가 정책의 최대목표는 '경제성장'에 맞추어졌으며, 대부분의 국민도 이것을 당연하게 받아들였다. 그 결과 우리는 이제 상당한 물질적 풍요를 누리게 되었다.

그러나 급속한 산업화는 우리에게 긍정적인 결과만을 가져다주지는 않았다. 그것은 엄청난 부정적 결과를 초래하였다. 이를테면, 전통문화의 단절과 전통윤리의 파괴, 물질향락주의의 확산, 과소비 풍조의 만연, 극심한 빈부 격차, 자원 고갈, 환경 위기 등 이루 헤아리기조차 힘들 정도이다.

오늘날 이러한 지구촌의 제 위기가 근본적으로 그릇된 경제적 관념과 활동에서 비롯된다는 것을 부인할 수 없을 것이며 이에 대한 대안의 하나로 일승원융에 바탕한 불교정신에 의거해 14세기 고려 말엽의 사회적 갈등 해결을 고민하고 모색하였던 태고보우 국사의 삶과 사상을 조명해볼 필요가 있다.

경제인식과 관련하여 불교의 전통적인 생산윤리를 살펴보면 불교교단은 석가모니 붓다의 재세 시부터 근면과 정려(精勵)가 중요시되었으며 사치와 낭비를 경계하였다. 석존시대는 농업, 목축업 등 기초 산업은 물론 상업과 수공업이 발달했던 대도시를 중심으로 한 교환경제가 두드러지게 활발하였고, 직업씨족이라 불릴 수 있는 분업화된 경제 체제가 형성되고 있었다. 붓다는 이러한 인도사회의 기존 경제 제도를 세간의 일로서 그대로 용인하는 한편 근면과 검소라는 경제윤리를 강조함으로써 경제적인 풍요에서 발생하는 사치와 낭비, 게으름과 방종 등 부의 요소들을 배격하고 새로운 경제 질서를 모색한 것이다.

비구들이여, 어떤 상인이 오존에 열심히 업무에 힘쓰고 낮에도 열심히 업무에 힘쓰며 오후에도 열심히 힘쓴다. 비구들이여, 이러한 세 가지를 성취하는 성인은 능히 아직 얻지 못한 재산을 얻고 또 이미 얻은 재산을 증식할 수 있을 것이다.

붓다의 교설은 어떤 직업에 종사하든 근면과 검소로써 직책을 충실히 이향할 것을 권하고 있다. 근면과 검소는 부를 생산하는 기본적인 두 축이다. 사실상 이들 덕목은 재가신자들에게는 재산을 증식하고 유지·상속하는 데 따른 윤리적 틀로서 작용하였던 것이다.

이러한 교설은 무소유의 해탈을 주장하는 붓다의 근본적인 가르침과 비교해 볼 때 일견 상호 모순되는 것으로 보인다. 그러나 이 문제의 해답은 교단

구조의 이원적인 성격에서 찾아야 할 것이다. 세간과 출세간은 대립과 모순의 구조가 아니라, 상호 균형과 조화를 이루는 보완 관계이다. 세간은 공덕전인 출세간을 통해서 시여의 덕을 실천함으로써 경제생활의 윤리적 근거를 확보하며 종교적 목표에 도달하게 된다. 한편 출세간은 세간의 도움으로 교단을 유지하고 종교적 이상을 실현하는 것이다.

한편 경제생활에서 재화를 소비하는 것은 재화에 대한 끝없는 욕구를 충족시키려는데 그 목표가 있다. 그러나 원시경전에서 재화의 소비는 종교적 목표를 실현하는 수단으로서 합리적인 계획에 의해 정당하고 균형 있게 이루어질 것이 권장된다. 소비에 있어서 검소와 절약은 욕망을 절제하는 붓다의 근본 교설이 경제활동이라는 구체적 생활윤리로서 표현된 것이다.

석존 당시 인도 사회는 재산이 축적되고 화폐가 유통됨에 따라 술과 도박을 즐겨 낭비와 사치 풍조에 젖어 있었던 것으로 판단된다. 석존은 재산을 잃게 되는 낭비의 원인을 다음과 같이 여섯 가지로 나누어 설하고 있다.

장자여, 재산을 탕진하는 여섯 가지는 무엇인가. 술에 탐닉하는 것은 참으로 재산을 탕진하는 문이며, 때 아닌 때에 거리를 나도는 것은 실로 재산을 탕진하는 문이다. 장자여, 제례, 가무 등의 집회에 열중하는 것은 재산을 탕진하는 문이고, 도박에 빠지는 것은 재산을 탕진하는 문이다. 나쁜 벗을 사귀는 것은 재산을 탕진하는 문이며, 게으른 습관은 실로 재산을 탕진하는 문이다.

재산 낭비의 요인 가운데 나태한 생활태도를 지적한 데 특히 유의할 필요가 있다. 게으름은 생산을 불가능하게 하고 이미 축적된 재화를 낭비하게 하며, 도박이나 음주에 탐닉케 하여 개인은 물론 사회에 커다란 해악을 끼치게 된다. 그러므로 석존은 게으름을 가장 비생산적 형태의 표본으로 간주한 것이다. 그리고 꿀벌이 꿀을 나르듯 부지런하고 절약하는 정신이 개인은 물론 사회를 건강하게 유지하는 기본임을 강조하였다.

또한 음주는 나태와 함께 재산을 낭비하게 하는 가장 크고 직접적인 원인 중의 하나이다. 음주는 재산상의 손실뿐만 아니라 인격을 상실하고 지혜를 잃게 하며 질병을 발생케 하여 결국 인간을 파멸로 이끄는 주요 원인이 된다. 불음주(不飮酒)를 오계 중에 포함시킨 것은 당시의 교단이 음주의 폐해를 얼마나 심각하게 인식하였는가를 보여 주는 것이다. 또한 도박과 나쁜 벗에 의한 재산상의 피해는 물론, 지나친 허례허식에 의한 재산의 낭비도 경계하고 있다.

석존은 검소한 생활태도와 절제된 소비생활로 낭비와 사치를 멀리하도록 경계하고 있지만 지나친 인색도 올바른 생활태도가 아니라고 경계하였다. 균형 있는 수입과 지출, 이것이 원시경전이 추구하는 가장 바람직한 경제생활이었다. 지출이 수입을 넘지 않게 생활하는 것, 또한 수입에 비해 너무 인색하지 않게 생활하는 것, 이것이 바로 정명(正命)의 생활이다. 현대에도 소득과 지출의 균형은 매우 중요한 경제이론 중의 하나다.

2) 태고사상으로 본 경제 문제

붓다가 제자들에게 남긴 유시에 해당하는 『유교경(遺敎經)』은 출가하여 계(戒)를 받은 수행자는 물건을 사고팔거나 무역을 하지 말고, 집이나 논밭을 마련하지 말며, 하인을 부리거나 짐승을 길러서는 안 된다고 가르친다. 또한 토목을 베거나 땅을 개간해서도 안 되며, 약을 만들거나 사람의 길흉을 점치는 일을 해서도 안 된다고 설해져 있다.

이처럼 부처님 당시의 출가수행자들에게는 땅을 파고 씨앗을 뿌리는 농사

일이라든가 물건을 사고파는 장사일 등의 모든 노동과 생산 활동이 금지되어 있었다. 그리하여 수행자들은 탁발에 의한 일일일식(一日一食)의 식생활을 영위하였고, 이른바 삼의일발(三衣一鉢)로 참으로 검소한 생활을 꾸려나갔다.

태고보우의 「가음명(歌吟銘)」에 나오는 다음 노래는 스님이 이러한 출가 수행자의 전통을 그대로 이어받고 있음을 잘 보여준다.

> 어리석고 아둔한 주인공은
> 거꾸로 걷고 거슬려 법칙 없지만
> 청주의 해진 베 장삼 입고
> 등넝쿨 그늘 속에 절벽에 기대있다
> 눈앞에는 법도 없고 사람도 없이
> 아침저녁 부질없이 푸른 산빛만 마주하다.

다음 노래 역시 태고의 초속한 삶을 잘 드러내 준다.

> 피곤하여 백운루(白雲樓)에 한가히 누우니
> 쓸쓸한 솔바람 그 소리 사룩 사룩
> 그대 와서 남은 여생 여기서 보존하소
> 배고프면 나물밥, 목마르면 샘물.

이러한 내용들만 놓고 본다면, 보우 스님에게서 어떤 경제적 관념을 이끌어낸다는 것은 불가능해 보인다. 다시 말해서 보우 스님에게는 아예 경제적 관념이 없었던 것으로도 여겨진다. 하지만 이러한 판단은 성급하다고 할 것이다.

석존 당시, 바라드바자라고 하는 농사일을 하는 한 바라문이 석존에게 비난 섞인 발언을 하였다. "나는 밭을 갈고 씨를 뿌린 후에 먹습니다. 당신도 밭을 갈고 씨를 뿌린 후에 먹으십시오." 이에 대해 석존은 "나도 밭을 갈고 씨를 뿌린 후에 먹습니다. 믿음은 종자요, 고행은 비이며 지혜는 내 멍에와 호미 … 노력은 내 황소이므로 나를 안온의 경지로 실어다 줍니다" 라고 답변하였다.

이 대화의 내용을 음미해보면 알 수 있는 것처럼, 석존은 출가수행이 밭 갈고 씨 뿌리는 생산노동과 다름없는 일종의 정신노동임을 강조하고 있다. 또한 생산노동은 무가치하거나 비천한 것이 아니라 출가지의 수행정진처럼 고귀하고 거룩하다는 것을 은연중에 밝히고 있는 것이다.

태고보우도 석존의 이러한 경제 인식과 입장을 같이하고 있는 것으로 여겨진다. 보우 국사의 탈속한 생활은 무위도식처럼 보일지 모르나 그것은 어디까지나 수행자로서의 엄격한 계행의 일환임을 알아야할 것이다. 수행자로서의 투철한 본분 의식은 다음의 게송들에서 찾아볼 수 있다.

다만 내 심성에 맞추어
덕을 닦아 왕의 은혜 갚으려 한다

산중에 무엇이 있는가?
푸르고 푸르러 연기와 안개뿐이다
나는 거기서 도를 닦아
이 나라에 법의 비를 내릴 것이다.

수행자는 직접 노동과 생산에 참여하여 물질적 재화를 창출하지 않는 대신 '덕을 닦고 도를 닦아' 정신적 가치와 마음의 양식을 창출해야 한다는 것이다. 이러한 입장은 "나도 밭을 갈고 씨를 뿌린 후에 먹습니다"라고 한 부처님의 말씀과 본질적으로 다를 바가 없다고 본다.

이것은 달리 말하면 태고보우 국사의 수행자로서의 투철한 직업의식이요 동시에 분명한 경제인식이라고도 할 수 있을 것이다.

이렇게 볼 때, 불교에서는 육체적 노동이든 정신적 노동이든, 노동 그 자체를 매우 소중한 것으로 평가하고 있음을 알 수 있다. 권근이 지은 「미원현소설산암원증국사사리탑명(迷源縣小雪山菴圓證國師舍利塔銘)」의 기록에 의하면, 보우 국사도 한 때는 소설산암에서 직접 '밭을 갈며' 머물렀다고 한다. 이것은 보우가 육체적 노동과 정신적 노동(수행)을 분업(分業)적인 개념으로 보았을 뿐, 육체적 노동을 결코 금기시한 것이 아니었음을 증명해 보여주고 있다 하겠다.

초기 경전의 한 가르침에 따르면, 출가자가 아닌 재가자가 경제적인 문제에 무관심한 것은 바람직하지 못하며, 재가자는 마땅히 재산의 획득과 증식에 관심을 가져야 한다. 다시 말해 돈 버는 일에 관심을 가져야 한다. 다만, 정당한 방법으로 돈을 벌어야 하며, 수단 방법을 가리지 않고 부당하게 돈을 벌어서는 안 된다.

그러나 불교의 가르침은 거기에서 그치지 않는다. 아무리 자신이 정당한 노력으로 번 돈이라 하더라도 자기 자신만을 위해 사용해서는 안 된다. 주위를 돌아보지 않고 자신만을 위해 돈을 쓰는 사람은, "엄청난 부와 황금이 있고 먹을 것이 많은 사람이 다만 혼자서 누리고 먹는다면, 이것은 파멸의 문이다"라는 가르침처럼, 결국 불행해지고 말기 때문이다.

요컨대 돈 버는 일에 관심을 가져야 하고, 올바른 방법으로 벌어야 하며,

바르게 쓰기까지 해야 한다는 것이 경제활동에 대한 불교의 기본 원칙이라 할 수 있다. 여기에는 가난한 자에 대한 보시, 어려운 자에 대한 자비의 정신이 무르녹아 있다. 우리는 이러한 보시와 자비의 따뜻한 경제를 '불교경제' 또는 '보살경제'라고 불러도 좋을 것이다.

보우 국사가 직접 '불교경제'라든가 '보살경제'라는 표현을 쓰지는 않았지만 보시와 자비의 따뜻한 경제를 역설하고 있다고 여겨지는 가르침은 여러 곳에서 발견된다.

먼저 「백운암가(白雲庵歌)」 중에 나오는 "나는 이제 무엇으로 지금 사람 위할까"라는 구정에 주목할 필요가 있다. 몸은 비록 깊은 산중에 있지만 마음은 동시대를 살아가는 중생들을 향하여 항상 따뜻하게 열려있음을 알 수 있다. 왕궁에서 설한 "그 덕화가 백성들에게 미쳐 … (중략) … 때를 맞추어 비가 내리고 때를 맞추어 볕이 나 온갖 곡식은 잘 영글고 백성들은 즐거워하며"라는 내용의 설법 가운데도 스님의 자비로운 마음이 그대로 배어 있다.

스님의 자비심은 부모, 스승, 국왕, 중생의 은혜라고 하는 소위 불교적 '사은(四恩)' 사상과 결합하여 더욱 적극적인 성격을 띠게 된다. '사은'을 갚아야 한다는 말은 「의선인(宜禪人)에게 주는 글」, 「유선인(乳禪人)에게 주는 글」 등에서 발견된다. 스님은 몸소 사은을 갚기 위하여, 견성오도한 후 제일 먼저 고향으로 내려가 부모님을 극진히 봉양하였고, 스승인 석옥 화상에게는 향을 피워 공양하면서 '법의 젖을 먹여 길러주신 은혜'에 보답코자 하였으며, 국왕과 중생의 은혜를 갚기 위해서 왕사 및 국사의 직책을 통해 봉사하였다.

여기서 우리는 특히 '중생의 은혜'에 주목해 보아야 한다. 우리의 일상생활에 필요한 옷, 음식, 집이 마련되는 데는 실로 수많은 사람들의 노력이 깃들어 있다. 우리는 그것들에 대한 대가로 흔히 돈을 지불하기만 하면 된다고 쉽게 생각하지만, 보이지 않는 수많은 사람들의 피와 땀이 없다면 아무리 돈이 많다 하더라도 그것들을 구할 수가 없게 된다.

이것을 이해한다면 우리는 그 많은 중생들의 은혜에 깊이 감사하게 될 것이고, 결국 나와 내 가정만을 위해서가 아니라 우리 모두를 위해 자신의 재산을 사용하게 될 것이다. 다시 말해 '보살경제'를 실천하게 될 것이다.

이 보살경제의 이념은 근본적으로 국사의 '일승원융(一乘圓融)' 사상에 그 뿌리가 닿아 있다고 할 수 있다. 일승원융사상은 모든 분별의 세계를 뛰어넘고 융섭(融攝)하여 실천적으로는 보살행을 지향하기 때문이다.

보우 국사는 수행과 정치를 별개의 것으로 보지 않았던 것 같다. 그것은 다음의 상당법어에 잘 나타나 있다.

도로써 마음을 삼으니 달이 허공에 밝고
어짊으로 정치하니 해는 한낮에 우뚝하다.

불교적으로 보면, 붓다와 전륜성왕은 인간의 고통을 해결해 주는 구제자의 양면이지 서로 다른 길을 가는 사람들이 아니다. 국사는 붓다를 달에 비유했고, 전륜성왕을 해에 비유했다고 볼 수 있다. 국사는 "여래의 몸은 범왕의 몸이 되기도 하고 제왕의 몸이 되기도 한다"라고 하여 국왕을 여래의 화현으로 인식하기도 한다. 일승원융사상은 이렇게 출세간 또는 진제와 세간 또는 속제를 아우르고 있는 바, 국사 스스로가 그 전 생애를 통해 진제와 속제를 계속 넘나들었던 것도 이런 맥락에서 보면 좋을 것이다.

또한 국사의 원융사상은 "사해가 한 집이 되니 아무 일 없고"라는 표현이라든가 "피곤하거든 발 뻗고 자고, 배고프면 입맛대로 먹어라. 누가 무슨 종파냐고 묻거든 비가 쏟아지듯 방과 할을 하라"는 「참선명」의 한 구절 속에도 잘 나타난다.

이처럼 보우의 일승원융사상은 구체적 현실 속에서 '모든 중생을 똑같이 이롭게 한다〔等利群生〕'는 실천원리로 표출되고 있으며, 이것은 경제적인 측면에서 보살경제의 원리로 기능하게 되는 것이다. 이러한 경제 원리는 이기의 벽이 높아지고 빈부격차가 더욱 늘어나 긴장이 고조되어 가는 우리 사회에 매우 유용한 지표가 될 것으로 기대된다.

앞에서 일별한 것처럼 오늘의 과소비풍조는 지나친 물질주의와 팽창주의에 기인한다. 이러한 조류에 떠밀려 가는 우리에게 태고보우의 다음 노래는 신선한 영감으로 다가온다.

구슬 누각, 백옥 전각도 비길 바 아니고
소실의 풍모도 본받지 않는다
8만 4천의 문을 부수니
저쪽 구름 밖에 청산이 푸르다.

주지하다시피, 보우가 살았던 고려 후기는 정치, 사회적으로 큰 혼란기이자 격동기였다. 그런 와중에서 불교계는 매우 사치스럽고 소비적인 면모를 보여준다. 국가의 비호와 국민의 깊은 신앙 속에서 풍요를 누리던 승려들은 호화로운 사원을 건립하고, 타인의 전지(田地)를 강제적으로 빼앗는가 하면, 각종 수공업과 상행위, 심지어 술 만드는 일에까지 손을 대면서 수행자의 본분을 잃고 말았다. 또한 각종 불사 및 복지 활동의 비용을 마련하기 위한 갖가지 보(寶)를 운영하면서 지나친 이자를 받아 국민들의 지탄을 받기도 하였다.

그러한 상황에서 국가와 불교계의 지도자로서 책임을 크게 느꼈던 보우 국사는 공민왕에게 "만약 국가를 잘 다스리지 못한다면, 설혹 부처님을 지극히 받든다 한들 무슨 공덕이 있겠습니까?"라고까지 상언하다. 그리고 수행자들을 향해서

그대는 그러한 부모의 은혜를 알았거든 부지런히 정진하되 불난 것처럼 다급히 해야 한다. 그대가 명리(名利)를 구해 도를 소홀히 하면, 그것은 무간(無間)지옥의 업을 짓는 것이다.

라고 하면서, 석존이 설산에서 6년간 수도할 때 거미가 눈썹에 거미줄을 치고, 새가 어깨에 둥지를 틀고, 갈대가 무릎 사이를 뚫고 나올 정도로 고행하였던 것처럼 용맹정진하라고 경책한다. 더 나아가

그러므로 집을 떠나 도를 닦는 이는 이름을 구하지 않고 이익을 구하지 않으니, 주지되기를 바라지 않고 의식을 꾀하지 않아야 한다. 남의 공경이나 찬탄을 구하지 않고, 즐겨 절도를 지켜 나쁜 옷을 입고 나쁜 음식을 먹으며 바위틈에 몸을 감추고 출세하기를 꾀하지 않아야 비로소 집을 떠나 도를 배우는 이의 할 일이라 할 수 있을 것이다.

라고 사자후한다. 보우 국사의 이처럼 검소하고 청빈함을 추구하는 면모는 '거칠어도 밥이요 고와도 밥이니'라든가 '뼛속에 사무치고 사무친 청빈함이여' 또는 '짚신이다 해지도록' 등의 표현 속에 잘 나타난다.
여기서 우리는 석존 당시, 검소와 절약을 중시했던 불제자들의 생활을 다음과 같은 아난의 이야기를 통해 떠올리게 된다. 사마바티 왕비로부터 500벌의 가사를 보시 받은 아난은 우전왕에게 말한다.

이 500벌의 가사는 비구 등에게 나누어 주겠습니다. 그리고 비구들이 입던 낡은 옷은 이불덮개를 만드는데 쓰겠습니다. 떨어진 이불덮개로는 베갯잇을 만들겠습니다. 헌 베갯잇으로는 방석을 만들겠습니다. 다 떨어진 걸레는 가늘게 썰어 진흙과 섞어서 벽을 바르는 데 쓰겠습니다.

앞에서 살핀 것처럼 현대인의 사치와 소비수준은 심각할 지경에 이르렀고, 이런 무절제한 생활과 무분별한 개발 및 성장주의 정책은 결국 환경 위기를 더 심화시켜갈 것이다. 이런 상황에서 아난존자의 검약정신과 보우 국사의 청빈정신은 우리에게 큰 귀감이 된다 하겠다.

한마디로 무명업풍(無明業風)에 휩싸여 오욕락(五欲樂)을 좇는 삶은 사치와 과소비로 귀결될 것이고, 원융무애의 지혜와 깨달음에 바탕한 해탈과 열반을 추구하는 삶만이 전도된 가치관을 바로 세워 중도(中道)로 이끌 것이다.

4. 환경위기와 태고사상太古思想

1) 불교의 환경인식

오늘날 인간의 생명과 가장 직접적인 환경위기는 전 인류의 최대의 문제로 제기되고 있다. 환경위기(環境危機)라는 용어는 현대사회의 부적절한 환경파괴에 직면한 인류가 스스로 환경상황에 대한 위기의식을 자각하면서 사용하게 되었다. 그러나 환경문제는 서양종교의 인간 중심적인 가치관과 인간의 이성적인 우월성을 강조하는 가치관에 근거해 자연과 생태계를 인간의 행복을 위한 자원으로만 활용한 것에 기인한다. 현재는 환경에 대한 많은 연구에 의해 서양의 인간 중심적인 가치관으로부터 생태계(生態界)를 중심으로한 가치관의 관점을 이동하여야 한다는 사실이 널리 인정받고 있다. 최근에는 불교의 상의상관(相依相關)의 연기적(緣起的) 입장과 무아의 성찰로 인해 인간과 환경의 문제를 종합적인 관점에서 이해하는 불교 생태학(佛教生態學)이 환경문제에 대한 접근방법의 하나로 자리 잡아가고 있다.

근본적으로 환경(Environment)이란 인간생활과 관련된 모든 것을 통틀어서 일컫지만, 일반적으로 환경위기라고 말할 때는 주로 물리적 환경에서 문제가 발생한 것을 의미한다. 그러나 환경을 인간에 국한하지 않는 넓은 의미로 해석해 보면 우주만물을 형성하고 있는 모든 것의 외부적인 상호관계를 일컫는 말이 된다. 따라서 넓은 의미에서는 만물이 서로가 서로의 환경으로 자리하고 있음을 알 수 있다.

오늘날 인간 중심의 환경 가치관에서 생태학적인 생명 중심의 환경 가치관으로 전환하고 있는 추세는 바람직한 면이 보인다. 그러나 생명을 바탕하고 있는 무생물을 비롯한 총체적인 존재 상호간의 유기적인 관계를 무한한 상호관련성의 입장에서 보고자 하는 불교의 연기적(緣起的)인 세계관과 그 의미 내용은 오늘날 더욱 시사하는 바가 크다고 하겠다.

불교에서는 생명 있는 존재를 유정(有情, sattva)이라 한다. 유정은 살타(薩埵)로 음역되고 중생으로 번역되는데, 유정은 함식(含識)의 의미로 식(識)을 지닌 일체의 생류(生類)를 뜻하는 말이다.『연기경(緣起經)』권1에는

생(生)이란 무엇인가? 저들 유정들을 말한다. 저들 유정들에게는 여러 생(生)등에서 생을 취하고, 온(蘊)을 출현하여 계(界)와 처(處)와 제온(諸蘊)을 얻어 명근(命根)을 출현함을 생(生)이라 이름한다.

고 하여, 생을 유정으로 설명하고 있다. 따라서 불교에서의 유정, 즉 생명이란 업력에 따른 윤회전생의 과정에서 자신의 신체와 함께 그 활동 처소가 되는 장소인 환경을 만나면서 비로소 생명이 시작되고 있음을 말하는 내용으로 볼 수 있다. 이것은 생명체의 상호 순환을 비롯한 생명과 환경과의 불

가분의 관계를 설명하는 것으로, 인간생명에 대한 무한한 확대를 통하여 모든 생명체와 이를 둘러싼 환경의 밀접한 관계성을 말해 주고 있다. 그러므로 불교에서의 유정이란 인간만을 의미하지 않고 생존하는 정식(情識)이 있는 모든 생명체를 뜻함을 알 수 있다. 이에 상대하는 말은 비정(非情) 혹은 비유정(非有情)으로서 산하, 대지, 초목 등을 말하며, 다른 말로는 중생이라 한다.

생명을 지닌다는 뜻에서의 중생이란 의미는 무생물을 포함하는 범주이기에 만약 초목이라도 생겨난 것이라면 중생이므로 이를 이락(利樂)하게 해야 함을 설하고 있다. 그러므로 이러한 견해는 비정(非情)이나 비정물(非情物) 또한 넓은 범위에서는 중생에 포함될 수 있음을 말한다. 이런 점에서 불교에서는 인간을 중심으로 생명계를 보지 않고 모든 생명류와 인간은 식을 지니고 있다는 점에서 공동의 기반 위에 존재하고 있음을 말하며, 비정물에 이르기까지 중생으로 파악하여 이락되게 함으로서 인간과 자연이 구분되지 않는 일원론적(一元論的)인 가치관을 지니고 있다고 하겠다.

용수보살(龍樹菩薩)은 『중론』에서 유(有)와 무(無)의 동시 부정을 통해 유와 무에 집착하는 일체의 분별을 떠날 것을 주장하는 팔불중도(八不中道)를 설하였다. 이러한 경지를 용수는 연기(緣起)로 파악하고 있으며, 이를 중도(中道) 혹은 무자성(無自性)의 공(空)으로 표현하고 있다.

붓다는 연기에 대해 "소위 이것이 있음으로 저것이 있고 이것이 일어남으로 저것이 일어난다"라고 하여, 일체존재의 불가분의 상호 관계성을 지니는 상의상관(相依相關)의 존재법칙을 설명하고 있다. 따라서 불교의 연기설에서 밝히는 자연계는 상호 밀접한 관련성을 지니는 것으로 이것과 저것이라는 주관과 객관이 분리될 수 없는 것을 의미한다.

이러한 불교의 기본적인 교설은 대승불교경전인 『화엄경』에서 보살의 열

가지 결정지(決定智)에 대해 "일체 중생이 모두 같은 뿌리임을 잘 알아야 한다"라고 하여, 일체 중생인 모든 생명체가 그 근본에서 같은 뿌리임을 설명하였다. 당 징관(澄觀)의 『대방광불화엄경수소연의기(大方廣佛華嚴經隨疏演義記)』권79에는,

　　천지와 나는 같은 뿌리이며, 만물은 나와 한 몸이다.

　라고 하여, 일체 중생에서 천지와 만물로의 확대가 보인다. 그리고 『대승본생심지관경(大乘本生心地觀經)』권4에는 대보살이 동체대비(同體大悲)의 무애원(無碍願)을 일으키기를 가르치고 있다. 이는 동체대비의 보살의 적극적인 실천력을 강조하는 것으로, 이러한 경우는 『대방광불화엄경소(大方廣佛華嚴經疏)』권 30에도,

　　자신을 위하지 않는 자(慈)란 대지(大智)의 이치로서 사사로움이 없고, 자(自)와 타(他)가 동체인 대비로 이익을 회향함을 말한다.

　라고 하여, 대지로서 무분별의 지혜가 수승하면 만상의 본래 모습인 자타의 구분이 없는 무아의 연기법을 깨닫게 되며, 이것은 곧 동체를 자각하게 되며, 대비의 실천력으로 이익을 회향함으로서 자타의 공존의 이익을 얻음을 말한다. 이것은 오늘날 환경 가치관이 인간 중심에서 생태 중심적으로 변해가는 것과 밀접한 관련성을 지니며, 생태 중심의 가치관 중에서도 상호관련성을 전체로 한 무아의 연기적 가치관은 새로운 미래 지향적인 환경 가치관이 될 수 있는 것이다.

2) 태고사상(太古思想)의 환경인식

환경가치(環境價値)란 자연과 인간과 환경에 대한 이해를 통하여 환경윤리의 철학과 실천이념을 유추하는데 그 목적이 있다. 태고보우의 수행과 가르침을 통하여 국사가 지닌 자연과 인간에 대한 환경가치관를 알아보면 그의 일승(一乘) 원융사상과 청정(淸淨) 국토사상에서 그의 환경문제와 관련한 인식을 알 수 있다.

태고보우는 "부처님께서 설하신 일대장교(一大藏敎)는 사람들 스스로가 성품을 깨닫도록 가르치신 방편이다"라고 하였고, "마음을 밝히면 부처라 하고 이 마음을 설명하는 것을 교(敎)라 한다"라고 하여 부처님의 다양한 교설을 비롯한 모든 불법을 궁극적인 목표인 자성을 밝히는 방편으로 보고 있다. 또한 "마음이 곧 부처요 부처가 곧 마음이다. 마음 밖에 부처 없고 부처 밖에 마음 없다"라고 한 법문을 요약하면 태고보우의 일승사상(一乘思想)은 일심(一心)의 일승사상이라고 할 수 있다.

태고보우의 일승사상은 이념에 그치지 않고 구체적인 실천원리인 원융사상(圓融思想)으로 표출되어 그는 고려시대의 혼란한 불교교단을 통합하였고, 구산선문을 일문(一門)으로 통합하여 선문(禪門)을 중흥하였다.

여기서 국사는 "일문(一門)을 통합하여 저 구산(九山)을 인아(人我)의 산으로 만들지 않는다면 산도 명예롭고 도(道)에 있어서 모두 한 부처의 마음에서 나와 물과 젖이 섞이듯 한가지로 평등하게 될 것입니다"라고 하여 각 산문의 중흥을 통한 전체적인 발전을 추구하는 것으로 보여, 일승사상에 근거한 원융사상의 실천이 개아의 집착을 벗어난 상호상의적인 관계성을 중시하는 연기적 가치관에 입각해 있음을 보여주고 있다.

또한 몸소 태고보우는 선(禪)과 교(敎)를 겸수하는 수행을 실천하여 선

(禪)과 교(敎)를 융통하고, 선교(禪敎)의 대립적인 양상을 불식한 회통원융(會通圓融)을 실천하였다. 회통의 원융이란 일방적인 하나의 원리로 통일하는 것이 아니라 각각의 다원성을 바탕으로 비록 상대적인 가치에 놓여 있는 것을 각자의 역할과 존재성의 의미를 상호보완하는 것이다.

회통의 원융은 불교교단 내부의 문제뿐만 아니라, 인간과 자연에 대한 인간 중심적이고 상대적인 가치관을 뛰어 넘는 일승(一乘)의 이념으로 확대될 수 있으며, 여기서 인간과 자연이 상호의존적으로 공생하는 회통원융의 실천적인 환경 가치관을 유추할 수 있다.

태고보우 국사는 '낙암 거사'에게 염불에 관하여 설명하면서,

아미타불은 범어로서 한문으로는 무량수불(無量壽佛)이라 하며, 불(佛)도 범어로서 한문으로는 각(覺)이라 합니다. 사람마다 본성에 있는 영각(永覺)은 본래 생사가 없고 예나 지금이나 신령하고 밝으며 안락하고 자재하니, 이것이 어찌 무량수불이 아니겠습니까? 그러므로 부처님께서 말씀하신 일대장교(一大藏敎)는 사람들 스스로가 성품을 깨닫도록 가르치신 방편입니다.

라고 하여, 부처님의 가르침도 모두 본성을 밝히는 방편으로 보고 있다. 이어서, "방편이 많지만 요점을 말하면 마음이 바로 정토라는 것과 지기 성품이 아미타불이라는 것으로 마음이 깨끗하면 불토가 깨끗하고 본성이 나타나면 불신이 나타난다"고 하였다. 여기에는 인간의 본성에 대한 철저한 신뢰를 바탕으로 이를 발현함으로써 불토(佛土)와 불신(佛身)을 구현하는 적극적인 현세정화의 실천적인 이념이 반영된 것이다. 이 가르침은 사회적인 완성을 의미하는 국토청정의 근원적인 내용으로 개인의 심적인 자기정화와 정신적인 가치관이 그 사회를 정화하는 기초가 된다는 점에서 시사하는 바

가 크다.

태고보우는 「의선인(宜禪人)에게 주는 글」에서

마땅히 마음을 참구하여 일생의 큰일을 성취하면 나고 죽음을 끊고 네 가지 은혜〔四恩〕을 갚을 수 있을 것이다.

라고 하여, 마음을 참구하는 것을 일생의 중요한 일로 보았다. 여기서 4은 이란 국왕·부모·스승·대중의 은혜로 생명의 근원인 부모와, 사회의 근원인 국왕과, 정신적 성장의 근원인 스승과, 일체 생활의 근원적인 대중의 은혜를 말한다. 이것은 불교수행의 목표가 개인의 내면적인 자기완성에 있지만 4은에 대한 보답은 불국토 건설의 사회적인 실천을 강조하는 것이다.

실제 태고보우는 몸소 4은에 보답하기 위하여, 국가와 대중을 위하여 왕사와 국사의 위치에서 보답하고자 하였고, 수도 후 바로 고향으로 부모를 찾아 봉양함으로서 부모의 은혜에 보답하고자 하였으며, 평소 스승으로 받들었던 석옥 화상에게 향을 공양하였다.

태고보우는 무(無)에 대한 견해에 있어서도, 「무제거사(無際居士) 장해원사(張海院使)에게 주는 글」에서,

'없다' 라는 말은 '있고 없음' 의 없음도 아니며, '참으로 없음' 의 없음도 아니니〔不是有無之無 不是眞無之無〕.

라고 하여, 태고 국사의 무사상(無思想)은 무(無)에 대해 완전하게 없다고 생각하는 잘못을 경계하였다. 태고보우의 무(無)란 삼세 부처님의 본래면목이며 부모에게서 출생하기 전의 본래면목이나 부모미생전의 본래 모습

의 밝은 면을 의미하고 있다. 따라서 무아에 대한 언급에 있어서도,

> 부처님께서 평등하여 아(我)가 없다는 도리와 조사들의 격식을 벗어나 맑게
> 드날리는 가풍과 선왕의 법을 보호하고 나라를 편하게 하려는 뜻을 어디에서 찾
> 겠는가? 이것이 이른바 시대의 폐단이다.

라고 하여, 아가 없다는 무아의 입장을 아집을 벗어난 자타의 구분이 없는 평등의 정신으로 설명하고 있으며, 이러한 무아의 평등한 정신으로 대중을 위하여 승가와 나라를 편하게 하는 멸사봉공(滅私奉公)의 적극적인 사회 실천력의 근원으로 해석하고 있다.

또한 「연도(燕都) 영녕선사(永寧禪寺)에서 하신 개당설법」에서 스승에게 받은 가사와 왕궁에서 온 금란가사를 두고, "이것은 황궁에서 내린 공(公)적인 물건인데 사(私)는 공(公)을 따르지 못하므로 공(公)이 먼저요 사(私)가 뒤이다"라고 하여 왕궁에서 온 금란가사를 입으셨다. 이는 사소한 일에도 공(公)과 사(私)를 가려 취하여 사(私)에 대한 개인적인 아집을 벗고 공(公)의 공동선을 추구하려는 국사의 염정한 신념을 엿볼 수 있다.

또한 「봉은선사(奉恩禪寺)에서 하신 입원 설법」에서 향(香)에 비유한 법문에서 "이 향은 백천 삼매의 근원이요 무량한 묘한 이치로서 불교에서 쓰면 육도만행이요 유교에서 쓰면 삼강오상이다"라고 하여, 선사의 수행을 비롯한 대승보살의 수행덕목인 육바라밀의 대 사회적인 실천을 강조하고, 「가선인(可禪人)에게 주는 글」에서 "마음 밭에 번뇌의 뿌리를 다 뽑아서 괴로움의 바다에 향상 반야의 배를 띄우면 자리이타(自利利他)의 공부가 날로 새로워진다"라고 하여, 번뇌의 자아 집착이 다하면 연기의 반야지혜가 나타나게 되어 자리이타의 대승보살의 수행으로 나아가게 됨을 설하고 있다.

태고보우 국사는 평생을 거쳐 국정(國政)에도 적극적으로 가담하여 왕에게 바른 신하를 등용할 것을 건의하기도 하고 승 편조(遍照)에 대한 왕의 편견을 지적하여 사승을 멀리 하도록 하였지만, 공민왕 15년에 오히려 태고 국사가 왕사의 지위를 사퇴하게 되고 속리산에 금고 되기도 하였다는 것을 보면 자신의 입지를 생각하지 않는 불의(不義)에 대한 적극적인 대처를 취하는 것으로 볼 수 있다.

이런 점에서 국사의 일심(一心)을 바탕으로 하는 원융사상(圓融思想)은 개아의 집착을 벗어나 상호 대립을 극복하고 상호상의(相互相依)적인 연기의 원리를 깨우치고 이를 적극적으로 현실에 실천하려는 자리이타의 대승 보살정신으로 정리될 수 있다. 이것은 개인적이며, 인간 중심적인 환경 가치관에 대해 생명 중심 · 생태 중심의 환경가치관으로 재해석될 수 있는 여지를 보여주는 것이다.

3) 태고사상과 환경 실천윤리

태고 국사의 일생에는 왕사와 국사로서의 국가적인 사업에 동참하여 그 법력을 미치는 경우도 있었지만, 교단 내에서 청렴한 생활을 권장하고 개인의 소박한 생활 태도를 통하여 오늘날의 물질만능의 포화된 삶의 형태의 한 단면을 반성하는 교훈적인 윤리의식을 엿볼 수 있다.

산중에서의 청빈한 삶을 스스로 즐기는 마음을 적은 「산중의 즐거움」에서는,

수염도 깎지 않고 머리도 깎지 않은
잘 생긴 귀신머리인 나찰

어리석고 어리석기는 돌대가리 같고
미련하고 멍청하기 말뚝 같구나.

라고 하여, 수염도 깎지 않고 머리도 깎지 않은 승속의 구분마저 가리지 않는 불이(不二)의 무애한 경지를 표현하고 있다. 이 노래는 국사나 왕사의 화려함을 떠난 무위법락의 청빈한 삶의 즐거움을 일깨우는 내용이다. 그리고 이어서

이렇게 되었으니 나에겐 아무 걱정 없도다
바위틈 시냇가에 소슬함을 즐기리라
바위구석 작은 암자 능히 내 몸 가리우니
흰 구름 둥실 떠서 나와 서로 의탁하네.

라고 하여, 바위나 흰 구름 등의 자연과 합일된 무분별의 경계를 느낄 수 있다.
또한 태고보우는 「왕궁에서 진병을 위해 하신 설법」에서

집을 떠나 도를 닦는 이는 이름을 구하지 않고 이익을 구하지 않으며 주지되기를 바라지 아니하고 의식을 꾀하지 않아야 한다. 남의 공경이나 찬탄을 구하지 않고 즐겨 절도를 지켜 나쁜 옷을 입고 나쁜 음식을 먹으며 바위 밑에 몸을 감추고 출세하기를 꾀하지 않아야 비로소 집을 떠나 도를 배우는 이의 할 일이라 할 수 있을 것이다.

라고 하여, 사문으로서의 생활 방식에 대하여 의식주를 비롯한 개인적인

소박한 삶의 태도와 사회적인 명성과 이익을 구하지 말 것을 가르치는 교훈을 남기고 있다. 또한「당선인에게 주는 글」에서, "요즘 출가한 사람들은 열이면 열, 모두 스스로 모자란다는 장애를 가졌고, 또 많이들 게으르다. 이 일에 대해서는 성인의 일이라고 높이 제쳐두고 스스로 못났다는 생각을 달게여긴다. 또 몸은 아침 이슬 같고 목숨은 지는 해처럼 빠른 줄을 믿지 않고, 총총히 허덕거리면서 스스로 좋아하는 짓은 다 삼도의 업인(業因)이 되는 것으로서 칠정(七情)을 마음대로 부려 삼업(三業)을 짓는 것이다"라고 하여 사소한 개인의 삶이 인과의 업력으로 과보를 초래한다는 준엄한 윤리적 도덕성을 업설을 바탕으로 설명하였다.

이런 점에서 국사의 개인적인 청빈한 삶의 모습을 통한 자연환경과의 합일의 정신은 자락으로 그치지 않고 출가자와 교단의 정화를 통한 구체적인 사회실천윤리로서의 가치를 지니며, 그 행위의 중심에는 불교의 업설과 관련한 윤리적인 인과관계를 설정함으로써 인간행위의 규범을 도모하고자 하였다.

국사의 청렴한 성품은 개인적인 수행덕목으로서만 머물지 않고 당시 혼란한 사회상으로 인하여 피폐한 교단의 윤리적인 복원에 관심을 갖게 하였다. 특히 국사는 교단의 정화와 관련하여 청정한 교단생활을 강조하는『백장청규(百丈淸規)』로서 평상의 모든 일을 엄정하게 할 것을 당부하였다. 국사는 구체적으로

백장대지(百丈大智) 선사의 선원청규(禪苑淸規)에 푹 젖도록 하여 평상시의 위의는 엄숙하고 진실하며 부지런히 법을 묻고 때를 맞추어 종과 목어를 치면서 조사의 가풍을 다시 일으키고 오교(五敎)가 각각 그 법을 널리 펴게 해야합니다.

라고 하여, 불법의 오묘한 이치는 정해진 규칙이 없지만 성인들은 행을 겸
비하여 그 교훈을 후세에 전하듯이 하물며 세속의 일에는 정해진 규칙이 있
어야 함을 강조하고, 개인적인 수행과 함께 이를 실천하는 교단의 윤리적인
규범을 중시하고 있다.

태고보우는 개인적으로 청렴함과 소박한 삶의 방식을 통해 사회와 자연과 공
동체 중심의 삶을 몸소 보여 주었고, 자연과 사회, 국가의 원융의 정신을 적극
적으로 교단과 사회의 실천 규범으로 확대하려는 다양한 노력을 시도하였다.

이처럼 불교의 가르침은 인간을 위시한 모든 생명체들을 공동체로 포함하
고 생명이라는 근원적인 입장에서의 상호존엄을 바탕으로 하는 불교의 일체
법에 대한 분류의 의미와 개아(個我)의 자기 중심적인 집착에 머물지 않고
상호 의존적인 무아의 연기설이 새로운 환경가치관으로 적응될 수 있는 가
능성을 보여주고 있다.

태고보우의 사상과 삶을 통하여 일심(一心)에 바탕한 일승원융(一乘圓
融)의 상호 보완적인 사상은 구산선문의 산문중흥을 통한 일문의 언융을 위
한 실천으로 구체화되어 나타났다. 또한 이러한 원융의 실천은 선문과 교문
의 원융으로 확대되고 있는 것을 살펴보았다. 국사의 일승원융의 사상과 청
정국토를 위한 실천은 상대적이고 대립적인 기존의 이원론적 환경 가치관을
확대하여 보편적이고 상호보완적인 관계로 나아갈 수 있는 새로운 환경 가
치관의 실현을 위하여 시사하는 바가 크다.

그리고 국사의 청빈한 개인적인 삶의 모습과 교단의 정화를 위한 다양한
노력과 청규(淸規)와 치문(緇門)의 강조를 통하여 사회정화를 추진하였던
것에서는 개인적인 삶 속에서 이루어져야 하는 환경윤리의 개별적인 실천의
지와 더불어 개아(個我)의 집착을 벗어나 공존의 사회공동체를 위한 자리이
타의 대승보살도(大乘菩薩道)의 환경윤리정신을 찾아볼 수 있다.

5. 사회적 불평등 문제와 태고사상

1) 현대사회의 불평등과 불교의 입장

역사적으로 볼 때 불교는 이상적인 정토사회의 구현을 외면한 채 안심입명(安心立命)을 위한 개인적 차원의 수행에 치우치기도 하고 지배층의 지배 수단으로 전락하여 '중생 구제'라는 불교 본연의 역할을 상실하기도 했던 것이 사실이다. 오늘날 불교가 일반 민중과 밀접한 관계를 회복하여 사회를 지도하고 개혁할 수 있는 충분한 입장과 능력을 갖추지 못한다면, 불교는 점점 죽은 사람들의 장례나 제사를 위한 한 도구가 되거나 일부 지식인들의 지적인 취미나 만족시켜주는 골동품 이상의 의미를 지닐 수 없는 '죽은 종교'가 되고 말 것이다. 다행스럽게도 오늘날 아시아의 불교는 사회적 실천에 적극 참여하는 방향으로 변화하고 있다. 이러한 시점에서 오늘의 신자유주의 사회가 가장 첨예하게 직면하고 있는 사회적 불평등의 문제를, 원융무애의 기치를 들었던 고려 말의 고승 태고보우 국사의 사상을 통해 조명해 보는 것은 의미 있는 작업이라고 생각된다.

현대는 다국적 기업들이 전 세계적으로 기술집약적인 생산 설비를 채용하면서 수백만의 노동자들이 해고되고 있다. 이러한 노동의 위기는 근본적으로 이윤의 극대화를 추구하고 시장의 법칙을 과신하는 자본의 영원한 속성에 기인한다. 이러한 자본의 본질적 속성은 급기야 '세계화된 경제' 또는 '세계자본주의'를 낳았으며 피도 눈물도 없이 거침없이 질주하는 세계자본주의는 노동의 위기를 초래함은 물론 국제적 · 사회적 불평등을 더욱 심화시켜 사회적 긴장을 고조시키고 있다. 현대사회의 불평등 문제는 빈익빈 부익부뿐만 아니라 성별, 종교, 인종, 신분 등 다양한 영역에서 존재한다.

평등에 대한 불교의 기본입장을 살펴볼 때 불교는 본질적으로 자유의 종교이다. 불교의 최고선은 바로 해탈이요 열반이기 때문이다. 더욱이 일반적인 의미의 자유가 소극적으로는 외적 구속이 없는 상태이고, 적극적으로는 스스로의 의지와 본성에 따라 활동할 수 있는 상태다. 이에 반해 해탈과 열반으로서의 불교적 자유는 한층 더 깊고 궁극적인 의미를 갖는 자유인 것이다. 불교는 개개인의 자유와 그 주체적 인격을 무엇보다도 중요시한다. 그것은 붓다의 유훈으로 잘 알려진 '자귀의(自歸依) · 법귀의(法歸依) · 자등명(自燈明) · 법등명(法燈明)'의 가르침을 통해서도 알 수 있다. 뿐만 아니라 적어도 초기경전에 있어서만큼은 제자들에게 설법할 때에 '나만 믿고 따라 오너라'는 식의 가르침은 찾아볼 수가 없다.

이러한 붓다의 가르침 속에는 자율의 이념과 함께 평등의 이념 또한 농도 짙게 무르녹아 있다. 붓다시대의 인도사회는 엄격한 계급사회였다. 특히 최하층의 노예계급인 슈드라는 비참한 삶을 살아야 했다. 이와 같이 엄격한 계급제도를 붓다는 다음과 같이 정면으로 부정하고 나섰다.

몸을 받은 생물 사이에는 각기 구별이 있지만 인간에게는 그런 구별이 없다.

인간 사이에서 구별이 나타나는 것은 오직 그 명칭뿐이다.

또한

마치 갠지스강, 아수나강, 아찌라바띠강, 사라부강, 마히강과 같은 대하가 바다에 모여들면 이전의 이름을 잃고 단지 바다라는 이름을 얻는 것과 같이 사성도 여래가 가르친 법과 율을 따라 출가하면 이전의 종성을 버리고 똑같이 성자라 불린다.

이와 같이 실제로 불교교단은 누구에게나 평등하게 문을 활짝 열어 놓고 있었으며, 사람들을 계급과 신분에 따라 차별대우하지 않았다. 나아가 석존은 사람의 능력과 신분을 결정짓는 것은 그 태생이 아니라 그 사람의 행위임을 다음과 같이 설한다.

사람은 그 출생에 따라 천한 자가 되는 것이 아니며, 출생에 따라 성자가 되는 것도 아니다. 사람은 그 행위에 따라 천한 자가 되며, 행위에 따라 성자가 되기도 하는 것이다.

이러한 불교적 평등의 이념은 한낱 가르침으로만 끝나지 않고 철저히 행동으로 옮겨졌다. 붓다는 제자들 중 어느 특정인을 그 출신이나 재산 때문에 차별대우하지 않았고, 그들의 지혜와 수행 정도에 따라 평가하고, 출가의 순서와 연장자의 순으로 좌석과 차례를 정했을 뿐이다.

또한 붓다는 남녀노소 빈부귀천을 가리지 않고 누구에게나 법을 설하였다. 특히 여성의 출가를 허용한 것은 고대 인도사회에서의 여성의 지위를 생각할 때, 가히 혁명적인 일이라 할 만하다. 더구나 사유재산을 버리고 가족을 떠난 수행자들로 구성된 불교 승가는 이러한 평등의 이념에 기초하여 거의 완전한 소비 공동체 조직을 이루고 있었던 것이다. 이러한 초기불교의 평등의 이념은 훗날 대승불교에 이르러 '일체의 모든 중생이 다 불성이 있다'는 불교적 대 평등 선언으로 나타나게 된다.

2) 빈부격차와 사회문제

1970년대 말 이후 미국, 영국 그리고 1980년대 중반 이후 서유럽 대부분의 나라에서는 소득격차가 커져 부자들의 소득은 보통 사람들이나 가난한 사람들의 소득보다 빨리 증가하고, 실제로 가난한 사람들의 실질소득은 떨어졌다. 이러한 부익부 빈익빈의 문제는 서구사회 뿐만 아니라 지구촌 전체가 겪는 심각한 사안이다.

선진국에서 심화되고 있는 소득불균형의 현상은 우리나라에 있어서도 마찬가지이며, 1997년 말 IMF 이후 발생된 대량실업은 실직자 및 잠재적 실업자의 증가, 임금구조의 양극화, 빈곤층의 급등, 중산층 및 저소득층의 생활수준 저하와 같은 문제점들을 발생시켰다. 1998년 말 이후의 경제 회복과 경제성장도 성장구조 및 소득분배의 양국화가 진행되는 가운데 이루어지고 있어, 빈부격차의 확대문제가 사회적 관심사로 떠오르고 있다.

현대의 불평등 문제에 대비한 불교의 평등이념은 자비의 실천을 통해서 현실사회에 구현된다. 자비의 실천은 시여 또는 보시라는 실언 덕목으로 더욱 구체화되며 복전사상(福田思想)으로 전개되기도 한다. 특히 가난한 자와 병든 자들에 대한 봉사를 주요 내용으로 하는 빈궁전(貧窮田)은 복지 개념으로서 사회적 분배라는 기능을 충분히 담당할 수 있는 것이다.

원래 빈궁전이란 말은 『우바새계경(優婆塞戒經)』에 나타나고 있지만 그 사상적 연원이 초기경전에 있음은 물론이다. "병자를 돌보아 주는 것은 곧 나를 돌보는 것이요, 병자를 간호하는 것은 곧 나를 간호하는 것이다. 왜냐하면 나는 지금 몸소 병자를 간호하고 싶기 때문이다"고 한 『증일아함경』의 가르침이나 "어떤 괴로움이 가장 중하냐. 이른바 빈궁의 괴로움이다"라고 한 『금색왕경(金色王經)』의 가르침은 그 구체적인 예가 될 것이다.

불교의 복전사상은 개인적 차원의 분배라는 점에서 한계가 있다고 보는 것은 성급하다. 불교에서는 국왕의 분배정책을 중요시하여 올바른 경제운용의 방향을 제시하고 있기 때문이다.

한편 국가가 재화를 사용하는 것은 국민으로부터 징수한 세금을 통해서이며, 국가의 분배정책은 조세라는 바탕 위에 가능한 것이다. 왕권국가에서 세금을 많이 징수하는 것은 그만큼 인민을 괴롭히는 것이고 이에 반해 세금을 경감하는 것은 그만큼 인민에게 낙을 주는 것이라는 생각이 지배적이었다. 이러한 생각은 대승경전에도 반영되어 "세금의 징수는 일정한 법을 따를 것이며 세율을 낮추고 빈궁한 자에게는 면세의 혜택을 주어야 한다"라는 교설이 설해져 있다. 이것은 지급능력에 따라 공평하게 조세가 결정되어야 한다는, 현대 재정의 주류를 이루는 능력의 원칙에 매우 가까운 조세관이다.

특히 『구라단두경(究羅檀頭經)』은 분배에 대한 국가의 정책이 어떻게 시행되어야 하는가에 대해 다음과 같이 설해져 있다.

무질서를 철저히 없앨 방법은 단 한 가지 밖에 없습니다. 왕의 국토에서 목축과 농업에 종사하는 사람에게는 누구에게나 식량과 종자를 제공하십시오. 왕의 국토에서 상업에 종사하는 사람이면 누구에게나 자금을 제공하십시오. 왕의 국토에서 관직에 종사하는 사람이면 누구에게나 식량과 임금을 제공하십시오. 그렇게 되면 백성은 자기 일에 전념하게 되어 국토를 유린하는 일이 없어지고 왕의 권위는 날로 강해질 것입니다. 그래서 국가는 조용하고 평화로우며 국민들은 서로 즐거워 아이들을 팔에 끼고 춤추며 행복해 할 것이고 대문을 활짝 열고 살아갈 것입니다.

여기에서는 나라의 안녕과 평화는 올바른 경제의 운용으로부터 가능한 것이라는 점이 강조되고 있다. 붓다는 사회적 제 문제란 경제적 불균등에 기인하고 있으며, 이를 시정하기 위해서는 국가의 정책적 역할이 중요하다는 점을 강조하고 있다.

세존이 주장한 국가의 분배정책의 기준은 국가는 빈한한 농부에게 생산기반을, 상인에게는 자본을, 고용인에게는 임금을 지불함으로써 올바른 방향으로 재화의 균등분배가 이루어져서 사회정의가 실현될 수 있다는 것이 『구라단두경』의 설명이며, 여기에는 평등과 자비라는 불교의 실천이념이 깊이 자리하고 있음을 살펴야 할 것이다.

특히 『구라단두경』에서 국가의 분배정책은 일시적인 빈민구제의 차원에서가 아니라 가난한 사람들이 지속적으로 생계수단을 가지고 생산 활동에 종사함으로써 자립의 기반을 구축하여 궁핍으로부터 벗어나도록 도와주고 있다는 데 그 의미가 있다. 여기에서 우리는 붓다의 인간현실에 대한 보다 근본적인 연민과 경제흐름에 대한 통찰을 만나게 된다. 오늘날에 있어서도 생산기반의 취약성과 실업사태는 심각한 사회문제를 야기하고 있는 것은 너무나 잘 알려진 사실이다. 붓다는 일반의 보시에 있어서도 사회 경제적인 측면을 종교적 의미와 동시에 고려하고 있다. 이것은 국가 경제정책과 같은 맥락으로 이해될 수 있을 것이다.

『선생경(善生經)』에는 "재물을 쓰는 데 있어서는 사치스러워서는 안 되며, 분수에 맞도록 올바른 대상을 선택해서 주어야 한다. 속이거나 강요하는 자에게는 차라리 걸식하게 할지언정 재물을 주지 말라"고 설해져 있다.

어느 시대를 막론하고 하나의 정책은 사회구성원 전부에게 득이 된다든가 반대로 해가 된다든가 하는 경우는 거의 없으며 어느 집단의 희생으로 어느 특정 집단이 득을 보는 것이 일반적인 현상이다. 사회보장제도에 있어서도 궁극적으로 득을 보는 사람은 누구이고 해를 보는 사람은 누구인가에 대한 분명한 해답을 구하는 것은 오늘날 복지정책에 있어서 사회적 합의를 확보하고 있는 것이며, 평등과 자비를 그 근간으로 하는 시여(施與)의 분배원리는 오늘날의 문제와도 무관하지 않음을 확인할 수 있다.

3) 태고사상으로 본 사회적 불평등 문제

불교의 연기론은 상의상관성으로 해석하여 기능이론의 입장에 가까운 것으로 보려는 경향이 있지만, 초기불교의 12연기론을 음미해 보면 거기에는 갈등이론의 측면도 있다고 생각된다. 보우의 원융사상도 그 연원이 연기설에 있다고 본다면 사회에 대한 보우의 관점을 어렵지 않게 가늠할 수 있을 것이다.

주지하다시피 그는 38세 때, 견성오도한 후 제일 먼저 부모가 계시는 고향, 양근으로 가 부모님을 극진히 효양하였다. 왕사, 국사가 된 뒤에도 그 명예와 영광을 모두 부모와 향리에 돌려, 부모는 모두 국가로부터 증직되고 부모의 고향도 모두 승격되었다. 국사는 재가자 중에서도 찾아보기 어려운 효성심의 소유자요 효행의 실천자임을 알 수 있다.

태고는 왕사로서 16년 동안, 국사로 12년 동안 봉직하면서 국정의 여러 문제들을 자문하였다. 특히 공민왕 5년에는 이자겸의 난 등으로 개경의 민심이 흉흉해지고 원의 지배가 계속되면서 사회적 혼란이 심화되어 한양 천도를 주장하였고, 선견지명으로 홍건적이 침입할 것을 알고 국왕으로 하여금 대비케 함으로써 홍건적 침입으로 인한 피해를 최소화하는 데 크게 기여하였다. 결국 보우는 진리의 세계에 대한 구도심뿐만 아니라 사회에 대한 관심과 실천도 매우 투철했다고 해야 할 것이다.

태고보우의 향상종승에 입각한 원융회통사상에 비추어 볼 때, 그는 근본적으로 세간과 출세간을 둘로 보지 않고 원융무애한 것으로 여겼던 것으로 생각된다. 이것은 "사바세계는 물이 물이고 산이 산이지만, 화장세계에는 부동존, 위로 부모도 없고 아래로 손도 없다"는 그의 노래를 통해서도 어느 정도 유추해 볼 수 있는 것이다.

한편 보우가 사회적 불평등 문제를 직접적으로 거론한 내용은 찾기 어렵다. 하지만 보우시대의 사회상과 관련시켜 유관 자료들의 의미들을 새롭게 해석해 봄으로써 불평등 문제에 대한 그의 입장을 간접적으로나마 유추해볼 수는 있다.

그가 살았던 고려 후기에는 정치적 변동으로 인해 신분제가 동요하게 된다. 무신관을 성공시킨 무신들이 종래의 문벌귀족들 대신에 지배세력으로 부상하기도 하지만, 이들 역시 공민왕의 개혁정치로 타격을 받고, 대신에 사대부 세력들이 큰 권력을 행사하게 된다. 권세가들에 의한 농장의 발달로 자영농들이 노비로 전락하기도 한다. 또한 생산력의 증대가 농민들로 하여금 근거지를 잃게 하였고, 지방관의 수취는 더욱 심해져 농민과 천민의 반항과 봉기가 자주 일어났다. 정치, 경제, 제도적 변화에 따른 신분 이동이 확대되어 향리신분 출신이 정계에 진출하여 중앙귀족이 되기도 하고 신돈, 이의민(李義旼) 같은 노비 출신이 정권을 장악하기까지 한다.

그런 와중에서 불교계는 국가의 절대적인 비호와 국민의 깊은 신앙 속에서 물질적 풍요를 누리게 되었다. 승려들은 이에 만족하지 않고 비합법적인 방법으로 타인 소유의 전지까지 탈점하는가 하면, 각종 수공업과 상행위, 심지어 술 만드는 일에도 관여하면서 계율을 어겼다. 또한 불사의 비용조달과 복지활동의 자금을 마련하기 위한 각종 보를 운영함에 있어서도 높은 이자를 취하여 국민들의 원성을 사기도 하였다.

이러한 불교계의 총체적 난맥상을 지켜보며, 고통 받는 사람들에 대한 연민과 불교지도자로서의 책임을 통감했던 보우는 공민왕에게 "임금의 도는 수명교화(修明敎化)에 있는 것이지, 반드시 부처님을 믿는 데 있는 것은 아닙니다. 만약 국가를 잘 다스리지 못한다면, 설혹 부처님을 지극히 받든다 한들 무슨 공덕이 있겠습니까. 다만 태조께서 건립한 사사만을 수리하실 것이요, 새로이 창건하지는 마십시오"라고 하였는데, 공민왕에 대한 보우의 이 상언은 우리로 하여금 많은 것을 생각게 한다.

특히 "만약 국가를 잘 다스리지 못한다면, 설혹 부처님을 지극히 받든다 한들 무슨 공덕이 있겠습니까"라는 구절을 통해서, 우리는 순수하게 나라와 백성을 사랑하는 보우의 진실과 마주치게 된다. 더욱이 스스로가 승려의 신분인 보우 국사가 사원 건립을 새로이 할 필요가 없다고 한 근본적인 이유는 무엇이었을까. 그것은 바로 고통 받는 백성들과 사치를 일삼는 부유층의 격차, 즉 사회적 불평등에 대한 인식에 말미암은 것이었다. 그것 말고는 다른 이유가 있을 수 없다고 본다.

이러한 맥락에서 다음 상당법어를 읽을 때, 비로소 우리는 이법어의 이면 속에 살아 있는 보우의 투철한 사회의식과 평등의식을 깨닫게 되는 것이다.

그러므로 집을 떠나 도를 닦는 이는 이름을 구하지 않고 이익을 구하지 않으니, 주지되기를 바라지 않고 의식을 꾀하지 않아야 한다. 남의 공경이나 찬탄을 구하지 않고, 즐겨 절도를 지켜 나쁜 음식을 먹으며 바위틈에 몸을 감추고 출세하기를 꾀하지 않아야 비로소 집을 떠나 도를 배우는 이의 할 일이라 할 수 있을 것이다.

보우의 이러한 풍모는 「태고암가」의 다음 구절에서도 유감없이 드러난다.

구슬누각, 백옥 전각도 비길 바 아니고
소실(少室)의 풍모도 본받지 않는다
8만 4천의 문을 부수니
저쪽 구름 밖에 청산이 푸르다.

이렇게 본다면, 태고의 여러 은둔적 성향의 시문에 대한 해석에 있어서 우리는 항상 드러난 내용뿐만 아니라 그 이면에 내재되어 있는 함의까지도 소홀히 해서는 안 될 것이다.

그렇다면 보우의 이러한 사회의식과 평등의식은 어디에서 비롯되고 있는 것일까.

그것은 물론 보우의 천부적인 따뜻한 인간적 감정과 자비심에서 비롯된다고 볼 수도 있다. 하지만 보우의 그러한 의식의 뿌리는 더 깊은 사상적, 종교적 차원에 연결되어 있는 것으로 보인다. 그것은 다름 아닌 이른바 항상종승 또는 일승원융의 사상이다. 보우의 원융사상에 대한 체계적 고찰은 본고의 몫이 아니라고 생각되어 여기서는 몇 가지 관련 내용을 인용 소개하는 것으로 그칠까 한다.

먼저 「무내(無奈)」라는 게송을 살펴보자.

마음과 대상 모두 잊으면 이것이 무엇
갈대꽃 흰 눈빛 하나이되 하나 아니다
오묘한 저쪽 길, 끝없이 오묘해
천 강의 그림자 없는 달을 모두 밟다.

이 문학적 상징성이 높은 게송은 아마도 나와 너, 주관과 객관의 불일불이
(不一不異)를 말해 주는 보우 원융사상의 인식론적 기초가 되는 명제라고
생각된다. 다음의 게송은 모든 분별의 세계를 뛰어넘고 융섭하는 원융의 세
계를 잘 보여주고 있다.

하나도 얻을 것 없는 곳에서
집 안의 돌을 밟아 깨뜨렸네
돌아보면 깨뜨린 자취도 없고
보는 자도 이미 고요하여라
분명하여 둥글둥글하며 현묘하여 빛이 찬란한데
불조(佛祖)의 산하까지도
입 없이도 모두 삼켜 버렸네.

또 봉은선사에서 입원 설법을 할 때, 보우는 만수가사를 들고, 대중들에게
자신을 따라 머리에 이었다가 입으라고 하면서 대중과 함께 입고서는 그 한
자락을 들고 대중들에게 다음과 같이 설한다,

보는가. 대중스님과 나만이 입은 것이 아니다. 시방세계의 허공과 대지의 삼
라만상과 성인과 범부, 유정, 부정과 온갖 물건들이 한꺼번에 다 입었노라. 앗!

이러한 내용들은 보우가 체득한 원융세계의 진면목을 보여 주고 있다 할 것이다.

그렇다면 보우는 이렇게 당시 고려 후기 사회의 혼란 속에서 사회적 불평등을 깊이 인식하면서 이것을 어떤 방식으로 해결하려 했던 것일까. 아쉽게도 당시의 불평등사회를 적극적으로 개선하고자 한 노력과 행적을 현재로서는 구체적으로 알 수가 없다. 한양천도의 주장이 있긴 하지만, 이것이 '불평등의 해결'을 위한 적극적인 방안이었는지 단순한 천도의 주장이었는지는 앞으로 더 연구해 보아야 할 과제라고 생각된다. 그러나 다음 이야기는 불평등 문제의 해결에 대한 보우의 기본입장을 이해하는데 많은 시사를 던져 주고 있다고 생각된다.

국가에 일이 있을 때에는 불법의 힘을 의지해야 비로소 그 삿됨을 누를 수 있으니, 그러므로 먼저 불법의 일을 바로 해야 한다. 도(道)가 있는 이를 상(賞) 주어 가람을 맡아 대중을 거느리고 부지런히 수행하여 국가를 복되고 이롭게 해야 하니, 이것이 바로 선왕께서 행한 법이자 왕도정치(王道政治)의 기본이다.

이처럼 보우는 기본적으로 자신이나 불교계의 직접적인 현실참여보다는 당시 봉건사회의 특성상, 임금의 올바른 정치를 통해서 불교적 이상을 현실에 구현하려고 했던 것 같다. 불교가 가르치는 군주의 임무란, 첫째 인민의 부모로서 인민을 돌보고 이들에게 행복을 주어 고뇌를 없애 주며 인민을 자애롭게 돌보는 일, 둘째 군주는 언제나 인민의 고락을 관찰하여 인민의 번영을 생각하고 해마다 수확의 많고 적음을 알고 인민의 기쁨과 근심을 알아야만 한다. 셋째 군주는 또한 인민의 실정을 알아서 공적의 유무를 알아 상벌을 명확히 해야 한다. 넷째 또한 인민의 실정을 알아서 위엄과 힘으로, 인민에게 보호하여 주어야할 것은 때에 맞추어 보호해 주고 취해야 할 것은 잘 헤아려 취하며 인민의 이익을 빼앗지 않도록 하고 가혹한 징세를 피하여 인민의 생활을 안정시켜야 한다. 보우는 이러한 불교적 왕도를 임금이 여법하게 실천하면 사회적 불평등의 문제도 자연스럽게 해결될 수 있을 것이라는 소박한 인식을 하고 있었다고 추측된다. 임금이 불교적 왕도를 바르게 구현할 수 있도록 하기 위해서는 먼저 불교계를 정비해야 하는 것이 급선무라고 판단한 것 같다. 그리고 보우는 당시 사회적 문제에 대한 구조적, 제도적 차원의 해법을 모색하기보다는 사람들이 붓다의 가르침에 따라 탐욕을 버리고 보시와 자비를 실천하면서 바르게 살아가게 함으로써 불교적 이상을 실현하려 했다고 볼 수 있다.

이처럼 태고보우는 이러한 불교의 기본입장을 계승한 것으로 보인다. 보우는 사회와 국가에 깊은 관심을 가지고 있었고, 나름대로 왕사 또는 국사의 역할을 통해 사회적 갈등과 불평등을 해결하고자 노력하였던 것으로 판단된다. 보우는 누구보다도 자신이 살았던 불교계의 문제점을 잘 알고 있었고 그런 만큼 많은 고뇌를 한 것으로 보인다. 그래서 오히려 더욱 출가수행자의 청빈한 생활을 강조했고, 심지어는 공민왕에게 더 이상 사찰을 새로 건립하지 못하도록 진언하기도 하였던 것이다.

6. 종교 간의 갈등과 태고사상

1) 종교 간의 갈등과 불교의 입장

인류 역사에 있어서 종교 간의 대립과 갈등이 전쟁의 참화를 불러 온 사례는 열거하기 힘들 정도로 많았다. 모든 종교가 평화와 사랑을 가르치고 있음에도 불구하고, 오히려 대립과 갈등을 부추기는 역할을 해 왔으며 심지어는 전쟁에도 깊이 관여해 온 것이 사실이었다.

한국에서의 종교는 상호 이해를 통한 공존의 전통이 이어져 왔었다. 한국의 종교적 심성의 바탕에 깔려 있는 것은 민속신앙이며, 유교적 관습과 불교적 가치관은 모든 한국인의 사회적 윤리 전통의 바탕을 형성하고 있다. 그러므로 한국 종교인들의 종교성은 구조적으로 다원적일 수밖에 없다.

최근 불교를 비롯한 한국종교계에 여러 교단에서 종교다원주의 담론과 종교 간의 이해를 위한 모임과 대화 운동이 확산되고 있음은 실로 다행한 일이라 하겠다. 현대의 종교 다원주의 사상가들도 "깊이 들어가서 보면 모든 종교는 동일하다. 길은 다르더라도 동일한 목표를 지향하고 있다"고 생각하고 있다. 이제 21세기를 맞은 인류 문명의 방향은 대립에서 화합으로, 독백에서 대화를 지향하고 있다. 미래의 종교는 독선과 배타성에서 벗어나 다원적인 종교문화를 서로 수용하며 서로 배우며 공존하는 열린 종교의 길을 모색하고 노력하고 있다.

불교는 타종교와의 관계에 있어서 기본적으로 어떠한 입장을 지니고 있을까? 초기불교시대에서부터 현대에 이르기까지 일관되게 불교는 제법의 실상의 정견에서 나오는 지혜에 바탕한 관용적 입장을 견지해 왔다고 할 수 있다. 불교는 궁극적으로는 불법에 대한 집착에서도 떠나야 한다고 가르치는 점에서 바람직한 다원주의의 길을 열고 있는 것이다. 이러한 의미에서 불교는 '다원주의를 향한 포괄주의'의 성격을 지니고 있다고 할 수 있다.

근본적으로 붓다는 타종교에 대한 사상적 입장은 연기설(緣起說)에 바탕을 둔 '비판적 입장'에 있었다. 붓다는 근본 교설인 연기론에 비추어 타종교의 교설을 해석하였으며, 다른 세계관이나 인생관을 설하는 종교나 철학사상에 대하여 논리정연하게 비판하면서 우주와 인생의 참다운 실상을 있는 그대로 보는 지혜를 가르쳤다. 다양한 종교사상에 대하여, "여래는 62종의 견해들의 장단점과 그 결과에 대해서도 잘 알고 있을 뿐만 아니라 이보다도 더 훌륭한 것도 알고 있지만 지식에 집착함이 없다. 집착하지 않기 때문에 마음속에서 적멸(寂滅)과 해탈을 얻었다"고 설하고 있다.

불교가 타종교에 대해 배타성을 보이지 않는 것은 불교와 부처님만이 진리를 독접적으로 소유하고 있다고 생각하지 않기 때문이다. 붓다는 진리의 창조자가 아니라 발견자였다. 이 세계는 연기법에 의해 존재하며 온 우주는 이 법칙에 따라 운행되고 있다. 그러므로 여래가 세상에 나오던 나오지 않던 간에 연기의 진리는 존재하는 것이다.

불교는 '진리(法, Dharma)에 대한 집착'을 '법집(法執)'이라고 하여 '나에 대한 집착'과 함께 버려야 할 근본 번뇌의 하나라고 가르치고 있다. 만일 진리에 실체가 있다고 생각한다면 이와 같은 생각은 자신의 교법에 대한 애착과 거기에서 발생하는 타종교에 대한 증오에 의해 애증과 모순의 갈등으로 떨어지게 된다는 것이다.

『금강경』에서 여래가 설한 법까지도 절대 진리로 집착하지 말라고 권고하고 있는 바와 같이, 불교는 어떤 절대 진리가 영원히 실재한다는 집착을 비판한다. 경전적 진리도 단지 방편적인 길을 가르치고 있는 것에 불과하며, 어떠한 진리 주장도 궁극적으로는 절대적일 수 없는 것이다. 진리의 언어는 그 자체로서 참된 것이 아니라 그것이 지각되어지고 이해되어지는 특정한 맥락 안에서만 진실하다는 것이다.

진리는 누구나 발견하고 깨달을 수 있고 누구에게나 열려져 있다. 설사 불교를 만날 인연이 없었던 이도 진리를 깨달아 부처가 될 수 있는 것이다. 불교에서 독각불(獨覺佛)의 존재를 인정하고 이에 예배하는 것도 이러한 이유 때문이다.

그러므로 논쟁을 해결하기 위해 폭력을 사용한다면 그는 붓다의 제자가 아니며 '타종교와 다투지 말라'는 부처님의 가르침에도 위배되는 것이다. 타종교인에 대한 배타적 검정이나 분노, 시기, 질투, 증오 등의 감정은 이기주의적 탐욕이나 진리에 대한 잘못된 견해인 무지에서 나오는 것이다. 그러므로 붓다는 적대주의와 증오는 참고 견딤으로써 비로소 사라진다고 가르쳤던 것이다. 이러한 관용과 이해의 정신은 불교사를 통해 존중되어 왔으며, 불교가 2,500여 년에 거친 긴 역사를 통해서 전쟁과 어떠한 박해의 사례도 없게 하였던 것이다.

2) 태고의 포괄주의적 원융종교사상

태고의 타종교에 대한 관점도 앞에서 서술한 전통적인 불교의 기본 입장을 계승하고 있다. 태고는 이에 더하여 돈오선(頓悟禪)의 전수자로서 원융무애한 경지에서 종교 간의 진리 주장이나 교리적 갈등, 교단적 대립의 문제를 화회(和會)하고자 하였다.

태고의 타종교에 대한 이해를 고찰하기 위해서는 먼저 그가 다른 종교문화와 국제적인 견문을 넓히게 된 중국 원나라의 방문(1337~1348)에 대해 이해할 필요가 있다.

당시 원나라는 몽고족에 의해 건설된 유례없는 세계 제국이었다. 그러므로 원의 정부는 문화적 국제주의 정책을 시행하였으며 불교, 유교, 도교는 물론 이슬람과 기독교 등의 서양 종교까지 평등하게 대하는 다원주의 입장을 취했다. 그러나 원 황실의 중심 종교는 티베트불교의 일파인 라마교였다. 이러한 시기에 원에 유학한 태고는 국제적으로 융합된 종교와 문화를 자연스럽게 체험했을 것으로 보인다. 자세한 기록은 남아 있지 않으나 태고는 당시 중국에 들어와 있던 중앙아시아와 유럽 등의 세계 각국 종교인들과 조우하고, 도가와 유교 등의 중국전통 종교인들과도 교류가 있었을 것이다. 이러한 체험은 태고의 '포괄주위적 원융종교사상' 형성의 중요한 요인이 되었을 것이다.

한편 한국사상의 전통으로 한반도에서는 7세기 중엽, 고구려 연개소문(淵蓋蘇文)의 도교를 포함한 '삼교병립론(三敎竝立論)'과 최치원(崔致遠)의 풍류도(風流道)를 중심으로 한 '삼교융합론(三敎融合論)'이 있었던 바와 같이, 한국의 고승들 간에는 불교뿐만 아니라 유교와 도교의 경전과 수행체계를 함께 존중하며 융합 회통하고자 하는 풍조가 이어져 왔다.

태고의 어록에는 삼교에 대해 직접 다룬 법문이 많지는 않으나, 몇몇 법문에 간헐적으로 언급하고 있는 바를 기초로 하여 그의 삼교에 대한 이해를 유추해 볼 수 있다.

부처님께서 말씀하시기를 "거닐거나 앉거나 눕거나 항상 그 가운데 있다"하시고, 요와 순은 "진실로 그 중용을 잡아야 다스리지 않아도 천하가 잘 다스려진다"고 하였습니다. 요순이 어찌 성인이 아니며 부처와 조사가 어찌 별다른 사람이겠습니까? 다만 이 마음이란 것을 밝혔을 뿐입니다.

공민왕에게 설한 위 법문에서 태고는 요순의 중용과 노자의 무위 그리고 불조(佛祖)의 마음을 하나로 보고, 이를 잘 쓰면 자기 자신은 물론 천하가 잘 다스려질 것이라고 설하고 있다. 또한 봉은선사 설법에서는 향을 비유로 들어 불교와 유교의 체성은 본래 동일하나 각각 다른 작용으로 나타난다고 가르치고 있다.

이 향은 백 천 삼매의 근원이요,
무량한 묘한 이치의 체성으로서,
불교에서 쓰면 육도만행(六度萬行)이요
유교에서 쓰면 삼강오상(三綱五常)이다.

태고는 불교의 육도만행과 유교의 삼강(三綱)과 오상(五常: 仁義禮智信)이 모두 한 마음에서 나온 덕목임을 밝히고 있다. 이는 삼교는 서로 다른 것이 아니라 진리를 깨닫고 보니 하나의 근원 내의 모습임을 통찰한 성자의 법설로서, '진리는 하나인데 성인들은 그것을 다른 이름으로 불렀다'는 동양의 잠언을 상기케 하는 것이다. 불교의 육바라밀행이나 유교의 모든 덕목은 근원적인 진리를 체현한 이에게는 하나로 보인다는 유불 합일론을 말하고 있는 것이다. 태고의 다원주의적 종교관은 법의(法意)를 비유하여 설한 법어에서도 찾아볼 수 있다.

보는가? 대중스님과 나만이 가사를 입은 것이 아니다. 시방세계의 허공과 대지의 삼라만상과 성인과 범부, 유정과 무정과 온갖 물건들이 한꺼번에 다 입었다. 할!

태고보우는 봉은선사에서 법좌에 올라 향을 들어 비유로 황제를 비롯한 관료들을 축원하는 설법을 하였는데, 여기에서도 하늘과 부처, 요순과 주왕의 왕도정치, 그리고 주왕의 모후와 마야왕비의 덕상을 일체화하고 있다.

이 향의 뿌리는 대천 항하사 세계에 내렸고, 잎은 백억의 수미산을 덮었으니, 황제의 덕은 만방에 다달아 순(舜)임금 시대의 태평이 길이 빛나고, 그 은혜는 사해를 적셔 요(堯)임금 시대의 교화가 영원히 계속되게 축원합니다. 황후의 수명도 하늘과 같으시되, 상천(上天)의 은혜를 입어 세세생생 항상 모든 부처님을 받드는 성후(聖后)되기를 축원합니다.
문예(文睿)왕후도 그 충성은 주왕(周王)의 지혜로운 어머니 같으시고, 원만한 복과 지혜는 부처님의 인자하신 어머니와 같기를 축원합니다.
조정의 모든 관인 재상 등 모든 관리 등은 바라건데, 날마다 언제나 제왕의 충신이 되어 안으로는 왕도를 편안하게 하고, 세상마다 항상 불조의 좋은 벗이 되어 밖으로 불법을 보호하기를 축원합니다.

위에서 태고는 상천(上天), 요순, 주왕, 그리고 왕도정치 등 유교의 가치관과 불교의 덕목을 동일시하면서 유교를 불교적으로 수용하고 있다. 이러한 설법으로 미루어 보아 태고는 당시에 유통되던 유교와 도가의 문헌들도 두루 섭렵했다고 추측된다. 태고가 유교를 긍정적으로 받아들인 사실은 불교를 비판하는 입장에 있던 당시의 유학자들이 남긴 현전 문헌에서도 찾아볼 수 있다. 이색(李穡, 1328~1396)이 찬술한 비문에 태고의 문도의 명단에 수많은 유생의 이름이 열거되고 있음도 태고와 유교와의 관계를 미루어 짐작할 수 있다. 태고는 유교뿐만 아니라 도가사상도 깊이 수용하였다. 「태고암가」와 「산중지락가」, 「잡화삼매가」 등 태고가 지은 시가에 보면 도가의 무위자연주의적 표현이 두드러지게 나타나고 있다. 태고는 선의 여여한 경지를 도가적 용어를 사용하여 자연과 하늘의 음악으로 상징화하여 표현하였다. 태고사상에 수용된 이러한 유가와 도가적 요소는 태고가 본질적으로 삼교를 비롯한 모든 종교가 동질적 공통본질을 지니고 있다는 인식에서 나온 것으로 보인다.

한편, 태고는 유불선 삼교를 위시한 모든 성인의 가르침의 근원이 되는 궁극적인 진리와 실재를 어떻게 이해했을까? 현릉(玄陵)이 「심요(心要)」의 해설을 청했을 때 태고는 우주의 궁극성을 다음과 같이 설하고 있다.

그것은 밝고 또렷하여 거짓도 없고 사사로움도 없으며 고요하여 움직이지 않으니 곧 영지(靈知)가 있습니다. 본래 생사도 없고 분별도 없으며, 이름이나 모양도 없고 또한 말할 수도 없는 것입니다. 허공을 두루 삼키고 천지를 모두 덮었으며 소리와 빛깔도 모두 덮었고 큰 본체와 작용을 갖추었습니다.

태고는 궁극적 진리의 다른 표현으로서의 '일물'에 대해 성인도 그것을 다 알기 어려운 현묘한 것이라고 말하고 있다.

그 본체로 말하자면, 넓고 큰 것을 모두 감쌌으므로 바깥이 없고, 미세한 것을 모두 거두었으므로 안이 없습니다. 그 작용으로 말하자면, 부처세계의 티끌 수보다 많은 지혜와 신통, 삼매, 말솜씨가 있고 숨었다 나타났다 종횡자재하며 큰 신통과 변화가 있어서 아무리 큰 성인이라도 그것을 완전히 알지는 못합니다.

'일물'은 본래 이름 할 수 없는 것으로 불교의 다른 전통에서는 '법신(法身)', '마음', '부처', '자성', '진여' 등으로도 불리고 있다. 이는 무형이고 테두리가 없는 무한한 열림의 세계이다. 그러므로 '일물'은 모든 형태의 다양한 실재와 종교적 신앙의 궁극적 바탕으로 모든 실재와 진리를 두루 수용할 수 있다고 보는 것이다.

일물은 모든 색과 소리를 포함하고 있으며
형상도 없고 또한 이름도 단절되어 있다
이 일물로부터 만유가 흥기하는 것이니
만물의 조화는 신령스러운 것이다.

태고의 '일물'은 고정된 실재가 아니라 자취가 없고 연어와 형상이 단절된 세계이다. 그 안에 오묘하고 신령스러운 조화를 간직하여 우주 만물을 조화롭게 하는 것이다.

태고는 19세 때 수행의 초기단계에서 '만법귀일(萬法歸一)'의 화두를 참구한 바 있었으며, 33세 때 감로사(甘露寺)에서 이 '만법귀일의 화두'를 깨치고 게송을 지었다.

만법귀일이라는 하나[一] 또한 얻을 수 없는 곳에
밝게 깨치니 집안에 있는 돌이네
돌이켜 보니 깨친 흔적 또한 없고, 본 사람마다 고요하고 고요하니
요요한 원은 뚜렷하고 뚜렷하며, 현현한 빛은 밝게 빛난다.

그러면 만법이 돌아가는 하나의 진리는 다시 어디로 돌아가는가? 모든 종교가 하나로 돌아간다면 그 하나는 어디로 갈 것인가? 여기에 불교 포괄주의의 또 다른 지평이 있음을 유의해야 한다. 모든 것이 일물으로 돌아가고, 만물은 일물에서 나왔다는 것으로 귀결시키지만, 다시 '일물'의 실재성을 다시 부정하며 하나가 다시 돌아가는 당처(當處)를 되묻는 데에 불교와 태고의 진면목이 있는 것이다.

　태고의 원융종교사상은 그가 '향상종승(向上宗乘)' 이라고 한 궁극적 종교체험의 자연스러운 결과였다. 태고는 주관과 객관, 생사의 열반, 시작과 종말, 오는 것과 가는 것 사이의 불이성(不二性)을 노래하고 있다. 자아와 우주, 자연과 모든 사물과의 깊은 일체[玄同]의 체험에서 태고는 모든 종교의 성인들의 마음에 있는 심오한 근원에 도달한 것이다. 태고는 산중에서 법락(法樂)을 즐기며 원융하여 둘이 아닌 절대자유를 노래하고 있다.

그대는 이러한 태고의 즐거움을 보는가?
두타에 취하여 춤추니 광풍이 만학에 일어난다
스스로 즐거워 세월 가는 줄 모르는데
바위틈에 저 꽃은 피고 또 진다.

태고에게 있어서 '일물'은 언제 어디서도 만나는 체험의 대상이었으며,

궁극적 체험 그 자체였다.

　이 일물은 사람마다 언제나 있어서 발을 들거나 발을 내려놓을 때, 경계에 부딪치고 인연이 만나는 곳에 솔직하고 분명하게 일어나 물건마다 나타나 일체의 활동에 고요하면서 밝게 나타납니다. 방편으로 그것을 마음이라고 하며, 도 또는 모든 법의 왕, 부처라고도 합니다.

　이러한 '일물'의 체험의 성격에 대해 임제(臨濟)는, "우리들의 눈앞에 확연히 있는 것으로 어떤 형체도 없으면서도 다른 힘을 빌리지 않고 스스로 빛을 발하고 있다. 그것은 스스로 법을 설할 줄도 알고, 법을 들을 줄 안다. 만약 이러한 것을 안다면 부처와 조사와 더불어 다르지 않다. 오직 모든 시간 속에 끊임없이 눈에 와 닿는 것이 바로 이것이다"라고 갈파한 바 있다. 태고의 근원적인 종교체험은 그가 석옥에게 제시했던 「태고암가」에 명료하게 표현되어 있다.

　하나 가운데 일체가 있고 다수 가운데 하아가 있다
　하나도 얼지 아니한 가운데 항상 깨달음이 요요하다.

　이러한 태고의 깨달음 체험은 불이적(不二的) 신비체험에 바탕한 다원주의에 근거한 것이며, 이러한 진리인식을 여기에서는 '궁극적 불이체험의 종교다원주의'라 부르고자 한다. 동서고금을 통하여 수많은 진리주장이 있었으나 참으로 '절대적 확실성과 보편타당성을 지닌 객관적 진리'라는 개념으로 인정된 진리는 없었다. 모든 종교적 진리는 '독백적 진리'였으며, '상호 배타적인 절대 신앙'일 뿐이었다. 그러므로 교리적 차원이나 교단적 차원의 종교는 각각 '모순되는 진리체제'의 대립을 피할 수 없게 되어 있는 것이다. 종교적 진리는 특정 교리나 전통으로 왜곡되기 이전의 빛의 근원을 투시할 때 비로소 발견될 수 있지 않을까? 태고의 원융종교사상은 종교의 본질을 교리나 전통에서만 찾고 있는 이에 대한 경종을 울리고 있다 할 것이다.

3) 원융사상과 종교화합의 원리

모든 종교는 타종교와의 분쟁 이전에 같은 종교공동체 내의 갈등이 더 심각한 문제로 대두될 때가 많다. 불교도 수많은 종파 간의 갈등과 대립이 있어 왔다. 부파불교 시대에 이미 20여 개의 부파로 나누어져 있었으며, 대승불교도 13개 이상의 종파가 있다. 현재 한국의 불교계에도 40여 개 이상의 종파가 있다. 이것을 종파의 분열이라기보다는 발전상으로 볼 수도 있으나, 종파 사이에 반목이 가중되고 있다면 이것은 불교의 정신에 일탈된 것이라 아니 할 수 없다.

불교 내의 종파 간의 대립과 갈등에 대한 회회의 이론으로는 모든 경설의 가르침을 붓다의 일음설(一音說)로 이해하려는 원융사상이 있었다. 또한 『법화경』의 일승사상, 선과 정토의 일여사상, 선과 교의 일치사상 등은 태고 당시의 고려불교계에서도 수용되고 있었다.

태고는 종교 간의 갈등이나 그 해결에 앞서 불교 내의 갈등의 해소에 먼저 노력했다. 태고에 의한 불교 내의 대화와 회통운동의 방향은 크게 선종과 교종의 통합, 선과 정토 수행간의 상호결합, 대승과 소승의 향상종승(向上宗乘)으로의 회통, 그리고 원융사상으로 교단 내의 갈등이나 정치사회적 문제를 해결하고자 한 것 등으로 요약할 수 있다. 실제로 태고는 원융부(圓融府)라는 종교 기관을 설치하여 구산(九山)의 선문(禪門)과 오교(五敎)의 교종의 모든 종파 통일을 추진한 바 있었다. 태고는『반야경』과『원각경』을 강설했다는 기록이 있지만, 본질적으로는 돈오선법을 선양한 선승이었다. 이것은 태고의 근본 입지가 간화선 중심의 포괄주의에 있음을 말해 주는 것이다. 태고는 돈오성에 바탕을 두면서 모든 선종과 교종의 수행체계를 융합하고자 하였다. 각자의 능력과 흥미와 필요성에 따른 방편의 시설을 존중하면서도 궁극적인 깨달음으로 인도하려는 것이 태고의 '포괄주의적 원융사상'의 취지라 하겠다.

태고의 원융사상을 보다 정밀하게 논의한다면, 간화 돈오선을 우위에 두고 언어적 방편을 시설한 모든 경전이나 어록을 그 아래에 두고 그 예비적인 가치만을 인정하는 포괄주의 사상체계임을 알 수 있다. 또한 태고의 정토수행과 선의 융합 수행방법도 정확하게는 선의 공안참구의 일종이라고 해야 할 것이다. 왜냐하면 보우는 무량수불(無量壽佛)을 모든 사람이 가지고 있는 본성이라고 생각했기 때문이다. 그러므로 태고의 염불은 곧 '아미타불을 생각하는 이것이 무엇인가?' 하는 공안으로 돌아가게 된다.

태고의 제종원융사상은 모든 종파와 경전이 궁극적 깨달음인 향상종승을 목표로 한다는 데 그 초점이 있다. 이것은『법화경』의 삼승을 하나로 회통한다는 법화 일승사상보다도 한 걸음 나아가 모든 경전과 가르침은 다 방편이며 미요의설(未了義說)임을 명확하게 하고 있는 것이다. 이러한 원융사상도 역시 종교철학적으로 '향상종승 중심의 포괄주의사상'이라 할 것이다. 이러한 태고의 포괄주의사상은 종교 내의 대화, 즉 타종교에 대한 불교의 근본 입장을 대변할 수 있으며, 종교 간의 대화와 이해에 적용할 수 있는 원리라 할 것이다.

한편 태고의 선사상을 볼 때 태고는 혜능(慧能, 638~713) 이래 조계선의 전통인 무상(無相)·무념(無念)·무주(無住)의 마음을 실천코자 하였다. 이 무주심으로 살아가는 이에게 다른 종교에 대한 분별과 시비 갈등은 부질없는 일이 아닐 수 없었다.

> 무상(無相)이란 현상계에 있으면서 이를 떠나는 것이요,
> 무념(無念)이란 생각하면서 생각이 없음이요,
> 무주(無住)란 사람의 본성이 세간의 선과 악,
> 더러움과 깨끗함, 미움과 가까움 등을 떠나 있는 것이다
> 만약 앞생각과 뒷생각이 잇달아서 끊어지지 않으면
> 그것은 곧 얽매임이다
> 그러나 모든 법에 생각, 생각 머물지 않으면 곧 해탈이다
> 이것이 무주로써 근본을 삼는 것이다.

이러한 견지에서 볼 때, 태고선에서는 실재 중심의 다원주의에서 말하는 세계 종교 내의 공동본질로서의 신적 실재나 궁극적 실재는 설 땅이 없게 된다. 또한 태고는

> 조주(趙州) 고불(古佛)은 '나는 부처라는 말을 좋아하지 않는다' 하였다
> 그러나 나는 좋아하지 않는다는 그것조차 좋아하지 않는다.

라고 하여 교리의 장벽, 전통의 장벽, 언어의 장벽, 경전의 장벽 그리고 마침내는 불교라는 신앙의 장벽조차도 돌파해야 함을 강조하고 있다. 태고는 참다운 대화와 만남의 본질이 피상적인 상호이해에 있는 것이 아니라 근원적인 진리를 체험한 사람 간의 심층적 해후, 즉 말하는 것도 없고 들은 바도 없는 세계에서의 마음에 교류에 있음을 일깨워 주고 있다.

석가도 '모든 부처의 지혜는 일체의 언어와 문자를 떠났다' 하였는데 하물며 우리 최상동승에서 어찌 작용과 말을 쓰겠는가? 작용이란 정신을 희롱하는 것이며 말이란 찌꺼기에 지나지 않는다. 만약 진정한 법거량이라면 삼세의 부처님도 벽에다 입을 걸어 두어야 할 것이요, 역대 조사들도 숲 속에 몸을 감추어야할 것이다.

이러한 입장은 석옥청공(石屋淸珙)이 태고에게 보내 온 편지에 나타난 대화의 개념에서 더욱 명료해진다.

생각해 보니 7월에 장로는 만 리의 험한 길을 꺼리지 않고 자기 문제를 해결하기 위해 이 산꼭대기까지 나를 찾아왔습니다. 그때 서로 만나 보기는 했지만 노승은 한 법도 말 한 것이 없고 장로는 한 글자도 들은 것이 없으니, 이것이야말로 진정한 만남이라 하겠습니다. 만일 그때, 털끝만큼이라도 무엇을 말한 것이 있다면 그것은 다 견해의 가시가 됩니다. 이것이 예로부터 고인들이 서로 만난 도리인 것입니다. 장로는 부디 스스로 몸을 보살펴 뒷사람들에게 보여 주어 그들이 사견에 빠지지 않도록 해 주십시오.

위에서 석옥의 참다운 만남을 "그때 서로 만나 보기는 했지만 노승은 한 법도 말한 것이 없고 장로는 한 글자도 들은 것이 없으니, 이것이야말로 진정한 만남이라 하겠습니다"라고 한 것은 전자의 다음의 글과 상응한다 하겠다.

통발〔筌〕은 고기를 잡는 것으로 고기를 잡으면 그 발은 잊어버리고, 토끼올무〔蹄〕는 토끼를 잡는 것으로 토끼만 잡으면 잊고 마는 것이다. 이와 같이 말이란 사람의 생각을 상대편에게 전달하는 것이므로 생각할 줄 알면 말은 잊어버리고 마는 것이다. 그러나 나는 어찌 저 말을 잊은 사람과 더불어 말을 할 수 있을까?

장자는 일체의 분별과 구속에서 벗어나 절대자유인 경지에서 언어마저 잊어버린 사람과 더불어 대화하고 싶어했다. '말을 잊은 사람'을 만날 때 참다운 대화를 할 수 있다고 믿었기 때문이다. 석옥도 태고와의 만남을 이러한 지기지우와 만난 것으로 생각하고 기뻐했던 것이다. 이에 화답하여 태고도 발 없는 말로써 마음의 근원을 보여 주고자 했다.

이처럼 궁극적인 진리는 이름과 형상을 떠난 것이며, 본래 생사조차도 없음을 강조한다. 모든 것을 초월하여 만물과 하나가 된 경지에 있는 사람이야말로 참된 언어를 아는 사람이며, 그러한 사람과의 만남과 대화야말로 참된 인간의 참된 대화라 하겠다. 말을 잊은 사람의 대화는 태고가 석옥과 이별할 때 남긴 다음의 글에서 그 진면목을 확인할 수 있다.

나는 본래 스승의 크고 둥근 거울을 관하고
또한 제자의 평등성을 관하니
함께 일체가 되어 시방세계에 두루 한다
확연하게 강한 빛을 발하니 그림자조차 없고
생도 없고 부처도 없으며 주관과 객관도 끊어지고
영통하여 밝고 맑아 항상 고요히 빛난다.

태고는 이와 같이 거울과 거울이 서로 비추듯이 만나는 이와 만나는 자, 주인과 객, 성과 속, 생사와 열반, 번뇌와 보리를 구분하지 않는 불이(不二)사상에 바탕을 두고 일체법과 깨달음의 대상, 경험과 그 객체가 분리되지 않는 궁극적 만남을 원하였다.

4) 대화문명 시대를 위한 원융종교사상의 의미

태고의 종교관은 한마디로 '향상종승의 궁극적 깨달음 체험에 바탕한 포괄주의적 원융사상'이라고 할 수 있다. 모든 성인의 경전과 가르침, 불교의 여러 종파도 깨달음을 목표로 하는 방편으로 보면서 그 가치를 인정하되, 궁극적인 진리는 돈오선법에 두고 있는 것이다. 태고는 교리나 전통의 차원을 뛰어넘은 근원적인 종교체험의 깊이에서 다른 종교사상과의 본질적인 원융을 성취하는 데 있었다.

이른바 '일물(一物)'이라고 표현되고 있는 태고의 궁극적인 종교체험의 대상은 모든 언어와 사상, 실재와 분별을 떠난 불이(不二)의 실상이다. 이러한 심지(心地)에서 태고는 모든 불교의 종파적 가르침과 세계종교 성인의 마음을 꿰뚫어 보고 있는 것이다. 여기에는 일원(一元)이 즉 다원(多元)이고 다원(多元)이 곧 일원(一元)이다. 이러한 태고의 타종교에 대한 적극적 수용과 열린 진리간은 원융무애한 대해탈의 경지에서 나온 테두리 없는 마음의 지평인 것이다.

태고는 큰 진리의 길은 일정한 문이 없으므로, 어느 길도 문이 될 수 있다고 갈파하고 있다. 태고는 상당하여 삼문(三門)을 가리키며,

대도는 문이 없는데 그대는 어느 곳을 향하여 들어가겠는가?
돌(咄)!
원통(圓通)의 넓은 문은 팔자로 활짝 열려 있도다.

라고 설파했다. 대도는 일정한 문이 없으며, 모든 문이 다 진리로 나아가는 길이 될 수 있다. 원통문(圓通門)은 온 세계로 이미 열려져 있기 때문에 어느 길로 가든 같은 목적에 도달할 수 있다. 하나의 달이 모든 물에 비추이듯 진리의 달은 어느 곳에나 비치고 있는 것이다. 이와 같이 태고는 모든 경전과 가르침의 방편성, 진리에 대한 무집착에 바탕한 화해와 평화를 가르쳤다. 이러한 이해를 바탕으로, 불교도는 향상종승(向上宗乘)에 대한 확신과 타종교에 대한 관용과 개방의 태도를 확실히 할 수 있는 것이다. 이러한 입장은 불교를 포함한 모든 세계종교사상을 포용할 수 있는 궁극적 바탕이 될 수 있을 것으로 본다.

그러면 실제로 태고의 원융무애사상을 종교 간의 갈등 해소에 어떻게 적용할 수 있을까? 앞에서 논의해 본 바와 같이 불교의 갈등 해결방법은 붓다 이해, '제법의 실상을 있는 그대로 바로 보는 지혜'를 갖고, 진리에 무집착과 무분별의 마음으로 모든 대립을 조화하려는 원융사상의 전통이 확립되어 왔다. 그러나 실제로는 다른 종교나 세계에 대한 대립과 갈등뿐만 아니라 불교 내의 갈등도 끊임없이 이어져 왔다. 그러므로 중요한 것은 이러한 대립의 극복을 위한 원리를 현실에서 응용 실천할 수 있는 원리와 방법의 개발이 앞으로의 과제라 하겠다. 종교 간의 갈등을 치유하고 상호 이해의 장을 열기 위해서는 타종교의 교리와 의례, 역사와 문화 전통에 대한 종교학적 교육이 필요한 것이다. 또한 종교 간의 상호 대화 운동과 협력을 위한 구체적인 운동이 요구된다. 이를 위해서는 종교 간의 갈등에 대한 사회적, 심리적 원인의 심층 분석이 필요하고, 이의 해소를 위한 구체적인 대화 방법의 개발이 필요한 것이다.

절대적 배타주의는 현대사회에서 점차 그 빛을 잃고 있다. 지구촌 시대의 종교는 모든 경계를 넘어, 있는 그대로의 다원성을 인정하는 동시에 타종교문화와의 이해와 대화를 통하여 인류가 직면한 난제 해결을 위한 협력 방안 모색에 더 관심을 기울여야 한다. 태고의 원융종교사상에는 모든 폐쇄된 교리나 전통을 깨뜨려 줄 수 있는 역동성이 있으며, 오늘날 다종교 사회의 종교 간의 갈등과 분쟁을 해결할 수 있는 원리와 대화문명시대의 세계종교가 나아가야 할 희망적인 방향을 제시해 주고 있다 할 것이다.

7. 한국불교의 문제와 원융불교의 조명

　태고보우의 삶을 세간과 출세간의 양 측면에서 조명해볼 때 평생을 사회적 현실참여와 실천의 길을 걸어왔다. 태고보우는 왕사로서 국가 사회적 현실을 외면하지 않았고 불교개혁 운동으로서 원융불교 구현을 위해 노력해온 것이다. 태고보우의 이 같은 사상과 행적은 오늘날 한국불교의 현실에 있어서도 많은 것을 시사한다. 현재 한국불교 안에 적지 않은 문제가 존재하는데 학자들이 공통적으로 지적하는 문제를 큰 범주로 나누어 보면, ① 다종, 다분파 상황, ② 사상적 고착과 수행의 편향성, ③ 대중교화와 교육의 빈곤, ④ 소극적인 시대인식과 현실참여로 파악해 볼 수 있다.

　여기에는 한국불교의 종조문제도 포함이 되지만 이것은 다른 지면에서 다룰 것이다.

　태고보우가 살았던 14세기 후반과 오늘의 현실은 여러 가지 면에서 같지 않으며 문제와 갈등의 내용 또한 크게 다를 것이다. 그러나 오늘의 불교문제와 갈등현상의 해결을 모색할 때 보우의 사상과 행동방식은 충분히 중요한 의미를 지닐 수 있으며, 이것은 오늘의 문제와 관련하여 문제해결의 지향점이자 원론으로서 소통적 역할을 해 줄 수 있을 것이다.

1) 다종 · 다분파 상황

1993년 현재『한국불교총람』「종단편」자료에 따르면 한국의 불교종단 수는 총 45개로 나타나 있으며, 비교적 최근에 간행된 한 자료는 51개 불교 종단 및 단체를 소개하고 있다. 공식집계는 아니지만 2002년 현재 불교종 파 수는 대략 60개를 상회할 것이라는 추측되며, 종단의 수는 앞으로도 계속 증가될 전망이다. 이러한 통계는 한국불교의 다종 · 다분파의 현실상황을 보여주는 것이다.

한국불교 역사에서 조선 초까지만 해도 11종이 존재했음을 고려한다면 그때와는 비교할 수 없을 만큼 변화한 오늘의 현실에서 다양한 종파의 존재와 그 활동이 증가한 것은 크게 이상한 일이 아니다. 따라서 한국불교의 다종파 현상은 인구증가와 사회변화에 따른 대중의 다양한 종교적 욕구 및 필연성을 반영한다고 볼 때 종단의 증가는 일단 긍정적으로 이해할 수 있다. 그러나 문제는 오늘의 수많은 종파들이 시대변화에 부응하는 불교로서 기능하기 위해 창종. 분파해 왔는가 하는 것이다.

현재 50개에 이르는 불교종단 가운데 맨 처음 종단의 명칭을 정한 것은 조계종이다. 1941년에 당 전 불교계를 하나로 묶어 조계종이라는 이름 아래 교단을 정비한 것이다. 따라서 나머지 거의 대부분은 해방 이후 특히 60~80년대의 근래에 창종, 분파해 온 종파들인 것이다. 이들 종파는 전통 계승의 성격을 띠거나 혹은 새로운 시대에 부응하고자 하는 창종의 형식으로 생겨난 것이지만 이 가운데는 부정적으로 비쳐지는 종파의 출발도 적지 않다. 또한 일정한 신앙 이념과 사상보다는 세속적 이해관계에 따른 이합집산의 결과로서 새로운 종파들이 나타나기도 했기 때문이다. 결국 오늘의 다종·다분파 상황은 종파 수가 지나치게 많다는 점도 문제지만, 그것이 이해관계를 중심으로 하는 붕당적 종파 활동이 될 때 더욱 문제가 심각해질 수밖에 없다.

다종파 상황의 문제는 여기서 그치지 않는다. 모든 종파들이 각기 종명을 내세우고 활동하고 있지만 여기에서도 적지 않은 모순이 드러난다. 현재 조계종, 태고종, 천태종 등 한국불교의 이름 있는 종단들만 하더라도 표방하는 종명, 종지, 수행방법 등이 분명하다. 그러나 그것이 명실상부하다고 자신 있게 말하기는 어려운 상태이다. 가령 조계종의 조계는 6조 혜능 선사가 수행하던 도량의 지명에서 온 것인지 보조지눌이 선법을 중흥시킨 조계산에서 유래한 명칭인지가 불분명하고, 태고종은 종조인 보우의 임제선풍 진작과 화두참구의 수행에 얼마나 비중을 두고 있는지 의문이다. 천태종 또한 법화경을 소의로 하고 중국의 천태지의 대사와 고려 의천대각 국사의 천태종을 계승한다고 하지만 지관 수행이 중심이 되고 있는 것 같지는 않다. 종명, 종지의 표방과 종단의 실제가 일치하지 않는 것인데, 예외가 없지는 않지만 이런 사정은 여타의 종파들도 크게 다르지 않아 보인다.

다종·다분파 상황은 그동안 종파 간의 우호와 협력관계보다 대립과 갈등을 드러내 온 것도 부인할 수 없다. 즉 종파의 전통과 종조를 둘러싼 상호 간의 정통성 주장으로 대립하기도 하고, 사찰의 관할 및 귀속 재산 문제가 갈등을 빚기도 한다. 이런 류의 대립과 갈등현상은 주로 유수한 종파들 사이에서 나타나지만, 군소 종단들도 예외가 아니다. 심지어는 한 종파 안에서도 똑같은 일이 일어난다. 그리하여 종파 안에서 다시 문중이나 계파 등으로 세분화 하고, 그것이 또 다른 분규로 이어지고 있는 것이다. 종파의 크고 작음을 막론하고 한국불교에서 흔히 보아 온 이른바 종권 다툼이나 이익투쟁들은 대부분 이 같은 문중, 계파의 활동을 그 배경으로 하고 있다.

사회의 변화와 대중의 다양한 종교적 욕구 및 필요성을 수용한다는 의미에서 여러 종파의 활동은 긍정적일 수 있다. 그러나 이상의 여러 가지 문제들과 대립, 갈등 현상은 본질적으로 다종·다분파 상황에서 기인한다고 볼 때, 다종파 현실에 대한 긍정적 이해는 설득력을 갖지 못한다. 결국 지나치게 많은 종파와 문중, 계파는 한국불교 자체나 일반 대중에게 이로움보다는 해악을 끼치고 있는 셈이다.

한편 종파불교는 수행 및 활동에 있어서 효율성을 기재할 수 있지만 몇 가지 면에서 그것은 역기능으로 작용할 수도 있다. 가령 종조, 종지의 지나친 강조는 교주 석존과의 거리를 멀게 하거나 아예 무관하게 만들 우려가 없지 않다. 흔히 선종에서 붓다의 깨달음이나 가르침보다는 조사의 별전을 더 중시하는 것과 같은 예가 이에 해당한다. 불도보다는 조도가 더 우위에 있는 것이다. 또 종파불교는 불교 전반에 대한 균형 있는 이해와 실천의 길을 가로막기도 한다. 자기 종파와 종지를 최우선의 가치로 삼는 한 자연히 다른 교의나 수행을 열등한 것으로 폄하하거나 무시하는 경향을 보이기 쉽다. 뿐만 아니라 종파 불교의 강조는 불교를 스스로 위축시키는 일이 된다. 오늘의 종파들 대부분이 중국에서 시작된 종파의 연장 내지 연계 하에 있다고 볼 때, 이 점은 더욱 분명해진다. 종파불교를 강조하면 할수록 그것은 스스로를 지역불교로서 축소, 제한하는 일과 다름이 없는 것이다.

이와 같은 역기능 문제의 우려에도 불구하고 종파불교의 현실은 인정될 수밖에 없다. 북방 불교적인 특성과 한국불교의 전통이 정파를 중심으로 구축되어 왔을 뿐만 아니라 현재도 종파를 통해 모든 불교활동이 효율적으로 이루어지고 있기 때문이다. 따라서 종파불교의 현실을 인정하는 입장에서 새삼 확인해야 할 것은 종파의 존재 이유와 적정한 종파의 분류에 관한 문제이다. 다시 말하면 무엇 때문에 종파가 필요하며, 어떤 종류의 종파가 있어야 하는가 하는 것이다.

종파가 존재해야 할 이유는, 무엇보다도 일정하지 않은 중생의 근기를 수용하여 불교의 해와 행을 완성하기 위해서이다. 사람들의 종교적 관심과 성향 그리고 가르침에 대한 이해 및 실천능력에는 차이가 있을 수밖에 없다. 이처럼 사람들의 근기가 일정하지 않기 때문에 그들을 수용하기 위해서는 종파형식의 불교가 필요한 것이다. 따라서 중생의 근기에 따른 보다 효율적인 불교활동의 지도와 격려가 종파의 존재이유라 할 때, 오늘의 지나친 다종·다분파적 현실은 당연히 재고되어야 한다. 이름만 내건 종파를 위한 종파설립이나 세속적 이해관계에 따른 붕당적 종파활동은 물론이며, 종파의 이름 아래서 행해지는 각 문중·계파적 활동 역시 배제되어야 함은 물론이다.

여기서 다시 종파의 분류 문제가 대두된다. 즉 어떤 기준 위에서 종파 수를 적정하게 조정할 수 있는가의 문제이다. 현재 50개에 달하는 한국불교의 종파적 현실을 감안할 때 이 문제는 반드시 필요하면서도 이미 논의 자체가 무의미한 것일 수도 있다. 그러나 한국불교의 역사에도 이와 유사한 현실이 있었고, 또 그것을 개선하기 위한 의지와 노력이 있어 왔음을 상기해야 한다. 구체적으로 말하면 고려시대 태고보우 당시의 파벌적 불교현실과 그 개혁을 위한 보우의 위지와 노력을 거울삼을 수 있다는 뜻이다. 오늘의 종파현실과 보우시대의 그것을 직접 비교하기는 어렵지만, 선문 각파 및 선과 교의 우열 다툼과 대립, 갈등은 양 시대가 보여 주던 유사한 상황이다. 따라서 보우는 그 시대의 문제를 9산문 통일과 5교홍통의 내용으로써 해결하려 했던 것처럼 이제 우리는 이 시대의 해법을 찾아내야 한다.

보우가 추진해 간 개혁의 핵심인 불교계 통일은 9산문 및 5교의 통폐합을 의미하는 것은 아니었다. 선은 각기 산문을 계승하되 선법일종으로 통일하고 마찬가지로 5교 또한 각 교파가 홍법에 힘쓰되 교법일종으로 통합게 하는 방안이었다고 생각된다. 그러나 오늘의 종파불교 문제로 돌아왔을 때, 보우의 고려불교 통일 방안을 그대로 적용할 수 없음은 물론이다. 50개의 종파가 각기 종지, 종단, 제도 행정체계를 갖고 독자적인 활동을 전개하고 있으며, 보우의 원융부와 같은 초법적 개혁추진의 불교관부도 생각할 수 없는 현실에서는 더욱 그러하다.

그러나 보우가 지향했던 원융성을 구현한다는 의미에서 최소한의 원칙과 기준, 즉 종파의 분류방법을 제시해 볼 수는 있겠다. 이 문제에 관해서는 이미 선학들의 고심과 연구결과가 없지 않은 만큼, 그것을 충분히 활용해도 좋을 것이다. 일례로서 뇌허 김동화 박사는 '현재까지 신앙되는 교리사상을 명분이 명확하도록 체계를 세워 몇 대의 종파로서 그것을 인정해 줄 것' 을 제안하고 있다. 이는 곧 종파 분류의 기준을 신앙형태 및 교리사상에 두고 있는 것이다. 따라서 그는 '선 전통의 종파만으로는 불교를 대표할 수 없으며 무원칙한 종파들의 범람이 곧 불교의 발전일 수 없기 때문에 종파 전체를 선·염불·교 3종으로 종합, 재정리해야 한다' 고 말한다. 이를 전제로 뇌허는 다시 교의 방대함을 고려하여 불교 전체를 신, 해, 행, 증의 사교로서 종합 체계화 할 것과 선별된 경·율·론 삼장을 불교 전체의 원전으로 삼을 것 등 세부방안까지 제시해 놓고 있다.

그러나 이 같은 종파의 분류 및 재정리 방안이 있다 하더라도 문제는 그 실현이 어떻게 가능한가 하는 것이다. 무엇보다도 현재의 수많은 불교 종파들이 그것에 공감하느냐가 문제의 관건이다. 더구나 이미 기득권적 권위나 유리한 입지에 있는 종파라면 이에 공감하기는 더욱 어려울 것이다. 이 문제는 당장의 어떤 의도적인 노력만으로는 금방 한계에 부딪힐 수밖에 없으며 그 실현 가능성 또한 거의 희박해 보인다. 따라서 현재로서 할 수 있는 일이 있다면 보우가 구형해 보여 주었던 원용불교의 이상을 향해 종파 재정리에 대한 인식의 공감대를 넓혀 나가는 방법을 생각할 수 있다.

이 같은 일은 오늘의 불합리한 종파 현실에 대한 교계 각 구성원들의 자각 및 무단한 자기 혁신의 노력과 함께 진행되어야 할 문제이다. 비록 요원하기는 하지만 그런 인식의 확산과 여건의 성숙 속에서만이 종파의 종합 재정리를 통한 원용불교의 구현은 작게나마 목표에 접근해 갈 수 있을 것이다.

2) 사상적 고착과 수행의 편향성

불교의 사상은 광범하여 그 실현을 위한 수행방법 또한 다양하다. 그러나 한국 불교의 종파적 현실은 불교사상을 폭넓게 수용하지 못하고 있으며 수행방법도 매우 단순하다. 각 종단마다 차이가 있기는 하지만 대부분이 종파의 성격에 묶여 사상적 고착과 수행방법상의 편향성을 드러내고 있는 것이다.

예를 들어 한국불교의 경우 선사상과 그 수행법은 큰 장점을 지니고 있음에 틀림없다. 그러나 이로 인해 교학사상과 그 실천을 낮게 취급하거나 경시하는 풍조는 많은 부작용을 가져온 것이 사실이다. 광범하고 다양한 교학이해와 연구를 위축, 약화시켜 왔음은 물론 불교사상의 새로운 개척과 발전을 저해해 온 것도 그 중의 하나이다.

더구나 선지상주의적 현상에 이르면 그것은 또 다른 문제를 야기한다. 그런 현상을 수행상의 엘리트주의라고 말한다면, 상대적으로 그 그룹에서 제외된 계통의 수행 부재는 세속주의가 될 수밖에 없다. 어느 종파를 막론하고 또는 같은 종파 안에서도 으레 존재하게 마련인 이른바 사판경향의 불교가 이에 해당하며, 일반 신사집단의 불교는 더 말할 필요가 없다. 이들의 경우 선수행에 함께 참여하는 것이 아닌 한 그들의 불교 행은 차선에 불과할 뿐이다. 결국 수행의 부재나 마찬가지인 세속주의 불교인 것이다. 물론 이는 기본적으로 개인의 성향이나 결단에 속하는 문제라 하겠지만 수행상의 엘리트주의가 낳는 또 다른 부작용이라 하겠다.

선과 교의 불균형, 교학사상의 부진, 그리고 엘리트주의에 비쳐지는 세속주의 불교 등의 현상은 우연히 발생하고 확대되는 것이 아니다. 한국불교의 사상적 고착과 수행의 편향성이 그 상당 부분 원인이 되고 있다.

오늘의 한국불교에서 선교의 부조화 또는 선지상주의적 수행 경향을 하나의 문제로 지적할 수 있거니와, 그것은 곧 한국불교의 사상과 무관하지 않다. 종교의 사상에 입각하여 종교행동이 있게 되고 종교행동에 의해 종교경험이 발생하며, 종교경험에 의해 종교집단이 형성되기 때문이다. 다시 말해서 오늘의 한국불교사상이 지나치게 선 일반에 경도됨으로 인해 선 중심적 집단의 성격을 띠게 되었다는 뜻이다. 따라서 선과 교의 균형을 산실한 불교사상의 문제점을 극복하고자 할 때 우리는 한국불교 역사가 보여 온 사상 전통부터 확인해 볼 필요가 있다.

한국불교의 사상 전통은 한마디로 신라의 자유로운 교학연구와 고려불교의 종파적 전개와 조선의 선·교 명맥 유지로 이어져 왔다고 말할 수 있다. 선이 전래되기 이전의 신라에서는 화엄, 유식, 정토, 밀교 등 거의 모든 분야의 대승교학이 활발하게 연구되어 왔고, 신라 말에 선법이 전해하면서부터는 선·교병행의 시대로 접어든다. 그것이 고려에서는 오교양종으로 통칭되듯이 종파의 전개로 나타났던 것이지만, 조선시대에는 종파폐합정책에 따라 크게 선종과 교종으로 축소되어 근대에 이르러 온 것이다.

이 같은 역사과정에도 불구하고 오늘날 한국불교 안에서 선과 교는 서로 대립의 양상을 보이고 있다. 승려교육은 강원과 선원으로 분립되어 수학내용이 서로 다르며, 강원은 선원으로 가기 위한 준비단계 정도로 여기는 분위기이다. 선이 아니면 불교의 진리에 도달할 수 없는 것처럼 생각되고 있는 것이다. 이런 풍조는 분명히 조선조 억불정책하에 형성된 퇴영적 현상에 불과한 것이지만 그것이 전통적 권위로 받아들여지고 있다는 데 더욱 심각한 문제가 있다.

조선조 억불의 시대에는 선·교를 막론하고 종단의 유지가 급선무였다. 따라서 무종의 산중승단 불교가 그 명맥을 이어 가기 위해서도 자연히 선교활동이 중심을 이룰 수밖에 없었다고 본다. 임제선으로서의 새로운 가풍 수립이나 선맥의 상승 등이 더욱 중시되었던 것도 이런 시대상황과 무관하지 않다. 그러나 선 중심의 활동을 통해 시대의 역경을 헤쳐가는 가운데서도 삼장의 최고봉이라 할 화엄사상을 중시했던 것으로, 이런 경향은 특히 조선 후기에 두드러진다. 선사가 화엄교학을 연구하고 교학자가 선을 수행하여 선종의 계보를 잇기도 하는 선교겸행이 거의 특징을 이루고 있는 것이다.

따라서 오늘의 한국불교가 보이고 있는 사상의 고착과 불균형, 수행상의 편향성을 극복하기 위해서는 이 같은 한국불교사상에 대한 올바른 인식과 새로운 계승 노력을 필요로 한다. 선이든 교든 어느 일방으로의 사상적 고착은 불교 자체를 편협하게 만들고 스스로의 종파도 위축될 수밖에 없다. 더구나 선 중심의 편향성으로 인해 반대로 수행부재의 세속주의 현상이 대두될 수 있다는 사실도 함께 경계해야 할 일이다. 그런 뜻에서 더욱 불교사상에 대한 균형있는 이해와 선교겸수적 수행방법이 요청될 수밖에 없다.

여기서 태고보우의 원융사상을 주목할 필요가 있다. 선교통합사상의 수립이라는 면에서 보우의 불교는 지눌의 그것에 비해 후퇴되었거나 그 의미가 적었던 것으로 평가되기도 한다. 그러나 보우의 불교사상 및 수행에서 엿보이는 사교입선적 방법을 간과해서는 안 될 것이다. 교를 버리고 선에 들어가는 것이 아니라 교의 방편을 빌려 선에 들어간다는 점에서 그것은 선교통합을 실천적으로 보여 준다고 할 만하다. 한국불교가 사상적 불균형 내지 고착에서 벗어나고 수행의 편향성을 극복하는 데는 바로 이 같은 실천적 원융성이 더욱 절실하다. 그런 의미에서 태고의 원융사상은 오늘의 한국불교사상과 수행상의 문제해결에 분명한 통로를 보이고 있다고 할 만하다.

3) 대중교화와 교육의 빈곤

근래 불교의 대중교화와 교육활동은 눈에 띄게 활성화해 가고 있다. 대부분 사찰에서 현대인의 생활패턴에 따라 일요법회를 마련하고 전통적인 각종 법회도 꾸준히 설행하고 있다. 각 종단 또는 사찰별로 운영되고 있는 불교교양대학의 양적 증가나 여러 가지 형태의 문화행사 등도 불교대중을 위한 교화가 활성화되고 있음을 단적으로 보여 준다.

그러나 이 같은 대중교화의 모습들을 조금만 주의 깊게 들여다 보면, 그 내용에서부터 조직 내지 체계화의 문제에 이르기까지 매우 빈약하고 부실함을 금방 느낄 수 있다. 꽤 소문이 나 있는 법회가 종교적 신성성이나 진리에 대한 기쁨보다는 흥미와 인기의 분위기가 더 지배적이다. 신앙심을 북돋으려는 각종 전통법회는 기복 의례의 반복이거나 사찰운영과 관련하고 작복만을 강조하는 경우가 허다하다. 물론 고승의 설법이 중심이 되는 법회도 없지 않지만 이번에는 너무 초세간적이고 초현실적인 법어를 대중이 수용하지 못한다. 일반 대중의 불교교육에 교화이든 또는 불교교양대학이든 간에 그 형식이나 내용이 만족스럽지 못한 것은 상당부분 한국불교의 사상문제와 관련된다. 그 불균형 및 고착상태는 앞에서 언급했거니와 그런 현실에서 대중을 위한 교화방안이 제대로 수립될 수 없음은 물론이다. 여기에 대중교화의 의지와 열성의 결여는 또 다른 문제이다.

엘리트주의적 선수행을 일반 신자대중이 그대로 실행하기는 어려운 일이다. 교학이라 하더라도 방대한 내용을 체계적으로 정리하여 필요한 부분을 단계적으로 제공하지 않는 한 대중은 그것을 제대로 이해하고 실천할 수 없다. 종단마다 통일 '불교성전'이나 '종존'을 갖고 있기는 하지만 그 자체가 지닌 문제성으로 인해 대중교화에 적절하게 활용되는 것 같지도 않다. 사찰 단위로 확립된 교화 프로그램을 시행하고 있는 예는 거의 드물며, 신자로서 가정에서부터 가르치고 가르침 받는 불교교육이란 아예 없는 편이다.

사정이 이러한 만큼 한국 종교인구 가운데 그 숫자가 가장 많은 것으로 되어 있는 불교신자는 명목상에 불과하다. 불교신자로서의 정체성은 물론 어떤 자부심도 갖지 못하는 경우가 대부분이다. 따라서 불교신자들은 스스로 '전통 속에 있는 불교신자'를 자처하며 다만 자기위안이나 구복 정도를 불교신앙의 전부로 생각할 뿐이다.

모든 종교 신앙에서 보듯이 불교신자들의 기복적 성향은 자연스럽고 어느 정도 인정할 수도 있다. 그러나 그것이 불교신앙의 본질이나 목적이 아님은 물론이다. 따라서 그런 현상이 심각한 정도에 이르고 있다면 교단은 그 책임에서 자유로울 수 없다. 이는 불교교단의 교화와 교육의 빈곤이 신자 대중을 기복 불교의 수준에 방치해 왔다는 뜻이지만, 좀 더 엄격하게 말하면 오히려 교단이 대중의 기복 불교를 조장해 온 측면도 없지 않다. 이런 경향은 특히 불교신자 가운데 대다수를 차지하는 여성 불자에 대한 호의적이고 체계적인 교화방안이 제대로 마련되어 있지 못함을 보여 주는 것이기도 하다.

그러나 남녀신자를 막론하고 불교대중의 지적수준은 점점 높아지고 사상적 욕구 또한 증대되고 있다. 이런 불교대중을 적절하게 교화하지 못함으로써 수행 내지 신행을 필요로 하는 신자 층에서는 새로운 가르침을 찾아 나서 기도 한다. 각종 명상, 수련회 등 이른바 제3수행법에 눈을 돌리는 사람들이 점차 늘어나는 추세가 그것을 말해 준다. 오늘의 신자대중에 대한 교화와 교육은 내일의 불교를 결정지을 수도 있다. 신자대중의 존재는 결코 교단의 승려에 못지않다는 의미이다. 일반 신자대중에 대한 교단의 체계적인 교화방안과 적극적인 교육활동이 그래서 더욱 크게 요청되는 것이다.

돌이켜보면 왕실, 귀족불교 또는 국가불교라는 단어가 암시하듯이 한국불교 역사의 대부분을 장해 온 것은 언제나 고승대덕과 이들로부터 교화를 받는 국왕, 귀족, 관료 등 지배계층들이었다. 고승대덕들의 사상활동 또는 교화가 그 시대에 영향을 끼치고 지배계층의 후원과 외호 아래 사원이 창건되고 각종 불사가 펼쳐지면서 한국불교의 역사가 전개되어 온 것이다.

정치 사회적 체제와 가치질서 등 여러 가지 면에서 오늘과는 크게 달랐던 시대에 고승대덕들의 교화는 그 시대에 적합하고 효율적인 형태로 진행되어 왔다고 말할 수도 있다. 왕과 왕실 귀족 대신들이 주인공이 되는 교화현장이나 그들이 주체가 되어 펼쳐지는 각종 불사들이 그것이다. 물론 일반 대중을 위한 교화활동이 없었던 것은 아니지만 신앙에 있어서도 대중은 항상 지배계층 그늘에 가려 있었고 주체로서 등장하지는 못하였다.

그러나 이런 역사과정에서도 일반신자 대중의 위치가 뚜렷하게 드러나고 정당하게 평가되던 시기가 있었다. 한국불교에서 가장 건강하고 활기에 넘쳤던 신라시대가 그러하다. 신라불교사에 등장하는 거사, 여성 등 재가신자들의 신행은 그대로 일상생활 속에서 불교의 진수에 도달하는 정형을 보여 준다. 생업을 갖고 재가자의 모습을 하고 있으면서도 불교수행에 전념했던 광덕과 엄장이 그렇고, 노비로서 힘겨운 노동을 감당하면서도 마침내 염불 왕생을 이루고 있는 욱면비가 그렇다. 원효의 도반으로 알려져 있는 사복은

미천한 출생과 신체적 장애와 상관없이 원효를 일깨우며 연화장의 설법을 보여 주기도 한다. 재가신자대중이 이처럼 불교사 가운데 그 위치를 뚜렷하게 드러낼 수 있었던 것은 혜숙, 혜공, 대안 특히 원효 같은 대중불교 선구자들의 눈부신 교화활동이 있었기 때문이다. 이 시대는 진정 왕실 귀족 불교의 기여에 못지않게 대중불교가 승리한 시대였다. 신라불교가 그 건강성과 활기를 더 할 수 있었던 것도 바로 이 같은 서민 대중불교의 승리가 있었기 때문이다.

특히 원효 시대에 가장 정당하게 평가되던 재가신자와 대중불교의 위치는 그러나 오래 지속되지 못했다. 고려시대 선종의 성립 이후 재가, 특히 대중불교의 입지는 거의 와해되고 만다. 다시 승려 중심의 엘리트주의적 선수행으로의 경도가 그 원인이 되기도 하고, 고려의 국가주의적 불교가 이유일 수도 있다. 극소수의 예를 제외하고 재가자 불교대중으로서 선종에 대한 신념과 사상에 기초하여 불교를 실천할 수 있는 사람은 드물었다. 이는 오늘의 실정에서도 크게 다를 바 없다고 본다.

그러나 한국불교의 대중교화나 교육활동의 빈곤문제를 반드시 선 중심적 경합으로만 돌리는 것은 타당하지가 않다. 교화활동을 위한 사상적 기방으로서 그것의 적합 여부를 논의할 수는 있지만, 대중교화는 그밖에도 더 많은 요소들을 필요로 한다. 종단 또는 출가자 개개인의 교화전법 의지, 재가대중을 위한 교육의 열성 등도 그것에 해당한다.

오늘의 대중교화와 불교교육 문제에 보우의 교화활동을 직접 대입시키기는 어렵지만, 그런 뜻에서라면 그의 교화행적이 시사하는 바가 전혀 없지는 않다. 그는 탁월한 안목과 정연한 교화체계를 지녔던 것이며, 그것으로 개개인의 수준에 맞게 수행을 지도하였다. 제자들에게 주는 보우어록의 많은 글들이 그것을 짐작케 한다. 다만 보우의 이 같은 교화가 일반 대중보다는 관료 등 지배계층을 주요 대상으로 삼고 있음은 시대적 경향을 말해 주는 것이라 하겠지만, 일단의 한계임에는 틀림없다. 이는 보우의 교화활동에서만이 아니라 한국불교가 극복해 가야 할 오늘의 과제이기도 한 것이다.

4) 소극적인 시대인식과 현실참여

한국사회에서 불교의 현실참여 활동은 타종교의 그것에 비해 현저하게 미약한 것으로 나타난다. 이 때문에 한국불교는 여전히 산중불교의 이미지에 크게 벗어나지 못하고 있다. 이것이 한국불교의 현 실태임을 인정한다면, 우리는 불교를 '이웃의 행복이 아니라 개인적 안심입명을 중시하는 개인구제의 종교'라고 주장하는 서구학자들의 견해에 대해서도 크게 반박하기 어렵다.

불교를 개인구제의 종교, 철저하게 비사회적인 종교라고 생각하는 견해들이 온당치 못한 것임은 굳이 지적해 말할 필요가 없다. 붓다의 근본정신과 행적, 대승 불교의 이타적 이념 이후 실제의 역사가 그것을 충분히 입증하고 있기 때문이다. 한국불교의 시대인식이 소극적이고 현실참여 의지와 활동이 미약한 것은 부인할 수 없지만 그 원인이 결코 불교 자체의 성격에 있지 않음은 물론이다. 그와 그 목표의 추구방식, 이에 더하여 국가정책과 같은 외부요인이 함께 작용한 결과인 것이다. 이런 사실은 한국불교의 역사 안에서도 불교인들의 시대인식과 현실참여의 양상이 그때마다 각기 달리 나타나고 있는 데서 쉽게 짐작할 수 있다.

창의적이고 생명력이 넘치던 신라시대에는 개인과 사회의 현실 상당부분이 불교에 의해 주도되어 갔다. 원광의 세속오계 제장은 불교정신의 왜곡이라는 비판적 평가에도 불구하고 당시 국민적 윤리의 근간으로 작용하였고,

자장의 호국적 현실참여는 신라의 정치적 안정과 국민정신의 고양에 기여하였다. 신라사회에 불교적 이상을 제시해간 다양한 교학연구는 물론 원효 등에 의한 대중 불교의 결과는 사회통합으로서도 그 의미를 해석할 수 있다.

국교로서의 지위를 누렸던 고려시대 불교의 참여활동은 또 다른 성격을 띠고 전개되었다. 왕자 출신 의천의 불교활동이 국가, 사회적 현실을 깊이 인식하는 가운데 이루어지고 있었다면, 민승으로서 지눌의 순수 선불교 운동은 이와는 다른 차원의 시대정신 회복 노력이었다고 할 만하다. 그 성격과 평가가 다를 수밖에 없지만 묘청, 보우, 편조의 활동 역시 각기 특징적인 고려불교의 현실참여 모습을 보여준다.

이처럼 활발하던 불교의 현실참여 활동이 거의 자취를 감춘 것은 억불의 조선에 와서이다. 왜란 시 승려들의 참전이 특이할 만한 사실이기는 하지만 그것은 불교 외적인 성격의 활동이라는 점에서 불교의 현실참여라고 말하기는 어려운 점이 있다. 억불정책의 강행으로 산중불교로서 존속해야 했던 조선불교는 대중과의 격리, 은둔적인 선수행, 굴종과 수묵의 경향이 두드러진다. 이런 현실들이 불교인들의 시대인식을 소극적이게 했고 현실참여 활동을 거의 불가능하게 만들어 간 것이다.

이렇게 살펴보았을 때 한국불교의 현재 모습이 그 전부가 아님을 알 수 있거니와 다행한 것은 근래 한국불교의 퇴영적인 자화상에 대한 반성과 함께 적극적인 시대인식과 현실참여 의지가 되살아나고 있다는 점이다. 아직 그것이 본격화되었다고 말할 수는 없다. 그러나 분단현실의 극복을 위한 통일운동 및 대북지원, 인권, 환경, 국제구조 활동 등 다양한 현실참여에의 관심과 그 실천성과는 은둔적인 산간불교의 이미지를 점차 바꾸어 가고 있다.

현재의 상황이 이와 같지만 그러나 여기에도 문제가 없지는 않다. 그것이 불교 사상과 정신에 확고하게 근거하지 않은 채 시류에 편승하거나 단순히 세속적 현실에 가담하는 경우이다. 목표를 추구하고 실천해 가는 방식에 문제가 드러나기도 한다. 불교의 현실참여 활동이라는 점에서 그것은 어디까지나 불교사상과 정신에 기초해야 하며 그 추구방식 또한 불교적이어야 함은 더 말할 필요가 없다.

이럴 경우 불교사상의 새로운 해석과 적용이라는 새로운 과제도 대두된다. 지금 한국불교는 시대현실에의 참여라는 당위적 요구를 실천하기에 앞서 더욱 신중하게 생각해야 할 문제들을 안고 있다. 빠르고 다양하게 변화해 가는 시대와 사회현실을 불교적인 안목으로 판단하는 일과 그에 상응하는 불교적인 방법이 무엇인가를 모색하는 일이다.

오늘의 사회조건과 불교의 위치가 보우시대의 그것과 크게 다른 만큼 한국불교 현실참여 문제 역시 보우의 사상가 그 실천방법을 그대로 적용할 수는 없다. 그러나 이 점을 전제로 하더라도 현실참여에 관한 그의 사상과 행적은 반드시 조명해 볼 만한 가치를 지닌다. 그것이 곧 한국불교의 한 전통이었다는 사실 외에도 뚜렷한 불교사상의 원칙과 그에 입각한 구체적인 행동화는 오늘에도 귀감이 될 수 있기 때문이다.

시대현실에 관한 보우의 관심과 실천적 행동은 그의 4은에 대한 깊은 인식과 무관하지 않다. 즉 보우의 적극적인 현실참여는 4은에 대한 보은행으로서의 의미를 지닌 것이었다. 4은은 『대승본생심지관경』 권2 「보은품」에는 부모은·중생은·국왕은·삼보은의 네 가지로 설해져 있지만, 그 대상과 순서는 불전에 따라 약간씩 차이가 있다. 석씨요람에는 부모은·사장은·국왕은·시주은으로 말하고, 고려 『운묵화상경책』에는 국왕은·사장은·부모은·시주은의 네 가지를 중요한 은혜로 꼽고 있다. 이 가운데 태고가 중시한 4은의 형태가 어떤 것이었는가는 불분명하다. 내용과 순서에 별다른 의미를 부여할 필요는 없지만, 그의 행적으로 미루어 보우는 국왕은·부모은·사장은·삼보은을 중시했던 것이 아닌가 한다. 어쨌든 이런 4은에 대한 보은행으로서 보우는 당시 개혁정치의 현실에 참여하고 9산문통일 5교 총통의 불교개혁을 추진해 간 것이라 하겠다.

그러나 이 같은 보우의 현실참여 활동에서 더욱 주목되는 것은 곧 그의 사상원칙이다. 그의 모든 참여활동이 이 사상에 입각하여 이루어졌기 때문인데, 원융사상이 바로 그것이다. 출가 수행인의 부모봉양은 속정에 얽매임이라기보다는 세·출세간의 원융관으로 해석할 수 있으며, 왕사로서 개혁정치에의 현실참여 또한 진속불이적 원융사상의 구현으로 평가할 수 있다.

보우의 현실참여 활동의 특징은 원융사상에 입각하면서도 그것이 관념에 머물지 않고 구체적인 행동화로 표출되고 있다는 점이다. 또한 현실참여가 어차피 세속과의 일정한 관계를 의미하는 것이라 할 때, 보우의 그 관계설정과 행동방식도 특징으로서 주목해야 한다. 그가 보여 주는, 세간에 있으면서도 세간에 함몰되지 않고 출세간에서도 그것에 집착하지 않는 불이의 관계와 그 원융적 실천은 오늘의 현실에서 더욱 재음미할 만하다. 그런 뜻에서 한국불교의 취약점의 하나로 지적될 수 있는 소극적인 시대인식과 현실참여 문제는 보우의 원융사상에 입각한 현실관과 그 행동방식에서 원론적인 지혜를 얻을 수 있을 것으로 본다.

이상 한국불교가 종조 또는 중흥조로 삼고 있는 태고보우에 대한 이해와 평가가 반드시 일치하지는 않는다. 그러나 그가 최소한 치열한 선수행으로 깨친 선지식이었고, 고려불교의 통합과 개혁을 추진했으며, 적극적인 시대인식으로 국가사회의 현실에 깊이 참여했다는 데는 이견이 있을 수 없다. 따라서 이것만으로는 보우가 한국불교에 끼친 영향은 막대하며 그것은 오늘에도 여전히 지속되고 있다. 한국불교의 문제 및 갈등현상을 보우의 행적과 사상으로써 조망해 보고자 하는 것도 여전히 영향을 미치고 있는 그로부터 지혜와 교훈을 얻기 위함에서이다.

오늘의 한국불교가 안고 있는 문제와 갈등은 논자와 관점에 따라 달리 포착될 수 있다. 그러나 이 글에서는 그것을 ① 다종·다분파 상황의 갈등, ② 종조·법맥논쟁과 갈등, ③ 사상적 고착과 수행의 편향성 문제, ④ 대중교화와 교육의 빈곤, ⑤ 소극적인 시대인식과 현실참여의 다섯 가지로 요약해 보았다. 이는 물론 오늘의 현실이며 과제들이지만 어떤 점에서는 보우 시대에도 그대로 해당할 수 있는 문제들이다.

그러나 보우의 행적과 사상을 오늘의 한국불교 문제와 갈등의 해결에 직접 대응시키는 데는 분명 한계가 있다. 그럼에도 불구하고 우리는 그것에서 적지 않은 도움을 받을 수 있다. 즉 보우의 깨침의 세계를 반영하는 원융사상, 그리고 해와 행을 겸비한 선지식으로서 또는 시재와 현실에 참여하여 행동하는 고승으로서의 면모는 오늘의 한국불교 문제의 해결에 분명 일정한 원칙과 기준을 제공하고 있기 때문이다.

8. 태고사상과 남북한 통일 문제

1) 통일문제와 원융사상

21세기 접어들어 신세계 질서가 새롭게 형성되고 있는 지금에 있어서도 한반도 통일문제에 관해서는 여전히 국제적인 관심이 집중되고 있다. 특히 북핵 문제가 국내외 핵심 과제로 등장하고 있는 현실 상황에서는 더욱 구체적으로 통일 문제에 관한 논의가 심화되고 있는 실정이다. 이러한 상황에서 남북한은 변화된 국제질서에 적응하기 위한 노력을 기울이고 있으며, '6.15 공동선언' 이후 자주적 접근에 박차를 가하고 있으나 기본적인 목표 개념에서는 아직도 별다른 진전을 보지 못하고 있다고 보여 진다.

태고보우 국사는 고려 말 사회의 혼란을 극복하고 장기간에 걸친 원나라의 종속체제에서 벗어나기 위해서는 무엇보다 '부처님은 하나다' 라는 원리에 입각하여 찢어진 파벌과 사상을 통합하는 길 밖에 없다고 여기고 이를 필생의 과업으로 추진해 나갔다. 더욱이 애국정신을 고취하기 위한 자주적인 고려 건국 정신을 법회마다 강조한 것만 보아도 그의 애국·애족 사상을 엿

볼 수 있다. 따라서 보우 국사의 '자주적 통합사상' 인 원융사상은 시공을 초월하여 민족통일을 성취해 나가는데 있어 사상적, 실천적 단초를 제공하고 있다 하겠다.

2) 통일철학과 원융사상

통일을 실현하기 위해서는 무엇보다 먼저 통일철학이 정립되어야 한다. 그러나 남북한 체제는 각각의 사상과 이데올로기로 체제 생존을 유지해 오고 있다. 반세기가 지난 현시점에서도 통일문제의 탈이데올로기화와 탈 국제화를 시도해 보았지만 민족화와의 갈등 상황만을 연출하면서 두 체제 간의 간극은 현상유지 되고 있는 실정이다.

이것은 두말할 필요 없이 통일을 지향함에 있어 통일철학에 남북한 체제가 아직도 합의점을 찾지 못하고 있음을 의미한다. 바로 여기서 한국적 민족주의가 통일철학으로 정립되어야 하며 이에 남북한은 빠른 시일 내에 합의를 보아야 한다. 그래야만 민족적 명예, 민족적 이익, 민족적 사명을 추구할 수 있을 것이다.

그럼에도 불구하고 남북한 체제는 분열적 사상과 행태를 지속하고 있어 이를 극복하는 방안으로 보우 국사의 원융사상을 유용하게 적용해 볼 수 있을 것 같다. 왜냐하면 원융정신은 국민사상을 하나로 귀일시키기 위한 '자주적 통합 정신' 이 그 핵심요소를 이루고 있기 때문이다. 보우 국사는 원융 없이는 분열된 국론을 통일시킬 수 없고 갈라진 종파불교도 통합시킬 수 없다는 위국위교(爲國爲敎)의 대행원(大行願)으로 시종하였던 것이다.

보우 국사는 국민사상을 통일하기 위해서는 첫째로 종파불교의 대립을 지양해야 한다고 생각하였다. 그리하여 보우 국사는 첫째 수행오도에 있어서도 선과 교 어느 한쪽에도 치우치는 일이 없었고, 둘째 종무행정에 있어서도 구산원융(九山圓融), 오교홍통(五敎弘通) 등 선교원융(禪敎圓融)의 자세를 취하였던 것이다.

이러한 보우 국사의 원융사상은 불교의 각 종파가 종파이기 이전에 일불의 제자요, 종파의 사람이기 이전에 일국의 백성임을 깨달은 높은 차원의 국민통합을 이룩하자는 데 있었던 것이다.

또한 보우 국사는 둘째로 종파의 원융뿐만 아니라 세간과 출세간의 원융을 주장하여 오늘날 실천불교, 생활불교와 같은 현세적 불국정토론을 펼치기도 하였다. 보우 국사는 세간과 출세간이 본래 둘이 아니라 하나에서 출발하고 있으며 불교의 사명이 세간을 교화하는데 있다고 말씀하셨던 것이다.

그리하여 그는 몸소 부모에 대한 효양을 실천하였고, 고려의 국사로서 원융부를 세워 국민통합을 주도해 나갔던 실천가이기도 하였다. 따라서 보우 국사의 원융사상은 불교와 사회, 세간과 출세간 등 모든 사물과 정신을 초월하는 고차원적 사상이며 개념이라고 평가할 수 있다.

그러면 통일철학을 정립하는데 보우 국사의 원융사상은 어떠한 의미를 지니고 있을까. 보우 국사의 원융사상은 원융을 할 수 있는 철학, 즉 부처님이 계셨다는 데서부터 연원하고 있다. 부처님의 가르침은 하나밖에 없으니 여기에 모두가 귀일(歸一)하여 하나로 통합, 불교도 구하고 나라도 구하고자 하는 것이다. 그러므로 원융사상의 핵심은 일불사상(一佛思想)에 있는 것이다.

통일철학의 정립에 이렇게 귀일할 수 있는 사상이나 이념이 있는가 하는 점이다. 뚜렷한 이론과 사상 모델은 형성되어 있지는 못하다 하더라도 우리는 민족적, 문화적, 종족적, 언어적, 지역적 그리고 이전의 통합 경험 등이 역사적 실체로 생동하고 있기 때문에 통일철학으로 '민족주의'가 체제 간의 갈등을 원융할 수 있는 핵심이 되어야 할 것이다.

통일철학으로써의 민족주의는 현실적으로 분열된 양 체제를 하나로 묶음에 있어 반드시 고려해야 할 사항이 있음을 인식하여야 한다는 점이다. 그것은 통일문제에 있어 분단의 원인이었던 국제성과 민족주의적 요소가 동시에 작동되고 있다는 사실이다. 여기서 우리의 민족주의가 편협적이거나 배타적이어서는 안 된다는 명제가 등장한다. 따라서 체제적, 사상적 원융에 있어 현실성을 감안하여야 할 것이다.

보우 국사도 공민왕의 반원 정책을 지지하면서도 양국 간의 현실성을 감안하여 외교의 양면정책을 전개하였다는 기록에 우리는 유의할 필요가 있다. 더구나 우리는 통일철학을 실천함에 있어 현실적으로 북핵문제의 국제성이 전면에 대두되고 있음을 감안하지 않을 수 없다.

따라서 보우 국사의 원융사상이 '국수주의' 의 가능성을 내포하고 있는 것이 아닌가 하는 점에 유의할 필요가 있을 것 같다. 왜냐하면 보우 국사는 일불승에 의한 원융을 강조하고 있기 때문이다.

3) 통일 원칙과 원융사상

통일을 실현함에 있어 중요한 변수는 어떤 통일 원칙에 입각하여 추진하는가의 문제이다. 통일의 원칙은 통일 과정뿐만 아니라 통일국가의 형태와 미래상에 결정적인 영향을 준다. 왜냐하면 통일은 새로운 민족공동체를 건설하는 창조적 과정이기 때문이다. 독일과 베트남의 통일 사례가 이를 극명하게 입증해 주고 있다하겠다.

통일은 무엇보다 먼저 자주성에 입각하여 추진되지 않으면 안 된다. 민족구성원이 통일의 주체가 되어야 하며, 민족구성원이 민족국가의 미래를 스스로 결정하여야 하기 때문이다. 그리하여 자주성은 민족정체성을 부정하는 외래사상과 계급 및 특정 세력의 이익을 위한 이질화와 분열을 부정한다. 그리고 대외적으로도 다른 국가와의 관계에서 우리 민족의 입장과 이익을 우선한다.

민족의 자주성 정립에는 먼저 민족구성원이 확고한 건국정신을 갖지 않으면 안 된다. 바로 여기서 보우 국사의 '자주성' 정립을 위한 건국정신의 의지를 배워야 하는 것이다. 보우 국사는 반원 자주화를 위한 봉은사 법회에서 먼저 고려의 태조전을 참배하면서 "당신은 삼한을 통일한 태조이고 나는 만법을 밝힌 왕이지요. 옛날 서로 만나서 의논하던 일을 이제 다시 모였으니 은근히 상량해 봅시다"라고 하였다. 보우 국사는 태조의 불덕에 의한 삼한통일 달성을 상기시키면서 반원적 자주국가로 재건하기 위해서는 고려의 건국정신을 현현시켜야 한다는 의지를 천명하였던 것이다.

고려의 삼국통일은 처음부터 외세의 힘을 빌리지 않고 자주적 통일을 달성하였고 또 고구려의 구강까지도 회복한 자력에 의한 '전국적 통일'을 성취시켰다는 점에서 통일 민족사를 새롭게 창조하였다. 고려는 더 나아가 북진정책을 전개하였는가 하면 발해가 망한 후에도 이를 포용해 들이는 민족의식을 발휘하였다.

더구나 태조는 『훈요십조』에서 "남의 나라 풍속을 본 따지 말라"고 하였고 팔관회를 계승, 발전시켜 국가적 주체성 · 사상적 문화적 자주성을 확립한 바 있으니, 당시의 정치적 상황에 있어서는 건국정신의 재회복이 얼마나 절실하였겠는가를 알 수 있다. 특히 거란 · 여진과의 투쟁, 팔만대장경 주조로 항몽하였던 역사적 경험은 더더욱 호국의 서원을 자극하였으리라 생각된다.

이와 같이 민족국가를 건설하기 위해서는 자주적인 통일 원칙에 의하여 추진되어야 한다. 이에 따라 남북한이 통일문제를 자주적으로 해결하자는 데 합의한 문서가 있다. 즉 '7.4 공동성명' 을 기점으로 하여 '남북기본합의서' 를 거쳐 '6.15 공동선언' 에서는 아주 구체적으로 적시하고 있다.

그러나 우리는 여기서 '자주' 가 배타적이거나 폭력적이어서는 안 된다는 점에 유의해야 한다. 한반도가 당면하고 있는 국제환경적 요인이나 남북관계적인 관점에서도 결코 도움이 되지 않을 것이기 때문이다.

남북통일에 있어 자주성 못지않게 중요한 원칙이 바로 평화적인 원칙이다. 이는 분단과 전쟁, 대결과 경쟁의 소모적 역사 경험에 근거하고 있다. 물론 어떤 것이 평화적인가에 관해서는 논란이 있겠으나 원칙적으로는 '전쟁의 결여상태' 라는 소극적인 개념이 있을 수 있고 '전쟁요인의 제거', '비전질서' 의 형성이라는 적극적인 개념이 있을 수 있다. 따라서 통일에 있어 평화적이라는 말은 전쟁 없는 현상유지에 머물지 않고 평화를 만들어 나가는 적극적인 노력을 의미한다.

이러한 평화적 방법을 실현하기 위해서는 근본적으로 불교정신에서 출발하여야 한다. 왜냐하면 불교는 평화추구의 종교이기 때문이다. 불교의 최고선은 가장 평화로운 불국정토를 건설하는 데 있다. 따라서 보우 국사의 원융사상도 평화적 원칙에 따라 흩어진 오교, 구산을 통합하여 궁극적으로는 자주적인 국권 회복에 목표를 두고 있기에 오늘날에도 참고할만한 가치를 지니고 있다 하겠다.

4) 통일 과정과 원융사상

통일은 복수의 존재가 하나로 되는 것이기 때문에 원융사상이 작동한다면 통일의 가능성은 높다 할 수 있다. 원융의 논리는 상대방에 대한 흡수 통합을 초월하는 만법귀일로의 화합적 통일에 기초하고 있기 때문이다.

분단 이후 반세기가 넘도록 이념과 체제뿐만 아니라 경제 · 사회 · 문화 등 모든 분야에서 남북간에는 이질화가 심화되어 있다. 여기서 통일 이전에 이질화를 극복하는 것이 통일의 후유증을 최소화하고 성공적인 통일을 이루는 중요한 요소라고 할 수 있다. 따라서 평화적인 통일은 점진적이고 단계적일 수밖에 없는 것이다.

그럼 점진적 통일을 추구함에 있어 반드시 해결해야 할 긴요한 과제는 무엇일까. 그것은 크게 보아 먼저 신뢰회복과 군사적 긴장완화, 그리고 교류협력을 통한 공존 상태로의 발전이라고 보여 진다. 그래야만 남북한은 공존과 화해의 단계를 넘어 화합적인 통일에 도달할 수 있을 것이다.

다만 이 과정에서 잊지 말아야 할 과제가 있다. 그것은 원융의 핵심적 요소인 역사성과 여기에 뿌리를 내리고 있는 민족공동체의식에 기초하여야 한다는 점이다. 그러하지 않으면 평화가 정착된 연후에도 평화분단의 상황이 초래될 수도 있기 때문이다. 따라서 평화와 통일의 두 수레바퀴를 균형 있게 진행시켜야만 공존에서 연합 단계로 발전, 종국적인 평화통일을 성취할 수 있을 것이다.

남북한이 단계적, 점진적 방법에 의한 원융적 통일방안에 합의를 이룩한 사건은 바로 '6.15 남북공동선언' 이다. 즉 공동선언 2항에서 남측의 '연합제' 와 북측의 '낮은 단계의 연방제' 가 공통성이 있다고 인정하고 앞으로 이 방향에서 통일을 지향시켜 나가기로 합의하였던 것이다, 이에 관해서는 합리적이냐 아니냐라는 해석이 가능하기 때문에 현시점에서는 아직도 평가를 내리기는 시기상조라고 생각한다. 그러나 '통일을 향한 과도적 단계' 를 남북한 정상이 공식적인 문서로 합의하였다는 점에서 최초의 민족사적 의미를 담은 문서라고 평가할 수 있을 것이다.

이러한 통일의 '과도적 단계' 인정은 곧 당장의 통일을 추구하기보다는 화해와 교류, 협력의 활성화를 통한 평화 정착을 이룩한 후에 제도적인 통일을 추진해 나가자는 '통일의 장기적 과제' 설정인 것이다. 즉 먼저 남북한 간의 다방면에 걸친 신뢰구축을 선행하고 또 주변 국가들의 한반도 평화통일에 대한 실질적 공감대가 형성되어야 문자 그대로 실질적인 통일을 달성할 수 있다는 전제 하에 출발하게 되는 것이다.

그런데 평화통일의 실현 과정에서 장애 요인이 되고 있는 것이 북핵문제이다. 이 북핵문제의 평화적 해결 없이는 한반도의 평화체제 구축에 한 걸음도 진전될 수 없는 상황에 놓여 있다. 이에 6자 회담의 방식으로 북핵문제의 평화적 해결을 모색하고 있으며, 이를 바탕으로 남북한 화해 · 협력의 강화와 정치 · 군사적 신뢰 구축을 위한 노력을 병행해 나가고 있는 실정이다.

이처럼 보우 국사의 '자주적 통합사상'은 고려 말의 혼란한 사회를 하나로 통합하여 자주적이 고려를 만들어 보겠다는 자주적 애국정신이 그 바탕을 이루고 있었다고 평가할 수 있다. 더구나 현실적으로 남북한 체제가 하나로의 접합점을 찾는데 많은 갈등을 겪고 있는 상황에서는 보우 국사의 원융사상이 그 해법을 찾는데 중요한 열쇠가 될 것이다. 보우 국사가 공민왕의 자문 요청에 응하여 하신 말씀들 중에 "군주의 길은 교화를 닦아 밝히는데 있는 것이지 반드시 신불(信佛)에 있는 것은 아닙니다. 만일 국가를 잘 다스리지 못하고 신불에만 힘쓴들 무슨 공덕이 있겠습니까. 꼭 필요하시다면 다만 태조께서 설치한 사찰을 개수하는데 그치시고 절을 더 새로 짓지는 마소서"라고 한 대목을 볼 수 있다.

이것은 불교를 숭상하는 일보다 먼저 국가를 잘 다스리는 일 , 그 가운데 가장 절실한 반원 자주적 국권 회복을 위한 노력을 공민왕에게 권고한 것이다. 또한 태조가 설치한 사찰만을 개수하도록 하여 태조의 건국정신을 현현하는데 역점을 두도록 하였던 것이다. 이에 우리는 평화통일을 달성하는데 있어 보우 국사의 원융사상을 보다 깊게 연구하는데 관심을 가져야 할 시점이 아닌가 생각된다.

제 8 장

•• 한국불교의 사법초조(嗣法初祖)

태고보우의 사적(史的)위상
한국불교의 중시조(重始祖)
현대 한국불교의 법맥

1. 태고보우의 사적史的 위상

1) 고려 불교계의 현실과 정풍운동

불교가 고구려의 소수림왕 2년에 처음 한반도에 들어온 지 1600년의 유구한 세월을 통해 한반도의 지리와 민족, 문화적 토양에 의해 성장하였다. 한반도에 형성된 종파불교는 한국불교의 역량이 다양한 방면에서 발달한 사실을 보여주며, 반대로 통불교(通佛教), 또는 화쟁(和諍)사상으로 일컬어지는 독특한 전통은 한국불교의 사상적 맥이기도 하다. 태고보우의 원융사상도 같은 통불교의 맥락에서 제종과 유불선을 넘나드는 포괄적 수용태도는 한국불교사의 위치에서도 중요한 자리에 서 있다. 그러나 태고보우는 그의 원융사상을 현실사회 속에서 실현하려 노력했다는 점에서 또 다른 역사적 의미를 갖는다.

태고보우가 원나라에 머문 지 2년 후 석옥으로부터 임제정맥을 받고 고려로 돌아온 뒤 가장 고심했던 것은 불교계의 분열을 통합하는 일이었다. 당시 고려불교는 5교9산이라는 종파불교의 소용돌이에서 종지(宗旨)의 양양과 교세의 확장이라는 목적을 위해 종파들이 온 힘을 기울였었다. 그러나 종파 불교가 고려말기에는 각 종파간의 분열과 대립이라는 부정적인 측면이 부각되어 같은 불교교단끼리 배척하고 이단시하는 폐단을 불러왔다. 태고보우 국사의 원융부 설치는 국가적 차원에서 종파불교의 폐단을 시정하기 위한 필요성과, 고려 말기의 시대적 요청에 순응한 시책이었다.

고려 말기의 불교계는 사상적으로 더 이상의 발전의 길이 막히고, 또한 사원의 농장 확대 등의 사회경제적 모순이 커지면서 개혁적인 의지를 완전히 상실하였다. 예를 들어 조계종 안에서 선문구산의 파벌싸움도 선의 기풍상의 차이에서 말미암은 것이 아니었고, 조계종 · 화엄종 · 법상종 · 천태종 · 시흥종 등 종파 사이의 갈등도 교리적 대립이 아니라 내부적인 부패와 타락에 기인한 것으로 물질적인 이해관계에 따른 사찰의 쟁탈전이나, 파벌의 이합집산(離合集散)만이 치열하게 전개되었던 것이다. 이러한 상황에서 선교의 통합 같은 사상적인 문제가 주의에 오를 수 없었으며, 이전에 사회적으로 문란해진 불교양종을 제도적으로 관리하여 통합하는 정풍운동(淨風運動)이 먼저 요구되었다.

태고보우가 왕사로 책봉된 뒤 며칠이 지나 공민왕은 광명사(光明寺)에 원융부(圓融府)를 설치하고 태고보우를 그곳에 머물게 했고, 보우의 내향(內鄕)인 홍주(洪州)를 목(牧)으로 승격시켰다. 당시 공민왕의 생일에는 태고를 내전에 맞이하고 승려 108명을 공양하면서 "이제부터 선교종문의 주지는 왕사의 주의를 들은 것이며 과인은 다만 제목을 내릴 뿐이다"라고 하여 태고를 신임하고 사제의 예를 올렸다. 이로써 태고보우는 불교계의 오랜 숙원이었던 정풍(整風)운동을 펼쳐 9산의 원융(圓融)과 5교의 홍통(弘通)을 주장하고 실천할 근거를 마련하게 되었다.

원래 고려시대에는 승려가 왕사나 국사에 책봉되었다고 해서 모두 독립된 관아로서의 부를 설치하였던 것은 아니며 국왕이 정치의 최고 책임자이자 종교의 최고 책임자로서 승직의 임명권을 가지고, 이를 승록사 등을 통하여 시행하여 왔다. 그러나 태고보우가 원융부를 설치하고 승직의 임명권을 실질적으로 갖게 됨으로써 기존의 교단 운영 원칙이 무너진 것이고 결과적으로 고려의 전통적인 오교양종의 교단체제도 붕괴되었다.

태고의 개혁은 제도적인 개편으로 사상적인 발전에 한계를 가진 당시 불교계를 개혁하려는 고육지책(苦肉之策)이었다. 이것은 고려 말 당시의 시대적 상황이 불교의 자체적 해결할 수 있는 힘을 잃었으며, 이미 고려의 불교는 수 백 년간 국가적 관리 하에서 유지되어 왔으므로 국가의 힘에 의존하지 않고 불교계의 독자적인 정화란 불가능했을 것이다. 이러한 관점에서 보면 태고에 의한 원융부의 설치는 문란해진 고려 말 불교계를 바로 잡으려는 시대의식의 발현이었다.

2) 5교9산의 통합과 불교계의 부흥

태고보우의 지휘아래 시도된 구산선문의 통합은 구산의 선은 오로지 일문(一門)이며 3승은 일승으로 나아가기 위한 방편이라는 원융사상, 또는 일승사상을 기반으로 시행되었다. 그러나 태고는 선교(禪敎)의 분별마저 초월해 불교의 본질을 마주한 향상의 도리에서 진리 속에서 함께 만나는 보다 깊은 사상적 배경을 보여주고 있다. 이러한 생각은 태고의 지정 17년 정월 15일 왕궁의 진병을 위한 설법에도 엿볼 수 있다.

지금까지 내려온 종승(宗乘)을 자세히 아는 사람이 있는가. 5교와 3승12분교는 다만 오랑캐 석가가 싸 놓은 오줌이며, 부처님이나 조사들은 다만 꿈속에서 꿈을 말하는 사람들이었다. 만일 도(道)의 이치로 헤아리면 모든 종승을 파묻어 버리게 될 것이며 세속의 이치로 헤아리면 과거의 성인을 저버리게 될 것이다.

태고보우가 구산선문을 통합하기 이전에도 의천대각(義天大覺) 국사에 의해 구산선문을 천태종(天台宗)의 시각에서 통합하려는 노력이 있었다. 그러나 구산선문은 민중에게 깊이 뿌리내리고 개별적으로 달마의 선풍을 각자 선양하려고 노력해왔다. 원래 구산선문은 임제 이전의 마조시대의 선계(禪系)이지만 한국 선은 중국에 종속되지 않고 이후 지눌(知訥)이나 태고보우(太古普愚)와 같은 큰 선승을 낳을 만큼 독자적이며 저력이 있었다. 그러나 구산이 지닌 불교교단 내부 및 사회의 폐단이 고려시대 말기에 특히 성하였으므로 태고보우는 이를 시정하려는 의지를 마음깊이 간직하고 있었을 것으로 보인다. 이것은 구산에 대한 그의 견해에 잘 나타나 있다

　　오늘날 구산의 선류는 그 연원을 등에 지고 각기 자기만 옳고 남은 틀렸다는 생각으로 서로 심히 다투더니 모순된 울타리를 가져 화합을 해치고 정의가 쇠퇴하는 결과가 되었도다. 슬프다. 선(禪)은 일문인데 중생들은 다문(多門)을 만들어 다투니 어찌 본사의 무아평등한 길이며 조사들 격외선(格外禪)의 초연한 풍격(風格)이겠는가?

태고보우는 원(元)에서 돌아와 궁중설법을 위시해서 여러 사원에 주지로 부임하였고 기회가 닿을 때마다 분열된 불교교단을 통합하고 새로운 수행의 법도를 수립하고자 많은 노력을 하였다. 이에 대한 일환으로 태고보우는 『백장대지선사선원청규(百丈大智禪師禪苑清規)』를 간행하였고, 『치문경

훈(緇門驚訓)』을 간행하여 스스로 서문(序文)을 썼다. 여기에는 그가 기울였던 불교교단의 쇄신과 중흥의 간절한 염원과 노력이 담겨 있다.

◉ 중간치문경훈서(重刊緇門驚訓序)

온 대지인은 누가 불성이 없으며 누가 신심이 없겠는가? 그러나 성교(聖教)를 만나지 못하면 무상보리의 마음을 일으키지 못하여 길이 고해에 빠져 출몰하고 헛되이 나고, 헛되이 죽으니 참으로 애석한 일이다.

그러므로 불조의 현성이 청하지 않은 친구가 되어 무연(無緣)의 자비를 베풀었으니, 여러 가지 방편을 설하고, 교화하고 조복하여 중생에게 청정한 신심을 내게하여 무상의 보리인 불과를 이루게 하였다.

불과가 어찌 다른 것이겠는가? 바로 사람 사람의 본래 깨달은 마음이다. 『대반야경』에 이르기를, "여래의 대열반을 알고자 하면 모름지기 근본자성을 알아야 한다"라고 하였으니, 사람들이 이 말을 깊이 믿어 돌이켜 비추어 보면 자신의 마음 가운데 한량없는 묘의와 백 천가지 삼매가 본래 스스로 구족하여 조금도 다르지 않음을 알게 되니 이것이 바로 청정한 신심이다. 3세 성현이 세상에 출현하여 말이 없는 가운데에서 말을 하심은 바로 이것을 말한 것이다.

태고가 중국 남방을 외유하여 법을 구할 때 다행이 이 『경훈(警訓)』을 보게되니 귀국할 때 유포하여 나라도 이롭고 사람도 이롭게 하고자 한 지가 여러 해가 되었다. 지금 뛰어난 선비인 명회(明會)와 도암(道庵)이 대서원을 일으켜 보시의 인연은 모아 판목에 새겨 돌리니 나라와 백성들로 하여금 보고 들음에 다 훌륭한 인연을 맺어 결국에 함께 정각을 이루게 하니 이것은 이 『경훈』을 세상에 펴는 대의가 될 것이다.

무오(戊午, 1378) 정월 초 3일에 삼한국존(三韓國尊) 소설산(小雪山)이웅존자(利雄尊者)는 삼가 쓰노라.

태고가 중국에서 돌아온 후 『치문경훈』을 간행한 것은 78세 때였으니 30년만의 일이었다. 『치문경훈』은 이러한 인연으로 간행하여 유통된 후로는 조선시대에 중각(重刻)·복간(復刊)이 계속되어 오늘에 이르기까지 강원(講院)의 사미과(沙彌科)교재로 통용되고 있다. 이 같은 인연을 상고해보면 여말(麗末) 이후 한국 불교계에서의 『치문경훈』의 유통은 태고의 원력에 의한 법연(法緣)이 지중함을 알 수 있다.

또한 선문에는 임제 이후에도 청규(淸規)가 무수히 많았으나 『백장청규』를 가지고 온 것은 선의 전통에 입각해 모든 선문을 규합하려는 의미가 있었다. 태고보우가 「초발심자경문」만 알던 당시 고려의 불교계에 중국의 치문을 가져와 학인의 기초를 다지는 역할을 한 것은 임제종에 국한하지 않고 초종파적인 선문의 입문서로서 구산을 포용하려는 보우의 정신을 발견할 수 있다. 『태고록』에는

구산선문을 백장대지(百丈大智) 선사의 선원청규(禪遺淸規)로써 훈도하여 평상시 위의는 엄숙하고 진실하며, 부지런히 법을 묻고 때를 맞추어 종과 목어를 치면서 조사의 풍모를 다시 일으키고 5교가 각각 그 법을 널리 펴게 해야 합니다. 이렇게 복을 받들게 하면 국운은 뻗어나고 불일(佛日)은 밝아질 것이니, 어찌 빛나지 않겠습니까?

라고 하였다.

이와 같이 불교계를 통합하려는 의도는 불교계 내부의 정화와 함께 외부적으로 공민왕의 입지를 강화시켜 실질적인 정·교의 최고 통치자라는 위상

을 확고히 한 효과를 가져왔다. 태고보우의 노력을 통해 5교9산의 종파로 가려져 각자의 종조(宗祖)와 종지(宗旨), 교세확장을 두고 분열된 당시의 교단은 태고 이후 원융부에 의해 종파불교가 지양되는 동시에 선교제종의 모든 선학(善學)들이 구름같이 몰려들었다.

이처럼 태고의 운동은 한국 불교사의 전 시대를 통틀어 선과 교를 겸수하는 원융사상에 기반을 둔 것이며 이를 원융부라는 제도를 통해 실천한 것이다. 조선왕조에는 불교교단이 5교9산의 시절처럼 종파 각자의 종조와 종지를 주장할 없었으며, 실제적으로 통합된 종단의 형태로 지속되었다. 때문에 조선조 선문의 가계(家系)에서는 그 최초의 시연이 된 태고보우 국사를 중시조(中始祖)로 모시게 되었고 이후 근대, 현대에 이르기까지 한국의 전통적 불교도는 모두 태고보우 국사의 문손(門孫)에 해당되는 것이다.

2. 한국불교의 중시조重始祖

1) 태고보우의 법통(法統)

한국불교의 전통종단은 선종이며 근본적으로 임제선에 그 원류를 두고 있다. 임제선이 한국에 전래된 것은 신라시대부터이지만 선불교의 사자상승(師資相承)의 법맥에 의하면 임제의 가계(家系)인 석옥청공으로부터 가사와 의발을 전수받은 태고보우가 명실상부한 임제의 적손이라 아니할 수 없다. 그러나 태고보우는 평생 임제종을 따로 세우지 않고 한국불교의 법맥을 따랐다.

태고보우 국사의 법통에 대한 해석은 다음의 두 가지로 나뉘어 진다.

첫째는 고려시대는 도첩제(度牒制)를 시행한 때였기 때문에 법통은 득도사(得度師)가 계승한다는 주장이다. 이 설에 따르면 태고보우 국사는 회암사(檜巖寺)의 광지(廣智) 선사로부터 득도하였기 때문에 구산의 일문인 가지산파(迦智山派)가 되는 것이다.

둘째로 당시 선종의 전통으로서 사법사(嗣法師)를 계승하는 것이다. 이에 따르면 태고보우 국사는 중국에 건너가서 임제종(臨濟宗)의 석옥청공(石屋淸珙) 선사의 심인(心印)을 전해 받았으니 그 법통은 임제종이 되는 것이다.

두 가지 주장 가운데 후자에 속하는 경우는 고려시대 이색(李穡)의 주장대로 "태고가 석옥에게 법을 이어받아 임제의 18대 법손(法孫)이 되었음을 알겠다"라고 한 것과 같은 시대 이숭인(李崇仁)도 "근세의 태고는 훌륭한 분이다. 석장을 가로 들고 강호에 두루 노닐며 오흥(吳興)의 하무산(霞霧山)에 이르러 석옥청공 선사를 참견하고 목격하자 묘계(妙契)하였다. 태고가 돌아옴을 고함에 승가리(僧伽梨)를 주어 마음을 전하는 신표로 삼았다. 석옥은 곧 임제(臨濟)의 18세 적손(嫡孫)인즉 태고의 전통은 대종(大宗)을 얻었다 하겠다"라고 하였다.

태고와 동시대의 나옹혜근도 중국에 외유하여 평산처림(平山處林)의 법을 잇고 이전에도 인도 서천의 108조인 지공(指空) 화상으로부터도 인가를 받았기 때문에 임제정맥의 가사의발을 전해받은 태고보우와 비교해 그 정통성의 가치가 떨어진다 하였다.

태고보우는 원나라의 영녕선사의 설법에서 향을 올리며 석옥 화상에게 자신을 인가해준 것에 대해 "오늘 삼가 천자의 명을 받들어 이 향을 그대로 들어 사람과 하늘의 대중 앞에서 향로에 피워, 전에는 절강성(浙江省) 서쪽 가흥로(嘉興路) 복원(福源)의 보혜선사(普慧禪寺)에 계시다가 하무산 꼭대기의 첨두옥(尖頭屋) 밑에 누워 계시는 석옥 큰스님께 공양함으로써 증명해 주신 은혜를 갚으려는 것이다"라고 하여 석옥 화상이 자신의 오도를 증명한데 대한 감사를 표시하였다. 그러나 태고보우는 제19조로서 임제종의 독립된 종파나 조사전(祖師殿)을 건립해 향화를 올리는 일이 없었기 때문에 전통적인 선종의 사자상승(師資相承)은 아닌 것이다.

이 문제에 대해 성철(性徹) 스님은 『한국불교의 법맥』에서 다음과 같이 밝혔다.

승가에는 두 종류의 스승이 있다. 하나는 삭발을 허락하고 계를 주는 스승[得度師]이고, 또 하나는 마음을 깨우쳐 법을 이어받게 해주는 스승[嗣法師] 이다. 만약 수계한 스승에게서 마음을 깨우쳐 법을 전해 받게 되면 두 종류의 스승을 겸하게 되지만 다른 스승으로부터 마음을 깨우쳐 법을 전수 받게 되면 법을 전해 받은 스승을 따로 정하게 된다. 법을 이은 스승의 계통을 일러 법계(法系) · 법맥(法脈) 혹은 종통(宗統) · 종맥(宗脈)이라고 한다. 출가하여 승려가 되는 목적은 불도(佛道)를 이루고 또 전하여 잇게 함에 있으므로 법의 스승을 더욱 소중히 여기며 승가에서 서로 전해 받는 계보는 법을 잇는 것을 위주로 하는 법맥이 이어오기 때문에 이것을 일컬어 '법을 잇고 등불을 전함[嗣法傳燈]'이라고 한다.

이상 성철 스님이 강조한 대로 태고보우는 부처님으로부터 임제로 이어지는 불조의 법맥을 분명히 계승하였다. 그러나 태고보우는 오도(悟道)를 한국 땅에서 성취하고 석옥청공으로부터 인가받으므로써 그의 깨달음이 온전함을 만천하에 알렸다. 성철 스님은 『한국불교의 법맥』에서 '한국불교의 중시조는 태고보우 국사이고 태고보우 국사는 임제종의 법통을 계승한 것이다'라고 밝히고 "태고종통은 개인의 의견으로 성립된 것이 아니라 두 문도와 문손들이 이어받아 공적으로 사용한 종문의 정론임을 알 수 있다. 그러므로 후대의 법손들이 선사와 옛 조사들이 재정한 바를 준수할 뿐이요, 이를 변경하여 바꿀 수는 없다"라고 하였다.

이처럼 태고보우를 중시조라 명명한 것은 스님에게 법통을 직접 전한 스승은 없었지만 태고보우의 오도는 신라시대 이후 선교(禪敎)양종이 이룩한 한국불교의 전통적 토대에 의해 가능했던 것이다. 때문에 한국불교의 문손들은 그 정통성을 살려 태고보우를 선교를 통합한 한국불교의 중시조로 역사 속에 기리고 있는 것이다.

2) 한국선맥(韓國禪脈)의 가풍

한국불교의 정체성을 밝히는 문제에 있어 돈오돈수(頓悟頓修)와 돈오점수(頓悟漸修)의 문제는 한국 선불교의 종조를 판가름하는 것과 깊은 관련이 있으며, 이는 임제선맥을 계승한 태고보우와 돈오점수를 주장한 보조지눌 가운데 어느 스님이 참다운 불법(佛法)의 진의를 전하고 있는가의 문제와도 관련이 있어 그 논의의 역사는 오래되었다.

조선 불교의 중흥조인 청허 스님은 유정에게 남긴『선교결(禪敎訣)』에서 선과 교의 차이점을 밝히는 가운데 "요즈음 선의 뜻을 잘못 이어받은 자는 더러는 돈점의 문으로써 정맥을 삼으며 더러는 원돈(圓頓)의 교로써 종승을 삼으니 법을 비방하는 그 허물을 내가 어찌 감히 말하겠는가"라고 하여 돈오에 대한 논쟁의 역사가 깊음을 인용하고 있다.

주지하다시피 태고보우는 자신의 오도의 계기를 간화선에 주로 의지하였을 뿐만 아니라 석옥 화상을 만난 이후 임제선의 정맥을 이어 고려불교에 전한 만큼 임제선에 의한 수행전통은 태고에서 시작되었다고 보아야 할 것이다.

이처럼 조선조까지 면면히 계속된 임제의 종풍은 서산 대사의 법통을 밝힌 편양언기(鞭羊彦機, 1581~1644)의「청허당행장(淸虛堂行狀)」에서도 그 면모가 확인된다. 이에 따르면 임제종풍이란 그 근본이 있고 원류가 있다. 우리 동방의 태고 화상이 중국으로 들어가 하무산에서 석옥의 법을 이었다. 그리하여 환암(幻庵)에게 전하고, 환암은 구곡(龜谷)에게 전하였으며, 구곡은 등계정심(登階正心)에게 전하고 정심은 벽송지엄(碧松智嚴)에게 전하였으며, 지엄은 부용영관(芙蓉靈觀)에게 전하고 영관이 서산 등에게 전하였으니 석옥은 임제의 적손(嫡孫)이다.

-『청허당집』

라고 하였다.

이외 부용영관을 이은 서산과 부휴의 문하 모두 스스로 태고종통(太古宗統)임을 명백히 하고 있는데, 여기에 따르면 "선사여! 나의 종지를 알고자 하는가. 밝은 대낮 맑은 하늘에 치는 벼락의 위엄이로다"라고 하였고 『선가귀감』에서는 임제종의 종풍에 대해 "임제종을 알고자 하는가. 맑은 하늘에 벼락치는 소리로다"라고 하였기 때문에 서산 대사가 임제종의 가풍을 계승한 사실이 밝혀져 있다.

혹자는 보조지눌의 성적등지(性寂等地)·원돈신해(圓頓信解)·간화경절(看話徑截)의 3문 가운데 경절문에서 임제선을 선양하여 이후 계속 고려의 선을 주도해왔다고 했으나, 보조의 『간화결의론(看話決疑論)』은 그의 입적 후에 발간 유포되었고 정혜결사(定慧結社)에서 보조는 정혜를 강조하였지만 화두를 들어 수행하는 말은 하지 않았다.

간화경절문의 사상적 원리는 『대혜어록(大慧語錄)』에서 인용된 것으로 대혜는 간화선을 확립시킨 임제종 양기파에 속하는 선승이기 때문에 임제선의 정맥을 수용할 수 있는 터전이 마련되었다고 평가할 수 있지만 『불교통사』의 편자인 이능화는 보조에 대해 "배움을 이어받은 바가 없다"라고 하여 사법사(嗣法師)가 없음을 단언하였다.

청허의 『선교결』에는

> 돈오점수와 원돈신해를 지해(知解)의 큰 병이라고 지적한 것은 이것이 선문
> 정맥(禪門正脈)에 대한 마장(魔障)이기 때문이다. 그러므로 유정은 청허를 가
> 리켜 "방과 할의 가풍은 서천에서 온 정통법맥이로다"고 하였고 부휴(浮休)는
> "가까이는 벽송을 이었고, 멀리는 임제를 이어 받았다"고 하였으며 편양(鞭羊)
> 은 "등계(청허)는 무릇 사람들에게 보이신 언구(言句)에 있어 임제의 가풍을
> 잃지 않았다"라고 하여 청허의 종지는 임제로부터 내려온 것임을 증언하였다.
> 그 뒤로 청허 · 부휴의 법손들은 모두가 임제의 아손(兒孫)들 임을 자부하였
> 다.(『한국불교의 법맥』, p.197)

라고 하여, 임제선이야말로 태고보우 이후의 자손들을 정의하는 것이며,
돈오점수 등의 이론은 불법의 정맥을 그르치는 것이라 하였다.
생전의 성철 스님도 보조의 점수설을 비판하여 다음과 같이 설하였다.

> 보조가 "선으로써 교를 포섭하여 선풍(禪風)을 진작하였다"고 하지만, 보조
> 는 선문을 교종으로 격하하여 전락시킨 큰 잘못을 범하고 있다. 왜냐하면 선문
> 의 돈오(頓悟)와 견성(見性)은 "십지(十地)도 견성이 아니다〔十地未見性〕"
> 라는 종문철칙(宗門鐵則)이 있는데도 불구하고 보조는 십신초위(十信初位)
> 를 돈오견성(頓悟見性)이라고 격하시켰으며 화엄의 삼현십지(三賢十地)의
> 차제수(次第修)를 선문에 끌어들여 화엄의 점수설(漸修說)로써 육조의 돈수
> (頓修)를 파괴하였으니 선문의 금탑(金塔)을 교가의 철탑(鐵塔)으로 변조한
> 장본인이다. 때문에 순수한 선문에서 볼 때 이것은 금사(金沙)와 옥석(玉石)
> 을 구분하지 못한 종문의 이단이라고 하지 않을 수 없다. 보조가 자기 주장의 대

선배로 추앙하는 규봉(唯峯)은 원래 하택계(荷澤系)였으나 사선입교(捨禪入敎)하여 청량(淸凉)의 제자가 되어 화엄 5조로서 세세생생 화엄의 유포에 힘을 다하겠다고 서원하였으므로 선문의 입장에서 보면 직접 관계는 없다. 앞에서 기술한 바와 같이 보조는 선문을 내세우면서도 통현(通玄)과 규봉(唯峯)의 화엄사상으로써 선문을 격하하고 오도하여 금탑을 철탑으로 전락시켰으니 그 잘못은 용인할 수 없다.

이어 성철 스님은 한국불교가 보조의 영향을 받은 점은 인정하지만 보조의 사상에 대해 "교가(敎家)의 점수사상을 도입하여 점수를 육조의 정통사상이라고 주장하여 크나큰 오류를 범한 것이다"라고 하였다. 또한 보조는 겉으로는 육조를 표방하였으나, 내용으로는 화엄사상이 지배적이라고 평가하였다. 이에 대한 근거로 "『단경』에서는 돈수의 기치 아래, 단박 깨쳐서 자성을 보면〔頓悟見性〕바로 부처의 지위에 도달함을 분명히 하였다. 그러나 보조는 견성의 지위를 십신초위에 두고 삼현십성(三賢十聖)을 차례차례로 점수(漸修)한다고 주장하였으니, 이는 화엄종파 즉 규봉의 사상이지 단경사상은 절대로 아니다"라고 하였다.

다른 예로 보우의 선의 궁극적 실재로서의 '마음'의 용의 세계에 대한 이해는 대승기신론의 진속(眞俗)원융무애관이나 화엄의 이사무애(理事無碍)의 법계와 통하는 것인데 지눌도 이러한 화엄의 진리를 받아들여 우리가 일상생활을 살되 상에 집착하지 말고 그 성을 인지하여 살면 우리의 일상생활 그 자체가 새로운 차원에서 진심의 용으로 자유롭게 전개된다고 하였다. 지눌은 신회와 종밀의 설명을 계승하여 진심의 체(體)가 용(用)을 일으킬 수 있는 것은 그 체 자체가 가지고 있는 용의 면인 영지 때문이라고 보고 진심의 이 영지라고 하는 밝게 아는 성품이 현상세계의 모든 차별과 다양성을 진심의 공적한 세계에 다시 나타나게 만든다고 하는 사실을 마니주에 비유하여 설명하고 있다. 혹자는 태고에 의해 진심의 체와 '마음'의 외연에 따라 변하는 용인 현상세계를 일으킨다는 사실을 설명하여 주지 않는다고 말하지만 해오(解悟)의 차원과 언어도단(言語道斷)인 향상의 깨달음은 다른 차원인 것이다.

보조는 일생을 통하여 해오(解悟)를 주장하다가 열반하기 직전의 저술인 『절요』에서 해오는 지해(知解)임을 지적하긴 하였으나 전체적으로는 해오를 말하였고 또 『간화결의론』의 끝부분에서조차 해오를 지지함으로써 자기가 지적한 지해의 큰 병을 뿌리 뽑지 못하였다. 이처럼 돈오점수와 원돈신해를 지해(知解)의 큰 병이라고 지적한 것은 이것이 선문정맥(禪門正脈)에 대한 마장(魔障)이기 때문이다.

청허는 『선가귀감』에서 "공부하는 이는 먼저 여실한 부처님 말씀에 의해 변하지 않음〔不變〕과 인연에 따름〔隨緣〕의 두 뜻은 자기 마음의 성품이 지닌 모양이고 돈오와 점수의 두 문은 스스로 행함에 있어 처음과 끝임을 잘 분별한 이후에 교의 뜻을 놓아버리고 다만 자기 마음에 나타나는 일념으로써 선지를 자세히 참구한다면 반드시 얻은 바가 있을 것이니 이른바 몸을 벗어나는 활로이다"라고 하였지만 『선교결』에서 "아무리 낮고 모자라는 근기라도 교의 뜻으로써 지도한다면 사람의 눈을 멀게 하고 어리석고 미쳐서 밖으로 내닫는 것이다"라고 하였다.

이처럼 『선가귀감』조차 정통선(正統禪)의 입장에서 기술된 것이 아니라 평가한 배경은 44세에 저수된 『선가귀감』에 비해 『선교석』은 66세 때의 저술이니 22년간의 격차가 있다. 정허의 초기작인 『선가귀감』에서 교의 뜻을 먼저 닦아 익힌 다음에 놓아버리라고 하였으나 점차로 혜안(慧眼)이 높아짐에 따라 교의 뜻이 주는 폐해를 통감한 나머지 『선교결』에서는 교의 뜻을 금지한 것이다.

　이처럼 한국불교의 정통 선맥을 전하는『선교결』의 유훈(遺訓)과 이후 문손들이 정한 가계를 보더라도 한국의 선불교는 임제종의 가풍이며 돈오돈수에 참된 불법의 진의가 있음을 밝히고 있는 것이다.

3) 조선조 선종의 법맥(法脈)

　조선조의 선맥을 요약하면『한국불교의 법맥』에서 "현재 한국의 승려들은 부용(芙蓉)의 두 제자인 서산(西山)과 부휴(浮休)의 법손(法孫)들이다. 그 가운데 부휴의 법손은 얼마 되지 않고 서산의 법손만이 번창하고, 서산의 법손 가운데서도 편양파(鞭羊派)가 더욱 성하다. 서산·부휴의 법맥은 두 문하에서 학덕이 뛰어난 용상대덕(龍象大德)들이 명시해 놓은 계보가 있어 이것이 후세에 서로 전하여 지켜져 왔다"라고 한 것처럼 조선조 한국불교의 선맥이 엄연히 존재함이 설해져 있다.

　그러나 조선조에도 태고를 제1조로 삼는 법통설로부터 나옹혜근의 법통설과 태고보우의 법통설을 두고 혼란이 있었으며 이런 혼란이 정비된 것은 해안스님의 대에 이르러 나옹의 법통설의 부당함을 밝히고 서산으로 이어지는 태고의 임제법맥을 통일한 것이 계기가 되었다.

　이 배경에는 태종 이후 중종 때에 이르기까지 억불책으로 인해 승가가 산속으로 도피하는 과정에서 문하들이 잃어버린 종통과 법맥을 되살리고 보존하려는 의식에서 당시 법맥을 규정하고 밝힌 문헌들을 지었을 것이다.

　임진왜란 이후 서산의 문도들에 의해 법통설이 강조되게 된 것은 자신들이 조계종의 법손임을 대내외적으로 천명하려했던 의도에서 비롯된 것이다. 사명 대사는 스승을 '조계노화상(曹溪老和尙)'이라고 칭하고 자신을 '조계종의 후손〔曹溪宗遺〕'이라고 하거나 '영허선영(映虛善影)'을 '조선조 계종사화엄강백(朝鮮曹溪宗師華嚴講伯)'이라고 한 것은 모두 조계종의 법손임을 천명한 것이다.

『청허당집』의 행장을 참고로 월사(月沙) 이정구(李廷龜)가 찬한 서산비 (西山碑)와 계곡장유(谿谷張維)가 찬한 「대흥사청허비(大興寺淸虛碑)」 에도 임제종풍을 자처한 내용이 전해지며 특히 해안은 「사명행적(四溟行 蹟)」에서 '청허는 바로 능인(석존)의 63대이며 임제의 25세적 손이다' (『사명당대사집(四溟堂大師集)』)라고 하여 언기 등과 함께 서산을 태고의 6전으로 보았음을 알 수 있다. 여기에는 보진과 쌍흘 외에 서산문하의 공통 된 견해이다.

『한국불교의 법맥』에서 편양(鞭羊)의 『종봉영당기(鍾峯影堂記)』에서 밝힌 부분을 인용하면 다음과 같다.

천계 5년 을축(1625) 봄에, 봉래산의 주인인 송월 선사가 종봉대사를 위하 여 운수암에 영자당을 새로이 짓고, 그의 제자 천오를 보내어 서산의 문인인 언 기에게 그 기문을 청하였다.…… 부휴는 등계와 더불어 부용을 스승으로 모셨 는데 또한 등계를 모신 사람이기도 하다. 청련은 종봉과 함께 등계에게 수학하 였으며 종봉의 사형이 되는 사람이다. 지금 네 문중의 자손들이 임제의 종통을 잃지 않는 것은 그 근본과 연원이 있는 것이다. 우리 동방의 태고 화상은 중국에 들어가 석옥 선사로부터 법을 이어받아 그것을 환암에게 전하고 환암은 소은 (구곡)에게 전하고 소은은 정심(벽계)에게 전하고 정심은 벽송에게 전하고 벽 송은 부용에게 전하고 부용은 등계(서산)에게 전하고 등계는 종봉(사명)에게 전하였는데 이 8세 가운데서 등계가 미친 듯한 파도를 되돌려 기울어 가는 기강 을 바로잡는 힘이 더욱 있었다.

위의 내용은 종봉(사명)의 상수제자로서인 송월이 영당을 건립하여 사명과 형제인 편양에게 그 기문(記文)을 청한 것이다.

또한 다른 인용에서는

등계(서산) 화상이 일반적으로 사람들에게 수시하신 말씀에 임제의 종풍을 잃지 않는 것은 그 근본과 연원이 있다. 우리 동방의 태고 화상은 중국 하무산에 들어가서 석옥 선사로부터 법을 이어받아 그것을 환암에게 전하고 환암은 구곡에게 전하고 구곡은 정심(벽계)에게 전하고 정심은 벽송에게 전하고 벽송은 부용에게 전하고 부용은 서산 등계에게 전하니 석옥은 곧 임제의 적손(嫡孫)이다.

『종봉영당기』는 천계 5년(1625)에 집필된 것으로 서산·사명의 법맥을 상세히 기록한 것이다. 현존하는 문헌 가운데 법맥을 밝힌 것으로 이 『영당기』가 가장 오래된 것이다. 이를 근거로 태고보우의 후손들을 정리한 법맥을 도시하면 다음과 같다.

임제(臨濟)-석옥(石屋)-태고(太古)-환암(幻庵)-구곡(龜谷)-벽계(碧溪)-벽송(碧松)-부용(浮蓉)-서산(西山)-편양(鞭羊)
　│ └사명(四溟)-송월(松月)
　└부휴(浮休)

서산의 증법손이며 언기의 손제자인 월저도안(道安, 1639~1675)은 숙종 4년 『불조종파도(佛祖宗派圖)』를 증보하여 석옥청공 - 태고보우 - 환암혼수 - 구곡각운 - 등계정심 - 벽송지엄 - 부용영관 - 청허휴정으로 법맥을 정하였다.

도안의 5세손인 금파행우(錦波幸祐)의 문인인 사암채영(獅巖采永)은 영조 40년(1764)에 간행한 『불조원류(佛祖源流)』에서 '해동정맥 제1조 태고보우국사(海東正脈第一祖 太古普愚國師)'라고 하였고 이후 청허휴정을 제6세로 하였다. 이처럼 서산의 법계는 태고보우를 초조로 삼고 있으며 서산의 법손 일가로 이루어진 조선 후기의 승단에서는 태고 화상을 엄연히 제1조로 받든 사실을 전하고 있다.

『한국불교의 법맥』에서 성철 스님은 "태고는 석옥의 법을 이어받아 그것을 환암에게 전하고 환암은 구곡에게 전하고 구곡은 정심에게 전하고 정심은 지엄에게 전하고 지엄은 영관에게 전하고 영관은 서산에게 전하니 이것이 참다운 임제의 정통법맥으로서 서산만이 그 종지를 홀로 얻었다〔休碑, 李廷龜撰〕"라고 하였고 "고려의 보우 스님은 석옥에게 참례하여 그의 법을 모조리 얻고 나서 환암에게 전하니 환암은 구곡에게 전하고 구곡은 정심에게 전하고 정심은 벽송에게 전하고 벽송은 부용에게 전하였다. 부용의 상수제자는 그 이름이 선수이며, 스스로 호를 부휴라 하였다. 벽암이 부휴의 문하에 있을 때에는 이미 가람을 벗어날 만큼 큰 명성이 있었다〔全州松廣寺開創碑〕"라고 하여 조선시대 불교의 전통이 태고를 종조로 삼고 임제의 가풍이 전해짐을 글로 밝혔다.

이처럼 서산의 법통을 명확하게 규명하고 이를 유포하기 위한 노력은 언기, 쌍흘, 해안 등 서산의 명도에 의해 이루어졌으며 이는 석옥, 태고, 환암, 구곡, 정심, 지엄, 부용, 청허의 순서로 이어지는 태고법통설로 문도들은 『청허집』을 재간행하고, 청허대사비를 세우고 「사명당송운대사행적」을 집필해 17세기 전반 서산의 제자들에 의해 유포된 태고법통설이 정립되었다.

성철 스님은 "불법을 전승하는 것은 몸소 수기함〔記〕을 이어받아 '마음으로써 마음에 전하는 것〔以心傳心〕'을 생명으로 한다. 직접 수기함을 이어 받지 않으면 법을 이어받고 마음을 전한 것이 되지 않는다. 이는 법을 전해 주고 법을 전해 받는 당사자 사이에서만 결정되는 일이요, 제삼자가 인정하 느니 안 하느니 상관하는 것을 용납하지 않는다. 이를 일컬어 혈맥을 서로 이어받음〔血脈相承〕이라고 한다. 이는 마치 아버지의 피가 아들에게 전하 여짐과 같이, 스승과 제자〔師資〕가 주고받아서 부처님의 법을 서로 이어서 스승으로부터 제자에게 법맥을 전하여 주기 때문이다. 그러므로 혈맥을 서 로 이어받은 법맥 즉 종통은 제삼자가 변경시켜 바꾸지 못한다"라고 하였다.

이처럼 고려조 이후 조선조의 불교는 중시조인 태고보우 이후 명백하게 종맥의 심지를 잃지 않고 그 정통성을 계승해 전해왔고 후손들은 그 계보의 도리를 따져 기록으로서 증명한 것이다.

3. 현대 한국불교의 법맥

1) 조계종의 종명(宗名)

현대 조계종의 종명이 된 '조계(曹溪)'의 연원은 중국의 광동성(廣東省) 곡강현(曲江縣)에 있는 지명에서 비롯되었다. 6조 혜능이 홍인의 법을 이은 후 황매산(黃梅山)을 떠나 소주 조계현(曹溪縣)에서 주석한 곳이 보림고사(寶林古寺)였고 이 때 9개월간을 빠짐없이 위무계(魏武溪)의 현손인 조숙량(曹叔良)이 공양 올리니 이 땅을 조숙량의 '조(曹)'자와 쌍계수(雙溪水)가 흐른다하여 '계(溪)'자를 조합해 '조계산(曹溪山)'이라 부르기 시작한 것이다.

이후 조계는 근본적인 정의에 있어 지명이 아니라 불조(佛祖)의 정맥(正脈)의 의미로 이해되고 있기 때문에 성철 스님은 "일찍이 발해를 건너서 멀리 조계에 이르러 마음속의 밀인을 전해 받고 턱밑의 밝은 구슬을 찾았으니 조계에 이르기까지 다시 6대가 된다(鳳岩寺)「정진비(靜眞碑)」, 966년)"라고 한 사실 등 여러 전거를 들어 "앞에서 보는 바와 같이, 신라 말엽부터 고려 초기에 벌써 선문에서는 모두 조계 육조(曹溪六祖)의 법손임을 명시하였으니 '조계'는 어느 한 문파에 국한된 것이 아니라 선문 전체에 공용된 것이었다. 그러므로 조계 육조의 법손이면 어느 문중과 종파를 막론하고 당연히 조계종(曹溪宗)으로 부를 수 있으며, 보조 이전이나 당시에도 조계종이라고 불렀던 것이다"라고 단정하였다.

조계 이외에 「대각 국사 묘지(墓誌)」에서도 "당시의 세상에서 불법을 배우는 이는, 계율종·법상종·열반종·법성종·원융종·선적종(禪寂宗)이 있었는데, 여섯 종에 귀의하여 모두 지극한 뜻을 궁구하였다"라고 한 것에서 선종을 선적종이나 조계종으로 통칭한 사례들이 빈번히 있음을 전하고 있다.

그러나 근대에는 조계종(曹溪宗)의 종통을 보조지눌로 꿰어 맞추기 위해 '조계'를 종명과 의도적으로 혼용한 시도가 있었다. 『한국불교의 법맥』에는 이에 대해 다음과 같이 밝히고 있다.

이불화 씨는 서산(西山)의 '조계퇴은(曹溪退隱)'(『선가귀감』-「조선불교사지연구」282)과 사명(四溟)의 '조계유정(曹溪惟政)'(「백련사중창기」-「조선불교사지연구」282)을 들어 서산과 사명이 조계산(曹溪山: 松廣寺) 보조(普照)의 법손이라고 주장하였다. 그러나 '조계(曹溪)'라는 칭호는 보조 이전이나 이후에도 선문의 일반적인 명칭으로 통용되어 온 것이다. 그러므로 '조계'라면 반드시 보조를 가리킨다고 생각하는 것은 큰 착오이다. 특히 보조의 비문에 "조계의 운손인 종휘 선사에게 나아가 머리를 깎고 구족계를 받았다"라고 하여 보조를 조계의 운손인 종휘의 법자(法子)임을 명시하였다. 그러므로 '조계'라는 말은 조계 육조 및 그 법손을 가리키는 대명사인 것이다.

또한 같은 부류들이 보조지눌을 조계종의 종조로 두는 다른 이유는 조계산과 수선사와의 관계에서 찾는다. 보조 국사는 대구 팔공산(八公山) 거조사(居祖寺)에서 결사운동을 벌일 때 사람이 너무 많이 모여들어 순천 송광산(松廣山) 길상사(吉祥寺)에 옮기게 되었다. 당시 희종(熙宗) 4년에 이 소식을 왕께서 친히 듣고 기꺼이 송광산(松廣山)을 이름을 바꾸어 조계산(曹溪山)이라 부르고 희종이 친히 수선사(修禪社)라고 써서 내렸으니 이것이 조계산의 시원(始原)이 된다고 말하는 것이다.

그러나 보조지눌과 태고보우의 제자들을 비교해볼 때 보조의 경우 송광사를 중심으로 무려 16국사가 배출되어 한국불교사의 큰 업적을 남겼지만 보조지눌의 제자들은 모두 자신의 문중에 국한된 경향이 있다.

반면에 삼각산 태고암지의 「태고보우국사사리탑비명」을 보면 태고보우 국사는 선과 교를 가리지 않고 여러 종파의 제자들이 이름을 남겼기 때문에 보조 이후 선교양종의 실질적인 불교교단의 통합은 태고에 의해 이루어졌으며 이러한 법맥의 줄기가 조선조까지 계속 전승된 것이다.

주지한 바와 같이 조계의 명칭은 혜능 조까지 거슬러 올라가지만 고려 당시의 스님들은 조계선에 연원을 둔 임제선법을 수용하면서도 한국불교 고유의 조계라고 하는 종통(宗統)을 벗어나지 않고 있었다. 간혹 깨침의 계기를 얻은 스님들이 중국으로 가서 임제종의 후손과 거량하여 오도를 확인하였지만 결과적으로 임제종 자체를 고려선종에 이식한 것은 아니다. 따라서 이들은 법통(法統)을 증명 받은 것이라 말할 수 있지만 조계종에서 본 종통(宗統)의 관계에는 탄연·보우·나옹 모두 조계종에 소속되어 있는 것이다.

태고보우의 입멸 후 태고의 행장이나 사리탑비명에는 모두 "고려국 국사 대조계사조 전불심인 행해묘엄 비지원융 찬리왕화 부종수교 대원보제 일국 대종사 마하실다라 이웅존자 시원증 탑명(高麗國國師 大曹溪嗣祖 傳佛心

印 行解妙嚴 悲智圓融 贊理王化 扶宗樹教 大願普濟 一國大宗師 摩悉多羅 理雄尊者 諡圓證 塔銘)"이라고 하여 태고보우를 대조계사조(大曹溪嗣祖)라고 하였다.

여기서 조계사조는 조계종이 성립된 뒤인 고려 조계종의 사조인지, 아니면 중국 남방선의 조계사조라는 뜻인지는 애매하지만, 태고보우 국사의 사리탑비를 세운 이가 송광사(松廣寺) 주지 석굉(釋宏)인 것을 보면 조계종의 사조라는 의미가 분명하다.

조선조에 들어 『이조실록』에는 태종 때 "선종은 통합하여 조계종으로 하고 5교는 통합하여 화엄종으로 하여 경성 밖의 70사찰에 밀기를 발부하여 두 종으로 나누어 귀속케 하였다"라는 기록이 보이고 『통사』에는 세종 때 "불교는 선 · 교 양종 뿐이온데 그 후 정전과 방전이 각기 수행하는 업에 따라 7종으로 나뉘었습니다. … 조계 · 천태 · 총남의 3종을 통합하여 선종으로 하고 화엄 · 자은 · 중신 · 시여의 4종을 통합하여 교종으로 하게 하소서"라고 한 기록이 보인다. 이처럼 조선시대의 조계종과 선종은 신라와 고려시대와는 그 내용은 또 다른 것이다.

앞에서 말한 바와 같이 '조계'는 신라 · 고려시대로부터 조선에 이르기까지 조계육조의 법손인 선종의 통칭으로 사용되어 왔다. 이러한 사실을 무시하고 보조 이후의 조계는 송광파의 전용 명칭이며, 서산 · 사명이 '조계'라고 부른 것은 송광파의 법손인 증거라고 역설하고 있지만, 그의 논설은 성립될 수 없다.

성철 스님은 "여러 조사들 가운데 태고는 석옥의 법제자이고 나옹은 평산, 환암과 찬영은 태고, 무학은 나옹의 법제자로서 보조의 법맥이 아니지만 '대조계'라 한 것은 '조계'가 선종의 통칭이기 때문이다. 혹은 법을 이은 것이 아니라도 송광파에 한꺼번에 참학(參學)함으로써 '대조계(大曹溪)'라고 일컫는다고 하지만 한꺼번에 참학하였다고 해서 그 법맥인 것은 아니며 또한 전혀 참학한 사실이 없어도 '대조계종'이라고 하였으니 '조계'는 선문의 통칭임을 의심할 수 없다'라고 하였다.

또한 성철 스님은 "종명(宗名)은 나말(羅末)·여초(麗初)로부터 선종(禪宗)을 조계아손(曹溪兒孫)으로 통칭하였으므로 '조계종(曹溪宗)'으로 불러도 무방하다. 혹자는 태고가 임제법맥이므로 임제종을 고집할 수도 있지만 임제도 본래 조계직전(曹溪直傳)이므로 『조계종』이라고 불러도 아무런 이의가 있을 수 없다"고 하였다.

현재 조계종의 새 종헌에 보면 "도의 국사를 종조로 하고 태고보우 국사를 중흥조로 하여 이하 청허와 부휴(浮休) 양 법맥을 계계승승(繼繼承承) 한다"고 밝혔고 종헌전문에는 "태고 국사께서 제종을 포할(包轄)하사 조계의 단일종을 공칭한다"라고 하여 고려말 종단들을 하나로 통합한 이가 태고 스님임을 강조하고 있다.

태고종의 종권 종법에서도 "고려 말 제종포섭으로 단일종(조계종)을 창수(創樹)하신 태고보우 국사를 종조로 하고 종조의 원융종풍을 종통으로 삼아 그 법맥(法脈)을 청허와 부휴를 거쳐 이후 면면히 계승한다"고 규정하고 있다. 근본적으로 조계종이 고려 수선사에 그 기원을 두고 있는 반면 태고종은 태고보우를 중시조로 삼고 있기 때문에 한국불교의 정통성은 분파 이전 근대까지 계속된 조계종에 있다고 하겠다.

2) 해동정맥의 초조(初祖)

태고보우의 가풍이 임제선에 태고보우의 법맥은 단순한 임제선법의 답습이 아니며, 스님 또한 임제선법을 수용하되 당신의 수행경험에 입각하여 보우 스님 특유의 선관을 제시하고 있다.

고려조에 임제선이 크게 유행하였지만 태고보우는 한국불교의 원융불교의 전통과 임제선의 실용적 측면의 장점을 결합하여 한국불교 특유의 독자성을 가지고 수용하였음을 밝힌 것이다. 이러한 독자성을 사암(獅岩)은 앞서 '해동정맥(海東正脈)'이라 이름 하였다.

『해동불조원류』에서 사암은 다음과 같이 밝혔다.

임제의 18대 적전(嫡傳)인 석옥의 법제자는 해동의 바른 법맥 제1조인 태고화상이고 태고 이후로 제6세는 청허휴정이다. 태고가 석옥의 법을 이어받아 환암에게 전하고 환암은 구곡에게 전하고, 구곡은 벽계에게 전하고 벽계는 벽송에게 전하고 벽송은 부용에게 전하고 부용은 청허에게 전하니 석옥은 곧 임제의 제18대 법손이다(『해동불교원류』 6엽, 13엽).

따라서 사암은 태고보우에 대해 임제정맥을 계승한 사실을 밝혔지만, 동시에 태고보우를 해동법맥 초조의 위치에 둠으로써 임제의 가풍과 해동의 법맥을 분리한 사실을 보여주고 있다.

태고종의 종정을 지내신 덕암 스님은 「태고의 사상」이라는 글에서 '태고는 선과 교에 치우치지 않고 폭넓은 수행을 하였고 국사·왕사가 된 뒤에 종정(宗政)에 있어서는 원융부를 두어 구산원융(九山圓融) 오교홍통(五敎弘通)에 힘을 다하였다. 한국불교가 선과 교를 원융한다는 것은 국사로부터 비롯되었다'고 말씀하시고 '태고는 독창적인 해동선(海東禪)'이라는 주장을 펼쳤다.

그러나 근대 및 현대에 이르러 고려 말 이후 유지되어오던 조계의 법맥은 조계종과 태고종으로 나뉘어 다른 종명(宗名)을 쓰고 종통(宗統)에 있어서도 태고종은 태고보우 국사를 종조로 받들고 조계종은 보조지눌을 거쳐 도의 선사를 종조로 받들기에 이르렀다.

조계종은 원래 태고보우를 종조로 모셨으나 50년대 불교정화운동 속에서 보조지눌의 종조문제가 처음 대두되었고 그 후 지금까지 조계종은 태고보우를 물리치고 보조지눌을 거쳐 도의 국사를 종조로 모셨다. 이 배경에는 불교정화운동의 복잡한 문제들이 존재하지만 당시 만암 스님은 '환부역조(換父易祖)'라는 유명한 말을 남기고 조계종을 탈퇴하여 백양사로 돌아갔다.

보조지눌의 법통설에 부응한 측에서 1764년(조선 영조 40년)에 간행된 『서역중화해동불조원류(西域中華海東佛祖源流)』(당시 전남 송광사 소장)를 태고보우를 한국법맥의 기원으로 기록했다는 이유 하나 만으로 불살라 버렸다.

그러나 권상로 씨나 김포광 씨 등 양심 바른 학자들은 해동 제1조를 태고보우라 주장하였고 조계종의 종통을 보조지눌로 세우고 이를 뒷받침하기 위해 억지를 부렸던 이불화 등은 주장의 불합리한 점들이 성철(性徹) 스님과 지관(智冠) 스님에 의해 비판되었다.

성철 스님은 "태고보우는 달마는 서천(西天)에서 동토(東土)에 법을 전하였으니 동토의 초조(初祖)가 되며 태고는 중국에서 해동으로 등불을 전하였으니 해동의 종조가 된다"라고 명실상부하게 선언하였다.

한국불교는 선교밀정(禪敎密淨)을 포섭한 통불교라고 할 수 있으며, 그 가운데서도 선종사상을 위주로 하는 선종계통의 불교 전통을 이어온 불교라고 할 수 있다. 이런 전통은 신라의 구산선문(九山禪門)으로부터라고 할 것입니다만 고려시내에 불조의 정법안장을 법맥과 법통을 계승하고 난립부패한 제종파를 통합하여 수행의 기강을 새로이 하여 사라져가던 선풍을 진작하여 불교를 중흥시킨 업적을 남다. 이러한 면을 보았을 때 태고 스님은 해동 대한민국의 불교 정통의 초조이자 중홍조로서 이에 맞추어 한국불교에 대한 정통성과 정체성을 밝히는 것이 옳다고 생각된다.

‥ 부 록

태고보우 국사 연보
사단법인 대륜불교문화(태고) 연구원 임원
불조원류 법계문
태고 법손 6대 결의문

태고보우 국사 연보

西紀	王年	年歲	月日	記事
1301	충렬왕 27	1	9. 21	경기도 양평군(옛 楊根郡) 용문면 대원리에서 아버지 홍주 홍씨(洪州洪氏) 연(延)과 어머니 정씨(鄭氏) 사이에서 태어남. 스님으로 말미암아 아버지는 개부의동삼사 상주국문하시중 판리병부사 홍양공(開府儀同三司上柱國門下侍中判吏兵部事洪陽公)으로, 어머니는 삼한국 대부인(三韓國大夫人)으로 각각 증직(贈職)됨. 이름은 보우(普愚), 처음 이름은 보허(普虛), 호는 태고(太古), 시호는 원증(圓證), 탑호는 보월승공(寶月昇空).
1313	충선왕 5	13		회암사(檜巖寺)의 광지(廣智) 선사를 의지하여 출가 득도하고 가지산(迦智山)의 총림에서 수행함.

西紀	王年	年歲	月日	記事
1319	충숙왕 6	19		만법귀일(萬法歸一)의 화두를 참구함.
1326	충숙왕 13	26		화엄선(華嚴選)에 합격함. 경전의 의미를 탐구하였으나, 이것이 대장부의 본회(本懷)가 아님을 깨닫고 모든 반연(攀緣)을 끊고 청약(淸約)에 힘씀.
1330	충숙왕 17	30	봄	용문산(龍門山) 상원암(上院庵)에 들어가 관세음보살 앞에서 12대원(大願)을 서원함.
1333	충숙왕 복위 2	33	가을	성서(城西)의 감로사(甘露寺) 승당(僧堂)에 있으면서 용맹정진 7일 만에 깨달음을 얻고 게송 8구를 지으니, "부처와 조사와 산하까지 입이 없어도 다 삼켜 버렸네〔佛祖與山河 無口悉呑却〕"가 그 끝구절임.
1337	충숙왕 복위 6	37	가을	불각사(佛脚寺)에서 『원각경(圓覺經)』을 열람하다가 "일체가 다 사라진 것을 부동이라 이름한다〔一切盡滅 名爲不動〕"라는 구절에 이르러 다시 깨달음을 얻음. 조주(趙州)의 '무자 화두'를 참구함.
			10.	중암거사(中庵居士) 채홍철(蔡洪哲)의 권청에 따라 전단원에 들어가 안거함.
1338	충숙왕 복위 7	38	1. 7	전단원에서 활연히 크게 깨닫고 게송 8구를 지으니, "뇌관을 쳐부순 뒤에 맑은 바람이 태고를 불어주네〔打破牢關後 淸風吹太古〕"가 그 끝구절임. 채중암과 만나 대화를 나누다가 "설산에서 소 먹이는 일이 어떠합니까"라는 질문에 게송 8구로 대답하니, "습득은 하하하 웃고 한산은 입을 크게 벌리네〔拾得

西紀	王年	年歲	月日	記事
				笑呵呵 寒山張大口]"가 그 끝구절임. 채중암과 작별한 뒤에 「운산(雲山)」과 「청춘(靑春)」2편의 시를 지음.
			3.	고향인 양근의 초당으로 돌아와서 어버이를 모심. 1천7백의 공안을 참구하매 '암두밀계처(巖頭密啓處)'에 이르러서는 잘 통과하지 않다가 한참 만에 깨달으니 이로써 20년 동안 고심하던 일을 마침내 끝냄.
1339	충숙왕 복위 8	39	봄	어버이를 하직하고 소요산 백운암(白雲庵)에 머물며 「백운암가(白雲庵歌)」1편을 지음. 원나라 승려 무극(無極)으로부터 중국선풍(禪風)의 정황을 듣고 임제정맥(臨濟正脈)의 본분작가(本分作家)에게 인가를 받으라는 권유를 받음.
1341	충혜왕 복위 2	41		채하중(蔡河中)과 김문귀(金文貴)의 청에 따라 삼각산 중흥사(重興寺)에 주석하면서 크게 총림을 일으키고 절을 중수. 또한 이 절의 동쪽에 태고암(太古庵)을 세우고 「태고암가(太古庵歌)」를 지음. 이곳에서 5년을 지냄. 찬영(粲英)이 스님 문하에 출가.
1346	충목왕 2	46	봄	원나라 연도(燕都)에 들어가 대관사(大觀寺)에 머무니, 도예(道譽)가 황제에게까지 알려짐.
			11. 24	원나라 태자의 생일에 황제의 특청으로 『반야경(般若經)』을 강설함.

西紀	王年	年歲	月日	記事
1347	충목왕 3	47	4.	축원영성(竺源永盛) 선사를 찾아 남소(南巢)에 갔으나 이미 입적한 뒤였음. 축원영성의 문인 홍아종(弘我宗)과 월동백(月東白)이 삼전어(三轉語)를 제시하며 하어(下語)를 청하니 게송을 지어 삼관(三觀)을 통과함.
			7. 15	호주 하무산 천호암(天湖庵)에 이르러 석옥청공(石屋淸珙) 화상을 만나 흔연히 계합함. 이곳에서 반월(半月)을 머뭄.
			7. 16	스님이 「태고암가」를 드리니, 석옥 화상이 발문을 써주고, 전법(傳法)의 신표(信標)로 가사와 주장을 전해주며 "불조(佛祖)의 명맥이 끊어지지 않게 하라"고 당부함. 이로써 임제정전(臨濟正傳) 제19대 법손이 됨.
			8. 1	「사석옥화상서(辭石屋和尙書)」를 지어 올림.
			8. 3	호주(湖州)를 출발함.
			10. 13	정자(淨慈)의 전인(專人)이 스님이 보내는 서장〔上石屋和尙書〕을 석옥 화상에게 전해 줌.
			10. 16	연도(燕都)에 도착하니 명성이 중원에 퍼짐. 영녕사 장로 여철강(如鐵矼)과 공덕주 태의원사(太醫院使) 곽목적립(郭木的立)이 영녕사에 머물기를 권청하고 대도제산(大都諸山)의 장로들이 「고조정청개당소(告朝廷請開堂疏)」를 지어 태고가 석옥에게 사법(嗣法)했음을 알리고 조정대신들이 황제에게 아뢰어 특명으로 영녕사에 주지함.
			11. 7	석옥 화상이 스님의 서장에 대한 답서〔石屋和尙答書〕를 씀.

西紀	王年	年歲	月日	記事
			11. 24	원나라 태자의 생일에 영녕사에서 개당(開堂) 설법하니, 제사(帝師)와 정궁(正宮)황후, 이궁(二宮)황후와 태자가 모두 향과 폐백을 주었으며, 스님은 이궁황후가 바친 금란가사를 수하고 우레와 같은 법음(法音)을 떨침. 이 때 현릉(玄陵: 恭愍王)이 세자로 연도에 와 있었는데 감탄하여 말하기를 "내가 장차 고려에 돌아가 정사(政事)를 맡게 되면 스님을 스승으로 모시리라" 하였음.
1348	충목왕 4	48	봄	귀국하여 중흥사에 주석하며 하안거(夏安居)를 마치고는 숨어 지내려는 뜻으로 양근의 미원장(迷原莊)을 지나다가 선대(善大)라는 늙은 아전의 권청으로 용문산(龍門山) 북쪽 기슭에 소설암(小雪庵)을 세우고 종신(終身)할 처소로 생각함. 「산중자락가(山中自樂歌)」 1편을 지음.
1352	공민왕 1	52	봄	왕이 대호군(大護軍) 손습(孫襲)을 보내어 불렀으나 응하지 아니함.
			4.	보법사(普法寺)에서 백운경한(白雲景閑)과 상면(相面)함.
			5. 17	왕의 요청으로 대내(大內)에서 설법하고 경룡사(敬龍寺)에 머묾. 왕은 미원장을 현(縣)으로 승격시킴. 스님은 한 여름을 마치고 나라에 변란(變亂)이 있을 것을 미리 알고 다시 소설산(小雪山)으로 돌아왔는데, 바로 조일신(趙日新)의 난(亂)이 일어남.

西紀	王年	年歲	月日	記事
1356	공민왕 5	56	2.	왕이 문하평리(門下評理) 한가귀(韓可貴)를 보내어 불렀으나 응하지 아니함.
			3. 6	왕의 요청으로 봉은사(奉恩寺)에서 개당설법하고, 원나라 황제와 황후 그리고 태자를 위해 축원하니, 왕과 공주가 대비를 모시고 참석하여 폐백과 은바리때와 수가사(繡袈裟)를 주었음.
			4. 24	왕이 스님을 왕사로 삼음. 오랫동안 가물다가 스님을 왕사로 봉하는 날부터 비가 내리니, 이를 왕사우(王師雨)라 부름. 며칠 뒤에 칙명으로 광명사(廣明寺)에 원융부(圓融府)를 설치하고 관리를 두어 선교종문(禪敎宗門) 사사(寺社)의 주지를 스님이 관장하게 함. 이 때에 스님의 내향(內鄕)인 홍주(洪州)를 목(牧)으로 승격시켰으며, 스님은 구산선문(九山禪門)을 통합하고 한양(漢陽)으로 천도(遷都)할 것을 건의함. 왕이 스님을 연경궁(延慶宮)에 맞이하여 사제(師弟)의 예(禮)를 행하니, 의위(儀衛)가 노부(鹵簿)에 비길만 하였음.
			5. 6	왕이 탄일이므로 스님을 내전(內殿)에 맞이하고 승려 108명을 공양함.
			여름	정몽주(鄭夢周), 김중현(金仲賢) 등이 스님 문하에 출입함.
1357	공민왕 6	57	1. 15	왕의 요청으로 내전에서 진병(鎭兵)을 위하여 설법하니, 왕이 황금 50냥과 금선(金線) 1필을 줌.
			2.	「사왕사(辭王師)」의 오언송(五言頌)을 지어 왕사를 사임하고 산중으로 돌아갈 것을 청했으나,

西紀	王年	年歲	月日	記事
				왕이 허락하지 아니하자 몸을 빼내어 소설산으로 돌아옴. 절강(浙江)의 고담(古潭)이 참방함.
1358	공민왕 7	58		왕이 칙명으로 성곽을 수축하니, 이는 스님이 글을 올려 홍건적(紅巾賊)의 난이 있을 것을 알렸기 때문임.
1359	공민왕 8	59	가을	미지산(彌智山)에 들어가 초당을 짓고, 백성들에게 피난 준비를 하라고 이름.
1361	공민왕 10	61	11.	홍건적이 쳐들어와 개경(開京)을 함락시키고 왕이 안동(安東)으로 피난(避亂)하니, 이는 스님의 예언이 적중한 것임.
1362	공민왕 11	62	가을	양산사(陽山寺, 희양산 봉암사)의 주지가 되어 절을 중수함.
1363	공민왕 12	63	3.	가지사(迦智寺, 가지산 보림사)로 옮겨 종풍을 크게 떨침. 이 때에 스님은 글을 올려 신돈(辛旽)을 멀리할 것을 건의함.
			봄	가지산에서 철우종서(鐵牛宗西)에게 명호시를 지어줌.
			가을	월남정사(月南精舍)에서 노닐며 당두(堂頭) 고저찬영(古樗粲英)에게 일용(日用)을 경계하는 게송을 지어줌.
1366	공민왕 15	66	10.	신돈(辛旽)의 해독을 짐작하여 인장(印章)을 돌려보내어 왕사를 사직하고, 도솔산(兜率山)으로 들어감.
1368	공민왕 17	68	봄	전주 보광사(普光寺)에 주석함. 원나라 강절(江浙)로 가고자 했으나 신돈의 방해로 뜻을 이루지 못함.

西紀	王年	年歲	月日	記事
			여름	신돈의 모략으로 속리산에 금고(禁錮)됨.
1369	공민왕 18	69	3.	금고가 풀려 속리산에서 소설산으로 돌아옴.
1371	공민왕 20	71	7.	왕이 신돈을 처형한 후, 스님을 국사로 삼고 법호(法號)를 추가함. 또한 스님의 모향(母鄉)인 익화현(益和縣)을 군(郡)으로 승격시킴. 왕이 자씨산(慈氏山) 영원사(瑩原寺)에 주석하기를 청했으나 병으로 사양하고 소설산에 있으면서 7년간 영원사의 일을 멀리서 보살핌.
1374	우왕 원년	74		우왕이 즉위하여 양산사에 머물기를 요청하고 국사로 삼음.
1376	우왕 2	76		일본 승려 중암수윤(中庵壽允)에게 명호시를 지어줌.
1378	우왕 4	78	겨울	왕의 요청으로 영원사에서 1년간 거주하고 다시 소설산으로 돌아옴. 병으로 국사를 사직함.
1381	우왕 7	81	겨울	소설산에서 양산사로 옮김. 왕이 다시 국사로 삼음.
1382	우왕 8	82	여름	양산사에서 다시 소설산으로 돌아옴.
			12. 17	미질(微疾)을 보임.
			12. 23	문인들을 불러 놓고 "내일 유시(酉時)에 세상을 떠날 것이니, 군수를 불러 국사의 인장을 봉하게 하라"고 함. 양근군수 이양생(李陽生)을 불러 왕에게 올리는 유주(遺奏)와 대신들에게 보내는 사세장(辭世狀) 6통을 구술(口述)함.

西紀	王年	年歲	月日	記事
			12. 24	새벽에 "사람의 목숨은 물거품처럼 빈 것이어서 80여 년이 봄 꿈속 같았네. 죽음에 다다라 가죽부대 버리나니 한 바퀴 붉은 해가 서산으로 넘어가네〔人生命若水泡空 八十餘年春夢中 臨終如今 放皮岱 一輪紅日下西峰〕"라는 임종게를 설하고 입적. 세수(世壽) 82, 법랍(法臘) 69.
1383	우왕 9		1. 12	다비하니 사리가 수없이 출현함. 사리 1백과를 왕에게 올리니, 왕이 더욱 공경하여 유사(攸司)에 명령하여 원증(圓證)이라는 시호를 내림.
			10.	문인 유창(維昌)이 「원증국사행장(圓證國師行狀)」을 지음.
			12.	문인 달심(達心)이 미지산 사나사(舍那寺)에 「원증국사석종(圓證國師石鍾)」을 만들어 사리 10과를 안치함.
1385	우왕 11		1. 10	왕이 이색(李穡)에게 태고 국사의 탑비명을 지으라는 교지(敎旨)를 내림.
			7.	이색이 『태고어록』의 서문을 씀. 이 무렵에 문인 설서(雪棲)가 『태고어록』을 엮음.
			9. 11	문인 석굉(釋宏)이 중흥사 동쪽 봉우리에 이색이 짓고 권주(權鑄)가 쓴 「원증국사탑비(圓證國師塔碑)」를 세움.
1386	우왕 12		10.	문인 달심(達心)이 미지산 사나사에 정도전(鄭道傳)이 지은 「원증국사석종비(圓證國師石鍾碑)」를 세움.
1387	우왕 13		7. 27	이숭인(李崇仁)이 『태고어록』의 서문을 씀. 정몽주(鄭夢周)가 『태고어록』의 발문을 씀.

西紀	王年	年歲	月日	記事
1760	영조 36		11. 6	호조(戶曹)와 총융청(摠戎廳)에 명하여 북한산성 태고사(太古寺) 뒤에 비각을 짓게 함.
1940			8. 20	오대산(五臺山) 월정사(月精寺)에서 신연활자본『태고집(太古集)』을 간행함.
1941			4. 23	태고보우를 종조로, 태고사(太古寺)를 총본사(總本寺)로 하는 조선불교 조계종 창종.
1962			4. 11	도의(道義)를 종조로, 태고보우를 중흥조(中興祖)로 하는 대한불교 조계종 통합종단 발족.
1969			5. 15	태고보우를 종조(宗祖)로 하는 총화회(總和會, 1979. 10. 23. 대한불교 총화종으로 명칭 변경) 창립.
1970			5. 8	태고보우를 종조로 하는 한국불교 태고종(太古宗) 창종, 불교단체 등록.
1971			12. 30	동국역경원(東國譯經院)에서『한글대장경』제153책에『보조국사집(普照國師集)』과 함께『태고화상어록(太古和尙語錄)』을 김달진(金達鎭) 번역으로 수록 간행함.
1972			10. 25	동화출판공사(同和出版公社)에서『한국의 사상 대전집』제4책에『백운화상어록(白雲和尙語錄)』및『나옹집(懶翁集)』과 함께『태고집(太古集)』을 김달진 번역으로 수록 간행함.
1973			2. 10	태고보우를 종조로 하는 대한불교 일승종 명칭 변경.
1974			9. 15	한국불교 태고종에서 이영무(李英茂)가 번역한『태고보우국사법어집(太古普愚國師法語集)』을 간행함.

西紀	王年	年歲	月日	記事
1976				대한불교 조계종 해인총림(海印叢林) 방장 퇴옹성철(退翁性徹)이 『한국불교의 법맥(法脈)』을 간행하여 보우종조론(普愚宗祖論)을 주창(主唱)함.
1982			3. 26	태고보우를 종조로 하는 대한불교 원융원(圓融院, 1988.10.15. 원융종으로 명칭 변경) 창립.
1988			9. 16	태고보우를 종조로 하는 (재)대한불교 일붕선교종 창종
			11. 14	태고보우를 종조로 하는 대승불교 법왕종 창종
			11. 30	태고보우를 종조로 하는 한국불교 법륜종(法輪宗) 창종.
1989			9. 9	태고보우를 종조로 하는 대한불교 본원종(本願宗) 창종.
1991			2. 10	세계사(世界社)에서 마음글방 제5책으로 김달진(金達鎭)이 번역한 『태고집(太古集)』을 간행함.
			8. 10	장경각(藏經閣)에서 『선림고경총서(禪林古鏡叢書)』 제30책으로 백련선서간행회(白蓮禪書刊行會)가 번역한 『태고록(太古錄)』을 간행함.
1992			10. 5	태고보우를 종조로 하는 대한불교 선교종(禪敎宗) 창종.
1995			3. 22	태고보우의 종지를 연구 · 계승 · 선양하기 위한 사단법인 대륜불교문화연구원(大輪佛敎文化硏究院) 발족. 이사장 덕암(德庵) 안흥덕(安興德).
1996			9. 5	국내 처음 중국 절강성 호주시 하무산 천호암 답사 태고보우 차맥 이어온 사실 확인함.
1997			1. 15	(사)대륜불교문화연구원(이사장 덕암 안흥덕)에서 「태고보우국사 법통의 재조명」 1차 학술회의 개최

西紀	王年	年歲	月日	記事
1997			1. 15	(사)대륜불교문화연구원(이사장 덕암 안흥덕)에서 『태고보우 국사 전서』(1권, 2권), 『태고보우국사 유적 답사기』 출판기념법회.
			7.	「태고보우 선과 차」 『불교춘추』를 통해 처음 발표.
1998			1.	「소설암과 태고보우의 선차」 『불교춘추』 통해 처음 발표.
			11. 18	(사)대륜불교문화연구원(이사장 덕암 안흥덕)에서 「태고보우 국사의 사상과 법통의 재조명」 학술발표회 개최. (사)대륜불교문화연구원과 불교전기문화연구소(최석환) 공저, 『태고보우국사전서』(3권 완결판) 출판기념법회.
2001			1. 5	태고보우 국사의 종지와 사상을 연구 계승 선양하기 위한 한국불교 태고학회 발족(회장 무공무상 서갑생).
			5. 30	태고학회(회장 서무공) 주최, 태고 탄신 700주년 기념 태고유적지 학술답사(2박 3일) 결과 오류 발견, 관계기관 정정 요청.
			7. 1	태고학회(회장 서무공), 『선문화』(최석환) 공동기획 특집 발표 「태고 탄신 700주년 맞는 태고보우의 생애와 사상 재조명」.
			7. 4	태고보우 국사의 세 번째 비, 가평 소설암지(태고보우국사 입적지)에서 발견.
			7. 25	기산불교문화연구원(원장 지관) 지정, 한국불교 1600년 불교 지성 33인 고승 선정에 원효·도의·태고 중심 선정 발표.
			11. 4	한국불교 태고학회(회장 서무공) 주관, '태고보우 국

西紀	王年	年歲	月日	記事
				사의 원융불교가 한국불교에 미친 영향' 이란 대주제 하 태고보우 국사 탄신 700주년 기념 국제학술회의
				개최. 한국불교 태고학회(회장 서무공) 주관 태고보 우 국사의 연구 학술지『태고사상』제1집발간 기념 법회.
2001			12. 30	한국불교 태고학회 · 불교춘추사 · 중국 호주 육우 차문화연구회 공동 주최 한 · 중 국제학술회의 '중 국 원대 선종과 차문화' 개최.
2002			10. 25	한국불교 태고학회(회장 서무공) 주관, '현대사회 의 갈등과 태고사상' 이라는 대주제하 태고보우 국사 탄신 701주년 기념 학술발표회 개최 및『태고사상』 제2집 발간 기념 법회.
2003			9. 22	2003. 9. 22 한국불교 태고학회(회장 서무공) 주 관 '현대 사회의 갈등과 태고사상' 이라는 대 주제하 에 제2부 2차년도 태고 탄신 702주년 기념 '태고사 상 연구 제6차 학술 발표회' 및『태고사상』제3집 발 간 기념 법회 개최.
2004			9. 21	대륜불교문화(태고)연구원(이사장 서무공) 주관 중 국 천호암(청공조사주석) 만수사(금암조사) 대자사 (무상선사) 답사. 도량산 만수사 사적지에 한국 태 고 법계 수록 및 천호암 중창 불사. 무상선사 영정 봉 안 및 한중기념비 건립 동참.
			9. 21	대륜불교문화(태고)연구원(이사장 서무공) 유적 답사 팀 권유. 전남 보림사(주지 현광) 태고 총림 선암사
			9. 21	(주지 지허) 조사전 태고 영정 봉안.
2005			9. 21	대륜불교문화(태고)연구원(이사장 서무공) 주관 태

西紀	王年	年歲	月日	記事
				고 탄신 704주년 기념『태고보우 국사 인물론』(저자 무공)『태고사상』4집 발간 및 출판 기념 법회.
			10.	중국어로『석옥청공 선사어록 · 태고보우 선사어록』첫 출간.
2006			9.21	대륜불교문화(태고)연구원(이사장 무공 서갑생) 태고 탄신 705주년 기념『태고보우 국사의 종지와 종풍 그 수행법』(저자 무공 서갑생)『태고사상』제5집 발간 및 출판기념 법회.

社團法人 大輪佛教文化(太古)研究院 任員
- 太古普愚國師의 宗旨와 宗風, 그 修行法 出版刊行委員 -

불기 2550년9월 21일

직위	법호·명	성명	근무처	주소
대 법 주	慧草	최태영	태고종 종정 태고총림 방장	전남순천시 승주읍 죽학리 802 태고총림 선암사
증 명	雲山	이규범	태고종 총무원장	서울 종로구 사간동 112 법륜사
증명:이사	一宇	김종문	태고종 원로회의장	경북 청도군 청도읍 고수동 621 보현사
〃	南坡	유정동	태고종 승정원장	전북 김제시 금구면 서도리 23-1 혜봉사
〃	이두		조계종 원로회의원	충북 청주시 상당구 우암동 산 14-1 관음사 회주
〃	寶峰	이기남	태고종 원로회부의장	서울 종로구 옥인동 7 범혜사
〃	德化	권태순	태고종 원로회의원	서울 관악구 봉천6동 31-2 승덕정사
〃	雲峰	강남국	태고종 원로회의원	제주시 노형동 산 17-4 충혼각(사)
〃	印空	박일동	태고종 중앙종회의장	서울 서대문구 봉원동 2-14 봉원사
〃	月空	김무환	태고종 중앙사정원장	은평구 진관외동 80-1 보문정사
고 문		홍승희	(사)대한불교진흥원 이사장	
자문위원:이사	度奇	김팔영	전국일봉문도회 회장	경북 영주시 이산면 원리 739 관음사
자문위원:이사	普經	문학현	태고종총무원부원장대륜화상문도회장	서울 종로구 사간동 112 법륜사
자문위원:이사	慧崇	김극성	만덕사 회주	경기 포천시 소흘읍 직동리
연구심사위원장		서윤길	동국대학교 대학원장	서울 중구 필동 3가 26
연구위원장		권기종	동국대학교 교수	
연구위원	종호	박문기	동국대학교 교수	
〃		이봉춘	동국대학교 교수	
〃		김용표	동국대학교 교수	
〃		박경준	동국대학교 교수	
〃		장익	위덕대학교 교수	
〃	진월		동국대학교 정각원장	
〃	법현		태고종 사회부장	열린선원
〃		주명철	동국대및동방불교대겸임교수	
〃		정성준	동국대학교 강사	

직위	법호·명	성명	근무처	주소
이 사 장	無空	서갑생	태고종 중앙포교원장	서울 강북구 수유4동 584-12, 14 무량사
연구원장 상임이사	法蓮	정승철	태고종사정원 초심원장	서울 동대문구 장안동 317-21 혜승사
태고학회장 상임이사	大隱	정홍섭	태고종 중앙종회부의장	인천 부평구 산곡동 180 용천사
선림원장 상임이사	慧俊	류두현	덕암화상문도회장	경기 포천시 이동면 연푸히 289 기림사
원융원장 상임이사	常虛	조성민	태고종 제주 종무원장	제주 제주시 오등동 200 덕홍사
기획이사	慧明	김용기	정혜사주지	경기 남양주시 진접읍 금곡1리 80
총무이사	慧惺	이갑봉	덕수사 주지	경기 동두천시 상패동 766-1
교무이사	光海	송석만	금불사 주지	충북 청원군 미원면 대신리 228
재무이사	龍潭	한근성	법장선원 주지	서울 도봉구 도봉1동 595 럭키Ⓐ104동 108호
사회이사	性虛	송윤주	황륜사 주지	서울 종로구 부암동 286-1
조직이사	法京	박상인	연홍사 주지	경기도 부천시 소사구 소사본1동 185-29
호법이사	性德	김안대	수덕사 주지	서울 성북구 종암1동 54-328
연구이사	慧覺	이병태	약수암 주지	경기 파주시 파주읍 연풍리 347-1
〃	慧充	진현국	보광사 주지	경기 양평군 용문면 연수리 산44
〃	佛成智	최인순	맛샘 대표	서울 강북구 수유동 45-86
〃	普賢	이경희	해동불교 총무	서울 종로구 낙원동 243-3
〃		閔闰基	정성개발	대전 중구 태평1동 256-63호
〃	古眞	김정애	금용사 주지	마산시 성호동 산1
〃	정인	민선화	용전사 주지	경기 포천시 군내면 용정 1리 274
〃	여초	홍여초	비구니회 회장	경기 이천시 장호원읍 진암3리 산 112번지 무량사
〃	慧印	任基植	자성포교원 주지	서울 강북구 미아4동 54-52
〃	성우	심종철	선법사 주지	서울 종로구 부암동 390-1
〃	혜산	김상원	성불사 주지	서울 용산구 원효로 3가 267
〃	智觀	이성표	미륵암 주지	서울 은평구 진관내동 538-6
〃	性蓮	김보승	능하사 주지	서울 마포구 공덕1동 118-4

직위	법호·명	성명	근무처	주소
〃	乘芭		혜원정사 주지	서울 마포구 상암동 산26-43
〃	華井	장성녀	광덕암 주지	서울 은평구 응암3동 337-8
〃	般若月	박희서	청수사 주지	서울 동작구 상도4동 214-87
감 사	覺夢	김혜승	전삼륜종 총무원장 포천경찰서 경승실장	경기 포천시 소흘읍 고모3리 22 보문정사
〃	太一	우종곤	영인이엔씨 대표이사	대구 수성구 상동 72-2 정화우방팔레스 101-1701 호회) 대구 중구 동인1가 294-4 우경빌딩 4층

불조원류 법계도(法系圖)

보리달마(菩提達摩)
|
이조혜가(二祖慧可)
|
삼조승찬(三祖僧璨)
|
사조도신(四祖道信)
|
오조홍인(五祖弘忍)
|
신수(神秀)　육조혜능(六祖慧能)　지선(智詵)
|　　　　　　|　　　　　　|
보적(寶寂)　남악회양(南嶽懷讓)　처적(處寂)
|　　　　|
마조도일(馬祖道一)　무상(無相)
|
백장회해(百丈懷海)
|
황벽희운(黃檗希運)
|
임제의현(臨濟義玄)
○임제종
|
홍화존장(興化存獎)
|
남원도옹(南院道顒)
|
풍혈연소(風穴延沼)
|
수산성념(首山省念)

분양선소(紛陽善昭)
|
자명초원(慈明楚圓)
|
황룡혜남(黃龍慧南)　양기방회(楊岐方會)
○임제종 황룡파　　|
백운수단(白雲守端)
|
오조법연(五祖法演)
|
원오극근(圜悟克勤)
|
호구소륭(虎丘紹隆)
|
응암담화(應庵曇華)
|
밀암함걸(密庵咸傑)
|
파암조선(破庵祖先)
|
무준원조(無準圓照)
|
설암혜랑(雪巖惠朗)
|
급암종신(及庵宗信)
|
평산처림(平山處林)　석옥청공(石屋淸珙)
|　　　　　　|
나옹혜근(懶翁慧勤)　태고보우(太古普愚)

태고 법손 6대 결의문
– 불조佛祖의 혜명慧命에 따라

　대륜불교문화(태고)연구원은 태고 탄신 700주년을 맞이하여 다음과 같이 결의하고 촉구한다.

　1. 태고 법손 및 종단은 한국 불교 초조 및 종조 · 중흥조이신 태고보우 국사의 탄신일에 다례제를 반드시 봉행하자.
　2. 태고 법손 종단 및 사찰은 조사전에 태고보우 국사 영정을 모시고 맹렬히 수행정진하자.
　3. 태고 법손 및 종단은 태고보우 국사의 종지와 일불승 사상과 선교겸수 및 간화선 수행의 대법으로 수행 종풍을 진작하자.
　4. 태고 법손 및 종단은 한국불교 초조 및 종조 · 중흥조이신 태고보우 국사의 종지와 종풍 연구 선양 사업에 동참하자.
　5. 태고 법손 및 종단은 태고보우 국사의 원융화합 · 화쟁 · 회통 통합의 정신을 실천하여 한국불교의 대화합과 통합을 도모하자.
　6. 태고 법손 및 종단은 태고보우 국사의 선사상과 원융불교 사상을 실천, 현대사회의 모든 갈등 해소와 미래 인류 평화 및 복지 증진을 위한 시대 정신으로 승화하자.

태고 탄신 700주년 불기 2545(서기 2001)년 (음) 9월 21일

　※ 본 연구원은 임원 의무금(년 1백만)과 주최 종단 및 단체의 후원금 찬조금으로 운영합니다. 뜻 있는 태고 법손 및 사부대중의 동참을 바랍니다.

태고보우 국사의 종지와 종풍 그 수행법
태고사상 제5집

편저자 · 무공 서갑생
발행처 · 사단법인 대륜불교문화(태고)연구원
보급처 · 불교춘추사

2006년 11월 1일 초판 1쇄 인쇄
2006년 11월 9일 초판 1쇄 발행

(사)대륜불교문화(태고)연구원 · 서울특별시 강북구 수유4동 584-12 14호
TEL · (02) 904-0081, 0016   FAX · (02) 904-0083
불교춘추사 · 서울특별시 종로구 운니동 14 미래빌딩 4층
TEL · (02) 747-8076~7, 733-8078   FAX · (02) 747-8079

ISBN 89-88417-48-8
89-88417-31-7 (세트)

값 25,000원